中国现代文化名人

评传丛书

苗怀明 著

吴梅评传

南京大学出版社

总主编　张一兵

执行主编　丁帆

教育部人文社会科学重点研究基地
南京大学中国新文学研究中心　策划

中国现代文化名人评传丛书

总　序

　　《中国现代文化名人评传丛书》是教育部南京大学中国新文学研究中心酝酿多年的一个课题计划,它的主旨就是要为广大读者提供一个认识现代社会以来中国文化在极其复杂的语境下是怎样孵化出一大批文人名流的窗口,从而回到历史的现场,更真切地从历史的脉络和缝隙中识别那个时代的文化真实,体悟那个时代里名人的心路历程。

　　近三十年来,海内外陆续出版了许多文化名人的传记和评论著作,可谓十分繁多,其中亦不乏可圈可点之佳作。但总起来说,其局限性也是很明显的——要么就是注重文本的传记特征,凸显其文学性,而淡化了史料性和学术性;要么就是从纯学术性入手,只注重对传主遗留文字内涵的学术性发掘与剖析,而忽略了对人物内心世界的揣摩,对其工作与生活事件的叙述以及对文本艺术性和文学性的追求。从技术层面上来看,这似乎只是个体例问题,其实它关乎到的却是文化理念以及方法运用等宏观统摄的大问题。

　　我们这里特别要强调的是关于怎样在大量的史料基础上完成评与传的问题,尤其是传的部分,如何运用合理的"历史的想象力",是每一个学者应该持有的基本价值立场。

　　当"历史是一个被任意打扮的小姑娘"成为许多历史学家回避历史真实性的遮羞布时,当克罗齐的"一切历史都是当代史"成为史学界治史的箴言时,我们不能不看到历史一次次被歪曲的历史悲剧。我们是一个不缺乏历史教育的国度，但是，我们的历史教育往往是建立在充满着过度丰富的"历史的想象力"之中的，实用政治对历史学的干预往往建立在夸张、扭曲、变形和虚构的基础之上，造就了一代又一代人对历史的误读——远离历史的真实成为一种历史的常态，这是一个十分可怕的事情。当然，我们也十分清楚，历史是永远不可能"还原"和"复原"的道理，但是，尽可能接近历史的真实，却是每一个史学工作者最最基本的学术道德底线。然而，这个底线为什么会在不同的历史时期一次又一次被突破呢？实用历史的观念把历史学推向了深渊。曾几何时，对秦始皇的过分褒扬而掩盖其非人性的残酷一面，无非是为彼时的专制制度树碑；对各朝各代法家的歌颂无非是为维护其专制统治而立传；对成吉思汗穷兵黩武的膜拜无非是为人类"兽性"张目，因而，当"惜秦皇汉武，略输文采，唐宗宋祖，稍逊风骚，一代天骄成吉思汗，只识弯弓射大雕"不是一个浪漫主义诗人的文学抒情，却成为史学界的治学指南时，注定会产生历史学教育的悲剧结局。同样，对辛亥革命的由贬到褒的过度性阐释，片面地追求"历史的想象力"，也正是体现了史学界实用主义的治学理念，倘若这种理念不改变，我们的历史学教育仍然会沿着错误的道路滑行。即便是并不遥远的现代史，涂抹历史的记忆也同样是易如反掌的事情。

我们以为，"历史的想象力"应该建立在丰富的史料公开的基础之上，它应该是照亮历史幽暗处的一束光线，使其成为更加光明的原动力；它更应该是填补历史细节不足的润滑剂，成为使其更加丰满起来的驱动力。它不能建立在凭空想象的基础上，没有坚实的史料作为基础，没有基本史实作为实证的依据，就不能抵达历史真实性的彼岸，只有在实证加合乎逻辑的想象前提下，才能更加接近历史真实的原态。

如果从文学的角度来谈"历史的想象力"，可能会有许多古往今来的事例可举，只一部《红楼梦》就足以证明它在文学艺术中的生命力所在。

但是我想举证的恰恰是二十世纪末以来中国文学在消费文化的影响下滥用"历史的想象力"的弊端。

自台港文学中的武侠历史小说流入大陆以后，效仿戏说历史的风潮开始蔓延，作为一种消遣休闲文学，这似乎是无可指责的创作方法。但是，我们不能不看到这样一个悲剧性的事实：许多喝着这样文学奶汁成长起来的年轻人居然将那些虚构出来的人物故事当做历史教科书的内容来阅读，尤其是在这个人文意识日趋淡薄、工具理性日益发达的时代，那些只希望在"快餐"中获得和完成人文教育的人，是无视历史学和消遣文学之间的界限的，这不能不说是我们文学教育和历史教育的悲哀。

如今的历史题材创作已经到了不戏说和不杜撰历史就不能成书的地步了，其中一个最重要的原因就是作家们对于那种需要查阅大量史料，在基本史实的基础上有凭有据地发挥"历史的想象力"的功夫已经失去了耐心，那种"十年磨一剑"、"二十年磨一剑"、"一辈子磨一剑"的严肃创作态度已然被消费文化时代的"快餐"制作法所取代，谁还愿意穷几十年的皓首来"磨铁杵"呢？传统意义上的历史题材的严谨创作已不复存在，为弄清楚一个历史细节花费巨大精力的创作将会成为历史。不知道这是文学的幸还是不幸呢？！

从没有"历史的想象力"到过度的"历史的想象力"，我们的历史和文学走过的道路并不曲折，但都不是我们所需要看到的结局。我们需要的是贴近历史原态的价值理念，所以，我们希望这套丛书成为一个运用合理的"历史的想象力"的典范。

本着兼顾学术性与可读性的原则，我们在准备编纂这套丛书时，就明确要求作者将"传"与"评"尽可能完美地结合。所谓"传"，是作者以叙事的方法再现传主的生活历程；所谓"评"，是作者直接站出来阐释、论说传主的人生意义与文化成就。做到在真实可靠的史料考察基础之上，既具备叙事的文学魅力，又不失清晰的学术剖析。我们充分注意到了读者的受众面——既要为少数文化研究者提供可资的史料和学术视野，同时也要兼顾广大文化和文学爱好者拜视文化名人的嗜好，为文化普及做好基础工作。因为我们深知，无论是专业研究，还是业余爱好，一旦失去了其趣味性，是无论如何不可能达到一个"自由王国"境界的。所以，我们倡导在严谨的叙述中，避开那种繁琐考证和过多纠缠于枝节问题的写法，力图着眼于大事件和传主之间的勾连，以及传主行状与时代思潮之间的关联性，以此来勾勒与构筑传主在历史现场的真实存在。

毫无疑问，我们这个时代已经进入了一个文化消费的时代，我们不能要求每一个人都是守成主义者，固守拒绝任何想象的传统"评传"写法，摒弃一切文学的想象和合理的推论。但是，我们绝不提倡那种以出卖传主隐私而获得名利的商业性炒作，反对那种"演义化"写法。因此，本丛书的编撰原则就十分清楚了，广大读者也可从中看出某种端倪。

为了丰富本丛书史料的直观性，我们要求作者尽可能提供一些有关传主的图像资料，内容包括生活照、手稿、书影等等。其目的就是在严肃的学术性观照中增加历史现场感，同时给书籍的装帧增添一些活泼的色彩，融学术性与艺术性为一炉。

丛书将会以成熟一批出版一批的方式呈现在读者面前，其中多属新制原创，少量是旧著修订新版，我们也将在此过程中不断改进和不断完善，将这一套丛书做成一流品位文化书籍。我们相信，有众多高水平作者的支持，有广大高品位读者的呵护，有一个高要求的编委会以及出版单位的努力与支持，这套丛书一定会达到预期的目标。

丛书编委会
2012 年 1 月

吴梅照片

吴梅照片

吴梅与妻子、长孙照片

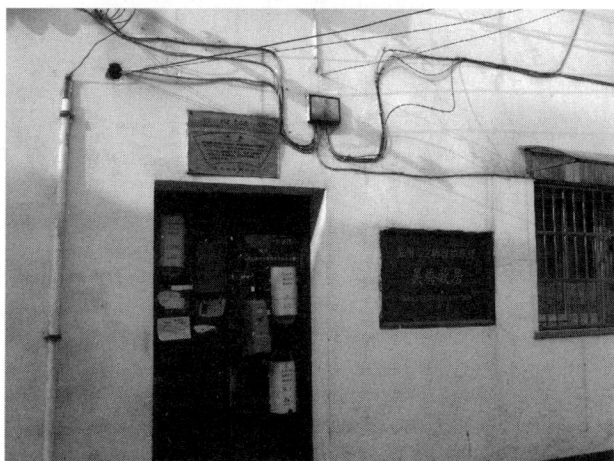

吴梅故居

探春　步夢窗韻　賦梅和予湖帆也先

笑月輕魂羽衣風陳斛低泣凍雲飛惟雪異
山容特徵寒鶴夢乍醒尋歸庵戶枕屐西海一
習柔柯蔓婆娑綠倩兔夜窗　畫踏妊容舊
踏算影爭壽陽前屬望繁妝兑残那更
嚴城聽雨紅羅尊誰歸古恩相仍聯騎玄踏
俯窺四廊留麗又寄天蓉

霜厓初稿

吳梅詞作手稿

長慶元年錢徽為禮部侍郎宰相為段文昌出
鎮蜀川故刑部郎楊憑于渾之求進壹以家藏書
畫獻文昌求致進士第文昌將發面託徽綴以私畫
保薦後卒未成　仲篇先生六之日　丁卯二月吳梅

吳梅手迹

不有佳作何申雅懷

今遣行人具宣往意

吳梅

吳梅書對聯

吳梅書扇面

吴梅信札

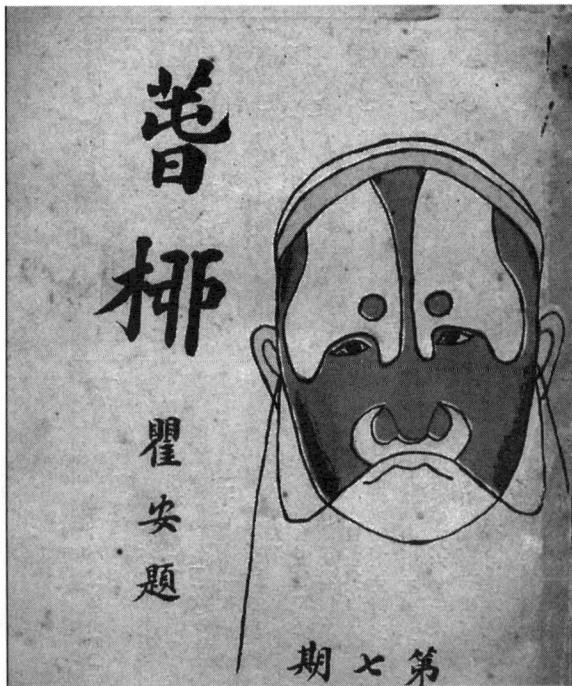

吴梅为《春柳》杂志题签

目　录

| 第一章　吴门才俊 |

　　按照中国古代小说、戏曲或说唱文学作品的写作惯例，凡有重要人物降生世间，一定会有不同寻常的异兆出现，要么是母亲梦见星月、怪兽之类入怀，醒而有孕，要么是天上出现五彩祥云，香气满室，等等。按照这个说法，1884 年 9 月 11 日（光绪十年七月二十二），即吴梅来到世间的这一天似乎过于平淡了一些，千年古城苏州并没有出现什么特别的迹象，未能显示出一代曲学大师不同凡响的气派。

　　中国有句老话，叫三岁看老。从一个人儿时成长背景、言谈举止的一些蛛丝马迹是可以大体推测出其未来的前途和发展的。从一个普通人家的苦命孩子到受人推崇的一代曲学大师，吴梅创造了一个不可复制的人生奇迹，等号的两端是遥远的距离。不过通过考察吴梅早年的生活及学习经历，我们可以发现，这一切都是有迹可循的，虽令人惊奇，却也在意料之中，从中我们可以发现一些颇有启发意义的东西。对于后学者来说，这是一笔十分宝贵的学术文化财富。

第一节　忧患之始

对吴梅来说，尽管儿时的记忆中也有不少温馨和值得留恋的东西，但相比之下，他在这一时期的生活更多的则是带有灰暗的色彩。

就出身而言，吴梅虽然出生在苏州城内一个普通人家，但上溯几代，却也有着颇为辉煌、值得骄傲的家世。这种辉煌和骄傲要从吴梅的曾祖父吴钟骏(1799—1853)说起。吴钟骏，字崧甫，号晴舫，他是道光壬辰恩科(1832)状元。在此之前，其堂叔吴廷琛已高中嘉庆辛酉科(1801)状元，叔侄两人双双中状元，这是极为少见的，在当时传为佳话，人称"叔侄状元"。一个家族连出两个状元，这是何等的荣光，"吴中文物之盛甲东南，而吴氏以科目称望族"①。

吴钟骏自幼家贫，以教书为生。早年曾任梁章钜幕僚，后历任礼部侍郎、福建学政、浙江学政等。他一生勤奋好学，非常喜爱藏书，在当时是位颇有名气的文人。著述颇丰，著有《两浙校士录》等，可惜大多未能流传下来。吴钟骏代表着吴氏家族的鼎盛，也体现着这个家族的荣耀，更是后代子孙学习的楷模，尽管这种辉煌后来再也没有重现过。

吴梅的祖父吴清彦也曾中过举，并受父亲的恩荫，担任过刑部员外郎之类的官职。遗憾的是，他还不及自己的父亲长寿，只活了四十二岁，未能为子孙多积累一些资源和财富。这样，到吴梅父亲吴国榛(1865—

---

① 卢前《霜崖先生年谱》，载北京图书馆编《北京图书馆藏珍本年谱丛刊》第199册，北京图书馆出版社1999年版。后文所引卢前《霜崖先生年谱》皆依据该书，不再一一详注。

吴钟骏书扇画

1886)的时候,已经家道中落,荣光不再。吴国榛,字声孙,号一蓬居士。尽管他天分很高,也曾参加过科考,"十七游庠,省试膺荐"①,但未能获得更高一级的功名。好在他一直继承着家族喜爱读书的传统,勤于撰述,写有不少著作,如《尚纲堂骈文笺注》、《文选李善注所引书目考》、《冯孟亭义山诗笺纠谬》、《罷勤斋诗集》和《续西厢》等,据吴梅介绍,"足列艺林"②,可惜这些著作未能及时刊刻,在其去世之后大多失传了。

吴国榛"少好音律",他读《会真记》"而有所憾",再读续《西厢》,"益觉太俗","故填词四套,刻而传之"③。该剧共四出,分别为《旅思》、《死别》、《忙亡》、《出家》,"四套南北词各半,每折后自有评语"④。吴梅后来研究曲学,应该也有父亲这方面影响的因素在。吴梅长大后,曾想为父

---

① 吴梅1931年11月10日(农历十月初一)日记,王卫民编《吴梅全集》日记卷第36页,河北教育出版社2002年版。后文所引吴梅日记、诗词曲作、笔记、题跋及相关著述,除特别注明外,皆依据该书,不再一一详注。

② 吴梅1931年11月10日(农历十月初一)日记。

③ 吴国榛《续西厢》自序,载蔡毅编著《中国古典戏曲序跋汇编》第1154页,齐鲁书社1989年版。

④ 任讷《续西厢》跋,载蔡毅编著《中国古典戏曲序跋汇编》第1154页,齐鲁书社1989年版。

亲刊印遗稿,但搜集多年,只找到数篇时文及残存的十来页著述。因搜集的资料太少,"以纸帙太少,不成卷数而止"①。到1926年,他还是设法刊印了父亲的诗集《毉勤斋诗残稿》②。尽管只有二十首诗,但也算是完成了自己多年的一个心愿。祖上数代都是读书人,并一直保持着良好的家风,因此说吴梅出身书香门第、诗书之家是没有问题的。

尽管书香门第一词听起来颇为儒雅,但它无法掩饰这个词语背后所蕴含的破落和辛酸。吴家曾经是苏州城里颇为显赫的家族,但到了吴梅父亲吴国榛这一代的时候,受父祖早逝及太平天国战事等因素的影响,其家境已大不如前,几乎可以用困顿这个词来形容了。

命运对于年幼的吴梅来说,似乎过于残酷,让这个孩子过早经历了人世间的诸多坎坷和磨难,家境贫寒不说,连个完整的家庭都不给他。吴梅三岁的时候,父亲吴国榛去世,年仅二十二岁。由于父亲去世时间早,吴梅没有兄弟姐妹。更为不幸的是,在他十岁的那年,饱受煎熬的母亲陆氏也离开了人世。双亲的相继亡故使年幼的吴梅成为孤儿,后来他在一首诗里饱含深情地回顾自己早年的这段不幸遭遇:"三岁丁孤露,不知饥与寒。母氏勤抚育,四序无笑颜。故家已中落,百忧初发端。薄田未满顷,安足供三餐。……吾母厉清节,盛年两鬓斑。茹荼垂十载,抱恨入一棺。时余才十龄,积苦身益屡。"③

幸运的是,吴梅八岁的时候,被过继给叔祖吴长祥,他后来的生活和成长由此有了稳定可靠的保障。吴长祥,号吉云,长期靠经商和帮别人管家为生。对其生平经历,吴梅曾有简要明晰的概括:"吉云公早失学,

① 吴梅《瞿安笔记》。
② 参见柯愈春《清人诗文集总目提要》第1940页,北京古籍出版社2002年版。
③ 吴梅《北泾种树行》。

年十九岁就商，未几遭杨、洪之乱。事平，本生祖考小舫公，延为主计，历事三十年，家渐温饱，后复往族祖引之公家主计，亦历二十余年，至六十岁而罢。"①父母相继亡故后，这位心地善良的叔祖收养了吴梅，尽管这并不能从根本上弥补成为孤儿给其带来的巨大苦痛，但至少可以让他有一个较为正常的成长环境。吴长祥虽然从十九岁就开始经商，并非文人才士，但他喜爱读书，颇知治学门径。他很喜欢吴梅这个聪慧的孩子，对其学习非常关心，很自然地成为吴梅的启蒙教师。对这位叔祖，吴梅有着很深的感情："余之能读书，略知学问途径者，嗣祖吉云公之教也。"②

　　无论是在物质上还是在精神上，这位叔祖都是十分负责的。他只有一个女儿，再没有其他孩子，一家人把对后代的慈爱都集中到吴梅身上。对自己早年的这段生活，吴梅日后在《北泾种树行》一诗中曾做过如下深情的描述："公独请大母，此儿颇不顽。敢乞为我后，庶足娱老鳏。大母首屡颔，公亦心为欢。……公复调饮食，巢覆幸卵完。"如果没有这样一位慈祥可亲的叔祖，吴梅日后的人生将会如何，这真是一个难以想象的问题。

　　苦难固然意味着不幸，没有谁会心甘情愿地去迎接它、接受它，但它的确可以锻炼人，这种锻炼不光是培养个人生活的能力，更为重要的是它可以磨炼一个人坚强的意志，为一个人的成长奠定坚实的基础。它让我们想起了先哲孟子所说的一段话："天将降大任于是人也，必先苦其心志，劳其筋骨，饿其体肤。"这句话用在吴梅身上还是颇为贴切的。

　　与当时普天下所有望子成龙的长辈们一样，叔祖吴长祥为吴梅设计的最佳人生道路不过是唐宋以来的文人们已经走了一千多年的老路，那

---

① 吴梅 1932 年 2 月 22 日（农历正月十七）日记。
② 吴梅 1935 年 10 月 21 日（农历九月二十四）日记。

就是学而优则仕。对吴梅来说,这不仅是个人的前途所系,更重要的是它还意味着对家族荣耀的恢复与延续。

吴梅从十二岁开始学习学子业,叔祖吴长祥特地为他聘请了一位启蒙老师。这位老师名叫潘霞客,字少霞,系河南荥阳人。有趣的是这位潘老师是带着自己的孩子潘承庠远赴苏州设帐的①,于是,潘承庠便顺理成章地成为吴梅儿时的同窗和好友。

潘承庠,字养纯,年长吴梅六岁。他爱好读史,也喜欢诗词,"喜作诗,穷日夜不倦"②,"喜诗余,日夕手一卷,寒暑无间焉"③。他天分很高,也很勤奋。两人常常在一起填词作曲、切磋学问,建立了非常深厚的友谊。吴梅《春夜口占示潘养纯(承庠)》一诗记述了这位好友当时的风采,后来他在追忆当时的往事时,还说自己"少时与潘子养纯承庠论词曲甚契"④。在吴梅求学成长的过程中,这位同窗好友有着相当重要的影响。

就八股文的学习而言,吴梅有一个从不通到顿悟的过程。起初,他学习不得要法,加之也没有兴趣,每次作文都难以终篇,于是只好让好友潘承庠帮自己代笔。谁知弄巧成拙,潘承庠在文中不经意间流露的破绽经常被老师发现,毕竟文如其人,一人有一人的写法和风格。原来吴梅的这位好友喜欢读史,经常在文中引用史实。老师一旦盘问起来,吴梅因不熟悉,往往无言答对,只好挑灯重做,有时一直忙到第二天早上才能赶完。为此潘养纯曾用"一夜无眠为谁忙"一语来和他开玩笑。

① 至于潘养纯到底是潘霞客的儿子还是孙子,吴梅本人的说法并不一致,在《哀养纯》一诗中云"养纯为吾师少霞先生子",但在《蠡言》中则云"吾师霞客先生,即养臣之祖父也",而且连人名是养纯还是养臣,也不一致。
② 吴梅《瞿安笔记》。
③ 吴梅《奢摩他室曲话》自序。
④ 吴梅《风洞山》例言,小说林社1906年版。

作文如此艰难,考试的成绩自然也就可想而知了。十五岁这一年(1898年),吴梅开始去应童子试,未能成功。第二年再去应考,则因提复而被斥。潘霞客对此颇为失望,他认为吴梅不是读书这块料,就劝吴长祥,"此子不堪读书,习商为是",不如让孩子放弃学业去经商。但吴长祥"舐犊恩深"①,并没有答应。他一生经商,深知其中的甘苦,不想让吴梅再走自己的这条老路,坚持让其继续学习。

其实对天分很高的吴梅来说,只要肯用功,做这种类似文字游戏的八股文章并不是太难的事情。后来,他在阅读我国制举文时,忽然悟到八股的诀窍,觉得自己也能做。他把这种想法告诉了老师,老师自然是不相信,于是出了十个题目,让吴梅练习。谁知吴梅竟然五天就做完了,这在过去是从来没有的。这种转变实在是有些太突然,也太富有戏剧性了,潘霞客感到很是奇怪,不知道这位自己并不看好的学生何以一下豁然开朗,成为八股文的行家里手了。

就吴梅的兴趣而言,他更喜欢读小说之类的杂书。他后来在一次演讲时,曾谈到自己早年读私塾时的一件趣事:"我幼时在私塾里读书的时候,我很欢喜看小说,看的时候,总是偷偷摸摸的不敢给先生知道。有一次《三国志》刚刚看完,正愁没有书看,同学告诉我,说道有一部《纲鉴易知录》,最是全备,他又说'这部书上下数千年,什么都有',当时我就去买了来,谁知翻开一看,却都是脱头脱脑的东西,因此心中非常不快。但是有一次被先生看见了,他非但不禁止,并且说此书大可看得,于是我就公然的看起来了。不管看得懂不懂,只拣兴趣多的地方看去,有时还摘录一点儿。因此我做札记的习惯,也就在此时养成。"②可见私塾的学习虽

---

① 以上见吴梅《百嘉室遗嘱》。
② 吴梅《对于中学国文的我见》,《苏中校刊》第9期(1928年7月)。

然围绕科举考试进行,但还是为吴梅日后的治学打下一些基础的。

1901 年对吴梅来说无疑是个悲喜交加的年份,这一年他正好十八岁。喜的是,由于领悟到做八股文的诀窍,作文的水准自然不同以往。出去应考,受到考官翁有成的赏识,结果以第一名的优异成绩补长洲县学生员①。这给吴梅以很大的鼓励,也让辛勤培养他的叔祖感到欣慰。

不幸的是,也就在这一年,吴梅的老师潘霞客、好友潘养纯相继去世,这让吴梅感到非常伤心。特别是其好友潘养纯,时年仅 22 岁,刚结婚半年。吴梅为其才华未能施展而惋惜,为其英年早逝而悲伤,他在《哀潘养纯》一诗中写道:"命与才相厄,贫困病益悭。雄心希一第,秀语遍双鬟。驻景无丹诀,呼天惨玉颜。麻衣追地下,纯孝古人难。"此后,吴梅时常想起这位早年的好友,为其命运不济而叹息,思念之情溢于言表:"呜呼!泉路茫茫,谁待我范巨卿乎?"②"今养臣亡十五年矣,车过腹痛,忍回首前尘,重寻坠梦乎?"③

既然已经有了一个良好的开端,科举之路自然就要坚定地走下去。对八股的顿然开窍帮吴梅谋到了一个秀才,不过当他想走得更远的时候,如同千千万万屈居下层的士子们一样,这条科举之路走得却并不顺利,充满坎坷。

1902 年,吴梅得以食饩。这年秋天,他与好友盛德镕、高祖同等八人结伴,一起前往南京,参加江南补行庚子、辛丑并科乡试。他们走的是水路,一路上吴梅意气风发,信心十足,《胥江晓发》诗二首写出了他此时的心情:"估客帆樯十里,於中著一举子。同看席帽离身,谁是姓名挂齿。

---

① 吴梅因翁有成"有知己之雅,虽非师生,渠亦忘年下交",与其时有往来。参见吴梅 1931 年 10 月 31 日(农历九月二十一)、1933 年 7 月 22 日(农历六月初一)日记。
② 吴梅《风洞山》例言,小说林社 1906 年版。
③ 吴梅《蠡言》。

蛰龙伫听风雷,多少鹦鹉秀才。秋晚芙蓉江上,一枝高倚云栽。"路上他还登临焦山,凭吊古迹。

但是事情的进展并不以吴梅个人的意志为转移。连续两场下来,考得很不理想,到第三场的时候,他干脆没有进考棚,"余第三场亦不进棚,偕霞飞游秦淮,以宽胸臆"①,此举的结果自然也就可以想象得到,同行的八个人中,只有一个得中,一个得优贡,其余六人都是落选。这样的结果让吴梅感到沮丧和不平,其心情与来南京赶考时完全不同了:"惆怅归来有月知,剪灯心事峭寒时。文章信美知何用,谁识三生杜牧之。"②

第二年,吴梅再次赴南京,参加江南乡试。结果理想再次破灭,原因也很简单:以书"羽"字不中程而被绌。何为"羽"字不中程?目前学界有两种说法:一种是"羽"字犯了武圣关羽的名讳。关羽在当时地位尊崇,名讳自然是要避讳的;一种则是"羽"字写得不清楚。笔者以为前一种的可能性更大,属于吴梅考试时无心之犯。至于后者,一个"羽"字相当简单,笔画结构并不复杂,何以会写不清楚或写错,可能性似乎不大。明清两代,科举考试的清规戒律很多,稍不注意就可能犯规,不少考生往往因细枝末节的问题而被淘汰,吴梅大概也是属于这种情况。

与此前的举子们所不同的是,历史只给了吴梅两次参加科考的机会。1905年,迫于当时的形势,在张之洞等朝廷重臣的极力推动下,清廷下诏宣布,从第二年起废除科举制度。这是中国社会文化的一大变革,随着实行了一千多年的科举制度的废除,吴梅这段为时不长的科考之路也就戛然终止,它促使这位前途尚不明朗、处于迷茫中的年轻人去选择一条全新的人生道路。

---

① 吴梅 1931 年 10 月 18 日(农历九月初八)日记。
② 吴梅《下第后饮秋蘗阁,再集白石词句》二首之二。

　　这既是一个难得的人生机遇,同时也是一个严峻的考验。自然,科举制度废除所改变的并不仅仅是吴梅本人的命运,还包括和他一样成千上万的读书人。在新的社会文化形势下,这些读书人必须改变他们的祖辈们走了一千多年的老路,开创人生的新境界。其他方面不说,此举对中国学术研究的影响十分深远,使包括曲学在内的学术研究进入一个全新的阶段。否则可以想象,吴梅即使不像蒲松龄那样耗费一生的时间反复走进考棚,按照一般情况推断,他至少还要再耗费数年的时间去试几次,不可能把主要精力投入到词曲的创作和研究上,毕竟吴梅这个时候才二十来岁,还很年轻。在当时这是文人最好的人生道路,无论是吴梅本人,还是他叔祖,都不会轻易放弃。如果真是这样的话,不管最后能否考上,吴梅的命运将是另外一个样子,能否成为一代曲学大师,还真是个未知数。不过历史是不能假设的,后人只能根据当时的情况摩想而已。吴梅本人当时自然不可能意识到这一点,他也不知道自己的人生之路将通向何方。

　　但不管怎样,连续两次的科考失利还是让充满期待和自信的吴梅感到非常沮丧,期待越多,打击自然也就越大。见此情景,阅历丰富的叔祖语重心长地劝慰吴梅:读书并不仅仅是为了做官,现在朝廷正在进行改革,新旧变化很大。要能耐得住清贫,保持人品的端正,不能玷污了吴家良好的门风。这些话说得合情合理,深深打动了吴梅,使他对功名的态度发生了较大的转变,开始确立新的人生目标。吴梅曾在一首诗中记述了叔祖当时开导自己的过程:"公更抚我语,读书非求官。朝廷方改革,新旧如转丸。愿妆守蓬荜,慎勿玷衣冠。我闻斯言泣,悬知论不刊。从此名心澹,万事皆达观。"①

_____

① 吴梅《北泾种树行》,"妆"当作"汝"。

尽管如此,吴梅日后在提及当年科考的失利时,仍然充满遗憾之情。1931年11月10日,他在阅读《后汉书·崔骃传》时,由崔氏四世"皆以学业世其家"联想到自己的家世和经历,写下一段很伤感的话:"余亦二十食饩,两荐未售,遭值世变,不愿筮仕,晦迹音乐,苟全性命,州郡征辟,闻而远遁,何其与崔氏相类也。偶读范书,用志凄感。"①1932年8月3日,在读来集之的《红纱》《碧纱》两剧时,"不觉动少年落第之痛"②。可见科考未中是吴梅内心一片无法彻底抹去的阴影,有人说吴梅两次失利之后,将科举制度彻底抛弃云云,这不过是人为的拔高,没有注意到吴梅此时及后来较为矛盾、复杂的心理。

1903年科考再次失利后,吴梅曾离开苏州,到上海去寻求新的出路。据卢前所编《霜崖先生年谱》记载,这一年吴梅"赴上海,就东文学社习日本文"③。具体时间当为这一年的秋天。

晚清时期,为适应对外交流及译介新知的需要,上海、北京等地创办了不少培养翻译人才的日语学习机构,多以东文馆、东文学社、东文学堂为名。这些学校大多不正规,持续时间短,随开随关。那么吴梅在上海就读的是哪所东文学社呢?

晚清时期在上海比较正规、影响最大的当数罗振玉所办的东文学社。1898年至1900年间,王国维曾在东文学社学习,如果吴梅也是在这所东文学社学习的话,这两位戏曲研究的先驱者就成为校友了,这无疑是中国现代学术史上的一段佳话。

不过细细推敲就会发现,这是不可能的。东文学社是罗振玉等人为

---

① 吴梅1931年11月10日(农历十月初一)日记。
② 吴梅1932年8月3日(农历七月初二)日记。
③ 卢前《霜崖先生年谱》。

培养日文翻译人才而创办的一所新式学校,于 1898 年 3 月 22 日开学,王国维在该校学习,并结识罗振玉。1900 年夏,因庚子之变,东文学社就此停办,一个已经停办两年多的学校,吴梅怎么可能会在 1903 年去就读呢? 显然,吴梅就读的不是罗振玉所办东文学社,而是另外一所学校。

王卫民认为,吴梅所就读的是唐才常所创办的东文学社,"东文学社表面上是日本人办的一个日语学校,实际上是维新派人物唐才常用以掩护秘密组织正气会而成立的。吴梅来此之前并不知道其中的奥秘,当得知它的真正面目时,他又有些畏惧,不久得了一场大病"[①]。唐才常确实在上海创办过一个东文学社,又称东文译社。时间是在 1900 年,设在上海虹口。"聘请日本人甲裴靖主持社务,藉教授日文为名,实为自立军之运动机关。凡由各省来沪之会党首领或其他武装同志,在此聚集会议,可资掩护"[②]。这所学校如何招生,招了多少学生,现已难以确知。问题在于,就在其创办的当年,唐才常等人就被清政府逮捕杀害,失去了创办人及掩护自立军的功能,学校自然也就不复存在,吴梅如何会在 1903 年前往就读呢? 吴梅就读的显然也不是这所学校。

那么吴梅在上海就读的到底是一所什么学校呢? 笔者认为应该是东文学堂。

东文学堂系当时的南洋公学所设,也是为培养日文翻译人才而创办的。众所周知,南洋公学是上海交通大学的前身,由盛宣怀创办于 1896 年,东文学堂于 1901 年 8 月正式开办,由张元济主政,到 1903 年,因经费短缺而停办。有人说东文学堂创办半年就停办,这是不准确的,因为

---

① 王卫民《曲学大成 后世师表:吴梅评传》第 6 页,上海古籍出版社 2010 年版。
② 唐才质《唐才常烈士年谱》,载湖南省哲学社会科学研究所编《唐才常集》第 275 页,中华书局 1980 年版。

1902 年罗振玉还出任东文学堂监督,这说明该学堂还在运转。

　　吴梅秋天去上海,当年学堂就停办,这样算起来,他在东文学堂学习的时间也不过只有短短几个月,其间还生了一场病[①],大概没有学到多少东西,也没有拿到文凭,日后也没有见到吴梅通晓日文的迹象及相关记载。但不管怎么样,吴梅曾在这里学习过一段时间,这是没有疑义的,有人据此将吴梅列入"从交通大学走出的文化名人"[②],也有其道理,说得过去。

　　有趣的是,这个东文学堂与王国维也确实有些关系。1902 年 1 月,罗振玉出任南洋公学东文学堂监督。当年夏,王国维从日本回国,应罗振玉之邀,任该校执事。不过时间很短,到 11 月,王国维就应邀担任通州师范学校教习。王国维和吴梅在东文学堂,一个是执事,一个为学生,虽然停留的时间都很短,但相互有交叉,两人是否由此结识呢? 从日后的迹象来看,答案应该是否定的。

　　东文学社、东文学堂,虽然只有一字之差,却是两所完全不同的学校。但是两所学校的性质相同,又都和罗振玉、王国维有关,所以很容易混淆。卢前与吴梅往来密切,他的记载,应该是来自吴梅。也许他对这两所学校的情况不熟悉,因此发生混淆,这种可能性是较大的。

　　有的研究者在介绍吴梅生平时,称其"曾留学日本"[③],这显然是不符合事实的。之所以会有这样的说法,很可能是看到有关吴梅在东文学

---

① 参见吴梅《海上卧病》一诗。

② 毛杏云主编的《春风桃李:从交通大学走出的文化名人》收录有《英年早逝的词曲大师——吴梅》一文,可看参,上海交通大学出版社 2006 年版。

③ 冀淑英《吴梅、朱偰、赵元方的捐赠》,载其《冀淑英古籍善本十五讲》第 163 页,国家图书馆出版社 2009 年版。该书对吴梅生平的介绍也多有不准确处,如"一直任东吴大学的教授","20 世纪 20 年代在北大开课时就是讲词,后来也讲曲"等。

社学习日文的记载,就想当然地以为吴梅是到日本去留学。一方面是有人将吴梅就读的东文学堂误为东文学社,另一方面则是有不少人把王国维就读的东文学社误为东文学堂,因事实比较清楚,这里就不再进行辨析。

尽管在东文学堂学习的时间并不长,但对吴梅来说,则意味深远,因为这意味着他在尝试一条新的人生道路,他在努力消除科举制度废除给自己带来的迷茫和痛苦。

稍后,从 1904 秋到 1905 年初,吴梅又在江苏师范学堂学习过一段时间,不久因生活压力而肄业。早年的私塾教育加上两所学校的短暂学习,这就是吴梅所接受的全部学校教育,至于学习的内容,基本上与他后来所从事的词曲教学和研究没有什么关系。吴梅后来能成为一代曲学大师,靠的不是课堂上的学习,而是私下的请益与个人的刻苦自学。

第二节　稻粱之谋

早在私塾里跟着老师准备科考的时候,吴梅就已对诗文辞赋产生了浓厚的兴趣,并下了不少工夫。但无论是文学创作还是曲学研究,在当时还都没有成为一种专门的职业,当不了饭吃,尽管在报刊业发达的上海、北京等地已有一些文人卖文为生,但还没有成为一种普遍现象,何况吴梅此时才刚刚起步,远没有他日后那么大的名声和影响。科举制度被废除后,吴梅面临的一个最为重要的考验就是生计问题。没有父母的老本可吃,虽然叔祖很照顾自己,但他必须尽早自立,养活自己和家人。

与当时的许多年轻人一样,吴梅很早就娶了亲,十七岁便为人之夫。其夫人名叫邹瑞华,是邹福伟的第三个女儿,比吴梅小一岁。邹氏知书达理,也喜欢唱曲,与吴梅有着共同的爱好,两人婚后的生活虽然清苦,倒也融洽和睦,幸福美满。不久,他们的孩子出生了,从1902年到1910年,四个儿子相继来到人间。1907年10月,作为家庭顶梁柱的嗣祖父去世。这样,吴梅虽然才不过20来岁,却一下从一个求学的学子变成家庭的主力,身份的转换意味着责任的增加,全家老小八口人,那么多人都要张口吃饭,都靠他一个人,该如何办? 这对还没有什么谋生技能的吴梅来说,是一个必须面对并要给予解决的问题。

于是,在接下来的十多年时间里,年轻的吴梅辗转于苏州、上海、南京等地,为生计而奔波。他不断换工作,主要在中小学任教为业,其间还曾远赴河南,做了一任较为短暂的幕府。对这一时期"游艺四方"的生活,吴梅本人后来曾有十分精炼的概括:"先居蠡市,继就东吴,随幕中州,移砚沪上。"[1]

以下列举其1917年8月之前在江南各地供职的基本情况:

1902年,在雷子藩家坐馆。

1905年春,应同乡冯自春、高梓仲之聘,在蠡墅小学任职。

1905年秋,经好友黄人介绍,在东吴大学堂担任助教。

1909年8月,远赴开封,任河道曹载安幕。

1910年2月,回苏州,任存古学堂检察官。

1912年春,在南京第四师范学校任教。

1913—1917年,在上海民立中学任教。

这里按照时间顺序,对吴梅在这一时期谋职的情况稍作介绍。

据卢前介绍,吴梅1902年曾"馆雷子藩家,授纯子昆弟课"[2],但具体情况因缺乏资料,已难以确知。根据吴梅当时正忙于科考的情况来看,

[1] 吴梅1932年9月21日(农历八月廿一)日记。
[2] 卢前《霜崖先生年谱》。

很可能属于临时性的兼职或帮忙,即一边坐馆,一边准备科考,时间当不会太长。

1905 年到蠡墅小学任职,这应该是吴梅停止科考之后所从事的第一份正式工作。蠡墅在今苏州市吴中区。吴梅是受好友高祖同之邀而去的。高祖同,字梓仲,此前曾和吴梅一起到南京参加科考。他很欣赏吴梅的才华,认为其"年少倜傥,喜读书,于书无所不览,工于诗,溺于文,倚马千言,洋洋若陆海潘江也"①。

在这里,除了环境幽雅、工作清闲外,吴梅还经常与好友高祖同一起畅饮,谈文论艺,甚是相得。他在诗作中对这段生活曾有较详细的描写:"一室若家庭,宾主水乳俱。入晚享盛馔,鱼鸭盈盘盂。粳稻香溢齿,新笋脆且腴。我今颇嗜饮,此邦号酒区。"②

在蠡墅小学的这段日子虽然过得相当轻松惬意,但也仅是为糊口而已,并非吴梅所愿,虽然他也曾说过"平生无远志,温饱即良图"这样的话③。1905 年秋天,当任职东吴大学的好友黄人邀请他过去一起共事的时候,他爽快地答应了。在东吴大学的这段工作经历对吴梅后来的文学创作和学术研究有着十分重要的影响。

说到吴梅任职东吴大学,首先要了解他与黄人之间的关系。黄人,原名振元,字慕韩,一作慕庵,中年后改名黄人,字摩西,江苏常熟人。他是中国近代学术文化史上一位十分重要且相当活跃的学人。他创办并主持《独立报》、《小说林》、《雁来红》,编写第一部《中国文学史》,编纂第一部新型百科辞书《普通百科新大词典》,著述尚有《清文汇》、《小说小

---

① 高祖同《暖香楼乐府题词》,《小说林》第 1 期(1907 年)。
② 吴梅《蠡墅歌示梓仲》。
③ 吴梅《蠡墅歌示梓仲》。

话》等，在很多领域有开拓之功。黄人性格洒脱，不拘小节，为人行事特立独行，狂放不羁，被世人目为奇士①。

黄人长吴梅十八岁，两人关系在师友之间。他们是在1895年结识的②。吴梅对这位好友的才华和学识十分钦佩，称其"无所不窥，凡经史、诗文、方技、音律、遁甲之属，辄能晓其大概。故其为文操笔立就，不屑屑于绳尺，而光焰万丈，自不可遏。至其奥衍古拙，又如入灵室瑯嬛，触目皆见非常之物。"③从吴梅当时所写的这段话中不难看出其对黄人的仰慕之情。

无论是为学还是为人，吴梅都从黄人这位多才多艺的奇人身上学到很多东西，他在东南大学时期的一位弟子认为"吴氏于未得名前，曾为摩西助教授者数年。吴氏之学，或亦得力于摩西之陶铸，未可知也。瞿安师于课间对于摩西，备极推崇，称为近代文才之怪杰"④，这一说法是很有道理的。吴梅本人也曾说过"得黄君摩西相指示，而所学益进。……养纯导于先，摩西成于后，是二人者，皆大有造于我者也"这样的话⑤。

对黄人奇特乃至不近人情的一些言行，吴梅也都能给予理解和宽容。黄人藏曲甚富，有时得到珍籍，不免有些吝啬，连吴梅这样的好友都不给看。黄人藏有归庄的《万古愁》，吴梅想借阅，但黄人就是不肯，"一

---

① 有关黄人生平事迹，参见王永健《苏州奇人黄摩西评传》一书，苏州大学出版社2000年版。
② 参见郑逸梅《人寿室忆往录·南社畸人黄摩西》，香港《大成》第145期（1986年）。另据黄钧达所撰《黄人年谱》，则当为1896年，见黄钧达《黄人生平与研究》第23页，2005年内部印刷。
③ 吴梅《血花飞传奇序》附识，胡朴安选录《南社丛选》，国学社1924年版。
④ 陈旭轮《关于黄摩西》，《文史》第1期（1944年11月）。
⑤ 吴梅《奢摩他室曲话》自序。

再请读此曲,而秘不示人,辄怏怏累日"①。这样的事并不止发生一次:
"光绪三十二年,常熟黄慕韩(振元),偶假得此剧(指《吟风阁》——笔者
注),余欲借读一过,悭不肯与,怏怏而返。"虽然当时感到有些沮丧,日后
吴梅看到此书时,想到的则是不能和好友一起谈曲论学的遗憾:"惜慕韩
殁已五年,不能与之订谱,未免有人琴之感矣。"②

　　黄人自 1901 年东吴大学创办之始即到该校担任国学教习③,直到
1913 年去世,共在这所学校任职十多年,这是一所由美国人创办的教会
学校,办学理念及课程设置都是新式的。他邀请吴梅到东吴大学,主要
是请其担任自己的助教,帮助编写《中国文学史》。据《东吴六志》记载:
"光绪三十年,西历 1904 年,孙校长以本校仪式上之布置,略有就绪,急
应厘订各科学课本;而西学课本尽可择优取用,唯国学方面,既一向未有
学校之设立,何来合适课本,不得不自谋编著。因商之黄摩西先生,请其
担承编辑主任,别延嵇绍周、吴瞿安两先生分任其事。"④吴梅是在这种
情况下进入东吴大学的。

　　显然黄人是欣赏吴梅的才学才去主动邀请吴梅的,因为两人都喜欢
词曲,有人曾将他们在此方面的造诣进行过有趣的比较:"慕庵才思博
艳,好为荒忽幻眇之辞。传奇倚声,与吴梅伯仲,二子友好无间。慕庵于
律度,不能沉细,若丰文逸态,往往驾吴梅而上。"⑤是共同的爱好使两位
好友又成为同事。对吴梅来说,能在东吴大学担任助教,这无疑是一个

---

① 吴梅《万古愁散套》跋。
② 吴梅《吟风阁》跋。
③ 亦有人称其为国文教习(参见范烟桥《茶烟歇》)、文学总教习(参见钱仲联《东吴之人文学术传统》)。
④ 徐允修《东吴六志·志琐言》,转引自王永健《苏州奇人黄摩西评传》第 206 页,苏州大学出版社 2000 年版。
⑤ 金松岑《苏州五奇人传》,《天放楼续文言》卷四,1933 年刊行。

学习和锻炼的良机,借机可以对中国文学进行全面、深入的研习,客观上也为其日后在北京大学、中央大学的任教奠定了坚实的基础。

在东吴大学任职的几年间,吴梅参与了中国第一部文学史的编写。两人为编写该书,对文学史上的各类问题进行过切磋,吴梅后来曾撰文谈及这一点:"往与亡友黄君摩西,泛论明清两朝文学,造诣各有浅深,皆有因而无创。摩西谓明人之制艺传奇、清之试贴诗,皆空前之作。余深韪其言。"①可见两人对不少问题的看法是一致的。《中国文学史》的撰写,黄人贡献最大,这是没有问题的,但其中有些内容为他和吴梅两人讨论的结果,有些内容则可能自出吴梅之手,这也是不容否定的,至于到底是哪些,由于缺乏资料,现在已难以分清了。

黄人恃才傲物,狂放不羁,人所共知。吴梅当时才二十来岁,性格也颇为张扬。他曾放舟石湖作长歌,起句为"天风咫尺吹我舟,众山为我皆低头",颇得老辈的认可,认为他有"凌铄宇宙之概",等到他在在题韬园词《菩萨蛮》中吟出"少年不幸称才子,中年无赖成狂士。文字不医贫,牢愁可奈君。雄心灰未死,狂走金昌市。故国暮天云,短衣蔫泪痕"这样的词句时,"诸老又以为狂不

黄人题《暖香楼》

---

① 吴梅《清人杂剧二集》序,1934 年刊行。

可近,致有贻书相戒者"①,吴梅此举其实也正是黄人的一贯作风。两人秉性相投,过从密切,词曲唱和,相处很是融洽,黄人写有《三妹媚 和瞿庵韵》《南仙吕入双调 题金叔远慈乌村和吴灵鸰原调韵近作》《血花飞传奇序》等②,并为吴梅编印的《奢摩他室曲丛》题签,吴梅则写有《短歌赠黄慕韩振元》等。王文濡在一篇文章中曾十分生动地描绘了吴梅当时的神采:"犹忆三十年前,余在吴门办学,与黄子摩西定忘形交。休沐之暇,借茗寮为谈话所。黄子广交游,庄士狎友,不介自来。团坐放言,间及时事。一少年手拍案,足蹋地,时而笑骂,时而痛哭,寮之人佥目为狂。询诸黄子,则吴其姓,瞿庵其字,枕葃经史外,癖嗜词曲,英雄肝胆,儿女心肠,往往流露于文字间。所著《血花飞》传奇,乃其出手之初著也。心异其人,因与定交。"③吴梅虽然一生都不脱文人风习,但后来的言谈举止比这一时期要收敛许多。

遗憾的是黄人寿命不长,于1913年去世,只活了四十多岁。对好友的早逝,吴梅很是伤心。此后,每当想起这段往事时,都会流露出对好友的深切思念之情。黄人去世后,其藏书散出,吴梅得到其中的十多种剧本。1919年,他"秋灯校读",看到"据亡友黄慕韩(振元)藏本钞补"的《坦庵词曲五种》,"益动我山阳邻笛之思"④。1931年,他在为郑振铎所编《清人杂剧》二集写序时,追忆两人当年一起探讨明清两朝文学的情景,再次流露出惋惜之情:"惜摩西久逝,不及见此文也。"⑤

当时与吴梅一起在东吴大学供职的还有金鹤翀,他是吴梅的同学,

① 以上吴梅《蠡言》。
② 上述作品见江庆柏、曹培根整理《黄人集》,上海文化出版社2001年版。
③ 王文濡《中国戏曲概论》序,大东书局1926年版。
④ 吴梅《坦庵词曲五种》跋。
⑤ 吴梅《清人杂剧二集》序,1934年刊行。

两人有较为密切的交往。吴梅曾作有套曲《仙吕步步娇·题金菽缘〈鹤翔〉〈慈乌村图〉》。

吴梅先后在东吴大学任职三年多时间，于 1909 年离开，远赴河南。至于离开的具体原因，吴梅本人并没有明确说明。按说他在东吴大学的几年时间里过得还是比较愉快的，有黄人、金鹤翔等好友作为同事，工作性质又与自己的兴趣爱好相关，再说收入也不算低，用他本人的话说，"月禄差丰"，薪水还说得过去。既然如此，为什么还要舍近求远，远赴河南去谋职呢？

根据相关资料来看，笔者觉得发生在其间的如下一件事应该是一个重要原因："余方授徒东吴，月禄差丰，妄意卜宅，而误托牙侩，积储尽空。"① 家里本来就不怎么宽裕，因盖新居而上当，耗尽所有积蓄，生活一下陷入窘迫，这是可以想见的。这样，当岳父邹福伟介绍一份待遇优厚的幕僚职位时，尽管远在河南，但对吴梅来说，还是颇有吸引力的，这可能是他当时解决家庭困境的最好办法了。在《赴豫别家人》一诗中，他这样描述自己当时的尴尬境况："家居苦积逋，夜眠难安席。三载滞南城，如登异国籍。"②

到河南做幕府的时间虽然不长，但对吴梅的人生却有着较为重要的影响。此去对从未出过远门的他来说固然是为了谋生，"饥来驱我去，所志惟稻粱"，但同时也有开阔眼界、增长见识的目的在，"山川荡胸怀，文字或增益"③。

吴梅是当年 8 月远赴开封的。当时还没有陇海铁路，他先从水路出

---

① 吴梅《百嘉堂遗嘱》。

② 吴梅《赴豫别家人》二首之一。

③ 以上见吴梅《赴豫别家人》二首。

发,坐船逆长江西上,途经黄州等地。到黄州那天,正好是其 26 岁生日。到汉口后,再从陆路北上,经过信阳等地,顺着惠济河,到达开封。沿途所见风物与江南有着明显的不同,这也让他联想很多,写下《黄州道中》、《信阳读何大复集》等诗作。

吴梅去开封,是为当时的黄河道曹载安做幕僚,这是一份很好的差事,事情不多,待遇却比较优厚,"河道食馔最丰美,日无所事,而俸给至厚"①。在这里,吴梅度过了一段较为适意自在的时光。开封是一座饱经沧桑的历史文化古城,市内城外散布着很多名胜古迹,吴梅流连其间,凭吊前贤,发思古之幽情,写下《大梁怀古》、《葵园杂吟》等诗作。可惜这样的日子并不长久,在开封仅呆了三四个月②。因主家生病,吴梅的幕府生活遂告一段落。岁末的时候,他已经回到家乡苏州。

这次开封之行达到了解决家庭困境、开阔眼界的目的,更为重要的是它对吴梅研习曲学产生了重要的推动作用。在开封的时候,吴梅经常从金梁桥经过,这里曾经是周宪王朱有燉的府第。周宪王虽贵为王侯,但精于声律,创作多部剧作,是明初成就最高的曲家。吴梅身临其境,摹想周宪王当年的流风余韵,由此坚定信心,对南北曲的研习更加用功。吴梅日后对自己的这种思想变化是这样描述的:"居数年游梁,过金梁桥,缅想周宪王流风余韵,往往低回不能去,而诚斋乐府,是时犹未见也。归吴后,节衣食以购图书,力所能举,皆置箧衍,词曲诸籍,亦粲然粗具,于是益肆力于南北词。"③这可以说是吴梅开封之行的一个意外收获。

从开封回到苏州,吴梅又得重新面对窘迫的现实生活,他心情有些

---

① 卢前《关于吴瞿安先生·逸事》,《民族诗坛》第 3 卷第 1 辑(1939 年 5 月)。
② 常芸庭在《吴梅小传》中云吴梅"在河南藩司幕中甚久",显非事实。常芸庭文载《国风》第 3 卷第 4 期(1933 年 8 月)。
③ 吴梅《霜崖三剧》自序。

低落,在《岁暮返里与诸故人小饮》一诗中流露了这种情绪:"南来复不适"。直到第二年夏天的时候,他还说自己"濩落无欢"①。

但不管怎么样,谋生还是第一位的。1910年2月,吴梅到江苏存古学堂供职。有论者说吴梅"在家呆了不长时间,他又回到东吴大学堂任提调。这个职务相当于现在的助教,只是帮助主讲教师做些杂事而已,余下的时间依然攻读词曲"②,此说并不符合事实。吴梅从开封返乡后,并没有回到东吴大学堂,而是到一所性质完全不同的学校存古学堂任职。

苏州存古学堂是1908年模仿湖北存古学堂的办学模式创办的,目的在"保存国粹,成就通儒",学堂课程分修身、经学、国文、历史、地理、算学六门③。校址设在今苏州市可园内。当时各地受张之洞等人的影响,以保存国粹为名,纷纷创办存古学堂,江苏存古学堂是创办较早的一个。

据吴梅本人介绍,他在江苏存古学堂担任的是检察官,"时同办校务者,张尔田为庶务长,余为检察官","君在可园,余方为检察官"④。但他的弟子卢前则说是提调:"先生食廪饩后,任存古学堂提调。"⑤按照江苏存古学堂的人员设置,"堂中延经学修身教员一人、国文教员一人、历史地理教员一人(以上三员皆总教各门,皆延分教一人)、算学教员一

① 吴梅《仓桥记游诗》十首。
② 王卫民《曲学大成 后世师表:吴梅评传》第10页,上海古籍出版社2010年版。王卫民此说与其所编《吴梅年谱》(修订稿)所载是相互矛盾的,因为年谱在1910年所记吴梅事迹为"2月初(己酉岁末)由汴返苏州,作《岁末返里与诸故人小饮》诗。始任存古学堂检察官,居可园"。见上书第178页。
③ 《江苏存古学堂现办简章》,载潘懋元、刘海峰编《中国近代教育史资料汇编·高等教育》第246页,上海教育出版社1993年版。
④ 以上见吴梅1935年11月20日(农历十月廿五)、12月1日(农历十一月初六)日记。
⑤ 卢前《关于吴瞿安先生·逸事》,《民族诗坛》第3卷第1辑(1939年5月)。

人，……至庶务会计，则另设两员司之"①，其中曹元弼、叶昌炽、王仁俊分别担任"经、史、词章三门总教习"②。不管是检察官还是提调，从名称上来看，大概是庶务、助教一类的职位。

由于年轻，缺少资历，吴梅受到一些年龄比他还大的学生们的质疑和轻视，但他很快以自己的学识赢得了学生们的尊敬。吴梅曾告诉自己的弟子卢前这样一件事："时曹叔彦（元弼）为经学科主讲，有高弟作经说一篇，例由提调汇呈主讲。先生得卷为引正数事，还其人，属重缮以进，其人大叹服，于是存古学堂诸生无不敬重先生矣。"③

吴梅靠自己扎实的学识在存古学堂赢得了学生们的尊重，可惜好景不长，存古学堂只办了三年左右，就因财力缺乏等原因于1911年暂行停办④。不久，武昌起义爆发，随着后来发生的改朝换代，包括江苏存古学堂在内的各地存古学堂全部停办。这样，吴梅只在存古学堂工作了一年多，就不得不再去谋求其他职位。

1912年春，吴梅再次来到南京，在江苏省立第四师范学校任教。这是一所民国建立后新成立的学校，当时的校长为仇埰。仇埰字亮卿，号述庵，是中国近代著名教育家。他喜欢词曲，著有《金陵词钞续编》等⑤。其堂叔仇继恒，字涞之，为前清进士，也是当时江南著名的曲家，"金陵度

---

① 《江苏存古学堂现办简章》，载潘懋元、刘海峰编《中国近代教育史资料汇编·高等教育》第246页，上海教育出版社1993年版。
② 江苏巡抚陈启泰《奏仿设存古学堂折》，载潘懋元、刘海峰编《中国近代教育史资料汇编·高等教育》第248页，上海教育出版社1993年版。
③ 卢前《关于吴瞿安先生·逸事》，《民族诗坛》第3卷第1辑（1939年5月）。
④ 参见庄俞《论各省可不设存古学堂》、江苏巡抚程德全《奏存古学堂暂行停办折》，载潘懋元、刘海峰编《中国近代教育史资料汇编·高等教育》，上海教育出版社1993年版。
⑤ 有关仇埰生平事迹，参见黄汉文《金陵词人仇埰》，载江苏省政协文史资料委员会编《江苏文史资料集萃·文化卷》，1995年内部印刷。

曲者,以仇君涞之为最"①。在南京期间,吴梅与叔侄两人一起饮酒唱曲,共话秦淮烟雨,并题诗相赠,现在可以看到的有《重至金陵赠仇亮卿垛》、《复成桥听歌赠仇涞之丈继恒》等。

在这里,吴梅还结识了著名学人胡小石,两人甚为相得,后来又在金陵大学共事多年,彼此结下深厚的友谊。需要说明的是,吴梅日后的得意弟子唐圭璋也是从该校毕业的,他入校的时候,吴梅早已离开,两人的师生缘分是在东南大学开始的。

吴梅在江苏省立第四师范学校任职的时间也不长。到第二年,即1913年,他再赴上海,到民立上海中学任教。这次任教的时间稍长,前后共四年,直到他1917年秋去北京大学讲授词曲为止。

民立上海中学创办于1904年,1927年改名民立中学,创办人是苏本炎、苏本铫、苏本浩三兄弟。该校是清末民初上海最有名的中学之一。苏氏兄弟办学有方,聘请许多有真才实学的学人任教,师资阵容强大,同时也培养了很多优秀的学生,著名作家陆澹安、周瘦鹃等都是毕业于该校②。

吴梅在该校担任的是国文课,课时比较多,每天有六节课。他经常"于星一乘火车来沪,星六则返苏,虽风雪严寒,未尝或懈"③。每周奔波苏、沪之间,还是比较辛苦的。尽管如此,吴梅仍是非常敬业,工作"不知劳乏"④。对其当年讲课的情况,民立上海中学创办者苏本炎的女儿苏祖斐有着较为深刻的印象:"吴梅字瞿安,吴县人士,曲学大家。他曾在

---

① 吴梅《蠡言》。
② 有关该校的情况,参见《上海苏氏与民立中学》,载薛理勇《上海老城厢史话》,立信会计出版社1997年版。
③ 黄玄翁《书吴瞿安》,《选萃》第1卷第2期(1939年5月)。
④ 吴梅1933年12月28日(农历十一月十二)日记。

民立女子中学教授语文,是我班级的语文教师。他学识渊博,才思敏捷,顷刻之间能下笔千言,他教授语文的方法与其他教师不同。他选择各种范文,先说明作者的文风与学派,然后讲解范文。举凡韵文、散文、传记、游记、碑文、诗赋,所涉范围甚广。"①1937 年 5 月 13 日,苏祖斐出国前到南京,还专门去拜访了昔日的老师吴梅②。

吴梅在上海民立中学任教期间,结识了很多朋友。他后来曾这样回忆与好友苏煦芸在一起的情景:"记壬子至丁卯间,余授徒女中,与煦芸对床,中夜呼饮,以菽下酒。"③郑逸梅也记载了吴梅在此期间的一件趣事:"后来他到上海,任教民立中学,和名画家姚叔平同隶一校。姚很滑稽,吴梅每发言,姚辄作顽笑式之争辩,他往往无法对付,然颇引以为乐。"④这倒也颇为符合吴梅的性格。

总的来看,在停止参加科考后十多年的时间里,吴梅除了到河南开封短暂做幕外,大部分时间是在江南的各类学校中任职,时间或长或短,无非是为了糊口养家,与他当时所喜爱的词曲并没有直接的关系,正如他本人所言:"虱处申江,为糊口计耳,而不如意事,十常八九"⑤。当然这些工作经历客观上增加了其阅历,丰富了其人生体验,对其日后的创作和研究还是有一定帮助的。

---

① 苏祖斐《难忘的人》,载其《苏祖斐百岁回忆录》第 58 页,上海科学普及出版社 1996 年版。一般记载均云吴梅在民立上海中学任教,此处云在民立上海女子中学任教,吴梅也曾说自己"壬子至丁卯间,余授徒女中"(吴梅 1932 年 4 月 16 日日记),或许吴梅在两校均曾任过教。

② 参见吴梅当日日记。

③ 吴梅 1932 年 4 月 16 日(农历三月十一)日记。

④ 郑逸梅《南社丛谈·吴梅》,载其《郑逸梅选集》第一卷第 178 页,黑龙江人民出版社 1991 年版。

⑤ 吴梅《瞿安笔记》。

　　这一时期的吴梅似乎还没有特别明确的人生目标,事实上严峻的现实和生活的压力也不允许他考虑这么多。然而,谁也不会想到,是喜爱词曲的业余爱好成就了他,奠定了他日后走上北京大学讲台的基础。这个时期既是吴梅的成长期,也是他人生中颇为暗淡的一个时期。此时还看不出他日后的那种辉煌,但有句话说得好:机会总是留给有准备的人。吴梅有意无意间做了这样的充分准备,接下来他所需要的就是人生的良机了。幸运的是,他等待的时间并不算长。

第三节　游艺四方

　　尽管两次科考皆未得中,其后为养家糊口奔波于上海、南京、开封等地,忙于生计,但年轻的吴梅始终保持着一个读书人的本色,位卑未敢忘国忧,表现出一个爱国青年应有的锐气和活力。这一时期,吴梅十分关注时政,他不满于满清统治的黑暗和腐败,倾向革命,思想较为激进。这表现在他不仅结交许多进步文人如柳亚子、陈去病等,而且积极参加各类社会文化活动,比如加入政治色彩较为浓厚的文人社团南社,在具有进步倾向的报刊上发表诗文、剧作等,并由此登上文坛,引起世人的关注。

　　发起成立神交社并加入南社,这是吴梅这一时期参加的最为重要的社会文化活动。1907 年 8 月 15 日,吴梅赴上海,与陈去病等人在愚园雅集,发起成立神交社。此行本为应陈去病之邀,为殉难烈士秋瑾举办追悼会,因故未成,参加者遂成立神交社。吴梅曾这样介绍成立神交社时的情况:"光绪廿馀年,吴江柳安如(弃疾)结神交社于海上张园,余与祝心渊(秉纲)赴之。同集者为邓秋枚(实)、黄晦闻(节)、陈佩忍(去病)、沈屋庐(昌直)及刘三与余也。时余喜谈革新,海上名流,辄多倾盖,即今日执政者,如叶楚伧(宗源)、胡朴安(蕴玉)、戴季陶(传贤),亦时相瞻对,盖南社尚未生也。"①大家聚了一天,并摄影留念,刘三有《神交社纪事题摄影》诗记其事:"七月七日春申浦,一十一人秋禊游。一自神山理归棹,几曾高会挹清流。"②柳亚子虽未参加,但也写有《神交社雅集图记》,以表鼓励和支持。

该社由陈去病、刘三、吴梅等十一人组成,既是一个文社,同时也可以说是一个政治团体,带有鲜明的政治色彩,人们通常将其视作南社的前身。

1909 年 11 月 13 日,南社在苏州成立。1912 年 3 月 20 日,经柳亚子介绍,吴梅正式加入,成为这一进步文化团体的重要成员。南社最盛时会员多达一千多人,在中国近代文化史上具有重要影响。吴梅与南社骨干成员如柳亚子、陈去病、叶楚伧、刘三、黄人、姚鹓雏、陈匪石、傅熊湘、庞树柏、徐自华等人交往甚多,多次参加他们发起组织的雅集和活动。其中主要有如下一些:

1911 年秋在苏州的雅集。对这次雅集,姚光有较详细的介绍:"辛亥光复之秋,与高天梅始至吴门,居可园大汉报馆,时戎马倥偬,留一日即返海上,而相会者有陈佩忍、胡石予、吴瞿安、傅钝根、徐寄尘、徐小淑、张默君等,皆裙屐名流。佩忍置酒百尺楼上,酒酣,瞿安吹笛按曲,声裂金石。夜阑更与天梅、钝根联句,极一时之胜会也。"③通过这段记述,可见吴梅当时唱曲已有较高水准,也可见其当时的活跃程度。

<hr />

① 吴梅 1931 年 10 月 24 日(农历九月十四)日记。由于时间过去已久,吴梅此处的记述在时间、地点及参加人员上与实际情况有出入。

② 刘三《黄叶楼遗稿》第 11—12 页,中国人民大学出版社 1996 年版。

③ 姚光《吴门游记》,《民国日报》1917 年 4 月 13 日。又载姚昆群等编《姚光全集》第 80 页,社会科学文献出版社 2007 年版。

1914 年在徐自华家的雅集。当年 12 月 23 日，吴梅拜访徐自华，同座者有陈匪石、叶楚伧、胡朴安等人，大家公推徐自华主觞政，以志一时之盛。

1915 年的加入春音词社。1915 年 2 月 4 日，南社成员庞树柏、陈匪石、王蕴章、叶楚伧、徐珂等人在上海成立春音词社，推举朱祖谋为社长，吴梅加入该社。

1916 年 8 月 20 日在上海愚园的雅集。这是南社临时举行的一次雅集，参加者有吴梅、叶楚伧、刘三、姚鹓雏等 26 人[①]。刘三为此写有诗作《南社同人集于公园水榭，分"京"字，翌日次公、瞿安招吟催诗，以此示同社诸子》。

因不断参加南社同仁举办的雅集，吴梅与其他成员之间相互写有不少唱和、题赠诗。其中吴梅所作主要有《傅钝根〈熊湘〉寄诗见怀，赋此答之》、《〈汾湖旧隐图〉为柳安如〈弃疾〉作》四首、《绕佛阁·题徐寄尘〈忏慧图〉》、《龙山会·题巢南〈徵献论词图〉》、《凄凉犯·题庞檗子遗词，依石帚四声》等，南社同仁所写有柳亚子的《题瘿庵藕䑩忆曲图》、姚鹓雏的《喜陈巢南吴瞿安至即同夜饮》、《去岁之秋与巢南瞿安日赁画舫游清溪弥月今陈吴归里未至独过溪桥有忆》、《清明后二日郊游似巢南瞿安》、《题瞿安诗稿即送其北行》[②]、刘三的《和瞿安见赠之作，并博一笑》、《瞿安家听曲，即席赠诗，予亦分贻一绝》、傅熊湘的《以红薇感旧记乞亚子介瞿安旧友惠赐一曲俾附悲秋望岳之例因寄二首》、《题瞿安藕䑩忆曲图》等，通过这些诗词可见吴梅当时的交游情况及其在朋友心目中的形象。

---

① 以上详情参见杨天石、王学庄《南社史长编》相关部分，中国人民大学出版社 1995 年版。

② 参见姚鹓雏《姚鹓雏文集》诗词卷，上海古籍出版社 2009 年版。

徐自华曾这样描述吴梅:"客子非谁?乃吴中老名士,所谓老瞿吴梅先生是也。先生素擅才名,风流一世,尤善吹箫度曲,著述殊伙。"①

《二十世纪大舞台》所刊《复金一书》

对南社同仁所办的各类刊物,吴梅也是非常支持。早在 1904 年陈去病等人创办《二十世纪大舞台》时,他就发表《复金一书》一文,给予支持。南社成立后,吴梅先后在其同仁刊物《南社丛刻》各集上发表诗文词数十篇,《南社丛刻》共刊行二十二集,吴梅在其中的十一集上发表过作

---

① 徐自华《寒谷生春记》,载郭延礼辑校《徐自华诗文集》第 20 页,中华书局 1990 年版。

品,由此可见其对南社的支持及在当时文坛的活跃程度。其中一些作品如诗作《读莼农碧血花剧即集剧中语默题四绝》、《善哉行》、《自题煖香楼乐府后》、《题天香石砚室》、《题哲夫》、词作《金缕曲·朱梁任最录放翁集题词》、《薄幸》等后来没有收入《霜崖诗录》、《霜崖词录》,对考察吴梅早年活动与创作具有重要的参考价值。

后来人们编印的各类南社选集也大多选收吴梅的作品,如胡朴安所编的《南社丛选》选收吴梅文五篇、诗作三十四首、词作八首。在书中,胡朴安以故交的口吻对吴梅作了这样的介绍:"吴梅字瞿安,江苏吴县人。工诗词,尤精度曲,为当今绝学。犹忆民国元二年之间,与巢南、寄尘、楚庵、瞿庵为文酒之会,瞿庵精谈曲理,娓娓不倦。余虽婆人子,不解音乐,然亦乐闻瞿庵言也。"[1]此外柳亚子主编的《南社诗集》也选收吴梅诗作二十八首,《南社词集》选收吴梅词作三十三首。

南社同仁大多为思想进步、才华独具的文人才士,吴梅因和他们有着共同的思想理念和兴趣爱好相互结识并成为朋友,其中一些成员在诗文之外,还撰写了不少剧作,如庞树柏的《碧血碑》、《花月痕》、王蕴章的《碧血花》、《霜花影》、柳亚子的《松陵新女儿》、叶楚伧的《中萃宫》、《落花梦》、姚鹓雏的《菊影记》、《红薇记》等。

在南社成员中,吴梅的个性和特点是相当鲜明的,那就是才华横溢,精通词曲,承传绝学,以学识和才华受到同仁们的敬重,有论者谓"南社词曲家,当以吴瞿安为巨擘"[2],这并非溢美之词,还是比较符合事实的。如同为南社社员的叶楚伧就曾这样高度评价吴梅的曲学造诣:"姑苏同人,我数吴瞿庵、柳亚卢、王莼农。瞿庵才调不让临川,而音律辨别,精严

---

① 胡朴安《南社丛选》第 279 页,解放军文艺出版社 2000 年版。
② 纸帐铜瓶室主《南社在苏州》,《永安月刊》第 79 期(1945 年)。

无错;其家素擅此绪,至瓿庵而名满吴中。且增损节拍,独著新唱;闻瞿安歌,令人如坐江城梅引中。"[1]据卢前介绍,当时吴梅"每一篇出,侪辈敛服"[2],这八个字正是其风华正茂的形象写照。据傅熊湘介绍,"余以瞿安杂曲,载入报纸,湘中词场歌席,莫不宝之"[3]。

一〇五

哭孟樸先生

見。至第六十日，選舉者改絃更張，旋歸平息。某巡閱之深知不理於羣眾，不敢有所激發，堅持到底者，為君有以柔之也。君生平主張不激，而有潛移默化之力，為我所不如。長官產米禁財政政務廳十餘年，皆時勢艱虞之日。我嘗問有何政策？君曰：「時勢如此，能為本省稍稍防止惡政足矣，他何能為？」其中大節，參預其事諸君，必有能道之者，姑不贅述。

風山成璞稿，為我介徐君，持較菊亭譜，居然嘆積薪。《三十年前拙作風洞山傳奇成，孟樸先生為介紹徐念慈先生處，此書方通行於世。論者謂較曜菊亭鶴歸來曲箇潔略勝，余未敢當也。》文章縱知己，南北感雕鐫，此日楓林黑，相望淚滿巾。住蘆通雅故，風土記清嘉，卓絕名山業，曾徒小說家。官成早傾棄，老去獨栽花，悟徹無生法，人間亦無涯。

乙亥中秋霜厓吳梅初稿

孟樸先生紀念冊題詞 穆湘玥

庚支笔領著助勢，大隱無分市奥朝，杷江郎一枝筆，服看孽海起新潮，鄹世咸知崇美善，多君認識十分真，年年價貴洛陽紙，展卷依然對古人。

《宇宙风》所刊《哭孟朴先生》

除了思想、文学、学术层面的交流外,吴梅在成长过程中还得到不少南社同仁的热情帮助和提携。1906 年,《孽海花》作者曾朴读过吴梅的剧作《风洞山》之后,很是欣赏,遂将其介绍给时任小说林社编辑主任的徐念慈,随后小说林社刊出单行本,该剧面世后,产生了较大的社会反响。对曾朴的提携之情,吴梅十分感念。1935 年曾朴去世,吴梅写诗悼

① 叶楚伧《一万里山水美人记》,载其《楚伧文存》第 71 页,正中书局 1944 年版。
② 卢前《吴瞿安先生事略》,载王卫民编《吴梅和他的世界》第 4 页,河北教育出版社 2002 年版。
③ 傅熊湘《以红薇感旧记乞亚子介瞿安旧友惠赐一曲俾附悲秋望岳之例因寄二首》,载柳亚子主编《南社诗集》第五册,中学生书局 1936 年版。

念,还特意提及此事,以表感激之情:"三十年前拙作《风洞山》传奇成,孟朴先生为介绍徐念慈先生处,此书方通行于世。论者谓较瞿菊亭《鹤归来》曲简洁略胜,余未敢当也。"①好友任光济曾多次劝吴梅治古文,盛情可感,吴梅为此表示定当努力,"异日志艺文,逢君或刮目"②。吴梅这一时期的著述也多刊发在南社同仁所办的刊物上,如《二十世纪大舞台》、《小说林》、《小说月报》、《春声》、《小说大观》等,借助这些南社同仁搭建的平台,吴梅得以获得较大知名度,成为当时一位小有名气的文人。

吴梅后来的思想虽然发生转向,淡漠时政,埋首书斋,但与南社旧友如刘三、陈去病、姚鹓雏等则一直保持着密切的联系。他在这一时期所结交的南社同仁,有些后来成为国民政府的高官,比如叶楚伧,曾担任国民党中央宣传部部长。但吴梅把握一个原则,只以老友的身份与其交往,不阿谀奉承,更不会去求他们办事。1932 年,有一位亲戚请吴梅给叶楚伧写信,帮其找份差事,被吴梅婉言拒绝③。

南社同仁之外,吴梅这一时期所结交的主要是旧派文人,如朱祖谋、刘世珩、况周颐、郑文焯、夏敬观、张采田、孙德谦、曹元忠、叶德辉等。大体说来,吴梅与旧派文人的交往更多的是出于对诗文、词曲的共同爱好,这些人大多比吴梅年长。处在成长阶段的吴梅从他们身上学到不少创作、治学的经验和方法,彼此诗酒唱和,留下不少诗作。如叶德辉有《题吴瞿安新撰无价宝杂剧,演黄尧圃得宋本唐女郎鱼玄机诗集故事》等④。

身处这样的交游圈中,吴梅自然会受到身边朋友们的影响。他与新

---

① 吴梅《哭孟朴先生》,《宇宙风》第 2 期(1935 年)。
② 吴梅《任澍南(光济)屡劝余治古文,盛意可感,读其近作率赋》。
③ 参见吴梅 1932 年 9 月 10 日(农历八月初十)日记。
④ 参见印晓峰点校《叶德辉诗集》一书,华东师范大学出版社 2010 年版。

旧两派文人皆能相得,这也反映了他这一时期思想观念较为复杂、矛盾的特点:一方面同情革命,希望变革,一方面则又对传统的东西非常留恋。这一特点贯穿了吴梅的一生。需要说明的是,吴梅思想观念虽然守旧,但并没有遗老情结,他对身边朋友的这种情结是不认同的。

这一时期吴梅对时政的关心以中华民国成立为界,可以分成前后两个较为明显的阶段:在前一个阶段,他以满腔热忱关注时事,思想较为活跃,积极参与各类社会文化活动。在后一个阶段,则兴趣锐减,态度明显转淡。

中华民国成立的时候,吴梅正忙着乔迁新居,"鸠工幸苟完,仓皇已易代"①,这对他来说颇有些戏剧意味和象征意义。说起来这也是吴家的一块心病,吴梅的祖上原来一直住在滚绣坊巷,"子姓缠绵",后来老宅在太平天国时期毁于战火,"乱定,各房分居"②。叔祖吴长祥长年在外租房,心里感到很不是滋味。为此他多年辛苦攒钱,可惜未能看到自己的新居建成,这位操劳一生的老人就因病去世了。

如今吴梅终于完成了家族居有定所的心愿,此时整个国家也从大清帝国变成了中华民国。"一夜传军檄,九州移版图"③,这正是吴梅所盼望的。但是当这一天真的到来时,他又表现得相当淡然,何以如此? 这是一个很值得探讨的问题。

大体说来,主要有如下两个原因:

一是现实和理想差距甚大。改朝换代并没有带来多少新气象,这让吴梅感到失望,因此失去对政治的兴趣。有论者指出吴梅"不满辛亥革

① 吴梅《迁居蒲林巷》二首之一。
② 以上参见吴梅 1931 年 12 月 23 日(农历十一月十五)日记。
③ 吴梅《一夜》。

命后出现的政局，不愿意跟一些投机革命的人物同流合污；同时也有鉴于历史上名士文人趋炎附势，身败名裂的教训"，因而在辛亥革命后"对政局转趋消极，只愿潜心著作和教学"①，这还是颇有道理的。

二是尽管吴梅不断以创作等形式表达其思想观念，但他并不是一位政治人物，一生也没有这样的志向，尽管他后来曾遇到一些这样的机会。

此后在相当长的一段时间里，吴梅不再关注时政，直到二十世纪三十年代日本军国主义者不断将战火烧到中国时，他才再次密切关注政局。

随着思想情趣的变化，吴梅交游的圈子也在进行着调整。此后，他所结交的大多是精通词曲的旧派文人，与新派文人的交往则越来越少。

尽管科举考试未能如愿，留下终生遗憾，但吴梅早年所受的各种教育和训练也并非全部都是在荒废时间。在求学过程中，他遇到了一些良师益友，在创作和学术方面都有不小的进益，为日后的发展奠定了坚实的基础。即便是为参加科举而进行的写作训练，对其日后的文学创作及其学术研究也是很有帮助的。

就吴梅日后的教学科研而言，他早年所受教育中最为重要的是那些与科举无关或关系不大的古文词曲之类的所谓杂学。在此方面，吴梅下了很大工夫，可谓全面而扎实。他16岁应试时的提复被斥是一个契机，本来就对八股文不感兴趣，受到这一挫折后，他索性将大部分时间和精力都投入到古文诗词的学习和创作上，"注全力于诗古文辞"。尽管稍后他终于领悟到做八股的诀窍，八股文写作水平因此得到很大提高，但他对杂学的兴趣并没有因此而发生改变。

---

① 王季思《吴瞿安先生〈诗词戏曲集〉读后感》，《戏剧论丛》1984年第4辑。

在古文诗词的学习上,吴梅"文读望溪,诗宗选学"。其间,他得到了一些亲朋好友的热情帮助,比如好友盛德镕"为乡先哲亢绸卿先生之外孙,得古文法于外家",吴梅从他那里学到不少为文之法,"时携所作,请益不少,君亦奖责不少贷"①,有这样一位好友的帮助,水平自然提高很快。日后吴梅虽以词曲闻名学界,但对古文一直非常用心,并对自己的文章颇为自信。

在治学方面,吴梅转益多师,利用各种机会向前辈名家求教。据他本人介绍,"诗得散原老人,词得彊村遗民,曲得粟庐先生(余别有传),从容谈燕,所获良多"②。

徐悲鸿绘陈三立像

散原老人即近代著名诗人陈三立,字伯严,散原为其号,江西义宁人。他是同光体的代表人物,著有《散原精舍诗集》等。吴梅不仅在诗歌创作上受其影响,且与其时有往来。在其写于1922年的《秦淮独酌》一诗中有"忽忆清溪简斋老,闭门危坐正悲秋"之句,其中"简斋老"即是指陈三立。1933年10月27日,吴梅参加为陈三立举行的扫叶楼秋禊,其间,两人

---

① 以上见吴梅《百嘉室遗嘱》。
② 吴梅《百嘉室遗嘱》。

"握手相看，共感离索"①。1937 年陈三立去世后，吴梅写有《哀散原丈》诗表达悼念之情。

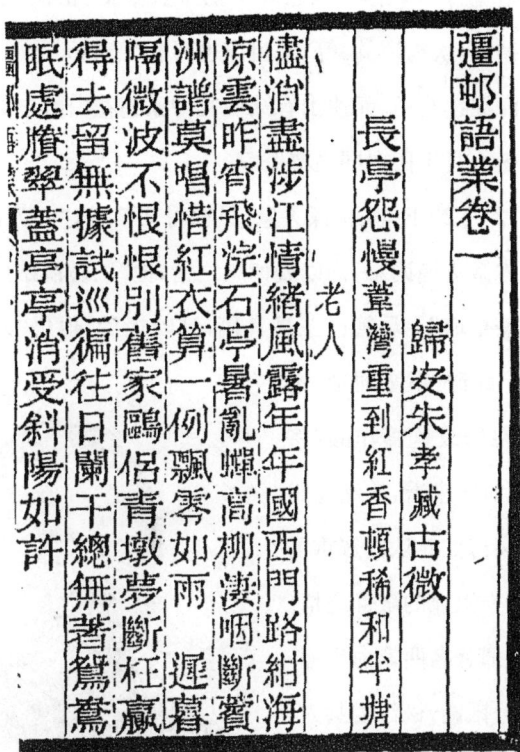

彊邨語業卷一

歸安朱孝臧古微

長亭怨慢　葦灣重到紅香頓稀和半塘（老人）

儘消盡涉江情緒風露年年國西門路紺海涼雲昨宵飛浣石亭暑亂暉高柳淒咽斷鬢洲譜莫唱惜紅衣算一例飄零如雨遲暮隔微波不恨恨別舊家鷗侶青墩夢斷枉贏得去留無據試巡徧往日闌干總無著鴛鴦眠處襯翠蓋亭亭消受斜陽如許

《彊村语业》

　　彊村遗民即著名词人朱祖谋，一名孝臧，字古微，彊村为其号，浙江归安人，所著有《彊村丛书》、《彊村语业》等，吴梅对其很是敬仰，称其为"词家之南董"②、"今词耆宿"③。吴梅是通过妻子的伯父邹福保介绍而

① 吴梅 1933 年 10 月 27 日（农历九月初九）日记。

② 吴梅《鄧峰真隐大曲》跋。

③ 吴梅《瞿安笔记》。

得以结识朱祖谋的，"时朱古微、郑叔问诸先生客吴下，先生过从甚密"[1]，"每值构衅蒸梨，辄避走先生许"[2]。吴梅经常向其请益，"余暇日过其寓庐，谈谐竟日"[3]，并写有《秋霁·访朱古微丈（祖谋）于听枫园，庭菊盛开，玄言彻悟，次梅溪韵》等，朱祖谋也写有《鹧鸪天·立秋夕同瞿庵过君直家，饮海淀莲花白，元遗山有饮倪文仲家莲花白醉中之作，率同其调》、《虞美人·八月十四夕同吴瞿庵赋》。

1931 年 12 月 20 日，朱祖谋去世，吴梅得知消息，"心为怆然"[4]。为写《水龙吟·古微丈挽词》一词以表悼念之情，他"三易稿始成"，因为"为古老哀辞，敢潦草耶"。尽管已三易其稿，到晚饭后，他仍"改古丈挽词，至十时毕"[5]。直到《霜崖词录》定稿后，吴梅仍在修改这篇作品，将其初稿与定稿对比来看，改动还是相当大的，从吴梅如此认真郑重的态度可见其对朱祖谋的敬仰之情。

粟庐先生即著名曲家俞宗海，粟庐为其字，号韬盦，松江娄县人，著有《粟庐曲谱》等。他多才多艺，尤精于唱曲，曾向韩华卿学曲，得其真传，"自瞿起元、钮匪石后，传叶氏正宗者，惟君一人而已"。吴

俞宗海

---

① 卢前《霜崖先生年谱》。

② 卢前《关于吴瞿安先生·逸事》，《民族诗坛》第 3 卷第 1 辑(1939 年 5 月)。

③ 吴梅《瞿安笔记》。

④ 吴梅 1932 年 1 月 1 日(农历十一月二十四)日记。

⑤ 以上参见吴梅 1932 年 6 月 15 日(农历五月十二)日记。

梅曾向俞宗海请教"作书哦曲之法",俞宗海答道:"气盛则慧通,识多则用广。"吴梅深受启发,认为"是艺而进乎道矣"①。

学曲之外,吴梅与俞宗海往来甚多,他们曾一同游览狮子林等胜迹。据记载,两人还曾论曲黄天荡。1921年夏,吴梅返乡,与俞宗海等道和曲社的曲友到黄天荡消暑,其间两人"展开了一场关于戏曲的审音、识谱、明情、吐字、行腔诸方面的论争,粟庐精研叶堂正宗,关注在换气、行腔、口形、唱法;瞿安则立意在审曲情、识谱明腔"②。由此可以摹想两人当初切磋昆曲的情景。

切磋之外,吴梅还写有《正宫刷子三太师·寄俞粟庐(宗海)吴门》、《北越调斗鹌鹑·寿粟庐七十》等曲。俞宗海去世后,吴梅撰写《俞宗海家传》一文,叙写其平生,对其为人为艺皆给予了很高的评价。

上述三人在当时皆是影响很大的名家,各有所擅。能同时向三人请益,得到他们的指教,可谓难得的福分和良机。经过不懈努力,数年后,吴梅终于成为与他们齐名的曲学大师,曾有人将吴梅与朱祖谋、陈三立并提:"近代学人如朱彊村词,陈散原诗,吴瞿安曲,均根深花茂,韵语珠联,可资后生楷模。"③

相比之下,吴梅从事曲学研习在时间上要稍晚一些,是从十八岁左右才开始的,其《顾曲麈谈》一书开篇就说"余十八九岁时,始喜读曲"④。在其他地方他也说自己"十八岁即喜曲子"⑤。当初吴梅在创作《风洞

---

① 以上参见吴梅《俞宗海家传》,载《粟庐曲谱》,南京大学昆曲研习社2007年据香港1953年香港原版重印本。

② 《苏州戏曲志》第437页,古吴轩出版社1998年版。

③ 这是许姬传少年时其四叔松如告诉他的话,载许姬传《许姬传七十年见闻录》第62页注释1,中华书局2007年版。

④ 吴梅《顾曲麈谈》第一章《原曲》,《小说月报》第5卷第3号(1914年6月)。

⑤ 吴梅《四声猿》跋。

山》时,"仅为其词,未度曲也"①。

与诗文相比,词曲的入门要更为困难一些,特别是曲学,原因很简单,当时昆曲式微,缺少精通此行的老师,前人所著曲论歧说众多,让人无所依从。吴梅对此深有体会:"诗文词曲,颇难兼擅。余谓诗文固难,而古今名集至多,且论文论诗诸作,指示极精,学者易于趋步。惟词曲最难从入。而二者之中,尤以曲为难。"②当时昆曲正处于青黄不接的衰落时期,面对花部的兴起和竞争,没有还手之力。爱好者减少,真正懂得曲学的人就更不多见,因此求教成为一件相当困难的事情,甚至会受到别人的嘲笑。吴梅曾这样回忆自己当年的求学经过:"余十八九岁时,始喜读曲,苦无良师以为教导,心辄怏怏。继思欲明曲理,须先唱曲,《隋书》所谓'弹曲多则能造曲'是也。乃从里老之善此技者,详细问业,往往瞠目不能答一语。或仅就曲中工尺旁谱,教以轻重疾徐之法,及进求其所以然,则曰:'非余之所知也,且唱曲者可不必问此。'余愤甚,遂取古今杂剧传奇,博览而详核之,积四五年,出与里老相问答,咸骇而却走,虽笛师鼓员,亦谓余狂不可近。余乃独行其是,置流俗毁誉于不顾,以迄今日。"③

在这种较为不利的情况下,吴梅转益多师,仍到处拜师求教。好在苏州长期以来是昆曲流传的中心,积累丰厚,只要用心,还是能找到不少行家里手的。吴梅向前辈俞宗海等人请益,同时也结识了不少喜爱曲学的朋友,如黄人、朱锡梁等。其中朱锡梁"于音乐颇有研究,谓世之调俗乐者,曰工尺上四合,实为古乐宫徵商羽角之省记字",吴梅与他"相与讨论,多发人所未发"④。吴梅这一时期还曾发起创办过振声曲社。

① 卢前《霜崖先生年谱》。

② 吴梅《蠡言》。

③ 吴梅《顾曲麈谈》第一章《原曲》,《小说月报》第 5 卷第 3 号(1914 年 6 月)。

④ 郑逸梅《朱梁任雪夜访友》,载其《逸梅杂札》第 10—11 页,齐鲁书社 1985 年版。

　　向名师请益,与同好切磋,再加上个人的不懈努力与认真研讨,吴梅在曲学上不断进步,经多年用功和积累,终能自成一家。与前代及同时代的曲家相比,其可贵之处有二:一是他不仅能制曲,而且能度曲、唱曲,样样精通,是一位难得的曲学多面手。二是他曲学造诣精深,不仅具有非常丰富的艺术实践,还对曲学特别是曲律方面的各种问题进行过深入的思考,有不少独到的见解。在曲学史上能兼具如此多优长且有如此精深造诣者,屈指可数,吴梅就是其中的一个,这也是学界特别看重他的地方,有论者将其与王国维比较,称"论曲学者,并世要推吴梅为大师"[①],也是着眼于这些方面。吴梅成为一代曲学大师并非偶然,从他身上后人也可以得到许多启发。

　　在曲学日益衰落的当时,吴梅为何要涉足这样一个一般学人唯恐避之不及的冷门领域?他本人没有对这个问题进行过详细明确的说明,不过从其著述和言行中还是可以看出一些端倪的。总的来看,有如下两个重要因素:

　　首先是兴趣。兴趣是最大的动力,也是最好的老师。有了兴趣,就会主动学习求教,再浮躁的内容都不会觉得乏味。这虽是老生常谈,但确实是吴梅学习曲学动机的最好解释。他从十八岁左右开始学习曲学,持之以恒,孜孜不倦,终其一生,如果不是对曲学怀有如此浓厚的兴趣,热爱这门学问,是很难坚持这么久的。对吴梅来说,曲学并不是一门枯燥的学问,而是可以寄托灵魂的乐园,是其生命中不可缺少的重要组成部分,他不仅自己喜爱,妻子、儿子也都喜爱,这种喜爱是发自内心的。从与家人、友朋的曲叙、切磋中,他得到的是难以言传的快乐。

　　其次是责任,复兴传统文化、振兴曲学的责任。随着吴梅曲学造诣

---

① 钱基博《现代中国文学史》第 282 页,中国人民大学出版社 2004 年版。

的深厚,随着其学术声誉和地位的提高,这种责任日渐明晰,为此他做了很多有益的工作。不管是课堂授徒,还是编印曲籍,都不仅仅是为稻粱谋,也是含有学术的道义与责任的。

第四节　艺林新声

吴梅对社会人生的思考和见解主要是通过其文学创作表现出来的,这一时期最让他感到宽慰及产生成就感的也正是其文学创作。吴梅很聪慧,也很勤奋,才华过人,精力旺盛,他不断在《中国白话报》、《二十世纪大舞台》、《小说林》、《小说月报》等知名的报刊上发表作品,受到世人的关注,成为清末民初文坛上一位相当活跃的作家。

吴梅很早就开始写诗,从十五岁时起有意保存自己的作品,他自编的《霜崖诗录》所收诗作以这一年的为最早。不过有意识的往文学创作方向发展,则是在吴梅结束科考生涯之后。对他来说,这既是出于个人的兴趣爱好,也是实现个人价值的一种方式。

吴梅的文学创作以传统体裁为主,包括诗文词曲等,其中最为引人注目的是其旧体剧曲的创作。这一时期,他相继创作了《风洞山》、《血花飞》、《袁大化杀贼》、《暖香楼》、《轩亭秋》、《镜因记》、《落茵记》、《双泪碑》等一系列剧作,且大多在报刊上公开刊布或刊出单行本,是这一时期旧体剧曲创作的主要作家。

这一时期吴梅创作、发表剧作的具体情况如下[①]:

---

① 为便于读者了解吴梅剧作的整体情况,这里将其 1917 年之后所写的剧作也一并介绍。后文在介绍吴梅改编他人剧作的情况时,也是如此处理。

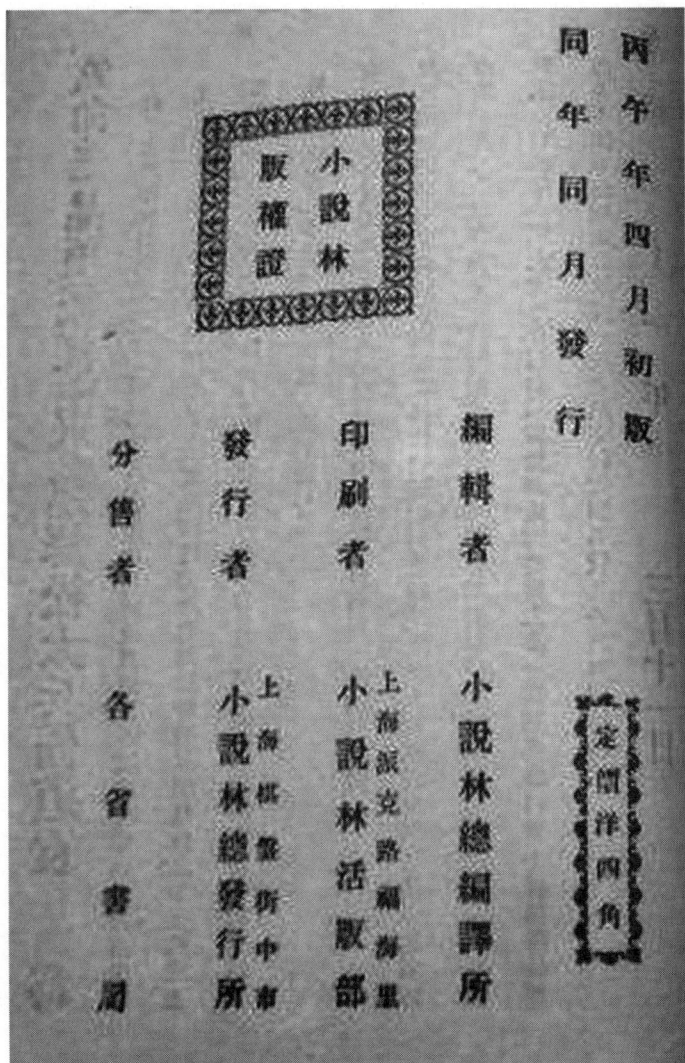

小说林社版《风洞山》版权页

　　《风洞山》，初稿写于 1903 年，刊于《中国白话报》第 4、6 期（1904
年），仅刊出开场《先导》和第一出。后进行较大修改，由小说林社于
1906 年出版单行本，又有风雨书屋 1938 年刊本。全剧共二十四出。该
剧主要写瞿式耜等人抗清事，借以表达民族情绪。

《袁大化杀贼》，作于 1904 年，刊于《中国白话报》第 5 期（1904 年）。共一出。该剧为吴梅剧作中仅有的花部之作，借马贼依仗俄人抢掠之事针砭清末时事。

煖香樓雜劇一齣

長洲吳梅靈鶼父譔

【場上先設妝臺一座佈置鏡匳粉盞介】【生豔服上】

【南呂過曲】【一江風】甚風兒掀撥的鶯花麗。盡日把紅樓閉。耐朝寒豔夢初醒還記前宵枕上餘香膩。難他不肯離。依他怎樣依破工夫沒奈這軟玉答的溫柔味

小奏淮水碧於油。十二珠簾總上鈎。略略南朝好風月綠楊陰裏是紅樓單人美矯表字如須山東萊陽人也謇縷名士詞賦專家家兄戰守侍中單人官屏主事只是左徒直諫不堪放逐江潭庚信中年又是逢兵火甲申一役先帝升遐家兄既遭戊東行單人亦棄官南下飄零吳市厲吹吃食之簫轉徙南都遂飄渡江之楫自從去吳浪跡金陵便與秦淮妓女李十娘相遇紅牙按曲草剧史未免有情金樓裁衣宋大夫不妨好色因此閉門謝客對酒看花把從前閒恨閒憋汎

煖香樓

五

《小说林》所刊《暖香楼》

《暖香楼》，作于 1906 年，刊于《小说林》第 1 期（1907 年），首吴梅自序、高祖同题词。1910 年，吴梅编印《奢摩他室曲丛》，予以收录。后多次修改并易名为《湘真阁》，刊于《戏剧月刊》1 卷 4 期（1930 年 3 月）。又

有 1927 年单行本，标明工尺，供演出使用。全剧共一出，主要写书生姜垓与秦淮歌女李十娘恋情事。

小　說　林

軒亭秋雜劇四折　　　　長洲靈鶼譔

楔子

〔旦兒扮秋瑾上〕〔詩云〕〔原作〕煉石無方乞女媧。白駒過隙感年華。瓜分慘禍依眉睫，呼告徒勞齒牙，祖國陸沉人有責，天涯飄泊我無家。一腔熱血愁回首，腸斷難為五月花。　姜身秋瑾，字璿卿，浙江山陰縣人氏。幼年粗習國文，頗通新理。十九歲時，嫁與口郎，就隨宦京師，讀書度日。幾曾料戍年之黑獄，烈蠹蠹逼出了幾個兒，斷頭郎官。庚子年之紅燈閣，穰穰又驚壞了九重的蒙廛天子。俺仔細想來，好端端一個世界，竟到了這般地步，畢竟被這些糊突男兒攪壞了。偏偏俺女孩家不爭的什麼，卻成日價文縐，犧牲做那土木蠡兒郎的供養，好不頹氣。因此脫簪毀妝東渡遊，且喜三年之內所學有成，今日領了證

軒亭秋雜劇四折

軒亭秋雜劇四折

一

《小说林》所刊《轩亭秋》

《轩亭秋》，作于 1907 年，刊于《小说林》第 6 期（1907 年），标明四折，但发表的仅为楔子部分，后有署名洒蛮楼的评点。其后吴梅应陈去病之请，完成全剧，但未发表，全剧今已不可见。该剧主要写秋瑾殉难事。

《双泪碑》，作于 1911 年秋，刊于《小说月报》第 7 卷第 4、5 号（1916 年 4、5 月）。首载任光济序、吴梅自序，后有老梓评点。全剧共四折，主要写因自由恋爱引发的悲剧。

號一第卷四第報月說小

落茵記雜劇　奢摩他室第三種曲

吾草此劇吾重有所喟焉。方今女權淪溺有議之者張
大之是矣。顧植基不固。往往有脫羈惡獨而身陷於邪
慝。愚者又從爲之辭曰。不得意也。嗚呼守身奚定他何
足道。一失千古誰其恕之北風怒號。縮如蟬起視燈
影。照我如墨。依譜成詞。貢諸大雅。辛亥季冬吳梅誌於
（去）

朧庵
吾詞不敢較玉茗而差勝之者有故也。玉茗不能度曲
余薄能之。春鳥秋蟲雖有高下。至澀齒捩噪之音自知
可免焉爲江樓淒寂獨絃不張偶出酬接交相怪詫故秘
諸篋中耳飄茵落溷爲名花解惜者有幾人哉壬子十

月吳梅又記

（副末上）

（西江月）弱歲文章有價。中年哀樂無端。花枝搖曳不
禁寒。恐有簡儂腸斷。香葉曾經宿鳳。女牀何處棲鸞。
枇杷簾底話辛酸。鐵錯黃金難換。（下）

落茵記雜劇

（生上）

（商調引子）（鳳凰閣）東風鶯燕。頓覺繁華千變。旅懷
憐。（此調平仄四聲一字不可移易第三句必須上平
平上去平平末句必須上去上平平上平平似此行踪
可）如酒又今年漫把春衣重典半牀書硯想似此行踪

（浣溪紗）一杵西風雁陣移江潭衰柳正依依半天。
寒翠撲衣飛。夢影微茫難寄淚零亂怕題詩。
剪燈心事落花知小生吳與表字子虛浙江江山人
也年方弱冠體不勝衣包萬卷於胸中頗饒著作起
五岳於方寸雅愛登臨說劍談兵不爲匡時濟
世昨有故人周夢公造寓見訪說名伎劉素素獨冠
羣芳自標冷艷約我今日同去訪他我想庸脂俗粉
之中豈有出類超羣之蘊且待夢公來再做商量
（科白自伯龍浣紗以後總以工整明淨爲主此作

一

《小说月报》所刊《落茵记》

《落茵记》，作于1912年初，刊于《小说月报》第4卷第1号(1913年4月)，并标明"奢摩他室第三种曲"，后有香雪、铁樵的题词。该剧又有民国初年敬苍水馆刊本，书名作《落溷记》，有评点。全剧共一出，主要写因自由恋爱引发的悲剧。

《镜因记》，作于1912年，刊于同年《民国新闻报》7月25日至8月13日、8月18日至9月10日。全剧共四十折，未写完，仅刊出九折，其

他部分未见①。该剧写书生韩种与金陵歌女李姝丽婚恋事。

《无价宝》，作于 1916 年，刊于《小说月报》第 8 卷第 7、8 号（1917 年 7、8 月），首有孙德谦序、作者自序及曹元忠、王德森、叶德辉题词。后再刊于《学衡》第 32 期（1924 年 8 月），除原有的序言和题词外，又增加朱锡梁、邵瑞彭、朱祖谋、陈世宜、罗瘿公题词及屈燨题跋，后附全剧的工尺谱。全剧共一出，写黄丕烈藏《玄机诗思图》事。

歌楊柳散套一折　用支時韻

六如亭蘇子瞻葬妾　沈家園陸務觀思妻

白樂天出妓歌楊柳　杜牧之乞守惜芳菲

同作瓜棚話。[問答照常科]

絲竹難陶寫，花好從來容易謝斯養才人，淪落邯鄲嫁，熱淚煎心何處瀉，與君

[蝶戀花] 滿院荷香宜結夏，散髮科頭，一扇風無價，今古惆場都是假，中年

[副末上]

院　本

惆悵爨

長洲吳梅譔

《小说月报》所刊《惆怅爨》

---

① 对该剧创作、发表的情况，吴梅曾有这样的介绍："晤吕天民（志伊），则三十年老友。吕办《民国新闻》，余曾投稿，编《镜因记》也。此记未完稿，今久佚矣。"见吴梅 1935 年 9 月 21 日（农历八月廿四）日记。

《惆怅爨》，此为吴梅所作四部杂剧之总名，具体情况如下：

《香山老出放杨枝伎》作于1914年，刊于《小说月报》第8卷第9、10号（1917年9、10月）。前附有《白太傅不能忘情吟并序》、《尧山堂外纪》节录。全剧共一折，写白居易因老病放归爱妾樊素事。

《陆务观寄怨钗凤词》作于1914年，共一折。写陆游与前妻唐氏相遇事。

《湖州守》作于其在北京大学任教期间，刊于《华国月刊》第1卷第9、10期（1924年5、6月），再刊于《东南论衡》第1—4、6期（1926年），皆标明"惆怅爨之一"。共二折，写杜牧定情卜绿叶事。

《高子勉题情国香曲》作于1930年。全剧共一折，写邻女国香祭奠黄庭坚事。

《惆怅爨》四剧的创作先后用了十多年的时间，正如吴梅本人所言："历十六年而毕事。"①

吴梅是从十六岁这一年即1899年开始进行戏曲创作的。这一年，他有感于戊戌六君子变法殉难，激于义愤，创作《血花飞》传奇，"余己亥之岁，曾感戊戌六君子之狱，谱一传奇，曰《血花飞》"②，显然吴梅是要通过该剧来反映自己的政治立场，抒发愤恨之情。1903年，他写完该剧，并请好友黄人作序。遗憾的是，其叔祖担心这部影射时事、言辞激烈的剧作会招来祸端，就在夜里悄悄将其焚毁。这部剧作因此而不传于世，吴梅其后也没有再补写，后人无缘得见。

对这部剧作的情况，吴梅在写于1904年的《复金一书》一文中曾作过介绍："承辱书，欲观《血花霏》，弟敢不承教。特此书乃少年所作，推崇

---

① 吴梅《惆怅爨》自序。

② 吴梅《蠹言》。

口口①,未免过当,犹有口口之陋习②,非所以入大雅之目,盖当时宗旨如此,至今思之,自觉惭愧。且其中词曲,北曲居多,而科白亦有四六习气,一钱不值何须说。"③一部出于十六岁热血少年的作品,无论是在思想上还是在艺术上都会显得比较稚嫩,不够成熟,但它是吴梅创作的第一部剧作,对了解其当年的心迹有着重要的参考价值。

在吴梅的诗作中有一首题名为《草〈苌宏血〉传十二章,为戊戌政变死事六君作》(二首),该诗写于 1905 年。后来在《霜崖三剧》自序中,他再次提到"初取戊戌政变事,成《苌宏血》十二折"④。据卢前介绍:"《苌宏血》初名《血花飞》。"⑤可见《苌宏血》与《血花飞》属同剧异名,《血花飞》是起初的名字,《苌宏血》则是后来的名字。但这里也有一个问题,吴梅叔祖夜烧《血花飞》是在哪一年? 之所以提出这个问题,是因为王卫民先生在其《吴梅年谱》中将该事系于 1903 年。但据吴梅本人诗作及其他资料可知,他是 1899 年动手创作该剧的,1903 年完成,并请黄人作序。1904 年,金一写信给吴梅,想借读《血花飞》,吴梅只是表示不值得一看,并没有说剧本不存,可见当时剧本还没有被焚毁。到 1905 年,吴梅又说自己在写《苌宏血》,可见他还在进行修改。这样算来,吴梅叔祖夜烧《血花飞》只能是在 1905 年,而不可能是 1903 年。

当然,从理论上还存在着另外一种可能,那就是叔祖于 1903 年夜焚《血花飞》后,吴梅于 1905 年重写,改名《苌宏血》。如果真有此事,该剧何以后来也不存呢? 是不是叔祖再次焚烧了呢? 吴梅本人也没有提起

---

① 原文发表时即如此。金一即金松岑,为吴梅好友。
② 原文发表时即如此。
③ 吴梅《复金一书》,《二十世纪大舞台》第二期(1904 年)。
④ 吴梅《霜崖三剧》自序。
⑤ 卢前《霜崖先生年谱》。

过，从情理上看，可能性也不大。最大的可能是叔祖在 1905 年的某一个夜里焚烧《血花飞》。这部凝结了吴梅多年心血的剧作就这样一焚了之，确实是一件让人感到非常遗憾的事。

此外，吴梅还撰有《义士记》一剧，该剧又名《西台恸哭记》，今已不可见。其情况据吴梅介绍："又谱谢翱西台恸哭、唐珏冬青行事，曰《义士记》者，拟合成四剧，卒以排场近熟，未脱古人范围，既存复删之。"①其弟子卢前也说"惟旧作《西台恸哭记》杂剧，迄未付刊"②。看来是吴梅本人对其不满意，不愿意传世的。其弟子也曾看到过。不知该剧今天是否存世。

吴梅的戏曲作品大部分写于这一时期，就各剧内容和主旨而言，主要体现在如下三个方面：

一是时政。

《风洞山》、《袁大化杀贼》、《轩亭秋》三剧属于这类作品，它们或感于时事而作，如《轩亭秋》旨在纪念秋瑾殉难；或直接抨击黑暗现实，如《袁大化杀贼》，既抨击乱民借洋人之势为虎作伥，又谴责满清政府腐败无能；或借古讽今，如《风洞山》借瞿式耜抗清事迹表达民族情绪。总的来说，三剧较为全面地反映了吴梅当时的政治思想，有着鲜明的时代色彩与现实批判精神，一方面是对满清政府的强烈不满，一方面则是对国家民族前途命运的担忧。这也是当时许多进步文人的共同心声。从这个角度来看，吴梅的这些剧作具有一定的代表性。

从艺术上来看，三剧均有较强的时效性，颇能引起当时读者的共鸣。如《袁大化杀贼》所写为中俄边界地区的时事，一边是马贼们依仗强俄的

① 吴梅《霜崖三剧》自序。
② 卢前《霜崖先生年谱》。

势力胡作非为,一边则是地方官员软弱无能,这对那些身受洋人和地方官吏双重压迫的民众来说,该剧写出了他们的心声。秋瑾殉难在当时也是一件极为轰动的事件,它使人们看清满清政府野蛮、丑恶的真面目,坚定了人们推翻满清统治的决心。当时纪念秋瑾的作品很多,《轩亭秋》即是其中的一个。《风洞山》看似历史题材,实际上也正契合了时代主潮,吴梅本人也说得很明白:"痛哭南朝,插写北兵残暴。"①当时很多革命党人借助民族情绪,激发人们对满清政权的痛恨,清兵入关后在江南的屠杀、各地义士对清军的抵抗等史实都被拿来作为宣传的材料,以此为题材的文学作品很多。柳亚子在《题吴瞿安藕龆忆曲图》一诗中这样评价《风洞山》:"百年谁续《桃花扇》,一曲新翻《风洞山》。等是汉家亡国恨,蛮烟瘴雨更间关。"②点出了其创作主旨,并给予很高评价。

三剧感情饱满、强烈,言辞激烈,文笔犀利,不掩锋芒。比如《袁大化杀贼》中借马贼之口,嘲笑官吏袁大化:"小的们是依仗俄人,大人是依仗满人。这样看来,大人也与小的差不多了。"将依仗满人的官吏与依仗俄人的马贼等同,批评的力度还是很大的。《轩亭秋》是这样描写当时的形势的:"瓜分惨祸依眉睫,呼告徒劳费齿牙。……好端端一个世界,竟到了这般地步。"对现实的强烈不满,溢于言表。

相比之下,《风洞山》的情况较为复杂,其刊于《中国白话报》的初稿与小说林刊行的定稿在内容、文字上存在着较大的差异,其中有一个明显的差异,那就是初稿借古讽今、针砭现实的意图更为直露。比如在首折中,吴梅借僧人水月之口直接抒发民族情绪:"天哪! 你为甚把个中

① 吴梅《复金一书》,《二十世纪大舞台》第二期(1904 年)。
② 柳亚子《题吴瞿安藕龆忆曲图》,载其《柳亚子诗文选》第 182 页,华东师范大学出版社 1995 年版。

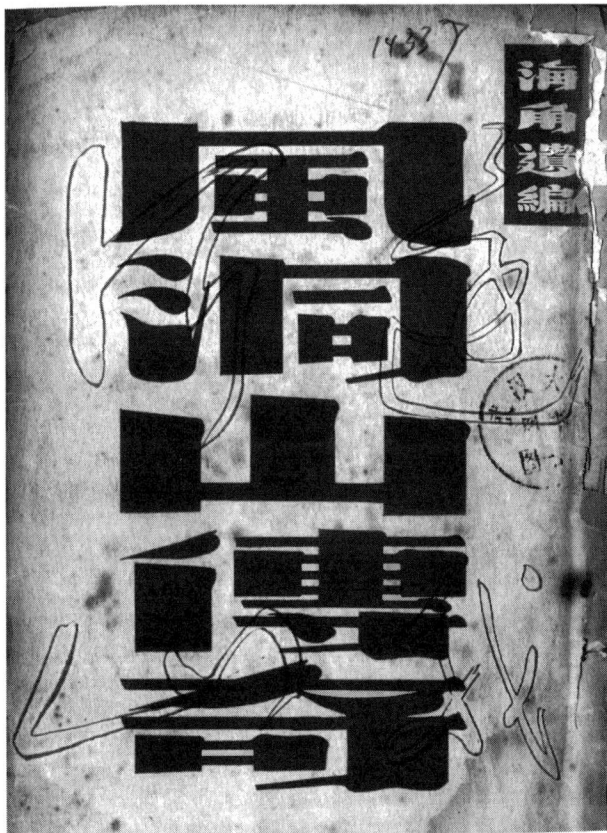

风雨书屋版《风洞山传奇》

国,归给异族之手? 难道俺汉族应该有此劫数么? ……你想我堂堂中国,不能够扫除异族,却还向他争宠献媚,中国人岂不羞死!"类似的话还有很多。到定稿中,虽然剧本主旨不变,但这些直接表白政治立场和民族情绪的话都被删去了。

就上述三剧的思想价值而言,它们都是针对当时黑暗的社会现实有感而发,抨击时政,锋芒毕露,具有战斗精神,时效性较强,在当时起到了唤醒民众、增强斗志的良好社会效果,有论者由此称吴梅为"民族主义的戏曲家"、"时代的歌者"①。在吴梅的剧作中，以这类题材的作品社会反响最大，在当时有不少题咏之作，如姚光的《题风洞山传奇》、金松岑的《金缕曲·为瞿安题〈风洞山〉传奇》等。

如果从艺术的角度而言，则三剧不无可推敲之处，这些剧作的特色往往也正是其短处所在。文学作品固然要表达个人对社会现实的态度，但它毕竟不同于口号，需要用艺术的方式表达。上述三剧皆有图解政治立场的倾向，这在《袁大化杀贼》一剧中表现得更为明显。正是因为如此，三剧皆存在人物形象不够鲜明、丰满的问题。相比之下，《风洞山》的定稿要好一些，它删去那些过于直露的语言，依据历史史实进行创作，因而艺术性也更高一些。吴梅当时对该剧也相当自信："顾此本行世，雅不欲人之涂抹我文字，大雅君子，恕我狂也。"②不过该剧也有其不够成熟之处，那就是模仿《桃花扇》的痕迹相当明显。

二是婚恋。

《落茵记》、《双泪碑》、《镜因记》三剧属于这类作品。其中最值得关注的是前两部剧作，它们虽然都是写男女之间的婚恋故事，但与通常写天下有情人皆成眷属的同题材作品不同，因为它们着意描写的是自由恋爱带来的负面效果。对《落茵记》的创作主旨，吴梅是这样介绍的："方今女权沦溺，有识者议张大之，是矣。顾植基不固，往往有脱羁要驾，而身陷于邪慝。"③《双泪碑》说的也是"王生以一念之误，几为名教罪人"的故事④。

---

① 赵景深《吴梅纪念》，载王卫民编《吴梅和他的世界》第60页，河北教育出版社2002年版。

② 吴梅《风洞山》例言。

③ 吴梅《落茵记》自序，《小说月报》第4卷第1号(1913年4月)。

④ 任光济《双泪碑》序。

这两部剧作的情节设置有着明显的倾向性。《落茵记》中的名妓刘素素本系"名门画阁小婵娟",自幼许配王家,但她"心醉自由",要"自择良缘",和一位曾姓男子私奔,先后到上海、日本等地。不料,曾姓男子的结发之妻赶到日本,将曾"强押回国"。刘素素回国后被父母赶出家门,寄身乳母,却被"卖入烟花"。刘素素遇到两位同情其命运的书生,哭诉身世,她得到的

敬苍水馆本《落溷记》

教训是:"自由之说盛行,不知坑害了多少子女。……愿人间金闺俊彦,莫轻把前盟更变。但得个荆钗贫贱,便胜过如花美眷。俺呵情牵、恨绵,为自由颠连万千。哎呀! 只这两字儿害人不浅。"主人公刘素素的话显然也代表了吴梅当时的观点,他在该剧的序言中也明确地说:"守身未定,他何足道! 一失千古,谁其恕之?"①

吴梅将一个女子所托非人、失身上当的故事演绎成对自由恋爱的控诉。虽然他不明确反对"女权"、"自由",但极力强调它们带来的负面效果,对父母包办婚姻持同情态度,这与当时提倡女权,宣扬自由恋爱的主流思想是很不一致的。依情理而言,自由恋爱过程中,由于双方了解不够,也许会出现女子上当受骗的现象,但这并不是自由恋爱这一理念有什么问题,吴梅有意识地将自由恋爱与上当受骗划等号,显然有些牵强。

---

① 吴梅《落茵记》自序,《小说月报》第 4 卷第 1 号(1913 年 4 月)。

《双泪碑》所述故事并非吴梅原创,而是根据陆秋心的同名小说改编而来。这篇小说最早在 1907 年 6 月 2 号至 11 号的《时报》上连载[1],系悬赏小说第二等,署名南梦。1908 年时报社再出单行本。作品系文言小说,作者陆曾沂,号秋心,别号南梦,也是南社会员。吴梅看到这部小说后,"心窃喜之,以为事奇而情合乎正,为之填词"。这说明他对这部小说的情节设置还是赞同的。

这部剧作的剧情比《落茵记》要稍复杂一些,它将包办婚姻与自由恋爱对立起来。小说中的男主人公王岸,虽自小订婚李碧娘,但长大之后与汪柳侬自由恋爱。他写信给李氏,"销除旧约",与汪氏成亲。但李氏却认为王岸是负心人,"若改适他人,要亦未为失节,但究竟父命为重,况且妇道有亏"。于是她致书汪柳侬,表示愿意成全王、汪二人。汪柳侬看到书信后,却十分后悔,最后用自杀的方式"保全王郎",以达到王岸与李碧娘"重申旧约,抛却前嫌"的目的。

这的确是个悲剧,但对造成悲剧的根源,吴梅的认知与当时的思想主潮却相当不同,和今天一般读者的看法也很不一样。他认为是自由恋爱造成了汪柳侬的死亡,在剧中借汪柳侬之口喊道:"自由吓!自由!我汪柳侬就害在你两个字上也。"汪柳侬之所以产生这种看法,是因为她的自由恋爱与王岸、李碧娘的婚姻旧约发生了冲突,而在她看来,婚姻旧约是不可侵犯的。汪柳侬一方面享受着自由恋爱的快乐,一方面又不敢触犯旧的婚约,她的思想存在着难以调和的矛盾。这种矛盾也正是吴梅思想的体现,他一方面认为"我国婚礼,可议者正多",一方面却又指出王生

---

[1] 王卫民《曲学大成 后世师表:吴梅评传》一书将小说刊出时间系于 1904 年,误,参见该书第 40 页,上海古籍出版社 2010 年版。有关这部小说的详细情况参见李志梅《〈时报〉1907 年"小说大悬赏"征文始末及其意义》,《华东师范大学学报》2005 年第 3 期。

的过错"不可道"①。

在张扬女权,提倡自由恋爱的当时,吴梅这两个剧作具有鲜明的时代色彩,它反映了吴梅对这一问题的忧虑,他更多地看到自由恋爱所引发的社会问题,对旧式婚姻则给予较多的肯定。将这类作品与其时政题材的剧作放在一起,就可以看到吴梅思想中多元、杂糅的一面。在政治立场上,他较为进步,反对满清统治,同情革命,但在伦理道德层面,则趋于保守,无法认同自由恋爱式的新式婚恋。王季思在评论吴梅的诗词创作时,曾指出其"少应科试,熟习旧经,封建思想的影响是存在的。有些作品就在表现进步思想倾向的同时,宣扬了封建道德观念"②,他所举的例子是吴梅的《古艳诗》十二首,同样是写女性题材的,可见吴梅在剧作中所表达的伦理道德观念与其诗词是一致的。吴梅思想观念上的这种矛盾在当时并非个别现象,而是具有一定的代表性,这是新旧文化转型时期的一个现象。

与《落茵记》、《双泪碑》不同,《镜因记》反映了吴梅对男女婚恋的另一种思考。剧中主人公韩种本是一位穷困书生,后投笔从戎。妓女李姝丽对他很是赏识,并与其缔结婚约,勉励他建功立业。后韩种参与平息西藏的叛乱,获得功名,并与李姝丽团聚。该剧的结构方式与《风洞山》大体相同,将男女离合之情放在大的时代背景中,所不同的是,它写的不是悲剧,而是一个大团圆的爱情故事。

吴梅为何要演绎这样一个故事?笔者认为它隐约反映了吴梅当时的一种人生理想。该剧的故事背景为民国之初,发表也是从 1912 年 7月开始的。这说明该剧写于 1912 年上半年,当时民国刚成立,气象一

---

① 吴梅《双泪碑》自序。
② 王季思《吴瞿安先生〈诗词戏曲集〉读后感》,《戏剧论丛》1984 年第 4 辑。

新,一直同情革命的吴梅对这个新政权还是有所期待的,他在写于1912年元旦的《元旦书怀》一诗中写道:"未熟黄粱容说梦,不惭青史勉加餐。书生本乏匡时略,敢向新廷乞一官。"①《镜因记》也是这种心境的写照。剧中的书生韩种虽然"萧条四壁,落魄一身",但他不甘于沉沦,投笔从戎,"金陵光复以来,正志士风云之际,我想起来,毕竟无家拘束,何妨为国驰驱。倘能够吐气长扬,却不道终身长策"。韩种所言也正是吴梅当时的心声,从韩种身上可以看到吴梅的影子。所以从这个角度来看,《镜因记》是吴梅一段心迹的记录。

该剧据吴梅本人后来介绍,当时没有写完:"此记未完稿,今久佚矣。"②发表时只有九折。这似乎也是一个有趣的象征,是不是吴梅想报效新政权的梦只做了几天就做不下去了呢?梦做不下去,自然剧本也就难以完稿。从吴梅在辛亥革命后对政治态度明显冷淡的转变来看,这个梦确实做得很短。

三是轶事。

《暖香楼》、《无价宝》、《惆怅爨》等属于这类作品,共包括六个剧本。需要说明的是,这些剧本写作时间不一,其中四个写于这一时期,另外两个为后来所写。这两个后写的剧本因在思想、艺术上与前四个剧作具有连续性,因此也放在这里一起进行介绍和分析。

上述六个剧作都是取材于历史上真实的人物和事件,涉及的人物分别为姜如须、黄丕烈、白居易、杜牧、黄庭坚和陆游,作品描写了他们的风流佳话、逸闻趣事。

其中《暖香楼》一剧写作时间最早,该剧系根据余怀《板桥杂记》的如

---

① 吴梅《元旦书怀》。
② 吴梅1935年9月21日(农历八月廿四)日记。

下一段记载演绎而成：

> 莱阳姜如须，游于李十娘家，渔于色，匿不出户。方密之、孙克咸并能屏风上行，漏下三刻，星河皎然，连袂间行，经过赵李，垂帘闭户，夜人定矣。两君一跃登屋，直至卧房，排闼哄张，势如盗贼。如须下床，跪称大王乞命，毋伤十娘。两君掷刀大笑曰："三郎郎当，三郎郎当。"复呼酒极饮，尽醉而散。盖如须行三，"郎当"者，畏辞也。如须高才旷代，偶效樊川，略同谢傅，秋风团扇，寄兴扫眉，非沉溺烟花之比。聊记一条，以存流风余韵云尔①。

余怀记载此事，目的在保存当日金陵繁华的"流风余韵"，同时他也指出姜如须"秋风团扇，寄兴扫眉，非沉溺烟花之比"。吴梅正是由此得到启发，演绎这一故事的，他介绍自己写作此剧"非独寄艳情，亦且状故国丧乱之态"②。可见他写作此剧不仅是为了写姜如须的风流艳事，同时也是有所寄托的，目的在借古讽今，借明末史实来警醒当时的文人，正如劝吴梅作此剧的好友高祖同所言："嬉笑怒骂，变幻百出，极其所至，虽盗跖之所为，亦有所不避者，殆以愧夫当世士大夫欤？以彼攀附权门，熏天之势，窃恐亦盗跖之不若，而隐以概长安棋局之不可问耶？"③只是这种寄托和寓意表达得较为隐晦，如果不是吴梅和好友高祖同加以说明，读者未必能领悟出来。

---

① 薛冰点校《板桥杂记·续板桥杂记·板桥杂记补》第 26 页，南京出版社 2006 年版。
② 吴梅《暖香楼乐府题词》，《小说林》第 1 期(1907 年)。
③ 高祖同《暖香楼乐府题词》，《小说林》第 1 期(1907 年)。

与《暖香楼》相比，其他五剧已没有这样针对时事而抒发的感慨和寄托。这些剧作皆写于民国建立之后，更确切地说，皆作于 1914 年及其以后。此时的吴梅已不再关心时政，醉心于词曲研究。他创作这些剧本更多的是出于个人兴趣，通过描摹文人的风流韵事，以传达个人的志趣和心绪。无论是黄丕烈的征咏《玄机诗思图》、白居易的病老放樊素，还是杜牧的缔约卜绿叶、黄庭坚的吟咏邻女，对这些风流韵事，吴梅显然都是认同的，抱着欣赏的态度进行描摹。

之所以这样说，是因为这些剧作实际上是吴梅早年生活的一个侧面写照，反映了其早年的一段生活与心绪。在吴梅的早年作品中，有一套散曲《南吕懒画眉·赠蕙娘》，写得柔情似水，情意绵绵，文辞优美流畅。这是写给一位名叫蕙娘的年轻女性的。除了这套曲子，吴梅还写有一支《南吕罗江怨·与蕙娘话旧》，同样是写那位蕙娘。这位深得吴梅青睐的蕙娘究竟是何人？据卢前介绍："蕙娘为金阊妓。吾师尝语前云：'此词成，蕙喜极。教之度声，积半月而[懒画眉]、[金络索]略能上口。后委身虞山富人。存此以志少年之迹。'前因记于此。"①根据卢前的介绍和曲中"曾记相逢九华楼，恰好的天淡云闲夜月秋"，"重来北里游"等描写，可以大略知道吴梅当时与蕙娘交往的情况，由此可见吴梅早年生活诗酒风流的另一面。他本人也承认自己"画船狎伎，赌酒呼卢，少年时亦复为之"②。

吴梅有一首词作《浣溪沙慢·海上遇旧燕》，有论者认为这里的"旧

---

① 吴梅该将曲发表时，写有注解："此词成，蕙喜极。嬲余教之度声，积半月而[懒画眉]、[金络索]略能上口。后委身虞山富人云。"这大概是卢前此说的依据。载《国学丛刊》第 1 卷第 3 期(1923 年)。
② 吴梅 1936 年 9 月 1 日(农历七月十六)日记。

燕"是指"金阊妓蕙娘"①。此说若成立,则吴梅后来还见过这位红颜知
己,自然,物是人非的感慨是要抒发的。吴梅生前曾亲手编订自己所写
散曲,对早年之作删汰甚严,但他保留了这套《南吕懒画眉·赠蕙娘》,可
见他对当年的这份情感还是十分珍视的。1934 年 8 月 29 日,吴梅在抄
录《藕舲忆曲图》本事诗时,"凡关涉蕙事者,皆汇钞卷中,追系甲寅年月,
以志少年游冶之迹焉。"②1935 年 3 月 7 日,吴梅夜饭后"偶感少年事,作
仙吕[长拍]一曲"③,字里行间透出的是惋惜与感伤之情。从此不难看
出,吴梅这些散曲与《惆怅爨》所收诸剧存在内在的精神相通之处。

　　吴梅曾将《南吕懒画眉·赠蕙娘》这套散曲刊于 1923 年的《国学丛
刊》第 1 卷第 3 期上,其弟子王季思这样介绍当时读者的反应:"我初进
东南大学(中央大学前身),就在《学报》上读到先生的《赠蕙娘》散套。在
堂堂的东南最高学府里敢于发表自己跟一个妓女的浪漫史,不免招来了
一些正人君子的非议,我们少数同学却十分爱赏。"④事实也证明了这一
点,吴梅将画有自己当年游冶之事的《藕舲忆曲图》让学生品题,陆维钊
写有《题吴瞿庵师藕舲忆曲图》,胡士莹写有《忆旧游·题吴瞿安师藕舲
忆曲图》。吴梅当时敢于公开发表这样的作品,并将《藕舲忆曲图》让学
生品题,说明他并不觉得自己的风流韵事有什么不妥,至于别人的非议,
他肯定想到了,而且并不在意。

　　对这个问题,应该客观地看。在吴梅所写散曲中,还有一个套曲《双

---

① 王卫民、王琳《吴梅》第 211 页,中国文史出版社 1998 年版。

② 吴梅 1934 年 8 月 29 日(农历七月二十九)日记。

③ 吴梅将该曲收入《霜崖曲录》时,改题目为《仙吕长拍·重读〈藕舲忆曲图〉,感少年
　事》,文字上也做了较多修改。

④ 王季思《吴瞿安先生〈诗词戏曲集〉读后记》,《戏剧论丛》1984 年第 4 辑。"惠"当作
　"蕙"。

调玉娇娘·题傅屯艮〈熊湘〉〈红薇感旧图〉》，所吟为其好友傅熊湘与名妓玉娇的传奇故事。这一故事在当时曾作为文人风流雅事广为流传。这是一个历史现象，不能用今天的道德观念来评判。对吴梅此举也当作如是观，何况这些作品写得感情真挚，"完全以平等的态度对待一个被压迫被侮辱的歌妓，而且把她的品格提到明末跟权奸斗争的李香君的高度"，在艺术上"辞意声情，交融并茂，为向来南散曲中所罕见"①。

　　只有了解了吴梅这些早年的风流韵事，了解其《赠蕙娘》套曲，才可以理解他为什么喜欢创作这类描写文人风流韵事的剧作，才可以理解为什么吴梅晚年在修订自己的剧作时，只保留这一类作品。有一件事很能说明这一问题：1935年11月6日，苏州同乡会演出《湘真阁》。吴梅看后，颇有感慨："回肠荡气，触我少年游冶之思。"②

　　吴梅晚年将上述六个剧本汇编为《霜崖三剧》，其他剧本则弃则不取。究其原因，大体有三：一是吴梅后来的思想观念和文化立场发生较大变化，逐渐淡漠政治，时过境迁，他对早年那些强烈关注现实的作品自然不满意；二是他偏爱文人题材的作品，因为其中有其早年生活的印记，也符合自己的文人情趣；三是那些涉及时政的剧作在艺术上不够成熟，较为粗糙。吴梅后来曲学造诣日渐深厚，盛名在外，对自己的要求也就更高，对这些作品不满意，也是意料之中的事情。

　　有意思的是，吴梅描写时政类的作品在其全部剧作中最受关注，影响也最大，超过其他题材的作品，得到的评价也比较高，可见吴梅本人的认知与读者的评价是不一致的。放在文学史上来看，这种情况也比较正常，一部作品的受关注程度和评价并不取决于作者本人的态度，也并不

---

① 王季思《吴瞿安先生〈诗词戏曲集〉读后记》，《戏剧论丛》1984年第4辑。
② 吴梅1935年11月6日（农历十月十一）日记。

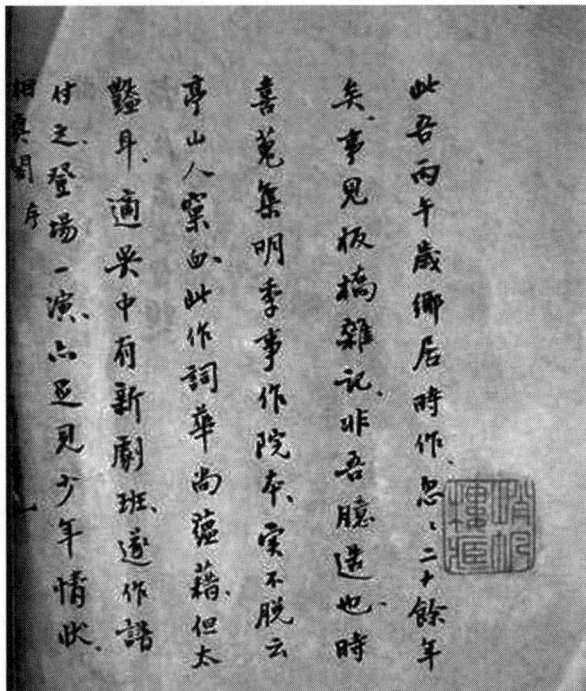

吴梅《湘真阁曲本》自序

完全取决于其艺术水准的高低，它往往与其产生的社会文化语境、读者
的审美期待有着密切的关系。吴梅所写时政类剧作也许在艺术上不够
成熟，但它抨击满清残暴统治，抒发民族情感，契合了人们的情感与审美
需求，因而能产生较大反响，被称作"民族主义的戏曲家"①。相反那些
抒写文人情趣的剧作尽管在艺术上更为讲究，更为作者本人偏爱，但曲
高和寡，不受人们的关注，未能产生较大的社会反响，也是比较容易理
解的。

从上述剧作也可看出吴梅的一些艺术观念和创作特点：

---

① 赵景深《吴梅纪念》，载其《中国戏曲丛谈》第 244 页，齐鲁书社 1986 年版。

　　首先,在曲体的选择上,除《袁大化杀贼》一剧属花部剧本外,其他各剧则皆采用传统的杂剧、传奇体,由此也可看出吴梅的艺术取向。这和他日后的曲学研究有着内在的一致,其一生精力主要集中于雅部戏曲的研究,特别是曲律,对花部戏曲包括当时正蓬勃发展的京剧则基本不关注,甚至连了解的兴趣都没有。

　　当时戏曲发展的情况是花部盛行,雅部衰落,传统剧曲的创作、表演陷入低谷,甚至到了难以为继的地步。自清代中叶便已出现这种趋势,到清末民初的时候更是明显,传统曲学几乎成为绝学。这固然是戏曲发展演进的一种必然趋势,但一种传承了数百年的精致艺术样式就此绝迹,也着实是一件让人惋惜的事情。在此情况下,一些文人出于文化使命感或个人兴趣,意图延续乃至复兴雅部戏曲,这是有意义的,对此应该予以肯定。

　　吴梅选择传统曲体进行创作,主要是出于个人的兴趣,其中自然也有昌明传统剧曲的用意在。这并非吴梅一个人的孤立行为,当时与其有着类似价值取向、创作传统剧曲的人还有不少,比如丁传靖、庞树柏、王蕴章等人,他们代表着一股别样的文化力量。

　　吴梅当时所处的时代正值中国文化发生重要转型,新学旧知,中学西学,杂糅并存,文学演进的方式是多元的,人们发出的声音也是多声部的。当时社会的主流是改良革新,就戏曲而言,以京剧为代表的花部戏曲呈现出不可阻挡的蓬勃上升之势,戏曲改良成为主流,成为此后一个多世纪戏曲发展的核心话题。吴梅等人所代表的则是另外一种选择,一种延续和复兴传统的选择,甚至可以说是一种带有悲剧性的选择。这种选择在当时看来无疑是逆时代潮流而动的,是保守落后的,人们的评价自然也是负面的。但时过境迁,当一个世纪过去,一切尘埃落定,回过头再来重新审视这段历史的时候,就会发现,吴梅等人的选择是一种更为可贵的选择,他们的选择是有价值的,也是有意义的。不可能所有的人都赶时代潮流,为传统文化送终,同样也需要有人进行守望,为逝去的文化传统守望,尽管这种守望注定是没有希望的。

其次,讲究音律的规范与和谐,这是吴梅创作戏曲的一个自觉追求。他在创作《风洞山》一剧时,"力避其艰涩粗鄙处,一以雅正出之,故通本词意浏亮,无拗折嗓子之诮。后有作者,可以为法"。当时正值其声律之学取得较大进步之际,言语中透出自信。也正是为此,他才语带狂傲地提出"顾此本行世,雅不欲人之涂抹我文字"①。等到吴梅曲学造诣更为精深时,他对《风洞山》的评价发生改变,称其"其实无所得也"②,这是后话,暂且不提。

这种自信还体现在《落茵记》的创作上,吴梅将自己与汤显祖相比,"吾词不敢较玉茗,而差胜之者有故也。玉茗不能度曲,余薄能之,春鸟秋虫,虽有高下,至滞齿捩嗓之音,自知可免焉"③。由此也可看出吴梅着意强调音律的一个内在因素,那就是他看到了前人比如汤显祖等人的不足之处,以此为突破口,形成自己剧作及曲学研究的特色。就创作出新的角度来说,这是一个相当明智的选择。

需要说明的是,吴梅这样做,并非是在重复沈璟的老路,而是想以自己的创作化解当年的汤沈之争,走出一条文辞、曲律兼善的新路。他的好友任光济看出了这一点:"今瞿安以若士之笔,协宁庵之律,为之不懈,其将执牛耳于骚坛也必矣。"④后来的事实证明了任光济的预言。

---

① 以上见吴梅《风洞山》例言。

② 吴梅《霜崖三剧》自序。

③ 吴梅《落茵记》自序,《小说月报》第4卷第1号(1913年4月)。

④ 任光济《双泪碑》序。

在吴梅所撰剧本中,用力最多,最为满意的当数《惆怅爨》四剧,"《惆怅》五折,用力稍勤"①,他这样评价自己的这四个剧本:"昔人工南词者,辄不工北曲,宁庵先生其尤著者。……余致力北词,垂二十年,及作此曲,自谓可追元贤,脱稿读之,能妍丽而不能粗丑,能整炼而不能疏放,去元人蒜酪之风,尚瞠乎后也。"②尽管语气比年轻时含蓄很多,但将自己的剧作与元人相提并论,可见吴梅自视还是相当高的。他对自己剧作长处和特点的把握相当准确,那就是兼工南北曲、"妍丽"、"整炼"。这四个剧本除了题材内容方面契合吴梅本人的思想和志趣外,格律工严,辞曲兼美,这在当时的诸家剧作中,是颇为突出的。

在个人的独立创作之外,吴梅还先后改编、修订了一些他人的剧作,包括《绿窗怨记》、《白团扇》、《东海记》、《师针记》等。这些剧作都曾在当时的报刊上刊载过,其具体情况如下:

《绿窗怨记》,刊于《游戏杂志》第 10 期至第 13 期、第 15 期至第 18 期(1914 至 1915 年),共先后刊出十折③,未完。作者在自序中说"漫笔走成四十折",庄一拂在《古典戏曲存目汇考》一书中则云全剧"二卷四十九出","今存稿本,赵景深曾见之"④。作者手稿下落不明。

《白团扇》,刊于《女子世界》第 3 至 6 期(1915 年)。署名"东篱词客撰",首东篱词客《白团扇杂剧题词》、《自题白团扇北剧四首》,全剧共四折。

《东海记》,刊于《春声》第 2、4 集(1916 年 3、5 月)。共十二出。

---

① 吴梅《霜崖三剧》自序。
② 吴梅《惆怅爨》自序。
③ 邓乔彬云"《绿窗怨记》凡四十出,但载《游戏》杂志中仅见五出",误。见其《吴梅研究》第 110 页,华东师范大学出版社 1990 年版。
④ 庄一拂《古典戏曲存目汇考》第 1746—1747 页,上海古籍出版社 1982 年版。

《才人福》,刊于《春声》第 3 集(1916 年 4 月)。共三十二出。

《伏虎韬传奇》,刊于《小说大观》第 10 集(1917 年)。共十三出。

《针师记》,刊于《小说月报》第 9 卷第 3 至 8 号(1918 年)。共七折。

《枯井泪杂剧》,刊于《学衡》第 33 期(1924 年 9 月)。全剧一折,写光绪妃珍妃诉冤事。

《茱萸会》,刊于《东南论衡》第 1 卷第 29 期(1926 年)。全剧一折。

这些剧本的作者归属有的很明确,有的则不大明确,吴梅是作者还是改编者,学界的意见并不一致,各类辞书、书目的记载不一,这里稍作介绍和辨析。

《绿窗怨记》发表时署名"瞿庵",并有吴梅本人所写的自序。在自序中,他这样介绍该剧创作的情况:"癸丑之秋,虱处海滨。追忆旧事,忽忽不乐。友人任澍南光济属为新乐府,漫走笔成四十折。"①这篇自序吴梅还以《绿窗怨记序》为名刊发在《南社丛刻》第十四集(1915 年 5 月)上。按照剧作的署名及序言的介绍,此剧为吴梅所作,这也是不少人将该剧归到吴梅名下的重要依据。

但是王季思早就指出,该剧"关目全仿孟称舜《娇红记》,甚至宾白曲词也一字不易,仅改换剧中人姓名和略去一些次要的细节而已。当属先生早岁游戏之作"②。后来王卫民通过两剧的详细比对,证实了这一点:"它是依据《娇红记》稍加改编而成,并不是另起炉灶的崭新创作。"③笔者也进行了一番比对,基本同意上述两位学者的看法,《绿窗怨记》改编自孟称舜《娇红记》的痕迹非常明显,它并非吴梅的独创之作,这是没有

---

① 吴梅《绿窗怨记》自序,《游戏杂志》第 10 期(1914 年)。

② 王季思《吴瞿安先生〈诗词戏曲集〉读后记》,《戏剧论丛》1984 年第 4 辑。

③ 王卫民《曲学大成　后世师表:吴梅评传》第 64 页,上海古籍出版社 2010 年版。

问题的。

但这里有两个问题需要加以说明：

首先，吴梅为何要改编这部剧作？且不说吴梅本可独立创作，不需要改编他人作品，再说他也不喜欢创作才子佳人式的言情之作："往余所编诸院本，率有所寓托，而言情之作，不多下笔。"既然如此，他为何还要改编此剧呢？吴梅这样做，还是有寓意的，他在该剧的自序中说得很明白："夫人而能钟情一人，不为外情所夺，死而无怨，此岂可望于今世之所谓才子佳人哉。"①目的在借古讽今，批评当时流行的所谓才子佳人式的滥情。首折《题目》[西江月]的最后两句，原文本为"贞夫烈女世间无，总为情多难负"②，吴梅则改为"贞夫义女世间无，并不似近日的鸳鸯野侣"，其改编意图表达得十分明确。

其次，如何看待吴梅改编旧剧这一现象？显然将该剧署名为自己，这是吴梅本人的意思。如果依照现代的版权观念来看，这显然是不合适的。但在当时，人们并没有这么清晰的版权意识，缺乏明确的制度和规范，对创作与改编的区分没有那么明晰。再者，吴梅确实也做了不少改编工作，付出了自己的劳动。因此，要将此事放在当时的社会文化背景下来看，不能用现在的标准来要求，吴梅如此署名也许有不妥之处，但也是可以理解的。

《白团扇》也存在着同样的问题。此前人们一直将其作为吴梅本人的作品，王季思曾称赞该剧为吴梅"短剧中最成功的作品"③。这种看法是有其依据的，徐调孚在《霜崖先生著述考略》一文中将该剧归到吴梅名

①　以上吴梅《绿窗怨记》自序，《游戏杂志》第 10 期(1914 年)。
②　王汉民、周晓兰编集校点《孟称舜戏曲集》第 104 页，巴蜀书社 2006 年版。
③　王季思《吴瞿安先生〈诗词戏曲集〉读后记》，《戏剧论丛》1984 年第 4 辑。

下，并说明自己的根据："民国三年、四年间《女子世界》刊载。《女子世界》未见。仅于《游戏杂志》之广告上见有此目耳。"①事实上，不仅《游戏杂志》的广告如此，在《女子世界》刊发该剧的各期目录里，《白团扇》下的署名均明确地写着"吴梅"。有意思的是，在正文中，署名则均为"东篱词客撰"。这样读者自然会认为"东篱词客"就是吴梅的笔名或别号。

但是据王卫民的考察，东篱词客另有其人，它是道咸间袁龙的别号。袁龙，又名汝龙，江苏吴江人，著有《东篱南北曲》等②。王卫民将1936年1月刊行的《文艺捃华》第3卷第1册所载《东篱北词杂剧》与《女子世界》刊本对比，确认《白团扇》的确是出自袁龙之手，吴梅最多是个改编者③。笔者找到了这两个刊本所刊作品并进行比对，基本认可这一说法。《东篱北词杂剧》刊于《文艺捃华》"前贤遗著"栏目，标明"未刊本"，署名"吴江爱龙东篱"，其中"爱"当为"袁"。

这里还存在一个问题，既然该剧非吴梅所撰，何以刊出《白团扇》的《女子世界》在目录上将其归到吴梅名下？王卫民的解释是："当时吴梅在上海民立中学任教，而《女子世界》主笔又与他相识，该稿为吴梅提供是无疑的。清末民初，人们对作者、改编者、供稿人的界限并不十分清楚，张冠李戴的现象屡见不鲜。这里很可能是《女子世界》的编辑把供稿人当成了作者，或者把'东篱词客'误认作吴梅的别号了。由此我又联想到《绿窗怨记》和《东海记》是不是也属于这种情况？或者吴氏本人就没

---

① 徐调孚《霜崖先生著述考略》(增补稿)，《戏曲》第1卷第3辑(1942年)。

② 《东篱南北曲》载凌景埏、谢伯扬编《全清散曲》(齐鲁书社1985年版)一书，可参看。有关袁龙的情况，参见赵景深《读清人散曲四家》一文，载其《明清曲谈》，古典文学出版社1957年版。

③ 参见王卫民《曲学大成　后世师表：吴梅评传》第66—68页，上海古籍出版社2010年版。

有把创作和改编的界限搞清楚?"①

结合相关资料来看,笔者认为,"《女子世界》的编辑把供稿人当成了作者"的可能性不大,原因如下:

首先,吴梅和《女子世界》的主编很熟悉,如果他只是供稿人的话,寄送稿子的时候,他应该会做一些说明,而不大可能一声不吭地给人家一篇稿子,这不符合常理。

其次,从《绿窗怨记》到《白团扇》,再到《东海记》,何以连续出现这样的情况,这并非偶然,都是编辑将供稿人错认为作者的可能性不大。何况吴梅在《绿窗怨记》前所写的自序中明确说明该剧为自己所作,可见至少《绿窗怨记》的情况肯定不是编辑的错认。

因为这两个原因,笔者认为"吴氏本人就没有把创作和改编的界限搞清楚"的可能性最大。前文笔者在介绍《绿窗怨记》时,已证实了这一点。《白团扇》的情况应该也是如此。将《女子世界》所刊《白团扇》和《文艺捃华》所刊《东篱北词杂剧》进行比对就可发现,两者之间的差别还是比较大的,甚至超过《绿窗怨记》和孟称舜的《娇红记》,这是因为《白团扇》比《东篱北词杂剧》要多出十来支曲子,曲词也有所不同。王卫民提出了三种可能:"一是流传抄本不同","二是《女子世界》发表之前经吴梅修改润色","三是《文艺捃华》为了节省篇幅,发表时略有删节"②。

笔者认为,第二种情况最有可能。前文笔者已说过,编辑将供稿人错认为作者的可能性不大,根据《绿窗怨记》一剧的情况来看,《白团扇》这些多出的曲子应该出于吴梅之手,正是因为吴梅补写了这些曲子,加之当时没有明确的版权概念,对创作和改编的界限并不是很清楚,因此

① 王卫民《曲学大成 后世师表:吴梅评传》第68页,上海古籍出版社2010年版。
② 王卫民《曲学大成 后世师表:吴梅评传》第67页,上海古籍出版社2010年版。

将剧本归于自己名下。有一则资料可以佐证此事,1924年,吴梅在其诗作《里门社集分咏吴中胜迹,余得二事》之一中写道:"我有《白团扇》,谁与歌吴趋?"他明确以《白团扇》的作者自居。

另外,根据相关资料来看,笔者认为《文艺捃华》所刊《东篱北词杂剧》应该也是由吴梅提供的。其主要根据如下:

首先,吴梅藏有《东篱北词杂剧》,这是肯定的,否则他没有办法进行改编。在其写于1936年2月6日(农历正月十四)的日记中,有这样的记载:"早校袁东篱北剧《白团扇》未毕,……归校《白团扇》毕。"显然,他手里不仅有藏本,而且还是比较珍贵的本子,否则没有善本,也就没有校对的必要。从《文艺捃华》所标"未刊本"来看,其依据的本子当为稿本或抄本,这样的本子不是轻易可以得到的,而吴梅手里就有,这样《文艺捃华》来自吴梅的可能性很大。

其次,吴梅与《文艺捃华》有较为密切的联系。就在刊发《东篱北词杂剧》的当期,还登载了吴梅的《吴骚合编跋》和《游摄山栖霞寺》。在该刊的第3卷第4册,登载有吴梅的《李母曾节烈诔》。《文艺捃华》为国学会所办,其地址在苏州。吴梅参加过国学会的活动,与主持该刊物的金松岑是多年的好友。因有这层关系,吴梅将《东篱北词杂剧》送给《文艺捃华》刊发也就是顺理成章的事情。当然,落实此事还要有更为直接的证据。

《白团扇》所写为一棒打鸳鸯式的爱情悲剧。书生王珉爱上其嫂马夫人的婢女谢芳姿,两人私订终身。马夫人发现两人的恋情之后,重责谢芳姿致死。谢芳姿临死前赠王珉一把白团扇,这也是该剧剧名的由来。吴梅改编此剧,显然是对王、谢二人的爱情和不幸持同情态度,这与其《陆务观寄怨钗凤词》一剧的思想是一致的。

《东海记》一剧与《绿窗怨记》、《白团扇》的情况较为类似,它之所以

被认为是吴梅的剧作,是因为最早刊发该剧的《春声》杂志明确署名为
"瞿安"。

但据王卫民的考察,该剧也属改编之作,系改编自清人王曦的《东海
记》,"这两本《东海记》并没有大的差别。与《绿窗怨记》相比,它的改编
成分更少"①。笔者将两剧对读,同意王卫民的看法。稍作补充的是,王
曦原作每出后多有仲远氏的评语,吴梅改作也予以保留,署名则改为"静
一"。有趣的是,王曦的《东海记》也并非完全原创,它与比其稍早的陈宝
的同名之作也有一定的沿袭关系,系在前者的基础上重新创作的。

《东海记》所演绎的是历史上流传甚久的东海孝妇故事,意在宣扬孝
道和妇道。吴梅改编此剧,显然是对孝妇的行为持肯定态度。这与其
《落茵记》、《双泪碑》中反映的思想是基本一致的,反映了吴梅思想中传
统、保守的一面。

相比之下,《针师记》的归属问题就比较明确,不至于发生误解,因为
《小说月报》刊发时署名为"北畤造恉,瞿安润文"、"北畤原本,瞿安删
订"。所谓"润文"、"删订",也就是改编。

该剧所写为贤妇劝夫上进的故事。文士周亮不思进取,整日与一帮
狐朋狗友吃喝嫖赌,荒废学业。其妻吕淑英过门后劝其改正,拒与同房,
并要用针毁容。周亮受到震动,改过自新,学有所成。后夫妻重新合婚,
周良感谢妇人的贤良之德,拜针为师。该剧之名即由此而来。

与《针师记》情况相似的还有《伏虎韬》、《枯井泪》、《才人福》、《茱萸
会》等。《伏虎韬》刊发时署名为"吴门红心词客著,长洲吴梅校",《枯井
泪》刊发时署名为"丹徒赵祥瑗原稿、长洲吴梅润辞"②,《才人福》刊发时

———————

① 王卫民《曲学大成　后世师表:吴梅评传》第 66 页,上海古籍出版社 2010 年版。
② 《枯井泪》,《学衡》第 33 期(1924 年 9 月)。

署名"元和沈起凤填词，长洲吴梅校律"，《茉莉会》刊发时署名"卢冀野原稿、吴瞿安润辞"，既然是"润辞"、"校律"，自然就包含着对作品文句不同程度增删修改的意思。

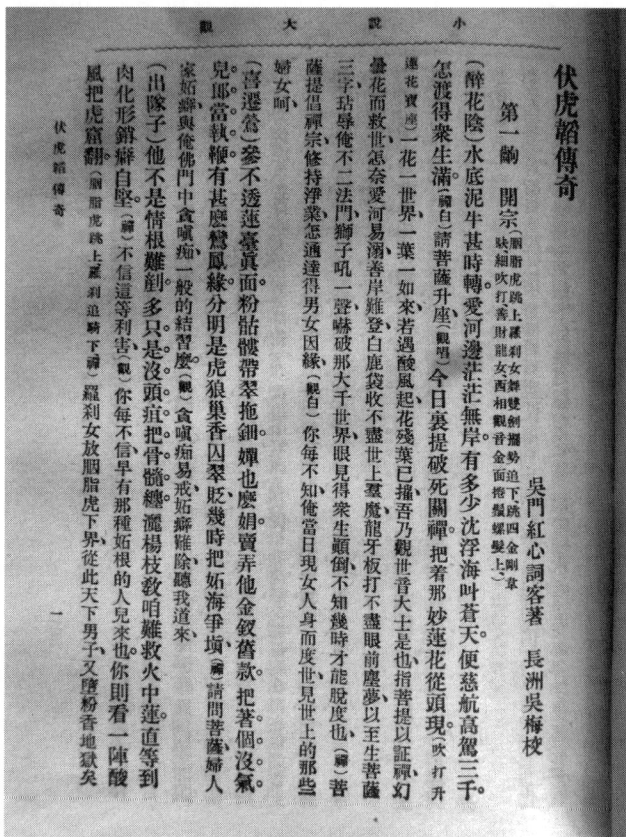

《小说大观》所刊吴梅校《伏虎韬传奇》

《伏虎韬》中有吴梅所写的三则校语，因未曾有人提及过，这里摘录如下，以见吴梅所校之内容，也可见吴梅当时的曲学造诣：

此折[千秋岁]、[越恁好]二曲，原刊本大误，少填六句，自来无此格式。先生四种曲，系石琢堂所刻，已在先生易箦之后，

未经词学名家细校,故有此失也。丁巳六月吴梅注。(第十出)

此[尾犯序]二支所用韵平仄不调,且第二支换头句法迥异,又多填数句,不合八句二十七板之格,因改正之,试与《琵琶》"何曾想着那功名"一曲相合云。霜崖词人老梅注。(第十二出)

此二曲最耐唱,亦最难唱,处处到家,字字着力,先生神于音律如此。益见前数曲舛律处,是刻者之过矣。丁巳六月吴梅注。(第十三出)

需要说明的是,《枯井泪》、《茱萸会》的情况与上述其他各剧有所不同,因为它们的作者赵祥瑗、卢前当时都是东南大学的学生,吴梅的"润辞"之举带有批改作业的性质。其实不光是这两位学生,其他弟子如王季思、常任侠等人的剧作,吴梅也都进行过批改。

从上述情况来看,改编他人旧作,这是吴梅比较喜爱的一种创作方式。除了上面所谈的几部改编之作,吴梅独创的《惆怅爨》也带有改编的痕迹,比如《香山老出放杨枝伎》、《陆务观寄怨钗凤词》两剧就是从清人桂馥《后四声猿》中的《放杨枝》和《题园壁》而来,吴梅本人曾谈及这一点:"余作《杨枝伎》、《钗头凤》二剧,即改桂作,自谓过之矣。"①将吴梅与桂馥的剧作放在一起对比就可看出,吴梅两剧的人物、剧情基本沿用桂馥的剧作,连一些宾白也予以保留,因袭的痕迹较为明显。在曲辞方面,吴梅则是重起炉灶,两剧面目由此全然不同。因袭和创新在吴梅的这两

---

① 吴梅《后四声猿》跋。

部剧作中都有呈现,并糅合在一起。

　　吴梅在创作或改编的剧本中,塑造了一系列烈女、义女、孝妇、贤妇的形象,由此可见其伦理道德观念与价值取向,自然也不难理解他为什么对自由恋爱持较为负面的看法。这体现的是吴梅思想的另一面。

　　吴梅的剧曲创作主要集中在这一时期,此后其精力转移到诗文词曲的创作和研究方面,即便有一些创作剧曲的想法,也无暇落笔,比如他曾想以蕲王韩世忠与妓女吕小小的故事为素材作一传奇,最终也未能如愿:"蕲王事,余亦拟作一传奇,饥驱奔走,无暇拈毫。"①无暇创作新剧,只能对旧日的剧作进行增删修订而已。

第五节　曲学初成

　　在词曲研究方面,吴梅主要做了两个方面的工作:一是曲学文献的搜集整理,二是撰写曲学著述。

　　在曲学文献的搜集整理方面,吴梅编印《奢摩他室曲丛》,校勘《董解元西厢记》、《四声猿》、《临春阁》、《通天台》等剧作。

　　《奢摩他室曲丛》是吴梅编选的一部戏曲作品集,1910 年艺林斋刊行。按照吴梅的设想,这应该是一部比较大的戏曲总集,但限于条件,只刊行了第一集,所收为《梅村乐府》二种即吴梅村的《临春阁》、《通天台》与吴梅本人创作的《暖香楼》,共三部作品。之所以收吴梅村的两部剧作,一是因为"梅村乐府,嗣响临川",二是因为吴梅村的剧作"传本绝少,又掩于诗名,几与碣石幽兰,同此沦隐"②。该书所用底本由吴梅好友刘

---

① 吴梅《麒麟閣》跋。
② 吴梅《梅村乐府二种》跋,《奢摩他室曲丛》,艺林斋 1910 年刊行。

毓盎提供，《秣陵春》一剧
因篇幅较大而未刊。这是
吴梅编印曲集的一个
尝试。

　　校勘整理《董解元西
厢记》《四声猿》等剧作是
吴梅受刘世珩之邀进行
的。刘世珩，字聚卿，号葱
石、楚园，安徽贵池人，是
当时著名的藏书家，吴梅
对其评价是"好事，多藏
弄，喜刻书，《聚学轩丛书》
其最著也"①。刘世珩喜爱
词曲，发愿编印《汇刻传

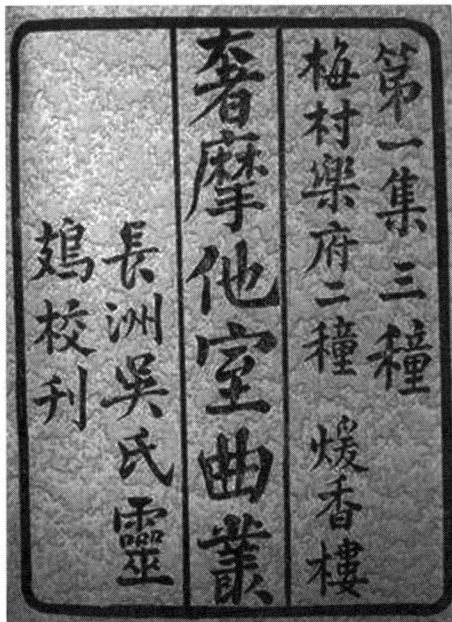

《奢摩他室曲丛》

剧》，汇刻前人杂剧传奇，精选底本，聘请高水平刻工，并邀请吴梅、况周
颐等词曲名家加盟，校勘文字，订正曲律。吴梅负责校订的是《董解元西
厢记》、《四声猿》、《临春阁》、《通天台》、《紫钗记》、《南柯记》、《长生殿》等
剧及《新定十二律昆腔谱》，时间在其执教民立上海中学、北京大学
期间②。

　　《董解元西厢记》为《汇刻传剧》中的第一部，吴梅"依据《大成》，参订

---

①　吴梅 1931 年 10 月 12 日(农历九月初二)日记。
②　有关吴梅校勘整理《汇刻传剧》及与刘世珩交往的情况，参见彭长卿辑注《吴梅致刘
　　世珩书札三封》(《文教资料》1988 年第 1 期)、《吴梅致刘世珩书札三通》(《文教资
　　料》1991 年第 3 期)、《吴梅致刘世珩、张惠衣书札三通》(《文教资料》1992 年第 4
　　期)。

李谱,更就管见所及,酌分正衬,竭期月之力,始得卒业"①。再比如《紫钗记》,"全书体制,一遵清晖,分配角色亦从臧本,萃集众长,成此善刻",吴梅则"复效钮少雅格正《还魂记》例,援据《大成宫谱》,为之分别正衬,考订曲牌。又举毛本叶谱,依律互勘,句梳字栉,多所证明"②。仅《紫钗记》一剧的校订,就用了三个月的时间,由此可见吴梅治学态度之谨严。

刘世珩主持刊印的《汇刻传剧》向以版刻精美、质量精良而著称,其中自然也有吴梅的重要贡献,他对自己的成绩还是较为满意的:"自来读董词者,未有如余之勤且专也。"③上述这些工作为其日后编印大型曲学总集积累了较为丰富的经验。

在撰写曲学著述方面,吴梅有《奢摩他室曲话》、《奢摩他室曲旨》、《顾曲麈谈》、《霜崖曲话》等著述,这些著述在当时大多公开刊布过。

以下简要介绍这些曲学著述的刊布情况:

《奢摩他室曲话》写于 1906 年,刊于《小说林》1907 年第 2—4、6、8、9期。共两卷,未完。

《奢摩他室曲旨》约写于 1912 年,刊于《民国新闻报》1912 年 7 月 26日至 9 月 10 日。未完。

《顾曲麈谈》作于 1913 年,刊于《小说月报》1914 年第 5 卷第 3—12、第 6 卷 1—10 号,后由商务印书馆于 1916 年收入《文艺丛刻甲集》,刊出单行本。

---

① 吴梅《董西厢校记》,载《汇刻传剧》卷首。在《霜崖曲话》中,吴梅再次提及此事:"余尝为贵池刘葱石(世珩)校勘此曲,并为分别正衬字,竭期月之力,始得卒业,自来谈董词者,未有如余之勤且专也。"
② 吴梅《紫钗记》跋,载《国学丛刊》第 1 卷第 3 期(1923 年)。
③ 吴梅《董西厢校记》,载《汇刻传剧》卷首。

小説林

奢摩他室曲話卷一

長洲吳梅靈鶼父譔

論雜劇院本

北人不詞南人不曲故分詞餘爲南北亦聲啞之談不知其本者也自高東嘉琵琶記出南曲之名遂定公以自適之故削爲不必諱宮數調而貽悞來學者至鉅然其工整處則皆以是爲正宗不敢褻視之也雜劇至元人而造其極淋漓頓挫窮極工緻讀關漢卿馬致遠鄭庭玉白仁甫諸家之作不自知其醇酒如對婦人未有不歌哭隨之可知聲音之道其感人尤深亦不自知其所以然也王實甫西廂記北曲也而有十六折雜劇之變也此實甫之明於體則以四折爲斷故全曹正名處有四不如是不足爲雜劇題目正名格處後人紛紛聚訟至有以十六句正名都爲一處如院本之分題目然固,

曲話

《小说林》所刊《奢摩他室曲话》

　　《奢摩他室曲话》一书所写为"耳目所及者,交友所得者",记录的是吴梅研习曲学过程中的一些心得体会。从已刊内容来看,包括三部分内容,即论杂剧院本、论务头和诸曲提要。其中论杂剧院本主要辨析杂剧与院本在体格、布局、科白、宫调等方面的差异,论务头所谈为宜知音声之不可混、作词十法和务头,诸曲提要只刊出元人曲部分,所谈主要为《西厢记》及马致远其他剧作。其特点正如吴梅本人所总结的:"举凡声韵音律,备论其理,杂剧院本,亦钩提其要领,而是书之体格,固不必拘拘也。"①

《奢摩他室曲旨》一书也系未完稿,据吴梅本人介绍:"余旧著《曲旨》二十卷,止源流篇脱稿,他时须踵成之,庶足尽填词之难矣。"②全书大旨在考察戏曲在各个历史时期的发展演进情况,"次其时代,核其变迁"。已刊部分为对宋代乐舞的探讨,也就是吴梅所说的"源流篇",具体做法是"备载舞制,录取乐语,及词人所作诸曲,具著于篇,俾来者考其源",内容包括队舞制、教坊合曲、口号、勾合曲、致语、大曲、宋杂剧目等。

顧曲塵談卷一

長洲吳梅述

第一章　原曲

余十八九歲時始喜讀曲苦無良師以爲教導心輒怏怏繼思欲明曲理須先唱曲隋書所謂彈曲多則能造曲是也乃從里老之善此技者詳細問業往往睽目不能答一語或僅就曲中工尺旁譜教以輕重疾徐之法及進求其所以然則曰非余之所知也且唱曲者可不必問此余憤甚遂取古今雜劇傳奇博覽而詳觀之積四五年雖出與里老相問答戚戚而卻走雖笛師鼓員亦謂余狂不可近余乃獨行其是置流俗毀譽於不顧以迄今日雖有一知半解亦扣槃捫燭之談也用眞話世以飼同嗜者

曲也者爲宋金詞調之別體當南宋詞家慢近盛行之時即爲北調榛莽胚胎之日王元美藝苑巵言云金源入主中原舊詞之格往往在於嘈雜緩急之間不能盡按乃別創一調以媚之觀此即爲北調之濫觴沿至末年世人嫌其粗鹵江左詞人遂以綿綿頓宕之聲以易之而南詞以起（如拜月琵琶之類是也）此南北曲之原始也北主剛勁南主柔媚北字多而調促促見筋南字少而調緩緩見眼北宜和歌南宜獨奏魏良輔所論曲律（見後第五章詳論其理）極有見解宜恪守之

嘗疑古今曲家自金源以迄今日其間享大名者不下數百人所作曲其膾炙人口者亦不下數十種而獨於填詞之道則缺焉不論遂使千古才人欲求一成法而不可得於是崇西廂者以妍媚自喜崇琵琶者以樸素自高而於分宮配調位置角色安頓排場諸法泯委諸伶工而其道益以不彰雖有中原音韻及九宮曲譜二書亦止供案頭之用不足爲場上之資暗室無燈何怪乎此道之日衰也余深思其故乃知有一大病也其病維何曰

小說月報　第五卷　第三號　顧曲塵談卷一

一

《小说月报》所刊《顾曲麈谈》

① 吴梅《奢摩他室曲话》自序。
② 吴梅《霾言》。

与上述两种曲学著述相比,《顾曲麈谈》一书的内容更为完整,也更为系统,同时它也是吴梅早期著述中影响最大的一部学术著作,体现了吴梅词曲研究的特色和水准,奠定了吴梅在曲学领域的地位。

该书着眼点在实用,吴梅有感于填词之道"千古才人欲求一成法而不可得","遂将平生所得,倾筐倒箧而出之,使人知有规矩准绳,而不为诵读所误"[①]。全书围绕填词之道而展开,分原曲、制曲、度曲、谈曲四章,其中原曲、制曲讲填词之道,声律分宫调和音律两部分,曲体则分为南曲和北曲、剧曲和清曲。度曲讲唱曲之道,分五音、四呼、四声、出字、

《顾曲麈谈》初印本封面

---

① 　吴梅《顾曲麈谈》第一章《原曲》,商务印书馆 1916 年版。

收声、归韵、曲情七部分来谈,谈曲则"取元明以来曲家遗事轶闻,汇而集之,以为词林之谈屑,而实亦吴骚之掌故也"①。对每一部分内容,既阐明相关的曲学原理,也指出填词时应遵循的一些规则。

与以往的曲学著述相比,该书有如下两个明显的特点:

一是简明扼要,通俗易懂。全书所谈内容,均经过吴梅本人的认真思考,力避以往曲学著述的故弄玄虚、晦涩难懂,直接用简明的语言说出要点所在,让人一目了然。比如宫调,"举世且莫名其妙",成为"一绝大难解之事",吴梅则举重若轻地指出:"宫调者,所以限定乐器管色之高低也。"至于务头,更是"解者纷纷","正不知绞尽多少才人心血,而迄无有涣然冰释之一日",吴梅经过反复思考,终于找到其关键所在:"务头者,曲中平上去三音联串之处也。"书中对借宫、集曲等术语的讲解也大体如此,因为自己想得明白,所以才能说得清楚,由此可以想见吴梅对曲学所下功夫之深。

二是方便实用。前文已说过,吴梅在研习曲学的过程中,曾下了不少暗中摸索的笨功夫,为了避免初学者再走弯路,他要把自己得到的宝贵经验和重要体会告诉读者,为填词度曲提供指导。因此,他在书中制定了一些可以遵循的填词度曲规则,比如宫调方面,他"为近日词家立一准的",详细列举各曲所属宫调,对读者来说"只须就本宫调联络成套,就古人所固有者排列之,则自无出宫犯调之病"。在音韵方面,他"取各家之说,汇集考订,以王鵕《音韵辑要》为主,分别部居,勒成一种曲韵,庶填曲家得有遵守",为此他还特别强调:"当今之世,正黄钟毁弃,瓦釜雷鸣之日也。因订此韵,为文人暗室之灯,览者当知余之苦心,则幸甚矣。"这种"苦心"贯穿全书,在介绍南曲北曲、剧曲清曲的不同作法及度曲之道

_____

① 吴梅《顾曲麈谈》第四章《谈曲》,商务印书馆1916年版。

时也是如此。后来吴梅将该书有关曲韵的部分单独成书,以《奢摩他室曲韵》为名,于1928年刊行。

对吴梅来说,这是其多年曲学研习的一个总结,包含了其创作经验与苦心思考的体会,对过去含混不清、众说纷纭的曲学声律进行了较为系统、完整并且清晰的梳理和归纳,澄清了一些误解,解决了不少难题,对曲学多有发明,其重要价值是显而易见的。对读者来说,该书将过去艰涩难懂、视若天书的曲学以简明扼要、通俗易晓的语言进行介绍,并提供了一些可遵循的填词度曲规则,方便实用,是非常理想的入门教科书。也正是为此,该书在《小说月报》连载及在商务印书馆出版单行本后,受到欢迎,不断被重印,印数达到几十万册。

在吴梅的曲学著作中,《霜崖曲话》是比较特殊的一部。之所以这样说,主要有两个原因:其一是它没有公开刊布过。吴梅去世后,在很长一段时间里没有人提及,学界也不了解其情况。直到1990年吴新雷先生撰文进行介绍,人们才知道吴梅还有这样一部曲学著作[1]。2002年,《吴梅全集》出版,收录了这部著作,人们才得以较为方便地看到其全貌。其二是该书写作时间较长,贯穿了吴梅从早年到晚年的各个阶段,可谓凝结了其毕生心血的一部著作。因该书部分内容写于早年,且与《奢摩他室曲话》、《奢摩他室曲旨》、《顾曲麈谈》等著述在内容、体例上有一脉相承之处,因此也放在这里进行介绍。

《霜崖曲话》一书共十六卷,从内容来看,主要谈论元明曲家及作品,重点在这一时期的杂剧,似接《奢摩他室曲旨》一书而作,两者在内容上有一定的连续性。两书在写法上也较为相似,即采取曲话体,多辑录典籍、曲文,间附个人意见,资料较为丰富。它是吴梅平日读曲时所作的札

---

[1] 参见吴新雷《吴梅遗稿〈霜崖曲话〉的发现及探究》,《南京大学学报》1990年第4期。

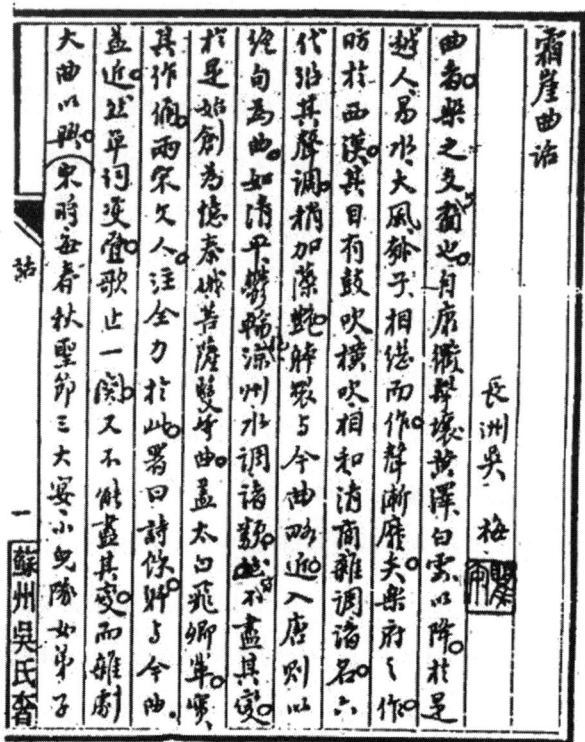

《霜崖曲话》手稿

记。该书一些内容与《顾曲麈谈》第四章《谈曲》重复。对该书的价值,笔者同意吴新雷先生的看法:"吴梅在《霜崖曲话》中所表现的史识和见解均极精辟,他除了能作宏观的总论外,尤其善于作微观的评析。……在科学性和系统性方面,则远远超过了以前的《雨村曲话》、《藤花亭曲话》和《菉猗室曲话》。"①

由上述几部曲学著作可以看出吴梅早年研习曲学的一些特点。就研究范围而言,吴梅对曲学领域的各个方面皆有较大兴趣,但重点主要

① 吴新雷《吴梅遗稿〈霜崖曲话〉的发现及探究》,《南京大学学报》1990 年第 4 期。

集中在两个方面：一是曲律，一是对作家作品的品鉴。这也是吴梅曲学研究最有成就的两个方面，特别是第一个方面，最能体现吴梅治曲的成就和特点。对此，学界早有定评，笔者不再赘言。此外，他对戏曲源流的发展演进、戏曲作品的校订、目录的编制也同样抱有很大的兴趣。

就研究方法而言，除了博览群书、搜罗资料外，吴梅还特别注重艺术实践，具有丰富的创作和唱曲经验，他既是一位作品丰富的剧作家，同时也是一位水准很高的唱曲家。这种素养是同时代及后来的很多研究者所不具备的，是非常难能可贵的。可以想象，如果没有如此丰富的艺术实践，其曲律之学怎么可能会有如此高的造诣。

对吴梅来说，曲学不仅仅是研究对象，同时也是其生活中不可或缺的重要组成部分，他完全沉浸于其中。因此，他的研究避免了其他研究者的隔靴搔痒之弊，贴近曲学的实际。这样，其曲学研究不仅仅是面向古代的，同时也是面向当代的，既解决戏曲史上一些重要的问题，也对戏曲的创作和演唱具有指导意义，研究成果兼具学术性和实用性，有着双重价值。

就著述方式而言，吴梅采用了传统的曲话体，这种体裁的特点是长短不拘，内容不限，自由灵活，缺点在不够系统完整。较之前人的著作，吴梅在论曲的体系性和完整性方面有了较大的改进。其后，因在北京大学、中央大学等现代高等学府执教，受现代学术制度的影响，其著述方式也逐渐发生一些新的变化，后文将探讨这一问题。

剧曲的写作、研究之外，吴梅在这一时期还创作了不少诗文词曲，这也是他颇为用力的一个方向。从内容上来看，主要有两类：一类为唱和应酬之作，主要为吴梅与朋友一起聚会时唱和题赠的作品，可以考见其早年的交游及生活情况。一类为抒发心志之作。或为咏古，或为写心，可见吴梅当日心迹。从艺术上来看，风格清新明丽，工整谨严，具有较高的艺术水准。

遗憾的是吴梅晚年在编订自己的诗文词曲集时,对早年之作多不满意,删汰甚严,很多作品删而不存,现在已经难以看到。好在借助其早年所撰笔记、友朋的诗文集及相关记载,还可以再找到一些。

此外,吴梅还撰写了两部笔记类著述即《蠡言》《瞿安笔记》,并公开刊布。其中《蠡言》刊于《小说月报》第 4 卷第 9—12 号(1913 至 1914年),共两卷;《瞿安笔记》刊于《小说月报》第 5 卷第 1、2、5 号(1914 年)、第 6 卷第 6—8、11 号(1915 年)。

《蠡言》的内容较为博杂,归纳起来,主要有两类,其中一类为记录和观感,主要记载吴梅当时的所见所闻及与友朋间的往来,这对了解吴梅早年的生活、创作情况具有重要的参考价值。另一类为读书札记,多为吴梅读书后的一些感受和评述,据此可以了解吴梅早期的读书和思考情况。通过这些札记可以看出,吴梅的治学兴趣是相当广泛的,涉及各个领域,重点在文史方面。就其志向而言,吴梅虽然在曲学上用力甚勤,但并不满足于仅仅做一个曲家,后来因到北京大学、中央大学执教等机缘,得以在曲学领域获得更大发展,人们也多以曲学大师视之。但就吴梅本人而言,他是不甘心仅仅在曲学这一领域耕耘的,一直想拓展自己的研究范围,并为此作了种种准备,可惜受到各种条件的限制,未能如愿。一个人的生命轨迹并不能完全由自己所决定,他所努力塑造的形象和他实际留给后人的形象往往并不一致,这在吴梅无疑是一个无法弥补的遗憾,但这并不是个别现象,历史就是这样充满变数和富有戏剧性。

《瞿安笔记》一书的内容与《蠡言》大体相同,不过篇幅要更大一些。稍有不同的是,《瞿安笔记》所记当时的文坛学林掌故要更多一些。此外,该书还记载了一些较为重要的文献资料,比如黄文旸的《曲海目》。吴梅有感于《曲海目》"搜萃尚有所未尽",于是"为之校定舛误,厘正撰人名氏",为《曲海目》做疏证。他以按语的形式对《曲海》所录剧目的作者名号、生平等进行考述,订正舛误,补充了不少新的资料。该文与王国维的《曲录》一样,都是中国现代戏曲目录学的开山之作,具有重要的学术价值。

第六节　比肩静安

就在吴梅立志研习曲学、学养精进、勤于撰著的同时,其他一些学人也在以各自不同的方式进行着曲学领域的开拓与耕耘,如王国维、姚华、刘师培等。这一时期是中国学术文化的重要转型期,曲学也开始了从传统曲学到现代戏曲研究的转变。

后人在提及中国戏曲研究这门新型学科的开创时,往往将吴梅、王国维二人并列,将他们奉为开山鼻祖,同时还很喜欢比较两人在曲学研究方面的短长。由于论者的出发点、兴趣、立场不同,得出的结论自然也就各异。总的来看,学界大体有如下三种意见:

一种对吴梅有更多的肯定。如钱基博曾云:"曲学之兴,国维治之三年,未若吴梅之劬以毕生;国维限于元曲,未若吴梅之集其大成;国维详其历史,未若吴梅之发其条列;国维赏其文学,未若吴梅之析其声律。而论曲学者,并世要推吴梅为大师云。"①对吴梅可谓极力推崇。浦江清也有类似的看法:"近世对于戏曲一门学问,最有研究者推王静安先生与吴先生两人,静安先生在历史考证方面,开戏曲史研究之先路。但在戏曲

---

① 钱基博《现代中国文学史》第282页,中国人民大学出版社2004年版。

本身之研究,还当推瞿安先生独步。"①

另一种对王国维有更多的肯定。如叶德均认为"近人治戏曲而有所成就者,首推王静安氏,其次便是吴瞿安氏。王氏所著《宋元戏曲史》、《曲录》等不仅考证精确,而且奠定了戏曲史研究的基础",而吴梅"以毕生精力虚耗在无用的作曲、度曲方面,以致在戏曲史方面所得有限,这是颇可惜的"②。叶德均固然对吴梅有些苛求,不过倒也点出了其局限所在。蔡尚思也对王国维有着较多的肯定:"须知在曲学上,文学比声律重要,王、吴二人互有长短,均不可少。王国维只研究三年,吴梅研究到终身,这虽然是王不如吴之处;但王独能在三年内写出《宋元戏曲史》一部名著,就此而论,吴梅就比不上王国维的捷才和卓识。王国维自我评价道:'世之为此学者,自余始,其所贡于此学者亦以《宋元戏曲史》为多。'这就是王国维超过吴梅之处。"③

还有一种属于折中派,对两人皆有较多的肯定。比如唐圭璋就指出:"近代研究戏曲贡献最大的,当推海宁王静安(名国维)先生和吴瞿安先生两人。静安先生从历史考证方面研究中国戏曲的源流与发展,作《宋元戏曲史》,开辟了研究戏曲的途径,瞿安先生则从戏曲本身研究作曲、唱曲、谱曲、校曲,并集印了很多古本戏曲,为中国文学史、戏曲史提供了极珍贵的资料。"④

简单比较两位研究者的短长优劣似乎是个不够科学、严肃的问题,

---

① 浦江清《悼吴瞿安先生》,载王卫民编《吴梅和他的世界》第 61 页,河北教育出版社 2002 年版。

② 叶德均《跋〈霜崖曲跋〉》,《风雨谈》第 9 期(1944 年 2 月)。

③ 蔡尚思《王国维在学术上的独特地位》,载袁英主选编《王国维学术研究论集》第三辑第 18 页,华东师范大学出版社 1990 年版。

④ 唐圭璋《回忆吴瞿安先生》,《雨花》1957 年第 5 期。

不过既然这么多学人提出来,并加以认真讨论,显然已构成了一个颇有意思的学术话题和文化现象。事实上,这种比较背后所隐含的是对戏曲特性的体认和对研究方法的判断、选择,因而还是很有意义的。这里稍做探讨。

从年龄上来看,王国维长吴梅7岁,两人基本上属于同时代人,早年的生活经历相似,他们都有过准备及参加科举的经历,当然也都是失败者,两人着手曲学研究的时间也差不多。1906年,吴梅开始写《奢摩他室曲话》。两年后,王国维编制《曲录》。准确地说,吴梅从事曲学研究的时间要稍早一些,不过其在学界的影响到要

王国维

他进北京大学之后才显现出来,就成名而言,王国维则要早于吴梅一些。有的学人说吴梅是继王国维之后从事词曲研究,"继王静安后而治词曲"①,这是不符合实际的。

王国维从事曲学研究的时间不长,呈现出明显的阶段性。1912年之后,他即转向史学研究,对曲学基本不再过问。吴梅则不然,可谓终身不辍,其一生创作、教学、研究,都和曲学密切相关。前者治曲一时,后者治曲一世。无论是从时间还是从精力的投入来说,王国维都不及吴梅。这也是一些学者对吴梅肯定较多的一个原因。

---

① 邵镜人《同光风云录》第295页,台湾文海出版社1983年版。

　　两人生活在同一时期,年龄相差不大,相互间是否熟悉,对对方的评价如何? 了解这一点,对解决这桩学术公案显然是有帮助的。

　　据卢前介绍,吴、王二人曾共事过,且在戏曲研究方面有过交流:"海宁王国维与共事苏州优级师范学堂,有《宋元戏曲史》之作,亦尝就商于先生。盖近世乐曲之学,实自先生启之。"①"并世论曲,要推长洲为大师。长洲吴先生,名梅,字瞿安,号霜厓。有《霜厓曲录》二卷(即卢前所编)。海宁王静庵国维,居吴门时,常相过从,因以治曲名"②。似乎王国维从事戏曲研究,还是受到吴梅的启发和影响。此事如果属实的话,自是学术史上一段有趣的佳话。但结合两人的生平事迹来看,卢前的这一说法能否成立还存在着很大的疑问。

　　对这一问题应当从如下两个方面来看:

　　首先,吴、王二人是否曾经共事过。前文已经说过,吴梅科考失利后,曾在南洋公学所设东文学堂进行过短暂的学习,王国维也曾任南洋公学执事,但两人在东文学堂的时间存在很短的交叉,估计彼此结识的可能性不大。

　　至于两人在苏州的供职,具体情况是这样的:1905 年春,吴梅在蠡墅小学任教,这是吴梅的第一份正式工作。同年秋,他经黄人推荐到东吴大学担任教习。1909 年 8 月吴梅辞职,到河南开封做幕僚。

　　王国维则是于 1904 年秋到位于苏州的江苏师范学堂担任教习,所

① 卢前《吴瞿安先生事略》,载王卫民编《吴梅和他的世界》第 4 页,河北教育出版社 2002 年版。该书所据为 1939 年 4 月 16 日的《时事新报》,值得注意的是,在当年 5 月刊出的《关于吴瞿安先生·事略》中,卢前删去了这段介绍,仅云"近世乐曲之学,实自先生启之"。见《民族诗坛》第 3 卷第 1 辑(1939 年 5 月)。
② 卢前《散曲史》,国立成都大学 1930 年刊行。

讲课程为修身、中国文学和中国历史①。卢前所说的"苏州优级师范学堂"指的就是这所学校,这是端方创办、罗振玉主持的一所新式学校,于1904年10月建成招生,后改名为苏州中学。王国维大概是在这所学校开课的时候到苏州的。1906年2月,他随罗振玉到北京,第二年春经举荐在北京学部任职。

蠹墅小学、东吴大学和江苏师范学堂系三所不同的学校,两人并不在同一所学校里任教,显然是不能称作共事的。不过,虽然不是同事,但两人则有着师生之谊。之所以这样说,是因为吴梅曾在江苏师范学堂学习过。他在苏州中学演讲时曾说:"我从前在二十岁的时候,也在这里读过书。前一师校长王朝阳先生、昆山的吴梓伦先生,都是我的老同学,所以说起来,我也是此地同学中的老前辈。"②另据吴梅日记记载,"逊清光绪之季,端陶斋中丞,就吾乡紫阳书院,改设江苏师范学校,余与王君饮鹤,同为肄业生,挟策登堂,旅进旅退,时君未尝为词也。余以他事去,奔走衣食。"③这里说得很明确,吴梅曾在苏州师范学堂就读过,但没有读完,"以他事去,奔走衣食",属于"肄业"。当时江苏师范学堂招收两类学生,一类是讲习科,学制半年;另一类是速成科,学制一年半。不知道吴梅学的是哪一科。

吴梅是在什么时间就读的呢?结合其在这一时期学习、工作的情况来看,只能是在1904年10月开学到1905年春之间,当然实际时间可能要短些。在这几个月的时间里,王国维和吴梅在同一所学校,一位是教习,一位是学生。依情理而言,吴梅应该听过王国维的课。由此说他们

① 有关江苏师范学堂及王国维在此任职的情况,参见佛雏《王国维与江苏两所"师范学堂"》一文,《扬州师院学报》1990年第1期。
② 吴梅《对于中学国文的我见》,《苏中校刊》第9期(1928年7月)。
③ 吴梅1934年1月29日(农历十二月十五)日记。

有师生之谊,是没有问题的,但他们的关系不能称作同事,这也是肯定的。

这样,从 1904 年秋到 1906 年 2 月,吴梅和王国维在苏州这座城市里共同生活了一年多的时间,而且还有几个月的时间同在苏州师范学堂。这所学堂当时连教习带学生也不过一百多人,应该说,两人彼此是认识的。奇怪的是,吴梅、王国维二人都没有提及过此事,也没有见到他们之间有过往来。

在苏州担任教习的王国维还没有开始戏曲研究,这是其到北京之后的事情。也就是说,此时两人的兴趣点并不一样,在一起探讨戏曲的可能性不大。即便王国维此时对戏曲有兴趣,两人也是谈不到一起的,因为吴梅的兴趣在词曲的创作和唱曲,而王国维喜欢的则是考证,对听戏、唱曲一点兴趣都没有。

需要说明的是,吴梅后来倒是在江苏师范学堂改为苏州中学之后,在那里兼过职,"吴梅瞿安,时在南京中央大学任教。家在苏州,每周必返。因典存校长之邀,亦来苏中兼课"①,但那已是 1927 年 7 月汪懋祖担任苏州中学校长以后的事情了,此时王国维已不在人世。如果因王国维、吴梅曾先后在同一所学校供职过,勉强称他们为同事,倒还算是有那么一点影子。

此后,两人在不同的地方生活,虽曾在某些时间、地点上有过交集,但他们既没见过面,也没联系过。原因很简单:1912 年之后,王国维转向历史研究,对曲学已经没有兴趣,即便别人向他请教此类问题,也提不起他的兴致。既然没有共同的爱好,自然也就没有联系乃至见面的必要了。

---

① 钱穆《八十忆双亲　师友杂忆》第 148 页,三联书店 1998 年版。

其次，王国维在撰写《宋元戏曲史》时是否曾"就商于"吴梅。

王国维撰写这部书的具体时间是在 1912 年末至 1913 年初，当时他远在日本。而此时吴梅则在南京、上海等地任教，忙于生计。两人此前是否有过往来都难以确定，此时一个在中国，一个远在东瀛，该如何"就商"呢？退一步说，即使"就商"，也只能通过书信形式。但从现在已知的王国维、吴梅著述及书信

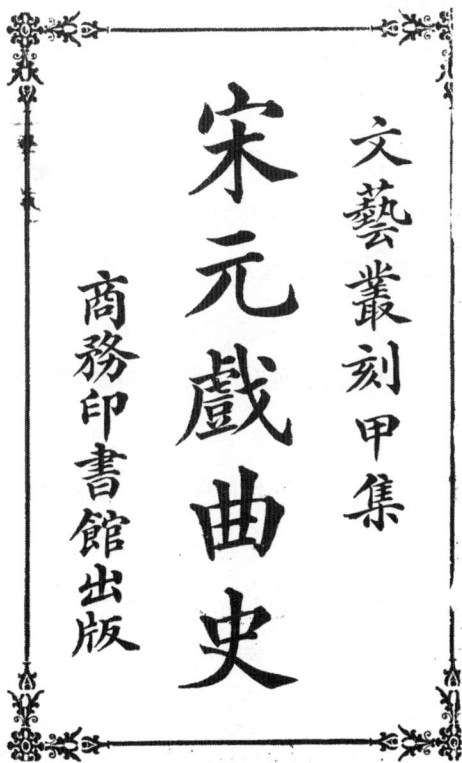

《宋元戏曲史》

中，还没有发现这方面的资料。缺少过硬、足够资料的证明，也不符合情理，因此卢前的这一说法是难以成立的。

王国维从事戏曲研究的时间不长，写完《宋元戏曲史》等系列戏曲著作之后随即转向史学研究，基本不再涉足这一领域。在其研究戏曲期间，吴梅刚刚出道，还未引起学界关注，再者，吴梅的曲学研究主要集中在制曲、唱曲等领域，这也都不是王国维所关注的范围，因此从其著作中找不到对吴梅曲学研究的评价，这也是很正常的。

倒是吴梅对王国维的戏曲研究曾有过较多的关注和肯定，并在其著作中多次采用、摘录、评述王国维的研究成果，受到王国维的影响较大，

如其《霜崖曲话》一书卷八中七则有关元杂剧渊源、时地、存亡的论述、卷十一中四则有关乐曲源流、砌末、大曲、院本的论述,均采自王国维的《宋元戏曲史》一书①。其《中国戏曲概论》一书"诸杂院本"部分在谈到院本的由来时,先引述王国维《宋元戏曲考》第六章的相关考述,随后评价道:"静安此说,足破数百年之疑。"谈到《琵琶记》作者问题,吴梅对王国维的见解也是持赞成态度:"至高拭、高明之争,王静庵《曲录》中已辨正之,故不论。"②

在吴梅《曲学通论》一书的"曲原"部分有如下一段论述:

> 曲之为道,托体既卑,为时又近。宋元史志,与《四库》集部,均不著录。后世儒硕,皆鄙弃不复齿及。而治此艺者,大都不学之徒,即有一二文士,喜其可以改易风俗,亦不过余力及此,未闻有观其会通窥其奥窔者,此亦文学家一憾事也。

这段话很明显是从王国维《宋元戏曲考》自序中如下一段话化用而来:

> 元人之曲,为时既近,托体稍卑,故两朝史志与《四库》集部,均不著于录;后世儒硕,皆鄙弃不复道。而为此学者,大率不学之徒;即有一二学子,以余力及此,亦未有能观其会通,窥其奥窔者。遂使一代文献,郁湮沉晦者且数百年,愚甚惑焉。③

---

① 参见吴新雷《吴梅遗稿〈霜崖曲话〉的发现及探究》,《南京大学学报》1990 年第 4 期。
② 吴梅《琵琶记》跋。
③ 王国维《宋元戏曲史》自序,商务印书馆 1915 年版。

　　由此可见吴梅对王国维的戏曲研究成果还是很看重的,特别是《宋元戏曲史》一书对其影响较大。

　　在《中国近世戏曲史》一书的序言中,吴梅又提到王国维:"自先秦以迄明季,考订粗备,大抵采王氏静安之说为多,间有征引鄙议者,详博渊雅,青木君可云善读书者矣。"①在《曲海总目提要》的序文中,吴梅再次谈到"近人中惟海宁王君静庵《曲录》六卷,亦推美富"②。另据曾"亲炙教诲"的吴梅弟子金匊介绍,他"曾亲闻师言,罗振玉曾倩其代作词曲方面之著作,惟未首肯,且以王国维为罗代作甲骨学,为过于忠厚云云"③。不过这件事很难证实,只能当作传闻、佳话而已。

　　自然,吴梅也看到了王国维治曲中的一些疏失。比如对王氏的《曲录》一书,既肯定其"美富",同时也指出"各曲文字,未及遍览,时见纰误"④。如《东郭记》一剧,王国维失考,在《曲录》中将其系于无名氏之下⑤,吴梅根据该剧序文,推知其为孙仁孺所作。他由此感叹"颜黄门云:'必须眼学,勿尚耳食。'读书之难如此。"⑥

　　总的来看,如果将两人放在一起进行比较,应该有一个基本前提,那就是要仅限于戏曲研究领域,因为两人在曲学之外的学术研究差异太大,不具有可比性。事实上,即便是在戏曲领域,要做出高下优劣的评价

---

① 吴梅《中国近世戏曲史》序,商务印书馆 1936 年版。在建国后所刊该书各版本中,均刊落此序,不知何故。

② 吴梅《曲海总目提要》序,大东书局 1928 年版。天津市古籍书店 1992 年据 1928 年大东书局原刊本影印时,其他序文保留,唯独刊落吴梅序文,不知何故。

③ 金匊《记吴瞿安先生数事》,载王卫民编《吴梅和他的世界》第 93 页,河北教育出版社 2002 年版。

④ 吴梅《曲海总目提要》序,大东书局 1928 年版。

⑤ 参见王国维《曲录》卷四传奇部上,载《王国维遗书》第 16 册,上海古籍书店 1983 年版。

⑥ 吴梅《东郭记》跋。

也是相当困难的,这一方面与人文科学领域的优劣高下难以量化有关,另一方面也与两人治学兴趣、学术个性的差异有关。因此,如果稍稍转移一下话题,将两人在曲学领域高下优劣的比较变成治学个性、特色的比较,也许更有意义。

从两人的相关著作来看,王国维将戏曲作为文学体裁的一种,从史的角度进行观照,他更关注戏曲自身的渊源流变,更关注戏曲的文学特性,以意境、自然等标准来评价元曲。而吴梅则更多从创作、演出的角度观照戏曲,注重戏曲的音律,投入很多时间和精力进行制曲、度曲等艺术实践。

从研究方法上看,王国维偏重实证研究,以乾嘉学派治经史的功夫研究戏曲,借助大量文献资料对戏曲的起源、形成等问题进行考察,有许多新的发现。吴梅虽然也很重视文献资料的搜集、整理和考订,但其长处在对戏曲的精细品鉴。这代表了两种治学风格,是很难分出高下的。

由于观念、角度及研究方法的不同,两人虽然同是研究戏曲,但涉猎的领域不同,即使是同一个问题,看法也会迥异。比如对明清戏曲的看法,王国维认为这是死文学,评价很低,因此而不愿涉猎,吴梅的看法则不然。

戏曲本来是一门综合艺术,包括诸多要素。两人涉猎了曲学的不同领域,分别解决了一些问题,具有很强的互补性。正如郑振铎所言:"王国维先生写过《宋元戏曲考》,写过《曲录》,但他不曾教过曲。他是研究曲史的,对于曲律一类的学问,似乎并不曾注意过。瞿安先生却兼长于曲史与曲律。他自己会唱曲,会谱曲。"①这是两人治学兴趣和个性的问

---

① 郑振铎《记吴瞿安先生》,载王卫民编《吴梅和他的世界》第68页,河北教育出版社2002年版。

题,也很难由此分出高下来。

就对后世的影响来说,王国维较之吴梅要大得多。他借助西方美学理论和表述方式,对"托体甚卑"的戏曲进行全面、系统的梳理和研究,以《曲录》《宋元戏曲史》等著作奠定了戏曲研究的基石,开创了现代戏曲史学,其研究范式为后人继承、发扬,影响深远,成为戏曲研究的主流,一直到现在为止,都未有太大的改变。这早已成为学界的共识。

吴梅研究戏曲的时间基本上与王国维同时,他首次将曲学搬上大学课堂,并长期在各个大学教授曲学,薪火相传,培养了卢前、任二北、钱南扬、王季思等新一代戏曲史家,其对曲学的贡献和影响并不亚于王国维,甚至还要超过王国维。当时就有人做出这样的评价:"近三十年来,曲学之兴起,风行海内,蔚然成观者,皆梅苦心提倡之功也。"①平心而论,吴梅还是当得起如此高的评价的。

王国维、吴梅同是戏曲研究的开创者,他们分别代表了两种独具个性的研究范式,为后人提供了可以选择的不同典范。戏曲研究因为有这两位先驱者的开拓,有一个良好的起点。但让人感到遗憾的是,吴梅所开创的治学范式后来却未能得到很好的传承,尽管其众弟子在曲学研究方面皆有不俗的成就,但像卢前那样能全面发展、传其衣钵者并不多见。这一现象也是很值得深思的。浦江清对此曾有精辟的分析:"戏曲史目录考订之学则考据家之事,今方兴未艾,如材料增多,方法加密,后者可胜于前。至于南北曲之本身原为一有生命之艺术,由词章家作曲,音乐家谱唱,艺术家搬演,合此数事以构成一整个之生命。一旦风会转移,此艺术亡,此门之学问亦随之而亡。今从先生游者尚不能尽其所学,况后世但读其书者乎?其卒也,必有绝学不传于世者,后之人莫能问津焉,此

————————

① 常芸庭《吴梅小传》,《国风》第 3 卷第 4 期(1933 年 8 月)。

最可悲悼者。"①浦江清将这一现象归结为时代文化风气的变迁,与王国维在《宋元戏曲史》自序中所说的一代有一代文学之说可谓不谋而合。按照浦江清的说法,这是时代文化变迁的大势所致,并非个人之力所能挽回。不过,正是因为绝学的不传,更可看出吴梅的意义和价值来。

后人在回顾中国戏曲研究的历程时,通常都将王国维、吴梅作为开山者并提,这是很有道理的。通过对两人治学兴趣、特色的比较,可以对中国戏曲史学建立百余年来存在的一些问题看得更为清晰、透彻。

吴梅一系列文学作品、曲学论著的面世在当时引起了人们的关注,在众多的关注者中,有一个人的目光显得十分特别。不久,这种特别之处就得到了验证,它使吴梅的人生出现了新的转机,也为中国现代曲学写下了十分精彩的一页。此人就是蔡元培。

---

① 浦江清《悼吴瞿安先生》,《戏曲》第 1 卷第 3 辑(1942 年 3 月)。

第二章　京师五载

　　走上北京大学讲台，开设曲学课程，这对吴梅来说，既是其治学经历的一个重要转折点，同时也是其人生中一个十分精彩的亮点。当然，它的意义并不仅限于此，在二十世纪中国戏曲研究史乃至中国现代学术文化史上，这都是一个具有标志性的重要事件，值得大书特书的。只是由于五四新文化运动时期值得关注的事情太多，蔡元培、陈独秀、胡适、鲁迅等人的言行更具新闻性，这件事因而未能受到应有的重视。

　　之所以称吴梅进北大为一个重要的学术文化事件，是因为它有着多方面的意义和影响。从中国学术文化史的角度来看，被视为小道、壮夫不为的戏曲走进大学课堂，被纳入中国现代学术体系，这无疑体现着中国现代学术文化的新变。同时，从饮酒唱曲、流连山水的文人到著书立说、传承薪火的学人、教授，时代学术文化的深层变迁也可以从吴梅这种角色和身份的变化中显现出来。新的时代为个人提供了开创历史的良机,个人的卓识远见也同样为这个时代增添了许多亮点。这也许就是人们通常所说的时势造英雄吧,英雄不一定非要出现在沙场上。

第一节　因缘际会

吴梅受聘北京大学的具体时间是 1917 年 9 月,此时他刚年满三十四岁。这正是一个充满朝气、大有作为的年龄。

吴梅是如何进入北京大学的?其因由、具体过程到底如何?这是一个很有意思的问题。要回答这个问题,需要说到一个关键人物,那就是北京大学校长蔡元培。吴梅到北京大学教授词曲是他一手促成的。

那么,蔡元培又是如何认识吴梅的呢?

从现有资料来看,在受聘北京大学之前,吴梅与蔡元培并不认识,自然也不会有往来。不过说起来,两人还算是师生关系,之所以这样说,是因为蔡元培曾于 1901 年到 1902 年间担任南洋公学教习,而吴梅于 1903 年在南洋公学东文学堂学习。遗憾的是两人在南洋公学的时间不一样,错过了相识的机会。

在进入北京大学之前,以蔡元培在当时中国政坛及学术文化界的声望和影响,吴梅应该早知其大名。而蔡元培知道吴梅的时间则可能要稍晚一些,他主要是通过相关曲学著作来了解吴梅的,时间应该在其主政北京大学之前不久。可以想见,如果没有曲学方面的突出成就,吴梅就不会受到蔡元培如此的关注;反过来,没有思想开明、不拘一格任用人才的蔡元培,吴梅也就没有进入北京大学的机会。个人的努力与时代的机遇就这样密不可分地交织在一起,最终成就了一位曲学大师。

据陈舜年介绍,蔡元培是在街头上看到《顾曲麈谈》一书才得知吴梅其人的："一九一七年，吴梅三十四岁，当时北京大学校长蔡元培，在旧书肆中，购得《顾曲麈谈》一书，阅览之后，颇为赞赏。时值陈独秀主持北大文科，特出面礼聘至北大任古乐曲教授。"[1]这一说法固然颇为传奇，富有戏剧色彩，但它可能只是一种传闻，缺少直接、过硬的证据。

其实，蔡元培知道吴梅其人的时间也许要更早一些，而且还有其他途径，那就是报刊。蔡元培主政北大之前，对《红楼梦》有着浓厚的兴趣，花了很大工夫撰写《石头记索隐》，该书曾连载于《小说月报》七卷一号至六号，时间在 1916 年 1 月 25 日至 1916 年 6 月 25 日，1917 年由商务印书馆推出单行本。其间，吴梅的《双泪碑》连载于《小说月报》七卷四、五号，时间在 1916 年 4 月 25 日至 1916 年 5 月 25 日。两人发表文章的时间存在着交叉和重叠。此前，《顾曲麈谈》从《小说月报》五卷三号（1914 年 6 月 25 日）一直连载到六卷十号（1915 年 10 月 25 日），1916 年由商务印书馆出版单行本。显然，蔡元培早就可以通过《小说月报》、商务印书馆等渠道来了解吴梅，未必是在街头看到《顾曲麈谈》一书才得知吴梅其人的，尽管这一说法更具传奇色彩。

不管蔡元培是通过什么渠道了解的吴梅，这种了解到他主政北京大

---

① 转引自王卫民《吴梅年谱》（修订稿），载其《曲学大成 后世师表：吴梅评传》第 184 页注释 4，上海古籍出版社 2010 年版。遗憾的是该书没有标明出处，无法核实文字。

学时，便具有了特殊的意义。1917年1月，蔡元培到北京大学担任校长，在陈独秀、胡适、李大钊等人的帮助下，锐意革新，勇于开拓，开创了中国现代学术文化的新篇章。吴梅正是在这一背景下走进北京大学的。

新课程的设计是蔡元培改革北大的重要措施之一，体现着北京大学教学、科研的新变。将词曲、小说引入大学课堂，与蔡元培所提倡的以美育代替宗教的思想是分不开的，正如他本人所回忆的："我本来很注意于美育的，北大有美学及美术史教课，除中国美术史由叶浩吾君讲授外，没有人肯讲美学。十年，我讲了十余次，因足疾进医院停止。至于美育的设备，曾设书法研究会，请沈尹默、马叔平诸君主持。设画法研究会，请贺履之、汤定之诸君教授国画；比国楷次君教授油画。设音乐研究会，请萧友梅君主持。均听学生自由选习。"①当时正在北京大学读书的任中敏也体察到蔡元培的这一用意："蔡校长重视美育，固重文学，亦重艺术，遂由词曲而及戏剧。认为凡此皆美育范围内应有之发展，正赖于大学文科内设专业课，以昌明之。"②由此可见，蔡元培成为伯乐也并非偶然，有其内在脉络可循，而吴梅的际遇也不是幸运一词所能概括的。

值得一提的是，蔡元培本人也很喜欢听戏，据著名演员韩世昌回忆："当时北大校长蔡元培先生，就喜欢看我的戏。他最爱看《思凡》，他说这戏最富有宗教革命思想。他常忙里偷闲到天乐园来听戏，听时必坐楼上包厢，台下常有顾君义他们在听戏。所以有人对蔡说：'楼下掌声，皆高足所为。'蔡元培先生回答说：'宁捧昆，勿捧坤。'蔡先生对于昆曲是很喜欢的。"③本来就提倡美育，加之有了这种爱好，对曲学自然就比较重视，

---

① 蔡元培《我在北京大学的经历》，载中国蔡元培研究会编《蔡元培全集》第七卷第507页，浙江教育出版社1997年版。
② 任中敏《回忆瞿庵夫子》，《文教资料简报》1984年第1期。
③ 韩世昌《我的昆曲艺术生活》，载《文史资料选编》第十四辑，北京出版社1982年版。

感情上也比较接近。

　　开设新的课程自然需要新的教师，在曲学几乎成为绝学的当时，能满足这一需要、精通曲学的专业人才并不是那么容易找，于是蔡元培很自然的就想到了吴梅，就像他后来破格聘请梁漱溟到北大任教一样。一切都那么自然，没有学历、资历上的考虑，唯才是取，破格录用。这样的事情也只能发生在那个年代，在当下这个以文凭、职称、官衔、著述数量、项目、奖项论人的所谓后现代社会里，这无疑是一个让人感慨万千却又无法复制的神话和传奇。

韩世昌《思凡》剧照

　　蔡元培到北京大学之前，这所高等学府的主政者对戏曲、小说等通俗文学是非常排斥的。比如刘廷琛在当政期间，看到学校藏书楼收有杂剧、传奇类书籍，认为是淫词艳曲，有伤风化，就用火烧了①。刘廷琛这样做也是有其依据的，因为1904年颁布的《奏定各学堂管理通则》中明文规定："各学堂学生，不准私自购阅稗官小说、谬报逆书。凡非学科内应有之参考书，均不准携带入堂。"②

---

① 参见刘俐娜编《顾颉刚自述》第58页，河南人民出版社2005年版。
② 璩鑫圭、唐良炎编《中国近代教育史资料汇编·学制演变》第482页，上海教育出版社1991年版。

这个禁令还真得到过执行。同一年,京师大学堂的学生班长瞿士勋因"携《野叟曝言》一书于自习室谈笑纵览",结果被监学查出,"犹自谓考社会之现象,为取学之方"。按规定本"应照章斥退",后来被宽大处理:"姑念初次犯规,从宽记大过一次,并将班长撤去。"①可以想象,在如此保守、严苛的氛围中,戏曲、小说是不可能进大学课堂的,吴梅更是不可能进北京大学讲授词曲的。

对蔡元培的邀请,当时还在民立上海中学任教的吴梅自然是欣然接受,因为这不仅是对他本人曲学成就的充分肯定,同时也代表着北大这座高等学府对曲学这门学问的认可。借助北京大学这个良好的平台,他可以做很多事情,既能弘扬光大走向衰微的曲学,也可充分施展个人的才华。

至于北京大学方面是如何与吴梅接洽的,接洽的具体经过如何,目前还没有看到这方面的资料,难以确知。耐人寻味的是,1917 年 7 月,在时任北京大学文科学长陈独秀所主办的《新青年》书报介绍栏目里,不同寻常地刊出了吴梅《顾曲麈谈》一书的介绍,内容如下:

> 书凡二册四章。第一章《原曲》,分四节:(一)论宫调、(二)论音韵、(三)论南曲作法、(四)论北曲作法;第二章《制曲》,分二节:(一)论作剧法、(二)论作清曲法;第三章《度曲》,第四章《谈曲》。前三章详论填词作曲之法度,后一章于元明清三朝曲家之遗事著作,称述略备。合王国维氏之戏曲史读之,于元明词曲源流,思过半矣②。

---

① 《大学堂总监督为学生瞿士勋购阅稗官小说记大过示惩事告示》,北京大学、中国第一历史档案馆编《京师大学堂档案选编》第 252 页,北京大学出版社 2001 年版。
② 《顾曲麈谈》,《新青年》第 3 卷第 5 号(1917 年 7 月)。

書報介紹

十九世紀文藝之主要潮流
丹麥國白蘭地斯著
Geo. Brandes: Main Intrenals in Nineteenth Century Literature

白蘭地氏藉抒寫其面書出白獨太其剝苦隨筆養值著黃氣斷故非常人所及其演譯文學於丹麥大車也維大風悉而器業恆敀誹謗內外既立不起去教會及守舊高亦仇諦留也以其痛斥宗教迷信及社會之桎梏謂我習慣舊文學不當勢力也此背凡六册二千餘頁第一浦論流亡文學 The Emigrant Literature. 第二組論德意志之理想派 Lieb Romantic School in Germany. 第三册論法蘭西之反抗 The Reaction in France. 第四册論英國之自然派 Nationalism in England. 第五册論法蘭西之浪漫派 The Romantic School in France. 第六册論近代德意志 Young Germany. 詳於文學與社會之翻保及變遷之...

世界風雲

此書六卷作者姓名乃民庫社出版物之一種內容分俄羅斯革命一卷於元明曲家之翻述哈合王國維氏會夏諭蕭爾尼亞約分土地怡圖蕃哉會富瑣奧工人役賢食物...

美國之畣心人類腐內狀之區四六定價一角者郵寄二角至

伏虎集
宋元戲曲史　王國維著

角齊為叢繼綴君之留作之價值及購法奧世界風雲聞

書凡十六卷(1)上古至五代之戲曲(2)宋官本雜劇段數(3)宋之小說雜戲(4)元雜劇之源源(5)元劇之時地(6)金院本名目(7)古劇之結構(8)元劇之文章(9)元劇之結構(10)元劇之存亡(11)元劇(12)元南戲之文章(13)余肇本逢二百頁之小册子不與於宋元劇本究證詳例卿於古代戲劇以及向代作者亦略之之源中國之創作也

元曲唐談　吳梅著　商務大印版

曲凡二册四京第一章原曲分四節(1)論宮調(2)論曲調(3)論音律(4)论作曲法(4)卷北曲作法第三章度曲第四章談曲之法商三章詳述具派哈合王國維氏之戲曲史設之於元明戲曲源流遺通平完後一卷於元明曲家之翻述

《新青年》所刊《顾曲麈谈》书评

　　同期介绍的还有王国维的《宋元戏曲史》一书。之所以说不同寻常，是因为以《新青年》同仁当时所持的文化立场，他们是反对旧剧的，对其持全面否定的态度，为此后来还曾和张厚载等人发生过激烈的争论，这是五四新文化运动时期一场影响较大的争论。显然，《新青年》同仁与吴梅偏爱旧曲的立场是明显不同的，以他们的文化立场，是看不上《顾曲麈谈》这种著述甚至要进行激烈批评的；再者，《顾曲麈谈》于1916年出版，《宋元戏曲史》是1913年出版，已经都不算新书了。陈独秀等人之所以于此时介绍《顾曲麈谈》，是不是因为要聘请吴梅到北京大学任教的缘故呢？对于聘请吴梅这件事，作为文科学长的陈独秀应当是知情的，而且是同意的,否则也不能成事,也不会有他后来为戏曲课程的辩护。在他主编的《新青年》上刊载《顾曲麈谈》一书的介绍,应该可以看作是对吴梅的一种欢迎方式,或者说是在为北京大学开设曲学课程营造舆论,也许陈独秀等人已经估计到此举会遭到一些守旧人士的反对。

第二节　弦歌一堂

1917 年秋,吴梅离家北上,开始了一种全新的生活。在去北京前,他作了《仲秋入都别海上同人》一诗,与朋友们告别。从字里行间可以看出,他当时的心理有些复杂,既兴奋又有些紧张,不知道自己在一个新的环境中会遇到什么样的情况。

五年北大生活总的来说是紧张而愉快的。在蔡元培、陈独秀等人的大力支持下,借助五四新文化运动的巨大社会影响及北京大学在全国学术界的声望,经过吴梅的精心传授,曲学终于成为一门专学,被纳入中国现代学术体系,得到新的教育制度和学术制度的保障,培养了新一代从事曲学研究的学人,从此薪火相传,绵延不绝。吴梅也因其自身的研究实绩与将曲学引入大学讲堂的开创性贡献,在学术界获得了很高的声誉,当时已有人称其为"词曲大家"①,此后这一称呼成为学界的共识。对此,曾担任过南京大学校长的匡亚明有着十分精到的评述:"吴梅先生在大学里开词曲课,实在是一次革命性的创举,是一种教育改革。"②此语对吴梅的评价甚高,但并非虚言,它点出了吴梅进北大的意义之所在。

---

① 吴虞 1918 年 6 月 1 日日记,载中国革命博物馆整理《吴虞日记》上册第 393 页,四川人民出版社 1984 年版。

② 匡亚明《在吴梅先生诞辰一百周年纪念会上的讲话》,载王卫民编《吴梅和他的世界》第 110—111 页,河北教育出版社 2002 年版。

五年北大执教生涯改变了吴梅的人生轨迹，对其一生的治学及生活有着十分深远的影响，从此他一直在各高等学府任教，以研究学问、传道解惑为生，从一名传统文人变为一名专业学者。可以想象，如果没有蔡元培的邀请，吴梅很可能终身都在中学任教，也可能成为一名职业文人，即便他在曲学上很有建树，依照其保守的文化立场及坚持旧体文学的创作方式，在后人的心目中，他很可能被定性为一位鸳鸯蝴蝶派式的文人，而不是一位曲学大师。

在北京的五年期间，吴梅最主要的活动自然是开课授徒。他是文科中国文学门教授兼国文门研究所教员，所讲授和指导的课程除了其最擅长的词曲、戏曲及音律外，还有中国文学史。此外，他还担任北京大学音乐研究会昆曲门的导师，教唱昆曲。

在吴梅所承担的课程中，词曲隶属于中国文学，该课程还包括诗、文部分，分别由黄侃、刘师培、黄节讲授。中国文学史也是由吴梅和黄侃共同承担，其中吴梅讲授唐宋至清代部分，故又称中国近代文学史①。对中国文学课程的分期讲授问题，1917 年钱玄同曾同文科学长陈独秀进行过讨论。按照原先设计的中国文学课程，魏晋之前为第一期，魏晋至唐宋为第二期，元明清为第三期。但钱玄同不同意这一分法，他认为"宋世文学，实为启后，非是承前"，"鄙意中国文学，当以自魏至唐为一期，自宋至清为一期"②。对此意见，陈独秀大体接受，并作了这样的改动："自魏至北宋为一期，自南宋至清为一期。"③但这一方案在具体教学过程中

①　参见《北京大学日刊》第 12 号(1917 年 11 月 29 日)、16 号(1917 年 12 月 4 日)、38 号(1918 年 1 月 5 日)、41 号(1918 年 1 月 9 日)、109 号(1918 年 4 月 12 日)、207 号(1918 年 9 月 14 日)。

②　钱玄同致陈独秀书，《新青年》第 2 卷第 6 号(1917 年 2 月)。

③　陈独秀致钱玄同书，《新青年》第 2 卷第 6 号(1917 年 2 月)。

又进行了一些调整,比如吴梅所承担唐宋至清代部分的中国文学课程,就与上面的两种方案都不一样。

总的来说,吴梅是非常胜任这些课程的,词曲是他的长项,讲授自然是不成问题。中国文学史他也并不陌生,此前他曾在东吴大学担任助教,协助黄人编写《中国文学史》教材,已经积累了一些这方面的经验。

在1917年11月25日的《北京大学日刊》上,有一则文科教务处的告白:"文本科三年级国文门星期六、日吴瞿安先生所授中国文学一课,自下星期起,改于星期三午前十一时至十二时讲授,此白。"①由此可知吴梅到北京大学之后授课的具体时间和情况。

根据1913年1月12日民国政府教育部公布的大学规程,大学文科有关中国古代文学艺术者只有文学研究法、中国文学史、词章学等少数科目,并没有戏曲、小说等通俗文艺的课程设置②。显然,这是蔡元培主政北京大学之后实行的新变革,带有探索性质。可以想象,在北京大学开设曲学这门课程肯定是会遇到阻力和压力的。

阻力和压力一方面是来自社会上的偏见和误解。将曾被视为小道乃至淫词艳曲、壮夫不为的戏曲搬上高等学府的课堂,自然会让一些人感到难以接受。据说"蔡元培开设新课程中最遭受外界批评的,是中国文学系里新设的戏曲小说和哲学系里新设的印度哲学两课。在这以前,我国大学里还没有开过这两门功课"③。当时上海就有家报纸载文指责

---

① 《北京大学日刊》第9号(1917年11月25日)。

② 参见《1913年1月12日教育部公布大学规程》,载朱有瓛主编《中国近代学制史料》第三辑下册,华东师范大学出版社1992年版。

③ 朱偰《五四运动前后的北京大学》,载《文化史料丛刊》第五辑第168页,文史资料出版社1983年版。

北京大学①，"以为大学应研求精深有用之学，而北京大学乃竟设科延师，教授戏曲；且谓'元曲'为亡国之音"。为此陈独秀针锋相对，进行了辩驳，他指出："欧、美、日本各大学，莫不有戏曲科目。若谓'元曲'为亡国之音，则周、秦诸子，汉、唐诗文，无一有研究之价值矣。至若印度、希腊、拉丁文学，更为亡国之音无疑矣。"②从世界学术文化大势讲到中国文学艺术发展的实际，应该说陈独秀的反驳还是相当有力度的。说到底，这还是一个思想观念和文化立场的问题。蔡元培在《北京大学月刊》的发刊词中对此也有明确的表态："吾国承数千年学术专制之积习，常好以见闻所及，持一孔之论。闻吾校有近世文学一科，兼治宋、元以后之小说、曲本，则以为排斥旧文学，而不知周、秦、两汉文学，六朝文学，唐、宋文学，其讲座固在也。"③有蔡元培、陈独秀等这些校方当政者的支持，来自社会上的阻力和压力不需要吴梅出面，就被一一化解了。

其实不光是在当时，即便是在各大学已经普遍开设戏曲课程的三十年代，仍有人对此举看不惯。叶圣陶曾讲过这样一件事："我又听说某一所大学里的'曲学'一门功课，教授先生在教室里简直就教唱昆曲，教台旁边坐着笛师，笛声嘘嘘地吹起来，教授先生跟学生就一同嗳嗳嗳……地唱起来。告诉我的那位先生说这太不成话了，言下颇有点愤慨。"④这里所说的"教授先生"很可能就是指吴梅，因为当时能在课堂上教唱昆曲的

---

① 这家报纸据周作人介绍，系上海的《时事新报》："大学国文学系里有戏曲的功课，始于北大，大概也是民六吧，当时文化界听了还议论纷然，记得上海的《时事新报》有过嘲骂的话，这还是在研究系参加新文化运动之前，所以也是不足为怪的。"见周作人（王寿遐）《红楼内外》，《子曰丛刊》第4辑（1948年10月）。朱偰《五四运动前后的北京大学》一文也指出这家报纸系《时事新报》。

② 以上见陈独秀《随感录》三，《新青年》第4卷第4号（1918年4月）。

③ 蔡元培《北京大学月刊》发刊词，《北京大学月刊》第1卷第1号（1919年1月）。

④ 叶圣陶《昆曲》，《太白》第1卷第3期（1934年10月）。

教授并不多。由此也可看到,当时要让人们接受一件新事物该有多么艰难。

有意思的是,就在陈独秀为吴梅、为元曲辩护的同时,他和他的同事钱玄同、胡适等人正与他们的学生张厚载围绕着旧剧的评价问题进行着激烈的辩论,这也是五四新文化运动时期一场很有意义的辩论。在这场辩论中,有两点值得注意:一是陈独秀等人对待戏曲的态度呈现出两面性,面对吴梅是一种态度,面对张厚载则是另一种态度,对前者宽容、温和,对后者则相当严厉。二是在这场辩论过程中,吴梅本人并没有参加,置身事外,成为一个旁观者,按说他对这个论题是最有发言权的。可以想象,如果吴梅表态的话,以其一贯的文化及学术立场,他显然是会站在张厚载一边的,但这样自己又站在了帮他辩护的陈独秀等人的对立面。左右为难,沉默倒不失为一种明智之举。

阻力和压力的另一方面则是来自学生们的质疑。毕竟这是一门新开设的课程,为什么要开设这样的课程,都有哪些内容,如何讲授,任课教师的水平如何?学生们的心里其实都是没底的,观念上一时也未必都能接受。

事实也确实如此,当时听过吴梅讲课的学生孙世扬曾有这样的记述:"瞿安先生来讲词曲,上堂首写吴某二字,于是乃知先生是作《顾曲麈谈》者。其时白话之风潮未起,吾辈学生所欣赏者,无非九经三史也。忽闻讲堂之上,公然唱曲,则相视而笑尔。是故先生口讲指画,虽历一年而不倦,而区区惰学者流,往往听讲未毕,已入睡乡。初不料数年之后,《水浒》、《红楼》、《儒林外史》且俱作国文课本,而当时懒听词曲之为不识时务者也。"[①]唐圭璋也曾有这样的描述:"那时一般学生都重经史而轻视词曲,以为词曲小道,研究它是不识时务,因此,有的学生在笑他,有的学

---

① 孙世扬《霜崖词录》编者按语,《制言》第 51 期(1939 年 4 月)。

生在议论他。先生运用直观教具进行教学,公然携笛到课堂上说明曲律,说明今传的十七宫调分隶于笛色的七调之中。"①

其实不光是听课的学生,连就吴梅在北京大学的同事们也未必都能接受,比如钱玄同曾这样评价昆曲:"两三个月以来,北京的戏剧忽然大流行昆曲,听说这位昆曲大家叫做韩世昌。自从他来了,于是有一班人都说:'好了,中国的戏剧进步了,文艺复兴的时期到了。'我说,这真是梦话。中国的旧戏,请问在文学上的价值,能值几个铜子? 试拿文章来比戏:二簧西皮好比'八股';昆曲不过是《东莱博议》罢了,就是进一层说,也不过是'八家'罢了,也不过是《文选》罢了。八股固然该废,难道《东莱博议》、'八家'和《文选》便有代兴的资格吗?"②韩世昌是当时北京舞台上演唱昆曲的名伶,也是吴梅的弟子。吴梅在北京大学授课的重要内容就是教唱昆曲。由此不难想象钱玄同对吴梅的评价和态度。

可见对吴梅来说,在北京大学讲授曲学既是一次难得的人生机遇,无疑也是一场严峻的考验。经受住考验,曲学这门学问在高等学府就可以较为顺利地落地生根,否则,不仅这门学问会受到质疑,吴梅本人的学术声誉也会受到很大影响。好在吴梅很快以自己的真才实学挺过了这些压力和考验,不仅站稳了脚跟,也为曲学的研究和传承打开了一个新的局面。

吴梅讲授词曲,不仅教学方法独特,而且教学态度也是相当认真负责的。《北京大学日刊》1918 年 1 月 8 日、10 日曾连续刊载两则《文科布告》:"本科教员吴瞿安先生本星期四(九日)因病请假一天"③,"本科国

---

①　唐圭璋《回忆吴瞿安先生》,《雨花》1957 年第 5 期。

②　钱玄同《随感录》十八,《新青年》第 5 卷第 1 号(1918 年 7 月)。

③　《北京大学日刊》第 281 号(1918 年 1 月 8 日)。

文门教员吴瞿安先生本星期五续假一天。"①可见吴梅还是严格遵守学校规章的,因生病停课都经过了正常的请假程序。

为配合教学活动,吴梅还帮助同学们购买曲学书籍,《北京大学日刊》曾刊载两则他发布的相关启事,由于《吴梅全集》一书失收,知者不多,这里全文引录。1918 年 11 月 19 日,吴梅发布第一则启事:

《北京大学日刊》所刊《吴瞿安启事》(之一)

---

① 《北京大学日刊》第 283 号(1918 年 1 月 10 日)。

文本科一二三年诸同学鉴：《元曲选》照预约价买，此事已
与上海商务书馆商妥，惟须齐集款项，先汇该馆，以便寄书来
都。诸君如欲购买，务请于一星期内交款至敝寓（西安门外东斜街
二十七号）可也。现定书四十部，每部现洋七元五角。此启。

后面还附了一封于定一致王莼农的书札，其中涉及到吴梅帮同学们
购书一事：

　　莼农先生阁下：

　　　惠书敬悉，胡君函照收，瞿安先生欲购《元曲选》照预约价
　　事，甚为难。兹与总务处再三商量，允自三十部以上一次来购，
　　即照预约原价售与，以示特别优待。其款（须上海通用银元）请
　　径汇上海发行所之仙华君收，汇费由发行所任付，勿交北京分
　　馆，以免转账之烦。祈斠夺转复为荷。原函奉缴，祈颂台安。
　　弟于定一顿，十一月一日。[1]

吴梅帮同学们购买的《元曲选》系商务印书馆1918年据明万历四十
四年原刊本为底本的影印本，具有重要的学术价值，吴梅选其做参考书，
还是很合适的。大概是成本较高的缘故，刊行后无法按预约价出售，吴
梅和出版社协商，最终以集体订购的方式享受到特别优待。如此费心地
帮同学联系买书，其教学态度之认真可见一斑。

　　1918年12月20日，吴梅发布第二则启事：

---

[1]　《北京大学日刊》第253号（1918年11月19日）。这则启事在第二天的《北京大学日
　　刊》上又登了一次。

《北京大学日刊》所刊《吴瞿安启事》(之二)

　　《元曲选》已到,由本校出版部发售(书共三十部,照预约价,每部现洋七元,合洋二百十元,加木箱两元,转运费十元,又由京汇款至上海,汇费洋三元三角,总计洋二百二十五元三角,每部分摊合洋七元五角一分),今将已付书价诸君姓名列后,请径往出版部领书可也。①

————————

① 《北京大学日刊》第 276 号(1918 年 12 月 20 日)。这则启事在第二天的《北京大学日刊》上又登了一次。

多年的积累、扎实的功底以及认真负责的治学、教学态度使吴梅很快化解了来自学生的疑惑,逐渐受到他们的尊重和钦佩。这可以从北京大学音乐研究会当时的一则通告中看出来:"谨启者:昆曲一部,自吴瞿庵先生教授以来,进步非常之速,但人数过多,科门太繁,吴先生大有应接不暇之势。兹特请校医陈万里先生于每星期一、五下午四时后教授副净、小丑,凡我学会学副净、小丑者,请从本星期五起归陈先生教授可也。"[①]从受到质疑到广受欢迎,对吴梅来说,这并不是一个轻松的过程。他最终证明了自己,也证明了曲学走进北大的价值和意义。

吴梅对这些年轻的学子们也充满了期待:"珍重读书身,莫白了青青双鬓。男儿自有真,谁不是良时豪俊?待培养出文章气节少年人。"[②]这些学生学业的进步是对吴梅五年北大执教生涯的最好评价。

吴梅将曲学搬到高等学府的课堂上,不仅扩大了这门学问的影响,使之得到社会的认可和学术制度的保障,同时也使曲学的薪火得以延续。在北京大学任教的五年时间里,吴梅培养了一些优秀的年轻后进,他们将词曲研究作为自己的专业方向,将曲学发扬光大,成为二十世纪曲学史上的第二代学人。以下重点介绍吴梅在北京大学的两位得意弟子任中敏和俞平伯,以见其北京大学任教成就之一斑。

任中敏是在新的高等教育和学术制度下培养出来的新一代曲学研究者,他在治学过程中受到了吴梅的热情指导和帮助。

说起来两人还有一段不解的师生缘分。任中敏出身盐商之家,起初就读的是北洋大学预科,所学专业为工科,与词曲之学可谓风马牛不相及。但是1918年夏一门功课即几何学的不及格改变了他的命运,他由

---

① 《北京大学日刊》第 110 号(1918 年 4 月 13 日)。
② 吴梅《北京大学校歌》,《北京大学日刊》第 771 号(1920 年 12 月 17 日)。

此决定弃工从文,考入了北京大学国文系,有幸成为吴梅门下的高足①。

正是这段难得的师生缘分决定了任中敏日后的学术道路与治学特色。对当时向吴梅问学的情景,任中敏曾撰文介绍:"敏躬逢其时,初亦参与唱曲,衡嗓音,宜习声色,乃试拍《长生殿·定情》;徙因杂务纷迫,练功无恒,未能深造,甚愧!卒以书生,退钻书本,落为恒业,可慨

任中敏

也。所业既定,乃规划词曲一科应有之考据学,粗具首尾,以呈夫子,夫子许之,并庄颜振敏之肩而命曰:'坚尔志,一以贯之,不摇!'敏谨受教。"②虽然任中敏未能在唱曲方面有更多的"深造",但他以"退钻书本"为恒业,有意在继承吴梅曲学的基础上于词曲"考据学"领域寻求突破,并将其作为自己的努力方向,这种学术选择得到了恩师吴梅的鼓励和支持。

北京大学毕业后,任中敏仍继续向吴梅问学,得到其耐心指点和帮助。1923年农历除夕前,"任君中敏(讷),自扬州来,舍予家小楼"③,两人一起品评徐渭的《四声猿》。同年清明前后,吴梅应任中敏之邀,畅游扬州,并写有《扬州杂诗示任生中敏(讷)》八首、《康山草堂》等诗作,由此

---

① 有关任中敏的生平经历,参见陈文和、邓杰编《从二北到半塘——文史学家任中敏》一书,南京大学出版社2000年版。

② 任中敏《回忆瞿庵夫子》,《文教资料简报》1984年第1期。"徙"当为"徒"。

③ 吴梅《四声猿》跋。

可见师生二人之交往与情谊。自 1924 年起,任中敏还在吴梅苏州的家中住了将近两年的时间,得以尽览恩师府上丰富的词曲珍藏,其情景正如他本人后来所描述的:"负籍吴门,趋庭受业。蒙予食宿之便,遂穷百嘉室所藏,寒暑不更,提命备至,乃此生之大幸也!"①这不仅仅是一段人生中值得回忆的快乐时光,同时也为任中敏日后的学术研究打下了十分坚实的根基。

对这位得意门生,吴梅十分欣赏,并不时加以鼓励和提携。1926 年夏,他为任中敏所辑《四家之曲汇刻》一书作序,称赞自己的这位弟子"搜采群籍,集成专书,暝写晨钞,历年不倦,则中敏洵不可及焉"②。1929 年农历十二月,他又为任中敏所编的散曲总集《散曲丛刊》作序,认为编印该书"能弥吾罅漏,可谓得吾心之同然矣"。他对弟子的勤奋很是欣赏:"用力之勤之久,不独可继临桂、归安为三,且俨然孙谷、马国翰矣。"对其在词曲研究方面的成就也给予了高度的评价:"论说三种者,《作词十法疏证》、《散曲概论》、《曲谐》也。皆中敏编纂论撰,可以探讨作曲之法,而昭示后来者也。"③吴梅编印《奢摩他室曲丛》,特意请任中敏作序,由此可见他对这位弟子的器重。

正是出于上述原因,在谈到任中敏的治学历程和学术成就时,不能不提及他和吴梅之间的这段学术渊源。这种影响是终身的,也是深远的,据任中敏本人介绍,他后来进行的"唐艺发微"研究也是受到恩师吴梅的启发而展开的:"夫子经桂时,敏得侍一夕话;临别,出一张纸授敏曰:'此乃行箧中偶存者,孔颖达所作《诗·大序·疏》,论乐歌之一节,至

---

① 任中敏《回忆瞿庵夫子》,《文教资料简报》1984 年第 1 期。

② 吴梅《四家之曲汇刻》序。

③ 以上吴梅《散曲丛刊》序。

关重要！宋金词曲之远源实在此。朱熹虽为经师，又曾探宋词之源，而昧不知此，可憾！今授尔存之，他日可畅其旨，以召学人。'敏因授纸，什袭以藏，且三十载。入新中国，赴川，重理考据之业，而上溯隋唐，首创科研总纲曰：'唐艺发微。'盖尊孔义为枢纽，发于乐，用于辞，齐言、杂言，同时悉举，无所后先。"①从任中敏晚年研究对象和范围的选择不难看出这段师承关系的重要影响。

任中敏没有辜负恩师的厚望，勤于治学，终生不辍，以其《词曲通义》、《散曲概论》、《敦煌曲初探》、《唐戏弄》、《散曲丛刊》、《新曲苑》、《优语集》等一系列扎实厚重的著述开创了词曲研究的新局面，取得了丰硕的成果，成为一代名家，同时也培养了一批优秀的专业人才，使吴梅的曲学事业得到很好的传承。

俞平伯也是吴梅在北京大学任教时期的学生。人们多知道其为红学家，对他在词曲研究方面的成就则关注不够。其实，俞平伯在词曲方面投入的时间和精力并不比《红楼梦》少，他不仅在清华大学等高等学府开设词曲课程，还撰有《论诗词曲杂著》、《读词偶得》、《唐宋词选释》、《清真词释》等著述，所取得的成就也是不容忽视的。

俞平伯是 1915 年秋考入北大文科国文门的，吴梅到北大任教的时候，他已经是三年级的学生。俞平伯喜爱词曲，除了吴梅、黄侃等人的影响之外，还有一个重要因素，那就是他的妻子许宝驯。1917 年 10 月，俞平伯与许宝驯结婚，许宝驯受到过良好的家庭教育，多才多艺，弹琴、唱曲、做诗、绘画，都很在行。两人婚后恩爱和睦，但在唱曲方面，俞平伯"偶闻音奏，摹其曲折，终不似也"。吴梅的到来使他得到学习唱曲的良机，"后得问曲学于吴师瞿安，至巳未春（八年四月），师于课外借红楼中

---

① 　任中敏《回忆瞿庵夫子》，《文教资料简报》1984 年第 1 期。

教室开一歌曲班,从之者不多,余仅习得[南吕宫]、[绣带儿]二支"[1],"吴瞿庵师方初入都,住北城二道桥,此余日后习曲因缘之一也"[2]。

此后,俞平伯除了课堂上的听讲之外,与吴梅还有一些私下的往来,根据相关资料可以勾稽出如下一些史实:

1918 年 3 月 8 日,"至二道桥见王(抚五)、吴(瞿庵)二先生"[3]。

俞平伯

1919 年 4 月,吴梅开始教唱昆曲,俞平伯报名参加,学会《南吕宫》、《绣带儿》两支曲子[4]。

可见是吴梅将俞平伯引上词曲研究之路的,俞平伯研习曲学的路数与和吴梅大体一致,那就是都喜欢唱曲,对昆曲的声律和文辞较为关注。后来俞平伯毕业,吴梅南下金陵,两人仍保持联系,俞平伯继续在曲学方面请益,吴梅也一直给予热情的指导和帮助。俞平伯曾致函吴梅,请其精选一些剧目,以供学习,吴梅接信后,开了三十三种剧目,对其中几种

---

① 以上俞平伯《忆清华园谷音社旧事》,载《俞平伯全集》第二卷第 687—688 页,花山文艺出版社 1997 年版。"巳"当为"己"。

② 俞平伯《别后日记》后记,载《俞平伯全集》第十卷第 152 页,花山文艺出版社 1997 年版。

③ 俞平伯《别后日记》,载《俞平伯全集》第十卷第 148 页,花山文艺出版社 1997 年版。

④ 参见俞平伯《忆清华园谷音社旧事》,载《俞平伯全集》第二卷,花山文艺出版社 1997 年版。

难以购买者,还答应帮助抄录①。

1935 年 3 月,俞平伯与浦江清等人在清华大学发起成立谷音社,这是一个由专业研究者和业余爱好者组成的曲社。俞平伯任会长,并聘请吴梅为导师。该社的活动一直得到吴梅的支持和指导,"同人校理曲谱每得就正"②。吴梅曾为《桃花扇·哭主》中的两支曲子订谱,寄赠俞平伯与谷音社③。

1936 年 5 月,吴梅应俞平伯之请,为其校正《紫钗记·七夕》曲谱:"以《紫钗·七夕》谱,校正一过,寄清华学校俞平伯,平伯所请也。"④

同年 7 月,俞平伯夫妇南下,到苏州拜访吴梅,"欲聆吴中雅曲",这位"北大旧生"自然受到热情接待。吴梅邀请他们参加苏州曲会,除了俞平伯夫妇外,吴梅还请了俞振飞等人。其间俞平伯唱《拾画》、《惊梦》二曲,许宝驯唱《游园》、《絮阁》二曲,在吴梅看来,许宝驯唱得更好,"较平伯为胜"。遗憾的是吴梅当时患有喉疾,不复"度声"。尽管如此,吴梅还是兴致很高,感到非常开心,他"细聆诸曲,洪纤高下,各有意致,而四呼四声,无不谐协",感到"今日之会,恐不多遇,为之抚然","此乐之难得焉"⑤。连主人吴梅都如此尽兴,俞平伯夫妇自然是心满意足。

对恩师吴梅,俞平伯一直非常尊敬。在日记或文章中提到,言必称师,如《续谈〈西厢记·苦席〉》、《〈振飞曲谱〉序》等文,在引用吴梅的论述

---

① 参见吴梅《与俞平伯论曲选书》,《戏曲》第 1 卷第 5 辑(1942 年 5 月)。

② 俞平伯《忆清华园谷音社旧事》,载《俞平伯全集》第二卷第 689 页,花山文艺出版社 1997 年版。

③ 参见吴梅 1935 年 4 月 19 日(农历三月十七)日记。

④ 吴梅 1936 年 5 月 28 日(农历四月初八)日记。

⑤ 吴梅 1936 年 7 月 24、25 日(农历六月初七、初八)日记。另参见俞平伯《忆清华园谷音社旧事》,载《俞平伯全集》第二卷,花山文艺出版社 1997 年版。

时,皆称"吴瞿安师"①,以示敬意。吴梅去世后,俞平伯提及恩师,仍伤感不已:"病殁于云南之大姚,竟不获刍酒之奠,发篝蘤之音,人天缘阻,怅恨如何。"②

授课之余,吴梅还参加了不少学校组织的社会文化及文艺活动。根据相关资料,主要有如下一些:

参加国文部教授会。1917年12月12日,吴梅出席国文部教授成立会,并参与投票选举主任③。

担任北京大学音乐研究会昆曲科导师。1919年上半年的每星期三至星期六,他都在理科第五教室指导学生研习昆曲④。

发起成立北京大学学余俱乐部。该俱乐部的宗旨在"本校同人求学余间,藉以联络感情、交换学识为主,不涉校外之事"⑤。在1919年3月16日的成立大会上,吴梅被推选为主席。在会上,他还和陈万里、赵子敬等人演唱昆曲助兴⑥。

参与《国故月刊》的编辑工作。1919年3月,北京大学旧派学人创办《国故月刊》杂志,该刊以昌明中国固有之学术为宗旨,与新派人物抗衡,吴梅为特别编辑之一。

1919年4月19日晚上七点半,北京大学音乐研究会在米市大街青

---

① 两文载《俞平伯全集》第四卷,可参看,花山文艺出版社1997年版。
② 俞平伯《忆清华园谷音社旧事》,载《俞平伯全集》第二卷第689页,花山文艺出版社1997年版。
③ 参见《北京大学日刊》第26号(1917年12月15日)。
④ 参见《北京大学日刊》第306、309、311、312、331号(1919年2月11、15、18、19日、3月13日)。
⑤ 参见《北京大学日刊》第296号(1919年1月25日)
⑥ 参见《学余俱乐部成立会纪事》,《北京大学日刊》第335号(1919年3月18日)。

年会举行音乐演奏大会,吴梅登台演出①。

1920 年,马叙伦辞职,北大同仁挽留,吴梅也在签名者之列。

其间,吴梅还曾先后为北京大学创作了两首校歌,歌词内容如下:

《北京大学日刊》所刊《北京大学校歌》

景山门启鐘㤄成,均又新,弦诵一堂春。破朝昏,鸡鸣风雨相亲。数分科,有东西秘文;论同堂,尽南北儒珍。珍重读书

---

① 参见《北京大学日刊》第 349 号(1919 年 4 月 11 日)。

身，莫白了青青双鬓。男儿自有真，谁不是良时豪俊，待培养出，文章气节少年人①。

械朴乐英才，试语同侪，追想逊清时创立此堂斋。景山丽日开，旧家主第门程改。春明起讲台，春风尽异才。沧海动风雷，弦诵无妨碍。到至今费多少桃李栽培，喜此时幸遇先生蔡，从头细揣算，匆匆岁月，是已是廿年来②。

其中第一首曾在1917年12月17日举办的北京大学二十周年纪念演说会上演唱，这是蔡元培特地约请吴梅创作的。从内容上看，多为勉励之词，反映了吴梅对北京大学众学子人品学问的期许。

第二首也是专门撰写的，曾以《本校二十周纪念歌》为名刊载在1917年12月20日的《北京大学日刊》上，估计也是校方约请吴梅写的。内容偏重对北京大学历史的记述，肯定了校长蔡元培对北京大学的贡献。

吴梅所写的第一首校歌当时在演出时很受欢迎，有人提议作为校歌。1920年12月17日的《北京大学日刊》还以《北京大学校歌》为名刊载过一次③。不过对校歌问题，校方的态度比较慎重。1921年11月9日，北京大学召开评议会，经过讨论，做出如下决议："十一月九号，本届第一次评议会议决事项应行公布者如左：（一）校歌案。议决：（一）本校

① 此处文字依据《北京大学日刊》第771号（1920年12月17日），与《霜崖曲录》所收《正宫锦缠道·示北雍诸生》略有差异，后者系吴梅修订的定稿。
② 此处文字依据《北京大学日刊》第29号（1917年12月20日）。
③ 参见《北京大学日刊》第771号（1920年12月17日）相关内容。

《北京大学日刊》所刊《本校二十周纪念歌》

二十周年纪念会歌不能作为本校校歌。(二)本校暂不制校歌。"[1]这项决议是作为校长布告发布的,北京大学的校歌问题由此被搁置起来。

此后在相当长的一段时间里,虽然也有一些热心人张罗,如北京大学音乐传习所曾于1923年10月发布过征求校歌歌词的启事[2],但北京大学一直没有正式的校歌。

吴梅所写这两首校歌为何未被采用? 从内容来看,描写北京大学的新气象,肯定蔡元培的功绩,勉励学生珍惜时光,奋发向上,似乎没有什么不妥,文辞、音律,更不会有问题。具体原因还需要确凿的资料来证实,不过有些大体上可以推想出来,大概是吴梅所拟校歌内容未能充分、

---

① 《校长布告》,《北京大学日刊》第889号(1921年11月11日)。

② 参见《北京大学日刊》第1323号(1923年10月25日)。

准确地展示出北京大学的风貌和气象，所反映的文化立场及价值取向不大符合主政的新派人士的期待。有论者言"瞿安词，多婉约，以他的婉约风来为处处开风气之先的北京大学作校歌，未免不十分和谐。校庆纪念歌虽较脍炙人口，为人所喜，但词中的'喜此时幸遇先生蔡'之句，恐不为德高望重又虚怀若谷的蔡元培校长所允"[1]，这也可备一说。

北京大学的校歌之外，当时的北洋政府还曾请吴梅参与谱写国歌。1919年，北洋政府教育部成立国歌研究会，确定以《卿云歌》为国歌歌词，曲谱则公开征集，随后邀请吴梅、萧友梅、王露、陈仲子四人谱写，择优采用，最后采用的是萧友梅的作品。

吴梅南下金陵后，当时的国民政府也曾请吴梅谱写国歌。1936年9月25日，吴梅接到国民党党部的信函，请他谱写国歌。吴梅对此事颇为重视，当天就写了初稿，第二天进行修改。9月28日，吴梅参加国歌研究会议，他对国歌的谱写有着自己的想法："国歌之作，须有中学根底，而曲谱亦须中国气味。"[2]这一看法还是很有见地的。其后吴梅又与四儿子一起创作国歌谱，并精心修改，于10月3日用挂号信寄到国民党党部。他还让儿子把自己拟写的国歌谱译成五线谱。尽管费了不少心力，最终还是没有被采用。

不过吴梅谱写的歌曲也有被采用的。1928年，杭州举办西湖博览会，主办方慕吴梅之名，请其谱写会歌，吴梅应约写了一首，并在会上播放，反响相当不错。此外，南京安徽中学的校歌也是由吴梅谱写的。

---

[1]　马嘶《民国时期的大学校歌》，《温故》第14辑第67页，广西师范大学出版社2009年版。

[2]　吴梅1936年9月28日(农历八月十三)日记。

第三节 著书立说

在北京大学任职的这五年也是吴梅曲学研究的一个重要收获期。其间,为了教学和研究的需要,他撰写和编印了多部曲学著述。这些著述可以分为如下两类:

一类是个人的研究著作,其中以《词余讲义》影响最大。

《词余讲义》是吴梅为讲授词曲所编的讲义,北京大学出版部 1919 年 12 月刊行。吴梅曾这样介绍该书撰作的缘起:"丁巳之秋,余承乏国学,与诸生讲习斯艺,深惜元明时作者辈出,而明示条例,成一家之言,为学子导先路者,卒不多见。又自逊清咸同以来,歌者不知律,文人不知音,作家不知谱,正始日远,牙旷难期,亟欲

《词余讲义》版权页

荟萃众说,别写一书。因据王骥德《曲律》为本,旁采挺斋、丹邱、词隐、伯明诸谱,及陶九成、王元美、臧晋叔、李笠翁、毛稚黄、朱竹垞、焦里堂各家之言,录成此书。又作家数一篇,略陈流别,以资研讨。己未仲冬,删汰庞杂,付诸手民,大抵作词规范,粗具本末。"[1]

---

[1] 吴梅《词余讲义》自叙,北京大学出版部 1919 年刊行。

　　吴梅对该书的定位在"明示条例,成一家之言,为学子导先路",这与其先前所写的《顾曲麈谈》一书大体相同。事实上,《词余讲义》正是在《顾曲麈谈》一书基础上增补而成,两书内容较为接近,都是着眼于创作,重在对音律作法的介绍,其中有关南北曲、剧曲清曲作法的内容基本相同,改动不大,其他章节内容虽然不尽相同,但也存在着明显的承袭关系。

　　不过,对比之下,还是可以看出两书之间的差异,通过这种差异,可以看到吴梅在曲学研究上的一些发展和进步。总的来看,两书的差异表现在如下两点:

　　一是《词余讲义》在内容上更为系统、完整。《顾曲麈谈》一书所谈只有四方面的内容,即声律、作法、度曲和谈曲,《词余讲义》删去度曲和谈曲两部分,又增加了《曲原》、《家数》、《正讹》、《十知》等内容,涉及曲史、风格、版本等问题。同样的内容,《词余讲义》也有所扩展,比如声律部分,《顾曲麈谈》主要讲了宫调和音韵两个方面,《词余讲义》则扩展为宫调、调名、平仄、阴阳、论韵五章。两书相比,《词余讲义》涉及面更广,内容更完备。

　　二是《词余讲义》理论性更强。《顾曲麈谈》一书中,仅列举各曲所属之宫调、曲韵、诸宫套式就占了超过三分之一的篇幅,最后一章《谈曲》汇集历代曲家轶闻遗事,也占有相当的篇幅,两者的内容超过全书一半。《词余讲义》一书则删去这些内容,用更多的篇幅对曲学诸方面进行学理式的说明或史的梳理,因而理论性要更强一些。

　　该书作为曲学入门书,颇为实用,北京大学出版部曾于1929年5月再版。后吴梅将其改名为《曲学通论》,由商务印书馆于1935年公开出版,在学界产生了较大的影响。

　　专书之外,吴梅这一时期还写有不少读曲札记和剧作题跋,如《紫霞巾传奇跋》、《桃花扇跋》、《杀狗记跋》、《吟风阁跋》、《吟风阁全谱跋》、《三妇评本还魂记跋》等,这些札记和题跋侧重对具体作品的论述,或论其版本,或品评艺术,具有重要的学术价值。

另一类则是对词曲文献的整理,包括编选《古今名剧选》、《词余选》、校勘《曲品》、《词源》等。这里稍作介绍:

《古今名剧选》,北京大学出版部 1921 年 2 月刊行。该书拟选收历代杂剧四十部,但没有全部完成,只刊行了三册,共收录杂剧十五部,其中第一册收录《东堂老》、《梧桐雨》、《范张鸡黍》、《黄粱梦》、《王粲登楼》五部,第二册收录《岳阳楼》、《货郎旦》、《望江亭》、《萧淑兰》、《误入桃园》五部,第三册收录《天香圃》、《兰红叶》、《义勇辞金》、《曲江池》、《继母大贤》五部。对所收剧作,吴梅皆在其后写有解题,对其作者、内容等基本情况进行介绍,并对该剧的

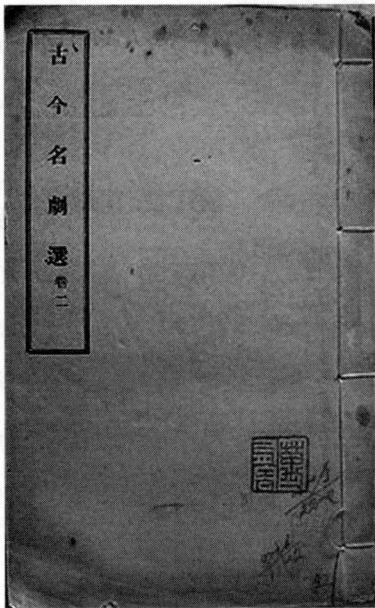

《古今名剧选》

特点、优劣进行评述。该书颇为适合学生的学习,北京大学出版部曾于 1934 年 6 月再版。

《词余选》,这是吴梅为配合《词余讲义》而编选的一部曲选。所收为元明时期的散曲作品,近 70 套套曲。卷首有吴梅所写的一段前言,说明编选的原因及宗旨:"词余之作,元人为盛,其见于剧曲者不下千余,而散曲尚不与焉。明初刘东生、王子一辈间喜南词,而要以则成为正宗。中

叶以后,康、王、梁、祝并负盛名,一代作家,断推少白,自此以下,正音渐漓矣。今自元马东篱下迄明季,各选若干首,清代则缺之也。"后附《元曲选》所载《群英所撰杂剧》总目。对所收作品,前有作者简介,后间有按语①。

《曲品附传奇品》,北京大学出版部 1918 年 11 月刊行,署名为吴梅校勘。该书为明人吕天成的论曲之作,附收《传奇品》为清人高奕所作。其中《曲品》上卷为吴梅所校,下卷为署名梦凤楼、暖红室刊校,"梦凤楼"、"暖红室"均为著名藏书家刘世珩的藏书室、书斋之名。《传奇品》上卷为吴梅所校,下卷为梦凤楼、暖红室所校,并注明"汇刻传奇附刊第三种"。后附有王国维、陈玉祥的跋语。

《词源》,北京大学出版部 1918 年 11 月刊行。署名为吴梅校勘。该书为南宋词人张炎的词学论著,全书分上下两卷。到 1925 年 3 月,该书已由北京大学出版部刊印了三次。

此外,吴梅还曾在这一时期"选传奇百种,曰《南词雅》",后因"尘事杂沓,实未成书"②。到东南大学任教后,在此基础上编成《曲选》一书。

吴梅的上述著述与当时北京大学其他教授们的学术著作一样,大多是为配合课堂教学而编写的。将吴梅在这一时期的曲学著作与他本人此前的同类著述相比,可以看到其治学思想和研究方法的一些脉络与变化。此前的论曲之作如《奢摩他室曲话》、《奢摩他室曲旨》等,从内容、表述方式来看,同吕天成的《曲品》、祁彪佳的《远山堂曲品》、《远山堂剧品》等著述一样,基本上属于古代的曲话体,即多以札记的形式出之,内容庞杂,写作较为自由、随意,缺少系统性。稍后撰写的《顾曲麈谈》,则开始

---

① 本书对《词余选》一书的介绍,主要参考了吴新雷《吴梅〈词馀选〉探考》(《东南大学学报》哲社版 2010 年第 6 期)一文。

② 吴梅《曲选》序,商务印书馆 1930 年版。

采用章节的形式,较有条理。

到了《词余讲义》一书,则有了更为明显的变化,这主要表现为:内容完整、系统,表达也较为严密,理论色彩变浓,逻辑性加强。这显然是为了适应学校要求和教学需要而进行的调整。毕竟课堂讲授与个人的撰著不同,它需要全面、系统地传授专业知识。

这一方面是吴梅本人为适应教学而进行的调整,另一方面也是学校的要求。当时北京大学对讲义的编写有着较为严格而具体的规定。比如 1918 年 4 月 30 日国文门教授会通过的《文科国文学门文学教授案》就明确规定:

> 文科国文学门设有文学史及文学两科,其目的本截然不同,故教授方法不能不有所区别。兹分述其不同与当注重之点如下:
>
> 习文学史在使学者知各代文学之变迁及其派别;习文学则使学者研寻作文之妙用,有以窥见作者之用心,俾增进其文学之技术。
>
> 教授文学史所注重者,在述明文章各体之起原及各家之派别,至其变迁遞演,因于时地、才性、政教、风俗诸端者,尤当推迹周尽,使源委明了。
>
> 教授文学所注重者,则在各体技术之研究,只须就各代文学家著作中取其技能最高,足以代表一时或虽不足代表一时而有一二特长者选择研究之。

这个教授案还制定了"三学年分配教授各科目及选列各代名家"[①],

---

① 以上见《文科国文学门文学教授案》,《北京大学日刊》第 126 号(1918 年 5 月 2 日)。

对各科目所讲授的内容做出具体规定。吴梅在北京大学所承担的课程，既有属于文学史的，也有属于文学的。他要按照这个教授案里的各种规定进行授课，讲义内容也要符合这个要求，其治学方法与著述方式自然会随之发生变化，从《奢摩他室曲话》、《奢摩他室曲旨》、《顾曲麈谈》到《词余讲义》，可以很明显的看到这种变化。

　　从出于个人爱好的著述到适应教学需要的讲义，这种撰写动机和形式的变化本身就很能说明问题。如果将吴梅后来所写的《中国戏曲概论》、《元剧研究》等著作也放在一起，则可以更为清晰地看到吴梅治学的这一变化。王卫民先生在探讨吴梅的曲学贡献时，曾注意到这一点，他指出吴梅早期的曲学著作"基本上沿用了传统的治曲方法，从内容到体例和以前的曲话一脉相承，带有很强的杂论性质"，后来则"努力采用抽象、分类、综合、归纳等科学方法，使自己的曲学研究在科学化、系统化方面，大大超过了以往的曲话著作"[①]。这个概括还是比较准确、到位的。

　　著作内容、表述方式的这些变化是耐人寻味的，由此可以看到现代教育制度和学术制度对一位学人的改造和影响。此前的吴梅虽然曲学造诣很深，但总的来说还是一位传统文人，无论是治学方法还是表述方式都不够严谨和规范，具有一定的随意性。五年的北大执教生活使他逐渐转变为一位现代学者。这种学术文化角色的转换形象地体现了中国学术从传统形态到现代形态的深层变迁。

　　当然，这种转变并不是彻底的，非一朝一夕所能完成，它是一个渐变的过程。这表现在：吴梅身上具有较为明显的新旧杂糅的过渡特点，既有传统文人的印记，又有现代学人的特点。只要将吴梅的曲学著述与王

---

① 王卫民《继往开来　独树一帜——论吴梅在曲学研究上的贡献》，载其所编《吴梅和他的世界》第 318 页，河北教育出版社 2002 年版。

国维的《红楼梦评论》、《宋元戏曲史》等著述放在一起比较,就可以较为清楚地看到这一点。冯沅君对此曾作过比较:"虽然过去也有不少的学者如焦循、姚燮之流来研究,但都是些琐屑的记载,片段的欣赏。现代号称大师的吴梅先生也还如此。然而受过西洋学术熏陶的王国维先生便不然了,他的《宋元戏曲史》实在是一部划时代的杰作。书中有的是系统的叙述、具体的批评,使后来研究戏曲史的人不能不受它的影响。"①叶德均则认为吴梅"决非一个现代的戏曲史家,而是致力于作曲、订谱的传统文人"②。话虽然说得有些偏激,不过他对吴梅身上传统一面的把握还是比较准确的。王卫民也有类似的看法,他认为吴梅"基本上还是一位旧式学者,对西方的思想和方法持有一定的保留态度。以他那丰富实践经验和广博知识,倘能更积极大胆地汲取现代思想和方法,其在曲学研究方面的突破性进展可能会更大、更彻底。这,不能不令人在欣慰之中感到某种遗憾"③。吴梅对西方思想、治学方法的保留态度能否构成一种"遗憾",这还值得商榷。不过,在肯定吴梅顺应时代学术潮流,将曲学搬上大学课堂的同时,确实也有必要点出其身上传统的一面。因此,从这个角度来看,吴梅是解读中国近现代学术转型的一个十分典型的个案。

曲学方面的著述之外,吴梅在北京大学授课期间还曾编写了一部《中国文学史》讲义。该讲义因吴梅后来未曾公开刊行过,也不再提及,故此学界知之甚少,直到 2004 年春陈平原在法兰西学院汉学研究所图

① 陆侃如、冯沅君《南戏拾遗》导言,哈佛燕京学社 1936 年版。

② 叶德均《跋〈霜崖曲跋〉》,《风雨谈》第 9 期(1944 年 2 月)。

③ 王卫民《继往开来　独树一帜——论吴梅在曲学研究上的贡献》,载其所编《吴梅和他的世界》第 318—319 页,河北教育出版社 2002 年版。

书馆里发现,并撰文予以披露①,人们才有所了解。该书已由北京大学
出版社于 2005 年影印出版。

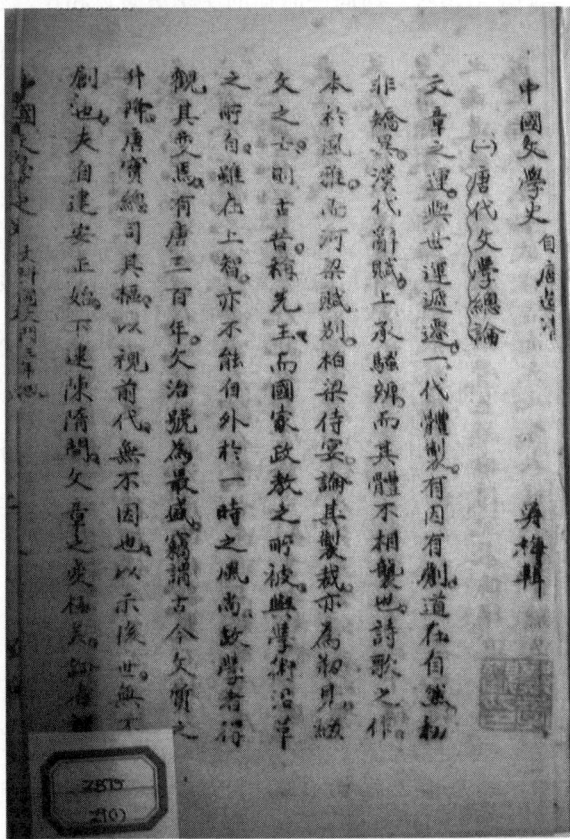

吴梅《中国文学史》

　　该书署名"吴梅辑",所述为唐代至明代间的文学发展,这与吴梅在
北京大学所承担的近代文学史课程大体是一致的。全书分三部分:唐代
文学总论、宋元文学总论和明文学总论,装订为三册。内容除了诗文、词

①　陈平原《不该被遗忘的"文学史"——关于法兰西学院汉学研究所藏吴梅〈中国文学
　　史〉》,《北京大学学报》2005 年第 1 期。

曲、小说外,还包括史著、语录、道学、制艺等,涉及的范围比后来的文学史要宽泛。该书除对作家作品的介绍分析之外,还抄录有大量作品和资料,以供学生们学习参考。与同一时期的文学史著述相比,该书也许没有特别突出的地方,但它对全面、深入考察吴梅本人学术思想的变化则有着重要的参考价值,正如陈平原所言:"此书可以让我们更好地理解吴梅的学术思路,但不至于'重塑'吴梅学术形象。"①

不过据龚敏研究发现,这部中国文学史"很有可能便是参考借鉴了黄人的《中国文学史》增删编辑而成,并非由吴梅个人撰写完成",他列举了两书有关唐人小说、明人小说、临川四梦等部分的论述进行对比②。

其实不光是这部文学史讲义,吴梅的其他著述也有与黄人《中国文学史》一书内容相同者,比如王永健曾指出,吴梅《中国戏曲概论》一书中有关汤显祖"临川四梦"部分的论述"不仅观点与摩西一致,甚至用语亦几乎相同"③。

那么该如何来看待这一现象呢? 要讲清这个问题,要从两个方面说起:

一是吴梅在北京大学的任课情况。前文已经提到,1917 年,吴梅受蔡元培之邀请,到北京大学任职。他在北大所承担的课程,除了其最擅长的词曲、戏曲及音律外,还有中国文学史。中国文学史课程由多人讲授,吴梅所承担的为其第三段,即唐宋到明清部分。按照北京大学的要求,讲课须编印讲义。对于自学成才的吴梅来说,这种遵循现代学术方

---

① 陈平原《不该被遗忘的"文学史"——关于法兰西学院汉学研究所藏吴梅〈中国文学史〉》,《北京大学学报》2005 年第 1 期。
② 龚敏《关于所谓"法兰西学院汉学研究所藏吴梅〈中国文学史〉"—与陈平原教授商榷》,《中国雅俗文学研究》第 2、3 合辑,上海三联书店 2008 年版。
③ 王永健《苏州奇人黄摩西评传》第 202 页,苏州大学出版社 2000 年版。

式的著述并非其所长,再说独立撰著一部如此规模的文学史讲义,时间上也来不及。最可行的办法自然是采录前人成说,汇辑成书。从吴梅在该书署名为"辑"而非"撰"、"著"这一情况也可以看出,吴梅并不讳言这一点。

二是吴梅与黄人的关系。前文已谈到,吴梅与黄人为好友,往来密切,在思想及治学上受到黄人的重要影响。1905年秋,他受黄人之邀到东吴大学担任助教,帮其编著《中国文学史》。这部国内最早的中国文学史虽然署名黄人,但其中也有吴梅的劳动,尽管现在已无法区分到底哪部分内容出自吴梅之手。当吴梅在北京大学担任中国文学史课程,需要编写教材时,他取资这部自己曾付出过很多心血的《中国文学史》,也是顺理成章的事,无可非议。

可以说,如果不是为了教学的需要,而纯粹是出于个人兴趣的话,吴梅是不会编写这样一部文学史著作的,即使写了,其结构框架和表述方式也会与这本《中国文学史》讲义存在很大的差异。从吴梅本人后来不再提及这部讲义的态度,不难看出其个人治学兴趣及学术取向。

吴梅在将曲学搬上大学课堂的同时,也将自己送进了现代学术殿堂。没有现代教育制度和现代学术制度这一大的时代文化背景,他的制曲、度曲和谈曲等行为都不过是传统文人的一种雅好,这种雅好曾经风行了好几百年,此时已没有什么特别的意义,甚至有落伍、守旧之嫌。而一旦被纳入现代学术体系,这种雅好就变成了一种庄重的学术行为。吴梅进北大的重要意义也正在于此。

第四节　旧雨新知

对吴梅在北京期间的生活状态,周作人曾做过这样生动的描述:

　　吴瞿安很喜饮酒，不记得是哪一年，我在红楼上看见他，问他近来酒兴如何，他说因为有病，听医生劝告，不喝酒了，可是晚上不喝便睡不着，所以还喝一点。我问喝多少呢，他笑嘻嘻的笑道，不过就是一斤①。

　　对这一时期的生活，吴梅曾记有日记四册，这对全面、深入了解吴梅及当时学术文化界的情况无疑是有很大帮助的，遗憾的是，它在抗战期间被毁了。不过，依据相关资料，仍可以还原出吴梅在北京五年间的大体情况。总的来说，上课授徒、撰写学术著作之外，吴梅在北京的五年生活中，还有许多重要的个人或社会活动。

　　吴梅的曲学成就不仅得到了学生们的认可，也得到了其北大同事们的尊重。比如胡适就曾当面向吴梅请教过曲学方面的问题。在其1921年6月2日的日记中，有如下一段记载："遇见吴瞿庵先生（梅），我请问他有几种关于《水浒》的戏曲，他说，除了《水浒记》、《义侠记》、《翠屏山》、《虎囊弹》等等外，新得一部《水浒青楼记》，是明初的传奇，专写宋江上梁山始末，而与《水浒记》完全不同。此书我当借来一看。今天我检得作《义侠记》的沈璟是万历二年的进士。瞿庵说作《水浒记》的许自昌是吴县诸生，也是万历时人。"②当时胡适正在撰写《水浒传后考》一文，需要对与《水浒传》相关的戏曲有所了解，精通曲学的吴梅无疑是理想的请教对象。

　　胡适在撰写《红楼梦考证》一文改订稿期间，因涉及到戏曲问题，他

---

①　周作人（瑹遐）《红楼内外》，《子曰丛刊》第4辑（1948年10月）。

②　曹伯言整理《胡适日记全编》第三册第290页，安徽教育出版社2001年版。

继续向吴梅请教。顾颉刚在 1921 年 9 月 6 日给胡适的书信中写道："瞿安先生处已去问过,《铁冠图》系曹栋亭所刻,著者为清初苏州人朱良卿。曹氏自做戏本,他没见过;敦诚的《琵琶记传奇》,他亦没有见。"[1]

从语气上来看,应该是胡适让顾颉刚去找吴梅请教这些问题的。查顾颉刚日记,他在 9 月 6 日给胡适写这封信之前,曾于 9 月 2 号去过吴梅家:"雇车到王姨丈、外舅、袁诗亭、吴瞿安、王佩书诸家。"[2]这次拜访,应该就是信中所说的"瞿安先生处已去问过"。

胡适让顾颉刚去找吴梅请教问题也是有原因的,因为顾颉刚当时是北京大学的学生,又是吴梅的同乡,加之喜欢听戏,和吴梅自然就比较熟悉。1918 年 4 月上旬,两人曾与刘三、陈万里、狄福鼎、潘家洵等一起游览明陵及居庸关[3]。在顾颉刚的日记中,有不少与吴梅往来的记载。除了前面所说的两次,还有一些。如 1922 年 2 月 13 日他去拜访吴梅,但没有见到[4]。同年 3 月 5 日,他又与好友王伯祥、叶圣陶一起拜访吴梅[5]。11 月 5 日,他在苏州见到吴梅[6]。

吴梅南下东南大学执教后,两人仍保持往来,不时在家乡苏州遇到。

---

[1]　宋广波《胡适红学研究资料全编》第 127 页,北京图书馆出版社 2005 年版。

[2]　《顾颉刚日记》第一卷第 156 页,台湾联经出版事业股份有限公司 2007 年版。

[3]　1955 年 10 月 16 日,顾颉刚游览明长陵,在当日的日记中有如下记载:"在长陵明楼'大明成祖文皇帝之陵'碑侧,见刘三题字,仅存其半,文曰:'民国七年二月,……江南刘三游此。同游者陈鹏……潘家洵……'此即予与瞿安先生同游之纪事也。三十七年来,吴、刘两先生俱亡,与介泉绝交,与万里偶一见面,岁月迁流,睹此增唏。"顾颉刚《顾颉刚日记》第七卷第 750 页,台湾联经出版事业股份有限公司 2007 年版。顾潮《顾颉刚年谱》亦有记载,参见该书第 45 页,中国社会科学出版社 1993 年版。

[4]　《顾颉刚日记》第一卷第 209 页,台湾联经出版事业股份有限公司 2007 年版。

[5]　《顾颉刚日记》第一卷第 215 页,台湾联经出版事业股份有限公司 2007 年版。

[6]　《顾颉刚日记》第一卷第 292 页,台湾联经出版事业股份有限公司 2007 年版。

1923年9月15日,顾颉刚在苏州游览怡园时,于松鹤楼遇到吴梅①。同年12月11日,在苏州同乡的聚会中,顾颉刚再次见到吴梅②。后来两人在中山大学又成为同事,后文将会专门提到。

此外,胡适还介绍时任史学系教师的何炳松与吴梅相识。在吴梅的指点下,何炳松对昆曲产生了浓厚的兴趣,后来经过不懈努力,终于成为这方面的行家里手。

从上面所举的史实来看,吴梅与胡适的来往虽不算多,但相处还算融洽。从文化立场来说,胡适属于新派,吴梅属于旧派,思想观念上的差异是非常明显的,且两人的活动范围及交往圈子也不相同,但这不妨碍他们在学术上的切磋和交流,这也是一种优良的学术传统。此后两人再没有直接交往过,吴梅倒是曾谈及胡适,但对其评价不高:"近如胡适之、顾颉刚等,不主故训,肆口武断,我辈正不必为之推助矣。"③

由此也顺带说一下吴梅和校长蔡元培的关系。上文说过,吴梅在进北大之前,与蔡元培虽有喜欢戏曲的共同爱好,但互不认识。后蔡元培慧眼识英才,延请其到北大教授词曲课程。入校后两人也不时有交往,比如上文提到的蔡元培邀请吴梅谱写校歌。1918年5月18日,北京大学邀请王心葵到校演奏古乐,吴梅宣布曲名,蔡元培致介绍词。演奏会后,蔡元培宴请王心葵,由吴梅、胡适等人作陪④。

后吴梅离开北京大学南下,蔡元培对此有些不高兴。1922年10月

---

① 《顾颉刚日记》第一卷第396页,台湾联经出版事业股份有限公司2007年版。

② 《顾颉刚日记》第一卷第428页,台湾联经出版事业股份有限公司2007年版。

③ 吴梅1935年9月25日(农历八月廿八)日记。

④ 参见《王心葵先生奏乐记》,《北京大学日刊》第142期(1918年5月21日)。

15 日,马幼渔告诉吴虞,"吴梅已就东南大学之聘,蔡孑民颇不谓然"①。

当然这种"不谓然"并不是对吴梅个人有什么不满,而是出于对人才的爱惜。但不管怎样,对蔡元培的知遇之恩,吴梅是铭记在心的。1936 年蔡元培七十大寿时,吴梅曾填词《登冷香阁》祝寿。

这里还有一个问题,吴梅在北京大学任教期间,五四新文化运动正蓬勃展开。吴梅对五四新文化运动的态度如何,他是否也赞同白话文学?过去人们多强调吴梅首次将词曲引入大学课堂的创举,有意或无意地忽略了其与五四新文化运动及新派人士的关系。这里稍作辨析。

蔡元培主政后,虽然陈独秀、胡适等新派教授占据主流地位,但在兼容并包、思想自由的治校方针下,北京大学也网罗了不少旧派学人,比如辜鸿铭、黄节、黄侃等。新旧两派之间,时有论争。从文化立场上来看,吴梅显然是属于旧派的,他一生几乎不用白话进行文学创作、撰写学术著述,此前如此,来到提倡白话文学的中心北京大学后仍不为所动,此后也是如此。1931 年 10 月,世界书局邀请吴梅撰写一部《中国戏曲史》,吴梅虽然答应,但提出了条件:"白话文不愿做。"②在文体上,他只采用传统的诗词曲赋等样式。吴梅对五四新文化运动、对白话文学的反对态度由此不难看出。

吴梅虽与胡适等新派教授时有往来,但并不认同他们的思想和立场,也不认可他们的学术成就。1928 年他在苏州中学的一次演讲中,曾谈到这一点:"后来又到北京,遇见几个出风头的大学教授,他们对于国文要怎样的改良,又要把科学的方法去整理国故,说得天花乱坠,在杂志

---

① 吴虞 1922 年 10 月 15 日日记,载中国革命博物馆整理《吴虞日记》下册第 59 页,四川人民出版社 1986 年版。

② 吴梅 1931 年 11 月 1 日(农历九月廿二)日记。

上大发论调,其实平常上课,没有照着自己的说话做去的。所以日日讲整理国故,究竟也没有造出几个好学生出来。无论讲政治的,讲哲学的,讲文学的,左右不过拉几个西洋人所说的话,来凑凑热闹而已。"①在公开场合批评胡适等人提倡的整理国故运动,对他们的观点表示异议,对吴梅来说,这是很少见的一次。从这段话里可见他对胡适等人提倡新文化、提倡整理国故的不理解和不赞同。平心而论,吴梅的批评固然有失偏颇,但也并非全无道理。

一方面,吴梅对白话文学乃至新文化运动持反对态度,但另一方面,他进入北大教授词曲,这本身则又是北大新变的一个重要体现,这就是他和新派、旧派教授都不同的地方。历史就是这么不可思议,把新与旧奇妙地集中在吴梅一个人身上。

当时,新旧之间文化立场的对立还是非常明显的,比如黄侃就因此而辞职。大体说来,吴梅与黄侃等人的激烈反对有所不同,他对新文化运动持一种旁观的态度,虽然不赞成,但也没有明确表示反对。这从他日后的一些表现可以看出来,比如他到东南大学之后所收的最为得意的弟子卢前起初喜欢写新诗,就曾得到过吴梅的指点。后来延揽吴梅任教的东南大学、中山大学的主政者陈中凡、傅斯年也都是新派人士,如果吴梅是个激烈的守旧派或遗老之类,他们是不会这样盛情邀请的。他们未必认同吴梅的文化立场,但他们认可吴梅在词曲方面的深厚造诣。这一时期的学人往往能将学术与非学术的东西分开,不以政见及文化立场废人,这是非常可贵的。

到北京大学任教的第二年秋,吴梅就将家眷接到了北京东斜街的寓所。虽然远离家乡,不时起乡关之思,但五年的北大生活大体说来并不

---

① 吴梅《对于中学国文的我见》,《苏中校刊》第 9 期(1928 年 7 月)。

算孤单,因为吴梅在这里遇到了不少志同道合的朋友,如张尔田、刘毓盘、罗瘿公、黄节、易顺鼎、陈万里、赵子敬、吴承仕、王季烈、许之衡、伦明、路朝銮、吴虞、马叙伦等,其中有一些吴梅在去北京之前就已经相识,如张尔田、刘毓盘等,有的则是在北京新结识的,如罗瘿公、王季烈等。总的来看,吴梅这一时期所往来的大多为旧派文人,这些人不仅在思想观念、文化取向上与吴梅基本一致,同时也大多喜欢词曲。吴梅与他们经常在一起饮酒唱和、谈曲论学,彼此相处得十分融洽。

吴梅这一时期的交游大多是以词曲为纽带的,这也是他们经常谈论的核心话题。其中来往较为密切者,主要有如下几位:

刘毓盘,字子庚,号臂椒,浙江江山人。他是知名学人刘履芬之子,精通词曲,著有《词史》、《中国文学史》等。吴梅与刘毓盘在去北京大学之前就已认识,刘毓盘和吴梅的岳父邹福伟是至交,吴梅在新婚大喜时第一次见到他,两人一见如故,吴梅后来经常去刘家,与其切磋词曲。吴梅进行剧曲创作,一直受到刘毓盘的热情鼓励,"余喜度曲,间作传奇杂剧,子庚辄赞助之,怂恿之,若唯恐不成者"①。吴梅创作《风洞山》,刘毓盘为其撰写《金镂曲·题吴瞿安(梅)茂才风洞山传奇谱瞿忠宣事》一词助兴。1910 年,吴梅编印《奢摩他室曲丛》,其中《梅村乐府二种》的底本就是刘毓盘借给他的。

1917 年,吴梅到北京大学讲授词曲,刘毓盘也于 1919 年到北京大学执教,两人本为旧友,在这里又成为同事,关系自然非常密切。其间,吴梅写有《虞美人·刘子庚(毓盘)〈断梦离恨图〉》。

后吴梅南下,两人联系渐少。刘毓盘曾将其古红梅阁藏书二十一箱

① 吴梅《蠹言》。

莊子天運篇黃帝論樂曰吾奏之以人徵之以天行之以禮義建之以大情其聲能
短能長能柔能剛變化齊一不主故常天機不張而五官皆備此之謂天樂故作咸池之
蕤賓於洞庭之野而北門成不能解後王因之少皞作大淵顓頊作六莖帝嚳作六英唐
堯作大章虞舜作大韶夏禹作大夏商湯作大濩周武王時成王時周公作勺又有
房中之樂以歌后妃之德其於閩子也則大司樂合六代之樂教以樂德樂語樂舞夫其
重之也如此今所傳者莫古於詩三百篇讀左傳季札論樂一節則其聲音之道可知此
即史記孔子世家所謂凡詩皆可入樂之說也及周之衰詩亡樂廢屆宋代為二十六年改周大
篇佾樂九章等篇舒情遂棳變分炎秦一天下六代廟樂惟韶武存西漢之初有
武曰五行房中曰尤壽人而鄭衛之音尤為二世所好此秦之所以遠亡也九歌等
人制氏者世在太樂官但能記其鏗鏘鼓舞而不能言其義高祖過沛作風起之詩令懷

第一章　論詞之初起由詩與樂府之分

刘毓盘《词史》

寄存在吴梅家里。刘毓盘去世后，吴梅曾整理其旧藏①，为此他还梦见
老友感谢自己："梦见子庚，丰彩奕奕，较生前为胜，言多不记，似谢我整
理书籍者。"②后来他听林损介绍，"刘半农之死，北大抚恤万五千金；刘
子庚死后，校中未恤一金，言之大为不平"，吴梅听后也"不胜愤慨"③，为

---

① 参见吴梅 1932 年 9 月 12 日(农历八月十二)日记。
② 吴梅 1932 年 9 月 26 日(农历八月廿六)日记。
③ 吴梅 1934 年 10 月 1 日(农历八月廿三)日记。

老友所受的不公正待遇鸣不平。

刘毓盘长吴梅十七岁,两人为忘年交,相互切磋学问,但并无直接的师承关系。后来有人不明白两人的这种关系,呼吴梅为刘毓盘的"入室弟子"①。唐圭璋询问此事,吴梅曾撰文进行说明,将两人的关系界定为师友之间②,这是比较符合实际的。

许之衡,字守白,号饮流斋、曲隐道人,广东番禺人。他写有《霓裳艳》、《玉虎坠》、《锦瑟记》等剧本,富于藏曲,著有《曲律易知》、《中国音乐小史》、《戏曲史》、《戏曲源流》、《饮流斋说瓷》等,吴梅称其为"好学深思之士"。

许之衡虽年长于吴梅,但以师视之,虚心向吴梅请教曲学问题,他曾在一篇文章中提及此事:"忆民元初,余与吴君瞿安,日研究南北曲,其注意在曲律。"③对与许之衡交往的情景,吴梅曾有如下记述:"守白寓宣武城南,距余居不半里,而近年来晨夕过从,共研此技,又与刘君凤叔订交,三人相对,烛必见跋,所语无非曲律也,用力之勤若此。"④曲律之外,两人也谈论历代曲家剧作,"往在都中,与守白论圆海诸记,论议颇多"⑤。两人看法有一致处,也有不同之处,许之衡"论明代曲家,最推尊臧氏,以其作风自然,音律严谨,可为正宗,与瞿安之推尊汤显祖微有异也"⑥。

据唐圭璋介绍,"(吴梅)先生在北京大学时,许之衡也从先生研究曲

---

① 查猛济《刘子庚先生的"词学"》一文后邱竹师《附识》,《词学季刊》第 1 卷第 3 号(1933 年 12 月)。

② 参见吴梅《与唐圭璋言刘子庚遗事及往还事实书》,《词学季刊》第 1 卷第 4 号(1934 年 4 月)。

③ 许之衡《腔调考源》序,双肇楼图书部 1934 年刊行。

④ 吴梅《曲律易知》序,1922 年饮流斋刊行。

⑤ 吴梅《双金榜》跋。

⑥ 许之衡《腔调考源》序,双肇楼图书部 1934 年刊行。

学。许先生每将平日读曲疑问一一记录下来,然后到先生寓所,请先生一一解答。如此日久,许先生就写成曲学讲稿"①,因此两人的关系介于师友之间。1922年,许之衡《曲律易知》一书刊行,吴梅为其审订,并作序。

吴梅离开北京大学后,推荐这位好友继任其词曲教学工作。1935年,许之衡去世,吴梅闻讯,很是难过,并撰写挽联:"上痒游艺,继我吟踪,垂老栖栖计温饱;词苑论才,思君遥夜,平生落落失牙期。"从中可见他对许之衡晚年遭遇的同情及对两人情谊的珍视。

王季烈,字晋余,号君九、蟫庐,江苏苏州人,著有《人兽鉴》传奇、《与众曲谱》、《集成曲谱》、《正俗曲谱》、《蟫庐曲谈》、《度曲要旨》等,校订刊行《孤本元明杂剧》。王季烈原走仕宦之路,进入民国后隐居天津,创办实业,并致力于词曲之学。他精通音律,在此方面有着很深的造诣。

吴梅与王季烈本为同乡,又有共同的爱好,往来自然比较密切。当时王季烈北京的寓所在大兴,距离城内虽然较远,但每年都过去看望吴梅三四次。吴梅有时也去王季烈在天津租赁的寓所②。因此两人还是有不少畅谈的机会。有一次王季烈买到一部《吟风阁》,看到吴梅比自己更喜欢,就慨然割爱,赠给吴梅③。

吴梅后来南下,王季烈为之饯行,吴梅即席以"瞻岩"二字为其子王守泰之字。其后,两人仍保持往来,吴梅编印《奢摩他室曲丛》,请王季烈为其作序。不过朋友归朋友,原则问题还是要坚持的,对王季烈在伪满洲国任职一事,吴梅颇有微词,他曾指出王氏的一些诗作"尚有遗老气息"④。

① 唐圭璋《回忆吴瞿安先生》,《雨花》1957年5月号。

② 参见王守泰《髫龄承诲,老而弥感》,《戏研信息》1984年第2期。

③ 参见吴梅《吟风阁》跋。

④ 吴梅1935年4月6日(农历三月初四)日记。

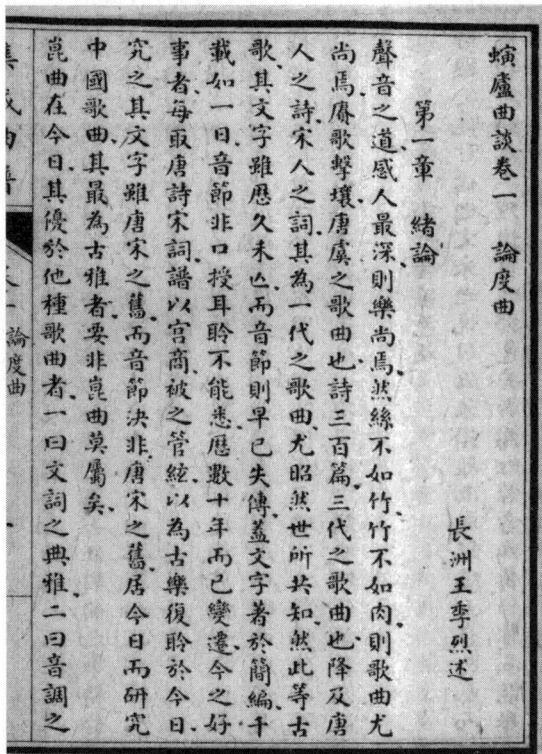

螾盧曲談卷一　論度曲

長洲王季烈述

第一章　緒論

聲音之道感人最深，則樂尚焉，絲不如竹，竹不如肉，則歌曲尤尚焉。唐虞之歌曲也。詩三百篇三代之歌曲也。降及唐人之詩宋人之詞，其為一代之歌曲尤昭然。世所共知然此等古歌，其文字雖歷久未泯，而音節則早已失傳。蓋文字著於簡編，千載如一日，音節非口授耳聆不能憑藉，數十年而已變遷之，好事者每取唐詩宋詞譜以宮商，被之管絃，以為古樂復聆於今日而研究之。究之其文字雖唐宋之舊，而音節決非唐宋之舊，居今日而研究中國歌曲，其最為古雅者，要非崑曲莫屬矣。崑曲在今日其浸於他種歌曲者，一曰文詞之典雅，二曰音調之

《螾庐曲谈》

　　刘富梁，字凤叔，浙江桐乡人。他精通音律，著有《集成曲谱》、《歌曲指程》等。吴梅是在北大任教期间结识刘富梁的，因共同的爱好，很快成为莫逆之交。刘富梁很是敬重吴梅，引其为知己。他曾说自己有三位"卓具真识，而不为众咻所淆"的朋友，即吴梅、王季烈和吴粹伦，其中"瞿安于丁巳年至京任大学教授，因贵池刘葱石参议介绍相识，互倾积慕，咸恨相见之晚。……以知音难得，交契日深，赁屋同居，相资砥砺"①。刘富梁的另两位朋友王季烈、吴粹伦与吴梅也都是好友。在昆曲日渐式微

---

① 刘富梁《集成曲谱》跋，商务印书馆 1925 年版。

的情况下，愿意钻研曲律并真正精通者寥寥无几，这是一个很小的圈子，彼此相识，自然会产生相见恨晚、知音难得之叹。

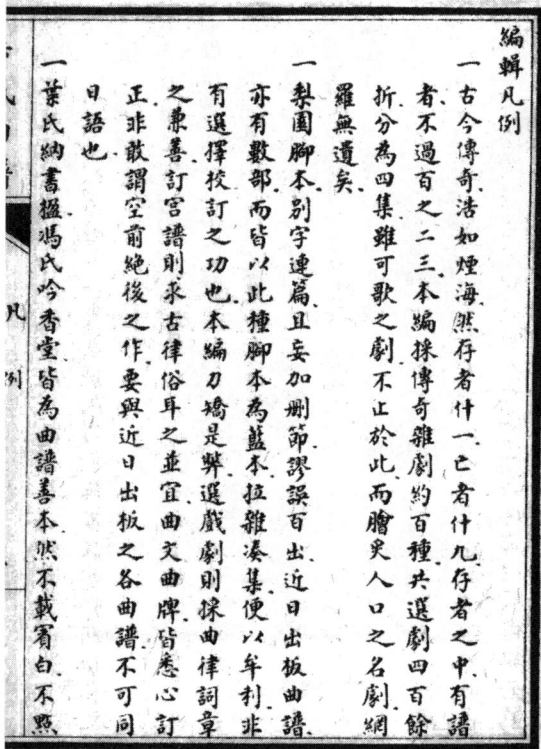

《集成曲谱》

吴梅与刘富梁赁屋同居，"谈宴过丛，辄扬榷斯艺"①。两人商议校订阮大铖《燕子笺》曲谱，相互发明，颇得论曲之乐，"《拒挑》折[宜春令]'拼着至诚心宽待等'句，'等'字上声，颇难下拍。凤记别出机杼，为之妥帖安顿，两人拍手称快"。当时，刘世珩邀请刘富梁汇订诸剧曲谱，吴梅

---

① 吴梅《集成曲谱》玉集序，商务印书馆 1925 年版。

"因得与之上下议论也"①。1920 年,刘富梁创办听春社曲社,吴梅参加了其唱曲活动。

吴梅南下后,两人虽天各一方,见面不多,但仍保持往来。吴梅写有《南吕懒画眉·海上赠凤叔,即题〈审音订律图〉后,完京师宿诺也》,刘富梁为吴梅的《无价宝》、《香山老出放杨枝伎》、《陆务观寄怨钗凤词》等剧作订谱。1934 年 1 月,上海啸社曲友为祝贺刘富梁六十寿辰,举行曲会,吴梅写了一支[桂枝香],并特地赶到上海参加。出于朋友情谊,他对老友当时在伪满洲国谋生之举持明确的反对态度,并进行规劝:"凤叔年已六旬,犹远走关外,向风天雪窖中,低首伪朝,求升斗之禄,更觉凄然。因略为劝慰,并嘱其速去速归。石晋刘周,不过爝火之光,非枏木龙烛也。而凤叔则以为可托一生,吾知虽劝无益矣。(且口口今上,令人不耐。)"②

在与朋友们的交往中,吴梅还写有不少唱和之作。如《闻歌有感柬黄晦闻(节)、罗瘿公(惇曧)》、《碧云和路金波(朝銮)》、《灵槎篇答易实甫(顺鼎)》等。这个时期也是吴梅诗词曲创作的一个高峰期。

第五节　书香曲韵

吴梅本来就很喜欢读书、藏书,自兴趣转移到词曲之后,更是特别注意搜罗这方面的书籍,"吾十八岁即喜曲子,遇书肆中有传奇,即购

_____

① 以上吴梅《燕子笺》,《瞿安读曲记》,《珊瑚》第 1 卷第 5 号(1932 年)。"记"当为"叔"。

② 吴梅 1934 年 1 月 15 日(农历十二月初一)日记。

归"①,这一年他在参加院试考试时买到一套《吴骚合编》②。此后,"节衣食以购图书,力所能举,皆置篋衍,词曲诸籍,亦粲然粗具"③。在去北京之前,他主要在苏州、上海等地访书,词曲方面的收藏已初具规模,藏有《杜子美沽酒游春记》、《昙花记》、《情邮寄》、《占花魁》、《雷峰塔》、《红楼梦散套》等。

到了旧书业发达的古都北京之后,吴梅更是如鱼得水。在教课之余,他经常出入琉璃厂、隆福寺一带,每次都是满载而归。在北京的五年期间,他所购藏的各类书籍总共达到两万多卷,由此可见其搜罗之广之勤。后来在遗嘱中,吴梅还专门谈到这段十分愉快的往事:"授徒北雍,闻见益广,琉璃厂、海王村、隆福寺街,几无日不游,游必满载后车。自丁巳以迄壬戌,六年所得,不下二万卷。"④

吴梅有不少珍贵的曲学书籍就是在这一时期购藏的。以前久寻不获的珍籍,在这里得到;一些丛刻、成套的作品,在这里配齐。比如他曾购得《诚斋乐府》二十二种。该书为谦牧堂旧藏,一次能得到如此多的朱有燉杂剧,这让吴梅深感得意:"自来藏宪藩杂剧之多,遵王而外,当以不佞为最矣。"⑤"虽搜罗未备,而自也是园后,藏宪藩杂剧之多,已未有如余者矣。"⑥

吴梅多次在藏书题跋中写到自己的淘书之乐。在去北京之前,他曾写诗说自己"一事平生差得意,案头六种《牡丹亭》"。藏有六种版本的

---

① 吴梅《四声猿》跋。

② 参见吴梅《吴骚合编》跋。

③ 吴梅《霜崖三剧》自序。

④ 吴梅《百嘉堂遗嘱》。

⑤ 吴梅《诚斋乐府》跋。

⑥ 吴梅《诚斋乐府》跋。吴梅所写《诚斋乐府》题跋有多篇,此文与前文内容不同。

《牡丹亭》，让他深感得意，可以想象，当他 1917 年农历十月在厂肆得到怡府本《牡丹亭还魂记》时，该是何等欣喜①。同样，在得到"较旧藏为胜"的印本《四声猿》后，他很是开心，认为这是自己"入都后一乐也"②。

　　除了上面介绍的几种，吴梅这一时期所购得的重要曲学书籍还有《新刊合并董解元西厢记》、《元本出相北西厢记》、明刊本《太和正音谱》、原刻本《桃花扇》、乾隆抄本《金刚凤》、《紫霞金》等。

　　有藏书之乐，自然也有囊中羞涩，望书兴叹乃至惆怅之时。吴梅曾在厂肆看到《盛明杂剧》的原刻及续编，遗憾的是"索价百金。阮囊羞涩，对之凄恋而已"③。由于买书、养家等开销较大，每月薪水所剩无几，吴梅的生活过得相当清苦，1920 年过年期间，他竟然只准备了两块钱过年④。

　　得到心爱的珍籍，在把玩品赏之余，吴梅通常还会写上题跋。这样随买随写，日积月累，所写题跋的数量还是相当大的，《吴梅全集》一书收录有一百六十多篇。其中一些曾以《瞿安读曲跋》、《瞿安读曲记》为名在报刊上公开刊布过。

　　戏曲题跋可以看作是吴梅主要的著述形式之一。就范围而言，较为广泛，涉及元明清历代曲籍，内容、形式也较为灵活，长短不拘，除了作者、版本、内容等基本信息的介绍，大多是对作品声律的考订、文辞的鉴赏。吴梅本人对此曾有这样的介绍："往余得杂剧传奇，辄作小跋，书于后幅，大抵考订律度者居多，作者姓名事实，亦就所知者记录之。"⑤

----

① 以上见吴梅《怡府本牡丹亭还魂记》跋。
② 吴梅《四声猿》跋。
③ 吴梅《盛明杂剧》题记。
④ 参见吴梅 1934 年 10 月 11 日（农历九月初三）日记。
⑤ 吴梅《读曲跋》，《学艺》第 2 卷第 1 号（1920 年 4 月）。

右紅葉記二卷吳江沈伯英璟譔璟久琥寧庵世梅
詞隱先生萬曆間進士官至光祿寺丞生平邃于音律
嘗釐訂南九宮譜二十卷卓然為曲家不祧之祖所著
屬玉堂傳奇一時詞壇咸奉為圭臬（翠屏山望湖亭二
作今人絕屬呂天成顧曲品以上屬之王驥德曲
先生實甚 傳為先生猶子自音
律宗榴公斤云返古力障狂瀾中興之功良不可沒
據此可徵當時之物堂歲余喜藏曲得公作凡四
種為義俠埋劍雙魚博笑西紅葉未得見兩子長
夏表章王君蔭嘉持此見示不禁慚々怒舞焚香
展讀有蘐善焉第三折朝元歌与二妃江兒水間用

吴梅《红葉记》题跋

吴梅本为词曲领域的行家里手，加之又有丰富的创作经验，因此对具体作品的品评往往切中肯綮，较为透彻，具有较高的学术价值，对读者的阅读欣赏同样可以提供参考和借鉴。不少题跋文辞优美，兼具义理、辞章，还可作文学作品品读欣赏。

再者，吴梅著述除有关曲律者外，较为系统、全面者不多，其对戏曲本体及戏曲史各方面的见解，往往散见于其戏曲题跋及序跋、书信中，因此，要探讨吴梅的戏曲美学思想，这些题跋无疑是重要的参考资料。研究者在进行相关研究时，也非常重视这些戏曲题跋，不断进行搜集整理。

吴梅在北大执教的这五年,正值北京地区戏曲的发展进入繁盛期,各路班社演出频繁,名家辈出,其情景正如他本人后来所描述的:"往余客京师,在丁巳戊午间。时逊国未久,故家遗老犹余承平旧习,酒酣起舞。"①

当时在北京地区舞台上演出的诸剧种中,以京剧最受欢迎,也最为兴盛,昆剧则呈现出明显的衰落趋势。"京师自乱弹盛行,昆调已成绝响。吾丁巳寓京,仅天乐园有高阳班,尚奉演南北曲"②,这是吴梅本人的观察。实际情况也正是如此。显然,他的关注点不在前者,而在后者。他时常去剧场观剧,当然所观主要为昆剧,对其他剧种或新式话剧则基本没有兴趣,他曾告诉吴虞"北大新剧团不必看"③。1918 年冬,吴梅与高步瀛等北京地区的曲友成立赏音曲社,主要成员有赵子敬、吴承仕等。在会串时,吴梅除亲自登台外,还曾打鼓,为别人伴奏,

吴梅在观赏演出、举办曲会的同时,还结识了一些昆剧演员,向他们传授技艺,给他们以具体的指导,为提高当时北京以及北方地区的昆剧表演水平做出了自己的贡献。

当时在北京舞台上演唱昆剧最受欢迎的演员当数荣庆社的年轻演员韩世昌,包括蔡元培在内的北京大学师生们都喜欢听他的戏,其中顾君义、王小隐等六名学生对其更是大力支持,人们为此称他们为"韩党北大六君子"。

经北京大学学生顾君义介绍,吴梅观看了韩世昌的演出,对其颇为赏识,认为他有培养前途,可以造就。为了提高演出水平,韩世昌于

---

① 吴梅《梨园外史》序。

② 吴梅 1931 年 11 月 8 日(农历九月廿九)日记。

③ 吴虞 1922 年 1 月 14 日日记,载中国革命博物馆整理《吴虞日记》下册第 4 页,四川人民出版社 1986 年版。

1918 年夏正式拜吴梅为师，拜师礼在大栅栏杏花村饭馆举行。那天吴梅"兴会很浓，当场度曲，把当时席上人的名字全嵌进去，立时打谱子（谱工尺）歌唱"。

此后，韩世昌便经常到吴梅家学戏，先后学得《拷红》（《西厢记》）、《寄扇》（《桃花扇》）、《游园惊梦》（《牡丹亭》）、《吴刚修月》等戏，与他一同学戏的还有侯益隆等演员。据韩世昌本人介绍："虽然学的戏不多，但受益不浅，

《北洋画报》所刊韩世昌剧照

南北昆曲专家们认为我唱曲子的吞音吐字还合乎规范，有根有据，是同吴先生的指点教正分不开的"①。时人曾戏称吴梅教韩世昌唱曲为"'曲'学附'世'"，语意双关，很是巧妙。

亲自传授之外，吴梅还将韩世昌介绍给另一位知名曲家赵子敬。吴梅因忙于上课及其他事务，能抽出的时间有限。相比之下，赵子敬教授韩世昌的时间要更长一些，所教的曲目也更多一些。韩世昌同时向吴、赵两位先生学习唱曲，有时两人所教不同，韩世昌只好分别在两人面前

---

① 以上韩世昌《我的昆曲艺术生活》，载《文史资料选编》第十四辑，北京出版社 1982 年版。本书介绍韩世昌向吴梅学曲的情况，多据该文。有兴趣全面、详细了解者，还可参看刘静《韩世昌与北方昆曲》一书，河北教育出版社 2010 年版。

采用不同的唱法，比如《牡丹亭·惊梦》中的"逗迤"一词，"赵子敬教我唱作'拖逗'，吴瞿安教我唱作'移逗'，我没有法子，只好在赵先生面前唱'拖逗'，在吴先生面前唱'移逗'"①。

经吴梅、赵子敬的精心传授，韩世昌的演出水平大有提高，被人称作昆剧大王，后来人们在谈到韩世昌时，往往会提及吴梅等人当年的指导之功："时吴中昆曲巨擘吴瞿安、赵逸叟诸氏，同客都门，喜韩之剧艺可造，为之指疵导窍，尽传其奥，而韩之昆剧，乃益精妙，昆剧亦赖韩之支柱而得中兴，时人尊称之为昆剧大王，殆非溢誉。"②

1922年，吴梅南下，到东南大学任教，当时他正在教韩世昌《吴刚修月》。离开北京前，他给韩世昌写了《桃花扇》的《访翠》、《眠香》、《却奁》、《守庐》、《寄扇》等曲本。

此后两人虽然联系不多，但师生情谊不断。1936年12月，韩世昌带领祥庆班到南方六省巡回演出。在南京，他得到了吴梅的热情帮助。当时正赶上西安事变，国民政府禁止演戏。吴梅积极帮其想办法，找记者进行宣传，并为其演出特刊题签撰稿。

在南京演出期间，韩世昌不仅继续向吴梅求教，同时还介绍另一位演员白云生拜师学艺。吴梅很爽快地收白云生为徒，向其传授《玩笺》、《错梦》、《寄扇》、《题画》、《偷曲》等戏目。韩、白临走前，吴梅还做诗四首赠别。

---

① 宋云彬1959年4月27日日记，载其《红尘冷眼：一个文化名人笔下的中国三十年》第496页，山西人民出版社2002年版。有论者云"当吴梅有事回苏州时，请赵子敬代教韩世昌，不想'迤'字给改作'拖'音了。世昌上演日，吴梅欣然入座，当世昌唱至'拖'逗时，吴拂袖大怒曰：'孺子不可教也'，从此就不给世昌教曲了"，结合相关材料来看，这与事实不符。见何时希《忆梅兰芳》，载华道一主编《海上春秋》第92页，上海书店1992年版。
② 张聊公《君青小传》，《半月戏剧》第4卷第10期(1943年)。

1937年6月,韩世昌、白云生巡演结束,路过南京,再次受到吴梅的热情接待和帮助。吴梅还应白云生之请,为《桃花扇·抚兵》订谱。

当时已在剧坛上大红大紫的梅兰芳也曾得到过吴梅的指点,"京内戏剧之演员,如梅兰芳、韩世昌诸君,皆叩最高学府之门,向赵老(指赵子敬——笔者注)鞠躬请益,瞿庵夫子则从旁一一指陈肯綮"①。据卢前介绍,"梅兰芳演《四声猿》中《雌木兰》剧,即今所谓《木兰从军》者,先生实指导之"。不过吴梅对梅兰芳昆剧演唱水平的评价并不高:"梅唱尾声,终不得法,于昆腔究属门外耳。"②。

至于有研究者说"梅兰芳的新编京剧如《霸王别姬》、《黛玉葬花》、《贵妃醉酒》、《麻姑献寿》等,多请他审阅剧本,有些唱词还经他润色"③,这就需要认真加以推敲了。原因很简单:一是目前还没有直接的材料可以证明这一点,无论是吴梅还是梅兰芳都没有说到此事,就连《木兰从军》一剧,梅兰芳在回忆该剧的创作演出经过时,谈得相当详细,但也没有提到吴梅;二是吴梅指导梅兰芳演唱的是昆剧,而不是京剧。更为重要的是,吴梅并不大愿意与梅兰芳往来。结合相关资料来看,吴梅对梅兰芳不过是偶尔指点而已,没有像教韩世昌那样投入较多的时间和精力,两人的交往并不多。梅兰芳在回忆自己学唱昆剧的情况时,各方面都谈得很详细,但没有提到向吴梅学戏之事,也可证明这一点。

1922年年初,吴梅在上海观看昆剧保存社会串,并予以点评,其中

① 任中敏《回忆瞿庵夫子》,《文教资料简报》1984年第1期。
② 以上见卢前《关于吴瞿安先生·逸事》,《民族诗坛》第3卷第1辑(1939年5月)。
③ 邓乔彬《吴梅研究》第19页,华东师范大学出版社1990年版。另张舫澜《吴梅》亦云"吴梅在北京时,梅兰芳正演新编京剧,如《霸王别姬》、《贵妃醉酒》、《麻姑献寿》、《黛玉葬花》等。每一剧本写成,梅兰芳经常请他审阅,有些唱词还经他润色或改写",见李绍成等编《江苏历代文学家》第424页,江苏古籍出版社1992年版。

提到梅兰芳："《学堂》一折,为时下盛行之戏,自兰芳、世昌以及南中诸名角登演后,观者皆不知先正旧观,得王君垚民一演,可药近世伶工画蛇添足之病矣。"①言下之意,梅兰芳、韩世昌等"伶工"所演《学堂》有"画蛇添足之病"。

如果说在北京期间吴梅和梅兰芳还时有接触的话,此后两人几乎没有往来。他本来有机会见到梅兰芳,但都谢绝了。1937年2月18日,余上沅邀请梅兰芳聚餐,请吴梅作陪。吴梅因先已答应刘国钧等人的邀请,就没有去。过了几天,张嘉傲、陈介约邀请梅兰芳,也请吴梅作陪,吴梅仍然予以谢绝。可见他与梅兰芳并没有多深的交情,否则是不会如此不捧场的。他在日记中说出了谢绝的理由："余老矣,焉肯随搔头弄姿辈,相与谑浪哉。"②可见吴梅之所以不愿意与梅兰芳见面,一方面是他对京剧不感兴趣,另一方面则与他看不惯梅兰芳所扮的男旦角色有关,否则不会称梅兰芳为"搔头弄姿辈"。这显然含有个人偏见的成分。

事实上,梅兰芳虽是京剧演员,但在昆剧上还是下过一番工夫的。他在学戏阶段曾向多人学习过昆剧,为此还专门从苏州请来老师,后来又向俞振飞等人请教过昆剧的唱法和身段,学会三十多出昆剧。之所以如此,是因为当时北京的戏剧界有一个传统,那就是"戏剧界的子弟最初学艺都要从昆曲入手",据梅兰芳介绍,"我家从先祖起,都讲究唱昆曲","我在十一岁上第一次出台,串演的就是昆曲"。

梅兰芳不仅主动学唱昆剧,而且对这门艺术也颇有感情,设法保护和挽救当时日渐式微的昆剧。民国初年,他有感于昆剧的衰落,主动演唱昆剧,想以此引起社会的关注和兴趣。1914年4月28日,他第一次在

① 吴梅《观昆剧保存社会串感言》,《申报》1922年2月15—17日。
② 吴梅1937年2月23日(农历正月十三)日记。

舞台上正式演出昆剧,观众反应热烈,后又连演多次,产生良好的社会反响。1934年,昆剧保存社为筹款在上海举行演出,梅兰芳与俞振飞合演《游园惊梦》,予以支持。在他看来,"昆曲里的身段,是前辈们耗费了许多心血创造出来的。再经过后几代的艺人们逐步加以改善,才留下来这许多的艺术精华。这对于京剧演员,实在是有绝大借镜的价值的"[1],梅兰芳的这一看法是很有见地的。

梅兰芳学习昆剧也是相当虚心和认真的,比如《游园惊梦》"迤逗的彩云偏"中的"迤"字,梅兰芳当初在学戏时,都是唱成"拖"音,后来发现南方曲家唱作"移"音,经询问俞振飞才知道,"南边的改'拖'为'移',是打吴瞿庵、俞粟庐两位老先生行出来的。吴老先生是一位音韵专家,俞老先生是一位度曲名宿。经他们的考证,要把它改唱'移'音,一定是有根据的。我从此也就不唱'拖'音了"[2]。可见他对吴梅还是相当敬重的。

喜不喜欢梅兰芳,这固然是吴梅个人的权利,但简单地将人家说成是"搔头弄姿辈",这是不公允的。依梅兰芳对昆剧的兴趣和热情,吴梅是可以与其合作的,依托梅兰芳的巨大社会影响力,可以为保存和发展昆剧做一些事情。

由此也可看到吴梅治曲的一个局限,那就是过于重昆剧而轻花部,有门户之见,不仅对花部戏曲毫无兴趣,而且也不愿意与花部演员来往。他与演员们的交往是有条件的,那就是仅限于昆剧这一剧种。梅兰芳之

① 以上见梅兰芳述、许姬传记《舞台生活四十年》第一集第165、166页,中国戏剧出版社1961年版。有关梅兰芳与昆剧的关系,参见梅绍武《功夫何止冶花衫——忆父亲对昆曲的提倡与钻研》一文,载其《我的父亲梅兰芳》,百花文艺出版社1984年版。
② 梅兰芳述、许姬传记《舞台生活四十年》第一集第162页,中国戏剧出版社1961年版。

外，还有一事可以说明这一问题。后来在南京时，曾有朋友介绍他与京剧名角新艳秋见面，但被他婉言拒绝："余对于京剧坤角，素不捧场，无相见之要，拟作书婉拒之"①。不愿意捧坤角，这固然是一个站得住的理由，在其背后还有深层的原因，那就是吴梅看不起花部戏曲。他曾说自己对京剧"真一窍不通"②。对一位曲学大师来说，这根本不是懂不懂的问题，非不能也，乃不为也。

限于时代及个人的认知，早期的戏曲研究先驱者大多存在一定的局限，比如王国维不喜观剧，对元代之后的戏曲基本否定。吴梅虽然重视曲律和演出，但仅限于昆剧，轻视花部。因此，他们对戏曲的研究都存在一定的局限。好在当时还有一些人进行花部戏曲的研究，比如齐如山、陈墨香等人，在和王国维、吴梅的比较中，也可以看出齐如山等人研究京剧的价值和意义。

在北京期间，吴梅曾应名伶鲜灵芝之请，为其补全《浣纱记》中的曲子，拟《西施辞越》而成《南吕绣驾别家园》，供其演唱；鲜灵芝演《博望访星》时，吴梅曾"亲为操鼓板，以梨园行多不知先正遗规，演旧曲每不中法"③。鲜灵芝是当时第一批打破戏禁、走上北京剧坛的女演员，红极一时，被人称作"花衫五霸"之一④。其演出颇受文人青睐，时人曾这样称赞其高超的演技："对此娟娟万虑休，秋波斜盼似含羞。令侬最是移情处，呖呖莺声宛啭喉。"⑤多年之后，当吴梅回忆起当时那些欢快的场面

---

① 吴梅1932年12月28日(农历十二月初二)日记。

② 吴梅1933年2月12日(农历正月十八)日记。

③ 卢前《关于吴瞿安先生·逸事》，《民族诗坛》第3卷第1辑(1939年5月)。

④ 有关其生平事迹，参见刘文峰、于文青主编《北京戏剧通史》民国卷第223—225页，北京燕山出版社2001年版。

⑤ 姚光《广德楼观鲜灵芝演剧》，载姚昆群等编《姚光全集》第243页，社会科学文献出版社2007年版。

时,仍为之感慨不已:"追忆春明,恍如梦寐,鲜灵芝、杨玉杨饰女牛,玉笑花飞,如在目前,不觉十年一觉矣。"①

尽管身在北京,吴梅仍一直关注着江南地区特别是苏州老家的昆剧事业,与那里的同道们一直保持着密切的联系,不时利用返乡的机会或专程南下参与那里的演剧活动,为昆剧的保存和振兴做出了重要贡献。

这一时期在吴梅与江南地区昆剧事业的关系中,有一个人起到了较为重要的枢纽作用。此人就是穆藕初。穆藕初,谱名湘玥,藕初为其字,号恕园,上海人,中国近代著名民族资本家。穆藕初虽为企业家,但非常喜爱昆剧,他利用自己的优势和力量,为扶植和振兴昆剧做出了重要贡献②。

穆藕初是从 1914 年开始接触昆剧的,当年 10 月,他在参加上海群学会十周年的纪念活动中得以欣赏昆剧,并结识了一些昆剧爱好者,从此开始喜爱这一艺术形式,并曾专门向俞振飞学习唱曲。1920 年 5 月,通过俞宗海介绍,穆藕初在北京拜访了吴梅。由于有着较为接近的文化立场和相同的爱好,两人一见如故,相谈甚欢,从此结下终生友谊。穆藕初钦佩吴梅精深的造诣与高尚的人格,称赞其"德学双粹,造诣深邃,于发扬国学,掖进后起之至意,至诚挚,至歉抑,至慷爽,风尘中所罕觏。昔贤相见恨晚之语,不啻为此次展拜我词学大家作也"③。吴梅对穆藕初热心昆剧事业的义举也颇为赞赏,两人相约为振兴昆剧事业进行合作。

---

① 吴梅 1933 年 10 月 5 日(农历八月十六)日记。

② 有关穆藕初的生平经历及其扶植、振兴昆剧的情况,参见唐国良主编《中国现代企业管理的先驱穆藕初》(中国社会科学出版社 2006 年版)、高俊《穆藕初评传》(上海人民出版社 2007 年版)。

③ 穆藕初《致吴瞿安》,载赵靖主编《穆藕初文集》第 273 页,北京大学出版社 1995 年版。

1921 年初,穆藕初发起创办昆剧保存社。同年 8 月,他深感昆剧人才青黄不接,急需培养新人,遂与苏州、上海等地的有志之士发起创建苏州昆剧传习所。吴梅对此大力支持,为十二名董事之一。苏州昆剧传习所的成立为昆剧传承培养了一批优秀的人才,对昆剧的保存和发展影响深远。吴梅对昆剧传习所的发展非常关心,他利用回苏州老家休假的机会,向昆剧传习所的学员们传授演唱技艺,为他们推荐文化教师。

度曲一隅
辛酉暮春之月
穆湘玥题
穆藕初手迹

1921 年 2 月 10 日,昆剧保存社在上海夏令配克戏院举办江浙名人大会串,此举意在为昆剧传习所募集资金,为此穆藕初亲自登台演出,演出的戏码为《拜施分纱》、《折柳阳关》、《辞阁》。这次会串连演三天,盛况空前,成为二十世纪昆剧发展史上的一次重要盛会。吴梅受邀前往观赏。随后,他在《申报》发表《观昆剧保存社会串感言》一文,对所观各剧,一一点评,其中对穆藕初评价甚高:"君习曲止有二年有余,至演串则此番破题儿也。而能不匆忙、不矜持,语清字圆,举动纯熟,虽老于此道,如祥生、紫东辈,亦不难颉颃上下。信乎天授,非人力矣。且[集贤宾]、[莺啼序]诸牌,皆耐唱耐做之曲,魏良辅《曲律》中亦以为难。而藕初搜剔灵奥,得有此境,乃知天下事,思精则神明,意专则技熟,独戏曲云乎哉。"[①]该文在《申报》连续刊载三天,产生了较大影响。对穆藕初来说,这无疑是一个很大的激励。此次会串共为昆剧传习所募得资金八千元,为其日

①　吴梅《观昆剧保存社会串感言》,《申报》1922 年 2 月 15—17 日。

后发展提供了有力的保障。

其后,吴梅离开北京大学,南下金陵,与昆剧传习所的联系更为密切。他将自己创作的作品如《湖州守》、《湘真阁》等剧作传授给年轻的演员们①。后昆剧传习所又经过新乐府、仙霓社等阶段的变化,一直得到吴梅的关心和帮助。他本人多次观看传字辈演员们的演出,给他们进行艺术指导,为他们提供更多的演出机会。

1935 年 10 月至 11 月间,仙霓社到南京演出,吴梅连续数天前往观赏,协助安排演出,他还组织学生们观看,将观剧和教学有机地结合起来②。

吴梅与穆藕初一直保持着密切的联系,吴梅日记中多有两人交往的记载。1934 年 2 月,昆剧保存社为筹集款项,邀请梅兰芳等人在上海举办义演,穆藕初请吴梅为义演的宣传品写序,吴梅收到快信后,"即为动笔寄去"③。两人还多次在一起唱曲乃至合唱,如 1934 年 9 月 16 日,两人参加王伯雷夫妇举办的曲会,穆藕初请吴梅合唱《定赐》。

唱曲之外,两人还在生活上相互帮助。吴梅曾多次为穆藕初代笔捉刀,比如代其作六十自寿诗、代题画像诗歌等。穆藕初也多次帮吴梅的儿子找工作,非常尽心,吴梅为此曾感叹穆藕初"非酒肉朋友矣"④。

加入道和曲社,这是吴梅这一时期参与江南地区昆剧事业的另一个重要活动。1921 年 7 月,苏州曲家汪鼎丞、孙咏雩、张紫东、贝晋眉等人发起成立道和曲社,社址设在玄妙观机房殿来鹤堂,这是民国时期苏州

---

① 参见倪传钺《吴瞿安先生对昆剧"传字辈"的培育》,《戏研信息》1984 年第 2 期。
② 参见谢孝思《忆吴梅先生与昆曲传字辈在南京》,南京戏曲志编辑室编《南京戏曲资料汇编》第二辑,1987 年刊行。
③ 吴梅 1934 年 2 月 1 日(农历十二月十八)日记。
④ 吴梅 1935 年 2 月 19 日(农历正月十六)日记。

地区成员最多、影响最大的一个曲社，成员最多时达到六、七十人。吴梅在该社成立之初就加入，成为其基本社员。在北京大学执教期间，他利用假期返乡的机会参加曲社活动，他还为道和曲社同仁1922年所编印的《道和曲谱·荆钗记》一书写序。南下金陵后，吴梅与该社的关系更为密切。

在北京大学任教期间，还有一件值得一说的事，那就是吴梅放弃了一次从政做官的机会。1919年6月，徐树铮被当时的北洋政府任命为西北筹边使、西北边防军总司令。西北筹边使公署是一个新设的机构，下设参议室、参谋处、参事处、军需处、军医处、电务处和秘书处等。徐树铮走马上任后，组建班底，需要人才，于是他想到了吴梅，准备礼聘其担任秘书长。

一位是北洋政府的权贵，一位是北京大学的教授，两者的人生轨迹几乎不存在交叉，何以能搭上关系？要说清这个问题，还得从徐树铮这个人说起。提起徐树铮，虽然其名气不能与段祺瑞、曹锟这些人相比，但在当时也是一位颇为活跃的实权人物。他字又铮，江苏萧县人。出身行伍，曾在日本留过学，毕业于日本士官学校，一生追随段祺瑞，相继担任过北洋政府国务院秘书长、陆军次长、督办参战事务处参谋长等要职，中国近现代史上的许多大事他都是亲历者[1]。

徐树铮虽是一员武将，但平时喜欢舞文弄墨，结交旧派文人。据了解徐树铮的人介绍，"他的文学的确下过工夫，且并非举业文章，而是经史古文词曲，都高兴研究"[2]。1915年，徐树铮创办正志中学，礼聘一些

---

[1]　有关徐树铮的生平事迹，参见徐道邻《民国徐又铮先生树铮年谱》（台湾商务印书馆1981年版）、王彦民《徐树铮传》（黄山书社1993年版）二书。

[2]　凌霄汉阁《宗豸——徐又铮》，《中国公论》第2卷第2期（1939年）。

旧派文人如林纾、姚永朴、姚永概等任教。正是因为他对旧派文人非常敬重,林纾还曾一度幻想让他以武力的方式去镇压当时正蓬勃开展的新文化运动①。

诗文之外,徐树铮"性风雅,又嗜昆曲"②,与北京的曲家们多有往来,"唱曲对他来说,虽然是娱乐性的杂学,可是他一经开口,就严肃认真地钻研,昆曲中,花脸、贴旦两种极端的戏,他都能唱得极得神韵。吹笛司鼓板,也都极精确"③。为此,他曾辑印曲谱《一百种曲》。

正是因为上述这些爱好,徐树铮结识了吴梅,并向吴梅学习唱曲,"从习歌曲,有词亦必就正"④。徐树铮对吴梅颇为敬重,他担任西北筹边使之后,想礼聘吴梅担任秘书长,也就不足为奇了。在他自然也是出于好意,出于对吴梅的尊重和赏识。

具体礼聘的过程,因资料的缺乏现已难以确知了,不过,秘书长这个职位的尊崇地位和优厚待遇是可以想象到的。面对这样一个让不少人羡慕的好机会,吴梅显得很清醒,他并没有为此动心,因为其心思和志向并不在此。在北京大学任职之后,他已经找到了自己人生的位置,也有了自己的人生目标,那就是昌明曲学,教书育人。

对徐树铮的盛情邀请,吴梅予以婉拒,为此他写了《鹧鸪天·答徐树铮》及《思归引》两首诗词,以表明个人的心迹。在《思归引》的诗序中,吴梅这样介绍当时的情况和自己的想法:"彭城徐公,经略西陲,广罗彦俊,

---

① 详情参见陈思和《徐树铮与新文化运动》(《中国现代文学研究丛刊》1996 年第 3 期)、王彬彬《徐树铮:现实中的"荆生"? ——兼谈五四新文化运动》(《同舟共进》2010 年第 6 期)两文的考辨。

② 袁垚《补记徐又铮上将轶闻》,《永安月刊》第 60 期(1943 年)。

③ 徐樱《先父徐树铮将军事略》,《天津文史资料选辑》第四十辑第 138 页,天津人民出版社 1987 年版。

④ 卢前《关于吴瞿安先生·逸事》,《民族诗坛》第 3 卷第 1 辑(1939 年 5 月)。

谬采虚誉,征及下走。余非终贾奉使之才,安有温石河阳之望。既辞盛意,爰写素心,陋巷茅茨,西风菰米,下士所乐,或非金谷所有也。因本季伦之思,载赓乐府之雅,览者当知余之志矣。"在《鹧鸪天·答徐树铮》中,吴梅同样把话说得很明确:"西园雅集南皮会,懒向王门再曳裾。"

不管答应与否,对徐树铮的盛情邀请和知遇之情,吴梅是心存感激的。有论者云"先生对妄想附庸风雅的军阀,如皖系之徐树铮,则热讽冷嘲挥之于门墙之外"①,不少论者在谈及此事时也多有类似的说法,往往强调吴梅与徐树铮的对立。这种说法固然可以让吴梅的形象更为高大,但并不符合实情,属传闻或想象之辞。尽管学界对徐树铮的评价较为负面,但不能将其脸谱化,随意丑化,应该说徐树铮的喜爱昆曲是出自内心的,达到终生痴迷的程度,并非附庸风雅一词所能概括,从其子女、女婿皆能唱曲这一点就可以看出来。他邀请吴梅也并无恶意,只是为其提供一个在世人看来可以升官发财的好机会,一个求之不得的美差。至于吴梅是否接受,则又是另外一件事。对此事应当作客观、公允的评价。

事实证明,吴梅的这一选择是明智的,也是正确的,毕竟做官非其所长,不过是一时的富贵和荣耀。退一步讲,即便吴梅当时真的想从政,跟随徐树铮也并不是一条飞黄腾达之路。没过几年,1925 年 12 月 25 日,徐树铮失势,在廊坊被冯玉祥的手下杀死。如果吴梅跟随徐树铮的话,也不过充当一个普通的幕僚而已,学问丢掉不说,在官场上也不会有多大的发展,说不定还会被卷进官场的是非恩怨,带来杀身之祸。吴梅后来曾对弟子说:"我如果那次动了心,去做了官,这些东西(指词学、曲学方面的著作)就全都没有了。"②这应该是肺腑之言。

---

① 段熙仲《吴梅先生二三事》,《江海学刊》1984 年第 4 期。
② 王季思《回忆吴梅先生的教诲》,《剧影月报》1994 年第 5 期。

第三章　金陵风雨

　　尽管五年京城的生活过得相当充实而愉快,但毕竟故土难舍,对吴梅来说,在江南一带生活了几十年,他更习惯南方的生活方式,无论是气候,还是饮食,更不用说山川风物、风土人情了,加之当时政局动荡,人心浮动,很容易让人产生不安定感,于是,吴梅逐渐产生了南归的念头。在北京生活期间,他时常感到孤独,多次流露思归之情,言语之间透出伤感。1920年秋,他在校阅归庄的《万古愁散套》时,不禁产生倦游之思:"余二十年搜集旧曲,不下百种,奔走南北,无焚香静读之一日。秋灯独坐,感愧交并,岁月不居,头颅如许,未免有司马倦游之想矣。"[①]1922年农历四月,他在披阅《荆钗记》一剧时,想到吴中道和曲社成立一周年时"同人奏《荆钗》全本",自己却"虱处京师,未与盛会",不禁惆怅满怀,写下这样一段颇为凄婉的话:"余卑栖尘俗,离群索居,南皮之游,西园之

---

① 吴梅《万古愁散套》跋。

宴,簪缨满座,独遗鲰生。重以畿甸传烽,仓皇风鹤,湖山费泪,丝竹凋年,俛仰身世,盖亦自伤迟暮矣。"①

第一节　乡关秣陵

但要说到南归,也不是一件容易的事情,首先,北京大学当初破格聘用自己,有知遇之恩,哪能说走就走。其次,离开北京大学之后,必须在江南找到新的工作,一家大小的生计并不是一个小问题,而且新的工作也不是说有就有的,即便有,也未必一定适合自己。因此要离开北京大学,就必须有合适的机缘,否则是很难下决心的。吴梅的伤感和惆怅,相信也有这方面的因素在。

有论者提出吴梅是被新派人物排挤走的,"他与新文学不相雅善,与新派学人很少交往,虽然不是被明目张胆地排挤,但他到故乡东南大学讲授词曲学毕竟有不得已于言的苦衷"②。吴梅并不赞成新文学,与新派学人交往也不多,这都是事实,但他持温和立场,与黄侃等人不同,没有公开撰文反对过,且与新派人物如胡适等人的关系并不紧张,因此没有受到或明或暗的排挤。吴梅离开北京大学南下,这并不是一个影响其决定的重要因素,倒是周作人所说的南人吃不惯北方的东西这类原因更为接近吴梅的真实想法。如果真是受到排挤的话,吴梅也不会在北京大学待五年之久。以吴梅在北大五年任课及交游的情况来看,他并没有受到排挤。相反,当他受到外人攻击的时候,陈独秀还挺身相助。再者,前

---

① 吴梅《荆钗记》跋。

② 王晓清《但开风气难为师——胡适学记》,载其《学者的师承与家派》第166页,湖北人民出版社2007年版。

文已经提到,吴梅要南下的时候,蔡元培还感到有些不高兴。显然,他是不希望吴梅离开北京大学的。后来傅斯年主政中山大学文学院时,任用北大旧人,其中就聘请了吴梅。

这样的机缘很快就来了。1922年秋,吴梅收到了时任东南大学国文系系主任陈中凡的邀请。当时国内只有两所国立大学,北有北京大学,南有东南大学。这样离开北京大学后,可以到东南大学去任教,而且是在自己较为喜爱的城市南京,且不说这所学校里还有自己的老朋友陈去病。对吴梅来说,再没有比这更好的选择了。权衡之后,他欣然接受了陈中凡的邀请。

陈中凡为何要聘请吴梅南下?这还要从陈、吴二人的交往说起。说起来两人已是认识多年的老朋友了。

陈中凡,原名钟凡,自觉元,号斠玄,江苏建湖人。他于1914年夏考入北京大学文科中国哲学门,1917年夏毕业后,在文科中国哲学门、文学门研究所读研究生,同时担任文科预科补习班国文教员,其身份既是老师又是学生。当年秋,吴梅到北京大学讲授词曲,两人由此成为同事。

陈中凡

对两人结识的情况,陈中凡弟子吴新雷曾撰文进行介绍:"吴梅先生进北大的那年,恰巧与陈中凡先生(1888—1982)同住在一座教员宿舍里。陈先生对他的曲学成就十分钦佩,经常请教,并跟他学唱昆曲,情谊日深。1921年9月,陈先生受南京学界之请,出任东南大学国文系首届系主任和教授,即有意延请吴先生南下。1922年9月,吴先生欣然应聘,担任了东南大学国文系的词曲教授。"[①]结识吴梅,并向其学曲,陈中凡也由此养成对昆曲的爱好。除聘请吴梅到东南大学,他后来还邀请俞振飞到暨南大学开设昆曲课程。陈中凡晚年在南京大学执教,不仅致力于戏曲研究,还培养了几届中国古代戏曲史专业的研究生,著名学者吴新雷、董健、梁淑安、王永健等皆出自其门下。

唱曲之外,两人还进行过合作。1919 年 3 月,《国故月刊》创办,吴梅任特别编辑,陈中凡任编辑。吴梅还在陈中凡担任编委的《国民》杂志上发表过诗词。

1921 年,陈中凡离开北京,任东南大学国文系教授、系主任。两人既是同事,又有共同的爱好,有了这层关系,陈中凡一旦执掌东南大学国文系,邀请老朋友加盟,让曲学的薪火在南方传播,这也是顺理成章的事情。另一方面,原本就有思归之心,又有好友的邀请,吴梅自然也乐于南下,这是一个两全其美的事情。

在吴梅去东南大学之前,1922 年 6 月 6 日,时任东南大学文理科主任的刘伯明写信给校长郭秉文,建议聘请王国维为本校国文系教授,教授词曲诗赋等课程。郭秉文随即于 6 月 8 日致函沈信卿,请他代为洽谈此事。但此时的王国维已受聘为北京大学研究所国学门导师,未能成行。此事若成,东南大学后来是否还会聘请吴梅,还是两人都予以聘用,事情虽未发生,却也是一个颇值得思考的问题。

南下之后,北京大学的词曲课程怎么办? 由谁来接任? 吴梅显然也考虑到了这个问题。临走前,他向校方推荐自己的好友、曲学名家许之衡来接替自己,以延续自己在北京大学点燃的词曲薪火。前文已介绍过,许之衡和吴梅过从甚密,关系融洽,他能得到吴梅的赏识和推荐,除

---

① 吴新雷《吴梅遗稿〈霜崖曲话〉的发现及探究》,《南京大学学报》1990 年第 4 期。

了曲学造诣很深外，还有一个重要的原因，那就是他治学的路数与吴梅非常相近，比较注重曲律和艺术实践。

许之衡虽然受到吴梅的推荐，但他在北京大学授课，似乎还遇到一些波折，因为直到 1923 年 9 月，在北京大学所公布的《中国文学系课程指导书》（十二年至十三年度）上，戏曲、剧曲史、中国古声律三门课程的后面仍写着吴梅的名字①。直到当年的 10 月份，许之衡才开始授课。在 1923 年 9 月 29 日的《北京大学日刊》上有一则注册部的布告："吴梅教授因事一时不克到校，所有戏曲、戏曲史、中国古声律三种功课，由吴教授请许之衡先生代授。上课日期俟许先生到校再行通告。"②从这则布告的语气来看，吴梅仍是北京大学的教授，许之衡则不过是代课教师。

从吴梅南下到此时，已经过去了一年多时间，何以如此？从相关资料来看，吴梅并不是立即辞职，而是先以请假一年的方式离开的。据吴虞日记记载，1922 年 10 月 31 日，马幼渔告诉他，"吴瞿安请假一年，就东南大学之聘"③。看来北京大学对吴梅进行了一年多的挽留，眼看实在留不住，这才让许之衡代替他上课。另据郑逸梅介绍，"民国十一年，北京大学聘王莼农为词曲教授，以欠薪风未就"④。王莼农即王蕴章，郑逸梅与王蕴章往来密切，对其情况较为了解，这一说法有较高的可信度。可见，吴梅南下后，北京大学并未采纳他的推荐意见，一方面挽留

---

① 参见《中国文学系课程指导书》（十二年至十三年度），《北京大学日刊》第 1293 号（1923 年 9 月 18 日）。

② 《北京大学日刊》第 1302 号（1923 年 9 月 29 日）。

③ 吴虞 1922 年 10 月 31 日日记，载中国革命博物馆整理《吴虞日记》下册第 62 页，四川人民出版社 1986 年版。

④ 郑逸梅《南社丛谈》十三《南社杂碎》，载其《郑逸梅选集》第一卷第 319 页，黑龙江人民出版社 1991 年版。

吴梅,一方面则准备另聘王蕴章或其他人,但未能成功,这才聘用许之衡。

　　吴梅南下之后,许之衡在北京大学讲授曲学,所授课程为声律学、戏曲史和戏曲,钱南扬曾选修过其戏曲史课程。虽然许之衡在曲学方面造诣颇深,但其在学术上的成就和名声都无法与吴梅相比,未能在学界和社会上产生太大的影响。其间,他与吴梅一直保持着联系。比如1926年秋,许之衡得到剧本《乞食图》,随即告知吴梅这一消息。吴梅虽也藏有此剧,但下卷残缺太多,许之衡遂为其配抄补缺①。

　　1934年,北京大学国文系实行改革,进行教师调整,许之衡因此被解聘。在他之后,北京大学基本上再没有聘请过曲学名家执教。虽然后来北京大学也涌现了一些戏曲方面的优秀学人如吴小如等,但就戏曲研究的整体学术力量而言,还一直不能与中山大学、南京大学等学校相比,这无疑是一件让人感到遗憾的事情。作为首家开设戏曲课程的高等学府,高手云集,理应成为曲学研究的重镇,这也符合学界的期待,但这样的局面一直没有出现过,直到今天仍是如此。

　　还是让我们回到吴梅。在离开北京前,他特意为伶人弟子韩世昌写了《桃花扇》的《访翠》、《眠香》、《却奁》、《守庐》、《寄扇》等曲本。

　　毕竟在北京待了五年,这里有很多让他留恋的东西,不管是亲朋友好,还是风景名胜,都不是说走就走的。当初屡有思归之心,一旦真的要走时,还是有些牵肠挂肚的。好在当时的交通和资讯条件已远非旧时可比,大家联系起来还是蛮方便的。回到南京之后,吴梅与北方的许多朋友依然保持着联系。

————————

① 吴梅《乞食图》跋。

第二节　杏坛生涯

　　离开北京大学,南下金陵之后,虽然两地的气候、饮食、风物及人文环境大不一样,但吴梅本人治学和生活的情况并没有发生太大的改变,他仍然以教学、研习曲学为业,在南京、上海、苏州等地的各个学府继续传播曲学火种。稳定的工作和收入,使吴梅得以安心进行教学科研,因此这也是吴梅生活较为惬意、快乐的一个时期。

　　这里将吴梅从1922年秋南下到1937年7月离开南京之前在南方各高等学府供职的情况列举如下:

　　1922年9月,受陈中凡之邀,执教于东南大学国文系。

　　1927年春,东南大学停办。9月中旬,赴广州中山大学任教,因生活不适应,于12月又回到苏州。

　　1928年春,在上海光华大学任教,同时在苏州中学兼课。同年秋,东南大学改名为中央大学后复课,吴梅回到南京,同时在南京、上海两地授课。这种情况一直持续到1931年秋,吴梅辞去上海光华大学教职。

　　1932年3月至秋天前,为避战事,到上海,因生计而授馆课。10月回中央大学继续任教。

　　1933年,仍在中央大学任教,并于该年2月开始在金陵大学兼课。1934年9月,兼任金陵大学研究生班导师,一直到1937年离开南京为止。

　　其间,好友路金波还曾邀请吴梅到青岛大学任教,但被婉拒。

　　对吴梅的南下,东南大学的学生们是普遍持欢迎态度的,他们仰慕这位曲学大师的文采风流,争相选修吴梅的词曲课程。由南京高师文学研究会、哲学研究会编辑的《文哲学报》于1923年第3期刊发了吴梅的三首散曲作品,并加了这么一段编者按语:"自瞿安师北来主讲,同学之志词曲者,皆欣欣有向荣意,喧然若悬鹑者之暴朝日也。师于诗文词曲无不工,将集平生杰作,刻为《惆怅爨》,他稿又亟亟无暇录出,因抄此于本报,以表宗仰,而其缠绵清俊之致,亦于兹可睹云。"这显然是出自学生之手,字里行间,透出对吴梅的敬仰之情。由此可见看出东南大学学生对吴梅的态度和情感。"吴中吴霜厓师(梅)新由北大移砚东南,诸生仰其文采风流,选读其词章之学者,盛况空前。"①"盛况空前"一词固然有些夸张,但大体上还是符合事实的。这与当年吴梅来南京应考及求职时的冷落境况完全不同,可谓今非昔比。

此时的吴梅已是名满天下的曲学名家、大学教授,正处于人生的黄金时期。这里引述一段当时报刊对吴梅的评述,以见其在社会上的形象:"光绪末叶,长洲吴瞿庵先生(梅)崛起,能顾公瑾之误,能正宫吕之音,间撰杂剧若干种,辨别务头,详明切脚,《暖香楼》一出,直破临川之篱,升云亭之堂,闯圆海之室,以视湖上笠翁诸作,皆淫词亵语而已矣。"②这位作者显然是以崇拜的眼光来观察吴梅的,结合上文所引东南大学学生对吴梅的评价,可以想象吴梅在当时的盛名。

通过吴梅好友姚鹓雏的如下一段回忆,可见其初到东南大学时的风采之一斑:"吴瞿安二十三年前教授南雍(作者发表此文的时间为 1947年——笔者注),居白下之石板桥,陈巢南亦来宁,同事大学。暇与余相过从。时入新秋,秦淮河画舫渐冷落,无赁之者,吾侪以三金雇一舫,供匝月之用。嗣以每日须鼓棹抵复成桥,增一金以酬舟子,总四金耳。吾

---

① 陈旭轮《关于黄摩西》,《文史》第 1 期(1944 年 11 月)。

② 君博《吴灵鹣谱曲》,《游戏世界》第 5 册(1922 年)。

侪恒以傍晚下舟,具酒肴,陈笔砚,觞咏磅礴其中,夜分始散。"①这也正是吴梅较为满意的一种生活方式,既可课堂授徒,传其词曲之学,又能保持文人本色,诗酒风流。这一时期他与陈去病、姚鹓雏等人多有唱和联句之作②。吴梅在金陵十多年的生活状况大体如此,自然其间也会有一些小波折,直到抗战全面爆发,其人生轨迹才再次发生重大转变。

1927年南下中山大学任教,是吴梅生活中的一个小插曲。这一年春,东南大学因战事爆发、时局动荡而一度停办,此后便是学校的合并与改名,一直闹腾了半年多,才逐渐恢复正常,其间老师、学生各寻出路。吴梅正是在这种情况下,于当年夏接受中山大学的聘请,带着二儿子一起远赴广州,担任中文系和历史语言研究所教授。

当时担任中山大学文科学长兼国文系、史学系系主任的是傅斯年,他是吴梅在北京大学任教时期的学生,曾在第三学年修过词曲和近代文学史课程③。中山大学国文系的教师多为北大旧人,这是傅斯年的有意之举,他在致友人的一封信中曾有介绍:"我们又在这里筹一齐聘北大文理等科之良教授来此。既可免于受压迫,并开此地空气。"④可见吴梅是

---

① 姚鹓雏《南社琐记》,《永安月刊》第100期(1947年)。此事在其《自叙诗二十四首》中也有记载:"民国十二三年中,陈巢南、吴瞿安来主东南大学教席。新秋初凉,秦淮画舫有名多丽者,颇精缮,计月赁之,不过数金。每晚具酒馔,放乎中流,渐过大中桥,至复成桥而归。两岸笙歌,万家灯火,至复成桥则清寂肃寥,惟有柳阴月色矣!"载《姚鹓雏文集》诗词卷第289页,上海古籍出版社2009年版。另参见其《春尘集》自叙一。

② 吴梅、陈去病唱和联句之作,参见殷安如、刘颖白编《陈去病诗文集》上编第150—152页,社会科学文献出版社2009年版。

③ 参见欧阳哲生主编《傅斯年全集》第一卷卷首《1916—1919年,傅斯年在北京大学学习成绩表》,湖南教育出版社2003年版。

④ 朱家骅、傅斯年1927年5月16日《致李石曾、吴稚晖》,载欧阳哲生主编《傅斯年全集》第七卷第49页,湖南教育出版社2003年版。

以北京大学"良教授"的身份被聘请的，请其一开岭南词曲之风气。当初邀请吴梅到东南大学任教的陈中凡来自北大，后来吴梅任职的中央大学的校长罗家伦也是来自北京大学，这并非偶然的巧合，五年北大生活对吴梅人生的重要影响于此可见。

傅斯年

对应聘中山大学的经过，吴梅在《南行别吴下故人，仍用咸韵》一诗中曾谈及："我愧鲍司隶，弟子有王咸（傅君斯年）。广南逾千里，投以琼瑶缄。是时方伏暑，息阴东冈杉。自分老乡土，懒作稽生函。辟疆款关至（顾君颉刚），入座心欢枕。力邀入南国，托命依长镵。"这里提到两个关键人物：傅斯年和顾颉刚。

结合相关资料来看，吴梅1927年南下中山大学任职，系傅斯年邀请，并由顾颉刚一手促成。顾颉刚在其1927年6月6日的日记中有如下记载："到蒲林巷，晤瘿庵先生，允就中大职。"[①]可见此前中山大学已与吴梅接洽过。此时顾颉刚也是刚去中山大学不久，正在江浙一带为学校图书馆采购书籍。可见他是受校方之托去找吴梅的。前文已说过，顾颉刚早在北京大学读书时就已认识吴梅，加上又是老乡，因此由他去谈这件事，再合适不过。

在当年8月25日刊出的中山大学校报上，已经有了对吴梅的介绍：

① 《顾颉刚日记》第二卷第54页，台湾联经出版事业股份有限公司2007年版。

"吴梅：前北大、东大教授，为中国研究词曲律则之最大家，著作久行于世。"①可见吴梅此前已答应了中山大学的邀请，准备南下。

根据顾颉刚的日记，1927 年 9 月 2 日，他给吴梅写了一封信。同年 9 月 13 日，他再次给吴梅写信②。信件的具体内容不详，从吴梅到临近中秋(1927 年 9 月 10 日)才动身南下的情况来看，很可能是商谈具体的行程等问题。此后，两人从北京大学的师生变为中山大学的同事，吴梅在中文系任职，顾颉刚担任史学系教授兼系主任。故交加上同乡，相互间的往来自然比较频繁。从这一时期顾颉刚的日记中可见其与吴梅的交往情况：

10 月 18 日，拜访吴梅。

10 月 25 日，到校上课时遇到吴梅。

10 月 30 日，吴梅到顾颉刚处，看其所购书单。

11 月 6 日，吴梅去顾颉刚处。

11 月 8 日，吴梅等人到顾颉刚处，与傅斯年等人商议聚餐之事。

11 月 13 日，吴梅去顾颉刚处。

11 月 20 日，设宴为吴梅父子送行。

11 月 21 日，这一天顾颉刚多次见到吴梅，先是顾颉刚领薪水时遇到吴梅，到其住处小坐，再是吴梅到顾颉刚住处，后来顾颉刚又到吴梅住处③。

初到广州，吴梅对岭南的风物感到新奇，他很有兴致地浏览各处胜

---

① 《本校文史科概况》，《国立第一中山大学校报》第 19 期(1927 年 8 月 25 日)，载黄仕忠编《老中大的故事》第 75 页，江苏文艺出版社 1998 年版。

② 《顾颉刚日记》第二卷第 82、85 页，台湾联经出版事业股份有限公司 2007 年版。

③ 以上参见《顾颉刚日记》第二卷第 96、98、100、101、102、103、105 页，台湾联经出版事业股份有限公司 2007 年版。

迹,写有《九日登越秀山》、《海珠庵》、《六榕寺》等诗作。其间,吴梅在中山大学出版部刊行讲义《曲选》、《词学通论》、《词余讲义》等,此后还在该校所办的刊物《国立第一中山大学语言历史学研究所周刊》上发表《奢摩他室曲丛自序》、《奢摩他室曲丛草目》等文章。

渐渐地,吴梅开始感到不习惯,对当地的生活包括气候、饮食等都难以适应,思乡之情渐浓,甚至都有些后悔来广州了,其《浣溪沙·黄瘿瓢〈芦雁图〉》、《玉京谣·客广南三月,龟冈独酌,辄动乡思,倚梦窗词》等词作都流露了这种情绪。最后他决定辞去教职,"吴先生以十六年冬告假返里,料理家务,以南中交通不便,旋辞去教职"①。所谓"告假返里"不过是辞职一词的委婉说法。在吴梅任教中山大学期间,东南大学的学生王季思等发起签名,敦促学校请吴梅回校任教,当时签名者有一百多人②,这应当也是吴梅辞职的一个重要因素。

根据顾颉刚日记11月20日设宴为吴梅父子送行的记载来看,吴梅当是11月底北返的。这样算起来,虽说是在广州任教一个学期,实际上只待了不满三个月的时间。其间,吴梅写有日记,记述自己在中山大学期间的教学和生活情况。遗憾的是,这份日记于抗战期间被毁,现在只能通过其诗词及其他一些资料来了解其当时的情况。对平日很少远足的吴梅来说,到中山大学执教的时间尽管不长,却是一段奇特而难忘的人生经历③。

① 陈槃《记傅孟真师在中山大学》,载《传记文学》第5卷第6期(1964年12月)。
② 参见王季思《忆潜社》,载王卫民编《吴梅和他的世界》,河北教育出版社2002年版。
③ 焦润明《傅斯年传》云"在被傅斯年聘请的教授学者中,有些人因各种原因没有到任,如毛子水、吴瞿安等",这显然是不符合事实的。该书稍后又云"1927年冬,吴梅(瞿安)告假返里处理家务,旋因交通不便,不能按期返校,辞去中山大学教职",可谓前后矛盾。上述引文见该书第141、142页,人民出版社2002年版。

吴梅辞去教职后,傅斯年于第二年暑假亲自到上海,邀请著名词家朱祖谋到中山大学任教。朱因年事已高,遂推荐另一词家陈洵。陈洵虽以词知名,但不为时人所重,傅斯年破格任用,成为一段学林佳话①。

从广州回到苏州之后,经老友童斐的介绍,吴梅于 1928 年春接受了上海光华大学的邀请,担任该校中文系教授,童斐当时担任光华大学国史系的教授及主任。其后,卢前也在光华大学任教,师徒二人同居一室。

光华大学是一所创办于 1925 年的新学府,建校时间虽然不长,但师资阵容还是比较强的。教授中文的有钱基博、胡朴安等著名学者。吴梅在这里培养了不少优秀的学生,如储安平、万云骏等。

在光华大学任教期间,吴梅效仿以往在东南大学的缔结潜社之举,与该校师生创办潜社,主要成员有王玉章、卢前、万云骏等,"月必一集,历五月得词若干首"②。他还将潜社成员前三集的作品及其个人的其他创作刊发在该校所办的刊物《小雅》上,刊物封面的"小雅"二字也系吴梅所题。此外,他还加入该校的中国语文学会。

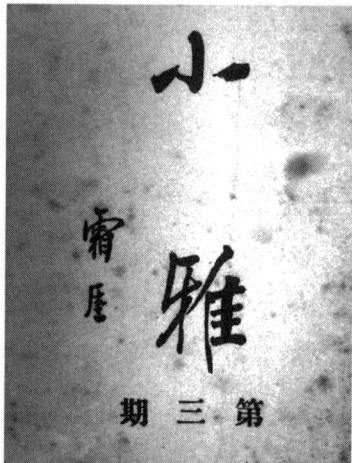

吴梅为《小雅》题签

任职光华大学的同时,吴梅还受邀在苏州中学担任高中部国文教员。苏州中学的前身是江苏师范学

---

① 参见李泉《傅斯年在中山大学》,载聊城师范学院历史系等合编《傅斯年》,山东人民出版社 1991 年版。

② 吴梅《潜社词刊》序,《小雅》第二期(1930 年 6 月)。

堂,吴梅曾于 1904 年到 1905 年间在这里学习过。1927 年 7 月,汪懋祖担任苏州中学校长,他上任之后,聘请许多名师如陈去病、钱穆、吕叔湘等到该校任教,提升学校品位。吴梅与汪懋祖是同乡好友,从广州返乡后又赋闲在家,自然是汪懋祖延揽的对象。

对吴梅到苏州中学担任国文教员的缘由和经过,该校校刊的《校闻》栏目曾做过这样的介绍:"本学期因国文学程增加,聘吴瞿安先生及戴镜澄先生担任。……吴瞿安先生,历任北大、东大教授。国学宏富,而于诗词,尤自成家。本校开办时,赖先生赞助规画,全校钦仰。去夏先生赴粤任第一中大学正教授,今倦于远游,汪校长竭力延致,乃允担任国文选修课程八小时。"①

吴梅是 1928 年 2 月到苏州中学兼课的,这一年的上半年他同时在两家学校任课,奔波于上海、苏州两地,这与其当年在上海民立中学任教时的情况有些相似。

就在吴梅担任光华大学、苏州中学教职的同时,经过一番争执与变更,东南大学改名为中央大学,学校秩序逐渐恢复正常。1928 年秋,吴梅又回到中央大学任教,他辞去了苏州中学的兼职,但同时又难以谢却光华大学的盛情,只好在中央大学和光华大学两校兼课,奔波于上海、南京、苏州三地。其后,他多次想辞去光华大学的教职,但一直被校方诚意挽留。直到 1931 年秋,他才算是和光华大学解约。

1932 年,日军入侵上海,东南地区形势紧张,吴梅为躲避战火,领带家人在上海待了半年多。其间光华大学曾再次邀吴梅回校上课,但吴梅没有答应。

吴梅在金陵大学兼课之事从 1931 年就已经商定,但直到 1933 年才

---

① 《校闻》,《苏中校刊》第 1 期(1928 年 3 月)。"第一中大学"当为"第一中山大学"。

得以落实,可谓一波三折。

当时胡小石任金陵大学中文系系主任,他与吴梅早在民国初年就曾是同事,私交甚好,对其情况较为了解。1931 年 11 月 5 日,胡小石到吴梅寓所,邀请他到金陵大学讲学,"酌送车马费若干"。吴梅因中央大学时常欠薪,"未免可虑,遂不复辞",不过他对金陵大学兼课所得也没有多大期待:"惟所得决不多耳。"①11 月 24 日,胡小石再次到吴梅寓所,敲定此事,约定第二年二月开始上课,每月薪水六十元。"至下学年始,方正式延聘"②,这些吴梅都答应了。

但好事多磨,到了 1932 年,由于日军侵略上海,吴梅避难在外,一直待在上海、苏州两地,中央大学的课都没有上,更不用说金陵大学的兼课了。直到当年 10 月,吴梅才回到南京。11 月 21 日,胡小石拜访吴梅,再次邀请吴梅到金陵大学上课,"每周三小时,月奉六十金"③,吴梅答应了。

1933 年 1 月 10 日,胡小石到吴梅寓所,送上金陵大学的聘书,"自明岁起,月奉六十金,授金元散曲"④。2 月 16 日,吴梅开始在金陵大学授课。《金陵大学史》一书说吴梅"1928 年在金陵大学兼职,专门讲授词曲,直至抗战爆发"⑤,这一说法与实际情况有较大的出入。

1934 年 5 月,金陵大学文学院开办国学研究班,招收十六名研究生。当月 6 日,在一次聚会上,胡小石告知吴梅这一消息,准备聘请吴梅为导师。吴梅答应了,确定研究方向为二窗词笺、南北词校律和《雍熙乐

---

① 以上吴梅 1931 年 11 月 5 日(农历九月廿六)日记。
② 吴梅 1931 年 11 月 24 日(农历十月十五)日记。
③ 吴梅 1932 年 11 月 21 日(农历十月廿四)日记。
④ 吴梅 1933 年 1 月 10 日(农历十二月十五)日记。
⑤ 张宪文主编《金陵大学史》第 132 页,南京大学出版社 2002 年版。

金陵大学文学院

府》校记。不料到 9 月份的时候，研究班的聘书迟迟未发，却让其去授课。吴梅对此很不满意："受大学聘书，而课程不入表，反令授研究院学程，移甲就乙，非所堪任。"[①]他拒绝去上课，后经胡小石调解周旋，刘继宣、刘国钧为校方工作的失误表示歉意，并将聘书亲自送到吴梅家，约定每周六个课时，每月薪水一百二十元[②]。这样，这场小波折方告一段落。

欲辞中央大学教席到上海担任富商西席，这是吴梅这一时期生活中比较重要的一个插曲，此事曾见诸报端，产生了一定的社会影响，其中有一些值得关注和思考的东西。以下对此事的来龙去脉稍作介绍。

一位是十里洋场的上海富商，一个是六朝古都的大学教授，两个生活圈子完全不同的人，他们的人生轨迹何以能产生交集？这要从 1932 年的一·二八事变说起。

---

① 吴梅 1934 年 9 月 10 日(农历八月初二)日记。
② 参见吴梅 1934 年 12、13 日(农历八月初四、初五)日记。

1932年1月28日,日军突然向驻守上海的中国军队发动进攻,中国军队奋起抵抗。此后,战事不断扩大,东南一带形势危急。当时中央大学停课,吴梅在苏州老家休假。鉴于形势不断恶化,他只好于3月9日带领全家人到上海避难。由于难民众多,交通不畅,从苏州到上海,一时变得相当艰难,本来只有几个小时的路程竟然走了两天半。对吴梅来说,"此等苦境,平生未历也"①。

在亲友们的热情帮助下,一家人在上海暂时安顿下来,但吴梅的内心并不轻松。由于当时形势还不明朗,全家七口人客居申城,坐吃山空,吃饭、租房都需要钱,而且是一笔不小的开支,这让本来就有些拮据的吴梅感到吃不消。靠自己的薪水本来还过得去,但学校一直欠薪,拿不到手。此次到上海避难所带的一千元钱,本是为三儿筹办婚事的专款,由于事发突然,只好临时挪用,这让吴梅内心感到愧疚,也感到忧心忡忡,不知如何才能化解眼前的危机。

正是出于这种情况,在3月17日和吴湖帆、朱镜波、穆藕初等朋友们的聚会中,吴梅趁着酒醉,说出了自己的难处,向他们提出:"上海寓公,如有馆地,余但得百金即可承乏。"②也正是在这次聚会上,吴梅第一次见到了上海富商王伯元。朱镜波随即把吴梅的话告诉了王伯元。

说起这位王伯元,在当时的上海十里洋场可是一位很有名头的人物。王伯元,名怀忠,伯元为其字,浙江慈溪人。其经历颇富传奇色彩,他虽然出身学徒,白手起家,但头脑灵活,靠炒黄金成为巨富,有"金子大王"之称。后来改组投资中国垦业银行,成为上海著名的金融家。

王伯元虽是巨商,文化程度不高,但喜爱风雅,平日喜欢读书、练字,

① 吴梅1932年3月9日(农历二月初三)日记。
② 吴梅1932年3月18日(农历二月十二)日记。

家中不乏书画珍品,与书画名家吴湖帆、冯超然等往来甚密。同时,王伯元还非常重视对孩子的教育。他对两个孩子所在学校的教学状况不满意,同时又担心孩子每天出入学校的安全问题,现在有吴梅这样的大学名教授愿意屈尊做西席,如此好的机会,他自然不愿放过,随即托吴湖帆为介,促成此事,而且承诺"百金知是屈就,设有他校课程,别家延聘,以及墓碑寿文等,皆可兼顾"。对吴梅提出"午后到馆,晚餐回寓"的条件,也完全接受①。看到王伯元真的有诚意,"事事俱可从命"②,吴梅也就答应了。

3月27日,吴梅到王伯元家,开始为其两个儿子王念祖、王善庆授课,主要内容有两项:一项是为两个孩子讲解古诗文,另一项是指导两个孩子作文。时间是在下午,来去都是专车接送,星期天休息。束脩为每月一百元。后来吴梅觉得束脩少,看到王伯元富于书画收藏,主动提出为其藏品题诗。王伯元欣然同意,这样,授徒加题诗,每月共二百元。

虽然担任西席一事是吴梅主动提出来的,但这也是迫于经济压力的无奈之举,他内心并不情愿做这件事。毕竟自己是一位词曲名家、大学教授,到一位富商家里去做两个孩子的家庭教师,这确实与自己的身份不太相称,心里不免感到有些尴尬。也正是为此,出于文人的自尊,吴梅变得比较敏感,很在乎王伯元对自己的态度。加上两人此前互不了解,修养秉性不同,因此不免发生一些误会,这些都让吴梅感到不愉快,尽管他没有表露出来。这可以从下面几件小事上看出来:

本来约好3月24日去王家授课,结果吴梅等到傍晚还不见有人来接,感到很奇怪,随即起了疑心,觉得王伯元不尊重自己:"岂别有他意?

---

① 吴梅1932年3月18日(农历二月十二)日记。
② 吴梅1932年3月19日(农历二月十三)日记。

市井富翁,原无足责,扬之则在天,抑之则入地,加膝坠渊,不过一笑。"①
于是决定辞去此事。第二天,他让儿子拿着书信到好友吴湖帆处,托其
转交王伯元。结果发现这是一场误会,原来王伯元觉得 24 日日子不好,
想改在 26 日或 27 日,并托吴湖帆转告吴梅。吴湖帆因母亲要来上海,
忙碌一天,把事情忘记了。听到吴湖帆的解释,吴梅"一笑谢之"②。虽
然只是一场误会,但由此也可以看出吴梅当时矛盾、敏感的心态。

　　授课期间,王伯元有时得闲,也去旁听,他或插话,或提问题,这让吴
梅感到很不习惯:"伯元亦旁听,时作解人语,殊不耐也。""伯元来,随两
生公同问难,真不知敬师之道。余此席譬诸托钵,因含忍之,若少年时,
便悬然不顾而去矣。""伯元归听讲诗,颇形欢悦,但乱次叩问,仍如前日,
姑容之而已。"③其实王伯元此举也可以理解,无非想旁听吴梅授课,也
借此学点东西,主观上并没有不敬之意。但在吴梅看来,则是缺少修养,
不够尊重自己。

　　虽然有这些误会和不愉快,但都属小节问题,吴梅虽然比较敏感,但
还在容忍范围之内。这也可以理解,两种完全不同类型的人打交道,需
要一个磨合的过程。总的来说,吴梅和王伯元及两个孩子相处得还算不
错,这主要有如下三个因素:一是薪水虽不算高,但很准时,从不拖欠,可
以满足一家人在上海的日常开销;二是工作并不累,王氏待吴梅还比较
客气;三是吴梅逐渐发现王伯元并非一个纯粹的富商,此人喜欢收藏书
画,在鉴别真伪方面颇有眼光,非一般暴发户可比。

　　有了一些好感,对王伯元的行为,虽然时有不满,但渐渐也就习惯

---

① 吴梅 1932 年 3 月 24 日(农历二月十八)日记。
② 吴梅 1932 年 3 月 25 日(农历二月十九)日记。
③ 以上吴梅 1932 年 4 月 3、12、14 日(农历二月廿八、三月初七、初九)日记。

了。授课期间,吴梅有时在王家吃午饭或晚饭,有时则在王家留宿,两人颇多交流机会,还不时一起出去参加社交活动。

吴梅在上海避难期间,中央大学不时催促教师们回校上课。起初校方限定 4 月 11 日之前到校,否则解除聘约。4 月 12 日,吴梅收到学校的信函,催其返校上课。他随即回信,说明不能返校的理由。吴梅不愿意回校,有多种原因:首先学校屡屡欠薪,这让他很不满,他估计学校一时半会也开不了课;其次苏州那边也不太平,万一回去后发生战事,又得再来上海,来回折腾;再次,自己在上海这边为王伯元儿子授课,有事情可做,不如"索性多住几天,不必急归"①。

到了 5 月 7 日这一天,吴梅再次收到中央大学的催函,上面告知"迟至五月十日不到,决计停薪",这让吴梅感到很是不满:"夫以月支三成生活费,而欲人奔走劳苦,以尽教授之责,天下有是理耶?"②他决定暑假之前不再回校上课,这次所说的理由也更充分,那就是自己的藏曲被日军战火焚毁,没有心情上课,在给中央大学的回信中,他"略谓旧曲被毁一部分,百念俱灰,更有何心,挟策授课"③。再说王伯元这边每月还有二百元的收入,学校即使停薪,他也不太在乎,心里反倒踏实一些,他甚至打算整个一年都住在上海:"余既有王氏馆,今年势在上海。"④

吴梅之所以迟迟不回中央大学授课,除了学校欠薪、战乱等因素外,还有一个重要因素,那就是王伯元对其相当厚待,对吴梅的要求一般都爽快答应,薪水每月二百按时照发,还让吴梅将其带到上海的藏书寄存在自己家里。后来私下里对吴梅还有馈赠,7 月 9 日这一天他送给吴梅

---

① 吴梅 1932 年 4 月 28 日(农历三月二十三)日记。
② 吴梅 1932 年 5 月 7 日(农历四月初二)日记。
③ 吴梅 1932 年 5 月 8 日(农历四月初三)日记。
④ 吴梅 1932 年 5 月 15 日(农历四月初十)日记。

一千元①,这比吴梅几个月的束脩加在一起还多。

随着形势的安定,6月1日,吴梅将家属送回苏州,随后只身回到上海继续坐馆。与此前不同的是,此后他吃住都是在王伯元家。当时中央大学师生和当局正在为校长人选问题闹得不可开交,以至于有解散中央大学之说,这让吴梅一方面感到庆幸,"深幸余已脱离,不然此时亦襆被出都而已",一方面又感到郁闷,"学生气焰至此,尚何教育之可言"②。这样他就更不想回中央大学了。其间,光华大学邀请吴梅上课,被他坚决拒绝了③。

就在吴梅对中央大学不再抱希望的时候,7月15日,他忽然收到了校方寄来的聘书,而且薪水也略有增加:每月340元。这份聘书来得颇为意外,也让吴梅的内心很纠结,他曾这样叙述自己当时的心情:"下半年事,究将何若,思念回伏,无所适从。盖在伯元殷拳之意,未便恝然,而中大诸生之心,亦极诚恳,且金陵一席,又虚左以待,此心中忐忑不安也。"为此他彻夜无法安眠,"终夜无寐,至东方将白,始朦胧合眼,听钟声镗鞳,已八时矣"④。

稍后,吴梅想托吴湖帆辞去王伯元西席,但又下不了决心,其中一个很重要的因素就是王伯元"意极殷勤,虽有不舒服处,亦且忍耐,半途而废,为人讥讽,殊不可耐"⑤。于是他决定再观望一段时间。8月5日,吴梅接到弟子唐圭璋的信函,劝恩师仍回中央大学,"且慰诸生云霓之

---

① 参见吴梅 1932 年 7 月 9 日(六月初六)日记。吴梅当天的日记云:"是日伯元赠吾千元。"

② 吴梅 1932 年 6 月 30 日(农历五月二十七)日记。

③ 参见吴梅 1932 年 7 月 9 日(六月初六)日记。

④ 吴梅 1932 年 7 月 17 日(农历六月十四)日记。

⑤ 吴梅 1932 年 7 月 31 日(农历六月二十八)日记。

望"①。

这种矛盾和观望持续没多久，相继发生了两件不愉快的事情，这让吴梅找到了解决问题的理由，同时也让他又戏剧性地回到了中央大学的课堂。

第一件不愉快的事情是由王伯元引发的。8月9日晚饭后，王伯元和吴梅闲聊，谈到两件事：一是"所藏各画，皆不配先生题，今仍请题《龚半千册》，能一页一诗为妙"，二是"今岁买画买穷，几将不支"。说者无意，听者有心。王伯元只是随口说说，但在吴梅看来，却是话里有话，题画之言在他听来有两种理解，一是"吾诗文不好，有污名迹，故反言之"，二是"吾因题画加俸，此时无画可题，是为素餐"。但不管哪一种，都是吴梅不能接受的。诉苦之言，吴梅也有两层理解，一是"将愁穷吾听，令我自动辞馆欤"，二是"昭其所购之多，示其阔欤"，这同样也是难以接受的。吴梅本来想当场发作，但考虑到自己的藏书还在王伯元家，到时候不好取，只得忍住。不过他还是当即作出了辞馆的决定："来此半年，在此时分手，正恰到好处，盖中大行将开学，聘书久到也。"②

随后，他开始与胡小石联系到金陵大学兼课之事。至于辞馆，直到8月18日即回苏州之后的第二天才写信给吴湖帆，托其传话。之所以不当面和王伯元提出，主要是觉得这样有些难堪，不愿伤和气。

苏州小住几天后，吴梅于8月21日再去上海，第二天，王伯元见到吴梅，并问其辞馆的原因："先生之去，以我为不可交乎？抑两儿不屑教诲乎？抑有难言之隐，欲就丰殖乎？"对此吴梅只能以回中央大学上课为遁词。王伯元对吴梅辞馆之举感到不快，表示"必须想法挽留"，还提出

---

① 吴梅1932年8月5日（农历七月初四）日记。

② 以上吴梅1932年8月9日（农历七月初八）日记。

"若以起居不适,不妨将家眷接至海上,一切开支由我任之"①。

至此吴梅自然也明白,是自己多心,误解了王伯元,人家是诚心诚意请自己为孩子授课的。但既已提出辞馆,话不能收回,只好按照原先的打算去做。他推荐好友吴湖帆的老师朱葆龄替代自己,王伯元再次表示挽留之意:"垦业中尽可支用,中大如不克支持,仍乞来此,虽有朱遂颖,亦无妨也。"②8月28日,王伯元特意为吴梅祝寿。8月30日,吴梅临走前,王伯元又表示:"君到南京,垦业分行亦可透支若干,惟五百乎,一千乎,可自决之。"③

吴梅回到苏州没几天,王伯元即寄赠南京垦业分行的支票一本,这让吴梅感到"真受之有愧"④。9月8日,王伯元亲赴苏州,拜访吴梅,"坚邀主其家,且每年以五千元为寿"。王伯元连日来的举动,让吴梅非常感动,他"感其诚,允于明秋如约"⑤。

10月5日,吴梅与夫人到南京,开始其在中央大学一个新学年的生活。当月27日,吴梅到上海,继续为王伯元的藏画题诗。

第二件不愉快的事情则是由吴梅本人引发的。

转眼到了1933年,春节过后,吴梅赶到上海去找王伯元。这次他和王伯元谈了三件事:"一为藏书出售;二为下半年见招事;三为荐引诸友事。"对此王伯元的答复是:"书是外行,但须不吃亏,可以遵命。又下半年务祈赴申,当履行年寿五千之约。又荐引诸友,本年行务,并不扩充,

---

① 以上吴梅1932年8月22日(农历七月二十一)日记。

② 吴梅1932年8月23日(农历七月二十二)日记。

③ 吴梅1932年8月30日(农历七月二十九)日记。

④ 吴梅1932年9月4日(农历八月初四)日记。

⑤ 吴梅1932年9月8日(农历八月初八)日记。

惟八仙桥设立分行,行员早经定夺。"①

在吴梅所说的三件事中,下半年到上海为王伯元儿子授课,这本是原来已经约定的。帮朋友找工作,这不过是顺带提及。真正重要的是第一件事,那就是吴梅想把自己的藏书卖给王伯元。

吴梅之所以要把自己的珍藏卖给王伯元,也是有原因的。1932 年上半年在上海避难期间,吴梅曾让儿子从苏州老家取了十二箱藏书,这是他藏书中的精品。从 1932 年 4 月 27 日起,吴梅陆续将拆箱的散本寄存在王伯元家里。之所以寄存在王家,是因为吴梅上海的寓所是租住的,面积也小,而王家的房间大,也更安全。

在王家,吴梅看到王伯元有钱,又比较豪爽,愿意出大价钱买书。比如 5 月 1 日这一天,王伯元一次花去三万六千元买书。

自存放在商务印书馆的二十七种珍本藏曲被日军焚毁后,吴梅的藏书理念有所改变,他想把一部分珍藏出让。再说四儿子的婚事需要一大笔钱。在上海,他看到王伯元愿意出大价钱买书,也能很好地保存这些书籍,于是吴梅便想把自己的部分藏书卖给王氏,以求个好价。

对此事,吴梅相当积极。从上海回到苏州后,他就忙着整理书目、标价,以下根据其 1933 年 2 月的日记列出其整理准备的情况:

2 月 6 日,"摘书目三页,拟售于伯元也"。

2 月 7 日,"仍写书目"。

2 月 8 日,"早起仍写书目"。

2 月 9 日,"邹百耐来,与之商订书目价值","客散归,仍与百耐定价,似明日寄申矣"②。

---

① 以上吴梅 1933 年 2 月 3、4 日(农历正月初十、十一)日记。
② 吴梅 1933 年 2 月 9 日(农历正月十五)日记。"似"当作"拟"。

2月10日,"伯元处书目亦挂号付邮"。

因四子于2月下旬突患狂疾,在此后的一段时间里,吴梅一直忙于为儿子治病,无暇顾及售书的事情。其间他曾给王伯元写过两封信,主要是为了托其为好友顾鞠裳找工作。等儿子病情稳定后,吴梅于4月13日给王伯元写信,询问购书之事。实际上,从王伯元如此长时间一直没有回复来看,他显然不愿意购买吴梅的藏书。

吴梅自然也知道这一点,4月27日,他写信给冯超然和吴湖帆,想辞去王伯元馆课,二儿子认为这样做"过于决绝,容易挑人之怒"①,吴梅认为有道理,就没有发信。但他有些不甘心,仍想把藏书卖给王伯元。5月2日,他在给朱遂颖的信中这样写道:"既允课子之请,因作娱老之谋,一二年后,退居家巷,不复再主校务而已。且其殷殷延揽之心,固俨然一知己也。既辱知己,乃有此请,若谓持碔砆以求钜值,将以弟为何如人耶?"②他想让朱遂颖带话给王伯元,以此感动这位富商。

从这段话里也可看出吴梅卖书的主要目的,他准备到王伯元处坐馆后,辞去中央大学的教职,在苏州安享晚年。卖书是为了得到一笔巨资,解决后顾之忧。四儿子的病两个月花去一千多元,这让他承受了较大的经济压力,因此更想把书卖给王伯元,其心情相当迫切,甚至达到了恳求的程度。5月22日,他又写信给吴子深,"托其进言伯元,盼卖书成事也"③。5月28日,吴梅去拜访吴子深,再次"托其进言伯元"。也就在这一天,吴梅看到《晶报》上的一则报道,"载余弃大学教授而就西席,且云伯元于余娶媳时订定契约,以二万元作聘"。吴梅虽然觉得这则报道"可

---

① 吴梅1933年4月27日(农历四月初三)日记。
② 吴梅1933年5月2日(农历四月初八)日记。
③ 吴梅1933年5月22日(农历四月廿八)日记。

笑"①,但他也由此感到了舆论的压力,一位词曲名家为了高收入放弃大学教授不做,跑到富商家里做西席,这毕竟不是一件能拿上台面的事情。其实刊登这一消息的不止《晶报》一家,稍后《中国新书月报》在国内文坛消息栏目也有报道:"中国词曲专家吴瞿安(梅)氏,自主讲东南大学等校词曲讲座后,专心著述。近因沪上某寓公之聘请,已来沪作公馆教授云。"②

吴梅本来对下半年到王伯元家坐馆之事就有些犹豫,现在报刊已公开报道,他自然更不想去了,何况有些学生看到报纸上的报道后,恳请吴梅"勿辞讲席"③,劝他不要离开中央大学。从学生的这种态度不难想象社会上对此事的看法。

6月8日,有位亲戚想托吴梅找王伯元帮其谋份差事,正在等待售书消息、就馆未定的吴梅自然不能答应,予以婉言谢绝。

一直到6月21日,吴梅终于得到王伯元的准确消息,那就是书"坚决不要",至于坐馆一事,仍诚心邀请吴梅:"年寿五千元之说,以海上生活较大,可再津贴一千元。"对此,吴梅深感失望,自然也就不愿意再到王伯元家坐馆了,"余目的在售书,书既不要,门馆实坐不惯也。"④

其后,王伯元又托人请吴梅赴馆,吴梅则坚决拒绝,并决然表示:"即

《中国新书月报》有关
吴梅坐馆的报道

---

① 吴梅1933年5月28日(农历五月初五)日记。
② 承《吴瞿安在沪教书》,《中国新书月报》第2卷第6号(1932年6月)。
③ 吴梅1933年6月14日(农历五月廿二)日记。
④ 吴梅1933年6月21日(农历五月廿九)日记。

使中大、金大两处皆寂,余亦无悔,况有书可读耶。"①稍后,吴梅又托人将寄存在王伯元家的藏书取走。至此,他与王伯元算是彻底断绝来往,在富商家坐馆之事也就此结束。此后两人再没有直接的往来②。有论者说吴梅"以教育广大英才为己任,不为重金所动,毅然辞馆,复执教于中大"③,这显然并不符合实情。吴梅辞馆的原因如上文所述,较为复杂,后人在谈及这件事时,往往把事情简单化,将吴梅人为拔高。笔者翻阅有关吴梅的材料时,屡屡发现这一现象,前文所讲吴梅婉辞徐树铮聘请之事,也是如此。

王伯元为何不愿意购买吴梅的藏书,吴梅没有讲,也没有直接的资料可做依据,这里只能根据相关文献做一下推测。在笔者看来,王伯元之所以如此,大概有两个原因:一是王伯元收藏的重点在字画,而不在书籍,他对吴梅的藏书没有兴趣。尽管他此前也购藏过一些书籍,但这不是其收藏的重点。再说吴梅藏书的精华在词曲,他对这一领域并不在行,也未必有兴趣。二是觉得不好开价。吴梅卖书的目的很明确,为了养老,为了给儿子筹办亲事。这些藏书凝结了他多年的心血,虽然具体开价数目不知道,但可以想象,必定是相当高的。王伯元虽然是巨商,但未必能接受吴梅的要价。再说吴梅过于主动甚至将卖书与坐馆绑在一起的方式,王伯元心里也未必受用。不管怎样,王伯元这个决定应该也是在权衡利弊之后做出的,要不他也不会拖上这么长时间才给吴梅

---

① 吴梅 1933 年 6 月 28 日(农历闰五月初六)日记。

② 一年后,竟然还有人找吴梅,托他向王伯元进言,帮其儿子找工作。吴梅自然是拒绝,觉得其人"真愦愦矣"。参见吴梅 1934 年 7 月 27 日(农历六月十六)日记。后吴梅又听到王伯元票号赔本三百万的消息,暗自感到庆幸:"因念吾若就馆渠家,明年必生问题,幸见机之早也。"见吴梅 1935 年 1 月 27 日(农历十二月二十三)日记。

③ 毕华珠《怀念吴瞿安姨丈》,《艺术百家》1994 年第 3 期。

答复。

如果没有卖书这件事，吴梅很可能继续到王伯元家做西席，两人也许还会像以前一样发生一些误会，但不至于闹到决裂的程度，至少不会这么快。

尽管两人最后不欢而散，但吴梅的短暂家教生活还是颇有成就的。虽然对王伯元不时产生误会和意见，但吴梅对其两个孩子的辅导则是一丝不苟。其授课内容包括诗文的讲解和作文两部分，以他这样的学识来教两名中、小学阶段的学生，并且如此认真、尽心，两个孩子的进步自然是非常明显。后来，王伯元的四个儿子全部获得博士学位，成为各自领域的佼佼者，不管是在当时还是在现在，这样一门四博士的家庭在中国都是非常少见的，由此也可看出王伯元对孩子教育的重视及成就。

在南京执教的十多年间，尽管忙忙碌碌，诸事繁杂，吴梅的生活基本上还算稳定、平静。平日在南京授课，周末或假期，则基本上在苏州的老家度过。好在两地不远，坐火车也很方便。吴梅在南京一直是租房居住，先是住在大石桥 22 号，后来又迁到 19 号。他也曾有在南京买块土地建房养老的打算，但都因资金的缺乏而未能如愿。

无论是去南京，还是回苏州，妻子都是陪伴在身边，夫妻俩不仅是生活上的伴侣，还是配合默契的曲友，彼此有着深厚的感情。吴梅念及此处，颇有感慨："中年夫妇，情逾骨肉。吾无兄弟手足之乐，幸有此椎髻梁鸿之妻。"①可谓肺腑之言。妻子五十岁生日时，吴梅特意写了四首祝寿诗，其中一首写到两人过去在一起温馨、和美的家庭生活："饥驱走冀北，客舍常携君。夕阳对樽酒，丝竹时杂陈。旧京富冠盖，唱和冬及春。君或脱钗珥，治具款众宾。兴至亦引吭，客散即杜门。十载持双眼，棋局长

---

① 　吴梅 1932 年 7 月 30 日（农历六月三十）日记。

安新。劫来卧江左,仍看钟山云。一笑作达语,同是传奇人。"[1]时人谈论吴梅时,多爱提及其他和妻子皆能唱曲之事,说起来也是一段有趣的文坛佳话,曾有一篇名为《吴梅夫妇唱随》的文章专门记述此事[2]。

四个儿子除长子吴见青因身体原因留在家中外,其余三子皆学有所成,在吴梅的帮助下,陆续找到适合自己的工作,并成立各自的小家庭。孩子们各得谋生之道,且能孝敬父母,这让吴梅感到欣慰。几个孩子受吴梅的熏陶,对于词曲一道也不陌生,都能唱上几句,特别是四子吴南青,水准更高,也更为全面。一家人时常聚在一起唱曲,享受天伦之乐。时人曾描写吴梅父子一起唱曲的情景,令人神往:"往年记者谒先生于金陵,相与泛舟玄武湖,先生自歌所为《无价宝》,其哲嗣吹横笛和之,暮烟四起,水风相激,翛然疑非尘世也。"[3]

《中国公论》有关吴梅夫妇唱曲的介绍

就个人的收入来说,也不算低,中央大学的授课之外,吴梅还先后同时在光华大学和金陵大学兼课。中央大学的工资是每月 320 元,金陵大

---

[1] 吴梅《拟秦嘉赠妇诗》三首之三。此为定稿,字句与初稿颇有出入,参见吴梅 1934 年 7 月 11 日(农历五月三十)日记。

[2] 参见老缘《吴梅夫妇唱随》,《中国公论》第 4 卷第 4 期(1941 年 1 月)。

[3] 《霜崖三剧之介绍》,《词学季刊》第 2 卷第 4 号(1935 年 7 月)。

学的是每月 60 元,这样每月的固定收入就有 380 元。在苏州老家有祖父留下的二百五十多亩地,田租所得也是一项固定收入。此外还有稿费、润笔等一些额外收入。这样算起来,吴梅的收入固然不能和大银行家、大企业家之类的富豪相比,但和社会上的一般平均水平比起来,也算是相当可观了。

收入虽不算低,但吴梅的家庭负担也着实不小,上有庶祖母,中有自己夫妇,下有四个儿子及儿媳,全家人的各项开销基本上都靠吴梅一人,仅日常的柴米油盐就是一笔不小的数字。后来二子、三子相继到外地参加工作,独立谋生,负担才算是减轻一些。日常生活开支,加上经常买书、与亲友间的频繁应酬,等等,这些都需要用钱。

自然,其间也有诸多烦心的事情,最让吴梅为之头疼的是四个儿子的事情。首先是婚事,让他头疼的不是孩子对象的选择。在这一点上,他表现得相当开明:"婚事一节,总以男女本身作主,为家长者,不可固执我见。"①他头疼的是四个孩子婚事的花销,四个孩子年岁相差不是太大,逐渐都到了谈婚论嫁的年龄。按照当时苏州的标准,每个孩子的婚事差不多需要 2000 多元,这样几个孩子的花销加在一起,就是一笔巨款。尽管吴梅感叹"近日婚嫁之费,造于其极,奈何"②,但也只能随俗。他在日记中多次谈及此事,并一直想办法筹措。比如三儿子的婚事:"计婚费约二千元,余仅有半数,尚须筹措焉。"③

其次是四个孩子特别是二子、三子、四子的工作问题,正如吴梅本人所说:"人至中年,每为儿辈计划,老冉冉其将至,此今古所同也。"④大儿

---

① 吴梅 1932 年 6 月 18 日(农历五月十八)日记。

② 吴梅 1932 年 9 月 17 日(农历八月十七)日记。

③ 吴梅 1931 年 11 月 4 日(农历九月廿五)日记。

④ 吴梅 1932 年 5 月 15 日(农历四月初十)日记。

子神经衰弱,不能独立生活,只得留在家里。二儿子吴涑青震旦大学毕业,三儿子吴翰青交通大学毕业,四儿子吴南青光华大学毕业。这三个孩子都要找工作,为了他们,吴梅只好屈尊找朋友、弟子们帮忙。

在四个孩子中,最让吴梅省心的是二儿子和三儿子。他们从学校毕业后,在吴梅的努力下,各自找到了工作,并先后娶亲,基本上可以自食其力。相比之下,最小的四儿子吴南青让吴梅操心最多。他于光华大学毕业后,随卢前到河南大学担任助教。1933年2月,"忽患痫疾,环绕花坛,狂走大道,其势匪轻"①。这种病不同于寻常的疾病,每次犯病,吴南青都会大吵大喊,"口中胡言乱语,无一刻停","谵语彻夜不休"②,将家中闹得无法安生。吴梅的正常生活由此被打乱,除了上课外,读书、应酬等活动则全部停止,每天为儿子求医。后来连课也上不成,只好请假。

由于吴梅相信咒符、偏方一类的民间治疗手段,迟迟不送儿子去医院,因此儿子的病情一直得不到控制,时时发作。后来最终还是将儿子送到医院,病情才得以缓解。这样,从发病到病情基本控制,整整持续了两个多月。其间吴梅夫妇度日如年,备受折磨,身心疲惫,吴梅本人也患上多种疾病。两个多月的医疗费用高达一千多元,这是一笔相当大的费用。吴梅为此"不胜焦虑"③,几乎达到崩溃的边缘,为此他曾这样宽慰自己:"夫人既有子女,孰不愿其成立?计自少至壮,能读书上进者已不多觏,迨壮而有室,能自负担,不劳父母者更不易得。余沨、良两儿,皆能如此,老怀差乐,惟四儿得此恶疾,未免悒悒。顾天下安有十全事耶?"④好在四儿子的病情在得到控制后的很长一段时间里,没有再发作。

① 吴梅1933年2月21日(农历正月二十七)日记。
② 吴梅1933年2月26日(农历二月初三)日记。
③ 吴梅1933年4月25日(农历四月初一)日记。
④ 吴梅1933年4月4日(农历三月初十)日记。

　　总之,日子虽然相对平静,但每天的生活却相当忙碌,除了上课之外,还有很多交往应酬,多的时候几乎每天都有饭局。此外还有不少人登门求字、求教、求助。以至于读书都要挤出时间,为此吴梅曾感到内疚:"余尝谓老辈中清苦者,辄恨无书可读。而余则有书不读。"为此,他曾有这样的打算:"自今以后,五十一岁始,闭户不出,日定课程,学温公温经之法,以一、二卷为日程,迨至六十,或可有所成就。"①但这样的计划始终未能实现。

第三节　南雍桃李

　　在东南大学、中央大学、金陵大学、光华大学、中山大学这些高等学府,吴梅所讲授的课程主要有曲学通论、词学通论、曲选、词选、戏曲概论、曲论、南北曲律谱、金元戏曲选、专家词、词史、曲学概论及曲史等,其中为金陵大学国学研究班所开课程为南词斠律、北词斠律、散曲研究、度曲述要、订谱述要等,课程内容基本上都与他所擅长的词曲有关。

　　在当时,曲学虽然已经走入大学课堂,成为一门专学,获得了正当的社会文化地位,受到学界重视,有不少年轻后进开始涉足这一领域,但就研究的对象、范围及治学方法而言,学界大多继承的是王国维开创的曲学研究模式,即注重文献的搜集和考索,从文学角度观照戏曲,而吴梅开创的这种重实践、重曲律的研究模式却逐渐边缘化,面临着后继乏人的尴尬局面。因此,吴梅虽然能将曲学搬进大学课堂,却无力扭转这种研究的格局和风气,他所精通的声律之学只能无奈地成为绝学。比较能说明这一问题的一个事实是:尽管吴梅在当时名气很大,有曲学大师之称,

---

① 　吴梅1932年9月21日(农历八月廿一)日记。

其本人上课也相当努力,但并不总是出现学生争相选课的情况。相反,选听其课程的人并不太多,有些学期可以用寥寥无几一词来形容,颇为冷落,这与别的知名教授授课时学生争相选听的情形形成鲜明对比。

以下依据吴梅本人的日记,将其从 1933 年到 1937 年在各个学期开学授课时的情况列举如下:

1933 年 2 月 13 日新学期开学,吴梅到中央大学授课,但学生到者不多,遂改为 15 日上课。结果这一天听课的学生仍然很少①。16 日,他第一次去金陵大学授课,发现只有四名学生选他的课,另有三位旁听②。

1933 年 9 月 18、19 日去授课,中央大学这边,"选词学通论者尚多,选曲名著者仅三人",曲律班"亦有十余人";金陵大学那边,曲学概论课"选课五人,两女三男而已"③。

1934 年过完春节开学,金陵大学选吴梅课者有四个女生,三个男生。对此,吴梅感觉"今年人多矣"④。

1934 年 9 月 12 日上午九点,吴梅去中央大学上课,发现"人数寥寥,曲律一班,竟无一人",对此他"深以为异",遂"致函注册组,言上学年为北词,此学年为南词,凡选读北词者,仍须继续"。14 日再去授课,曲律班"选者止一人,旧生已见布告,而到者寥寥"。这样就没法开课了。吴梅决定"且俟下周再看"。结果到了 19 日,情况仍然不理想:"曲律班人数寥寥,止有五人,此五人尚有观望之意。"⑤

---

① 参见吴梅 1933 年 2 月 13、15 日(农历正月十九、二十一)日记。
② 吴梅 1933 年 2 月 16 日(农历正月二十二)日记。
③ 吴梅 1933 年 9 月 18、19 日(农历七月廿九、三十)日记。
④ 吴梅 1934 年 2 月 20 日(农历正月初七)日记。
⑤ 以上吴梅 1934 年 9 月 12、14、19 日(农历八月初四、初六、十一)日记。

1935 年 2 月 15 日，新学期开学，"早至中大上课，到者寥寥"①。

1935 年 9 月 9 日，"早赴中大上课，选者寥寥，专家词三人，北词校律三人，曲学通论止一人，且过一星期再定"②。金陵大学那边的情况也差不多，"大学班共四人，研究班共十六人"③。

1936 年 9 月 15 日，"下午冒雨赴金大上课一堂，为词选，第二课为研究班，人止二名，因未上"。第二天到中央大学授课，"元明剧选，听课者甚多，词学则选者止二女生，亦奇"④。

1937 年 2 月 15 日，到中央大学上课，"作文班到五人，元剧班到五人，下午词学通论班到三人，何寥寥也"。第二天到金陵大学上课，"赋选班七人，词曲班止二人，而旁听特多"⑤。

从上述所列举数年间课堂上的情况来看，吴梅所授课程在多数时间里学生选听者并不多，就连他本人也感到有些尴尬，多次用"寥寥"一词来描述，显然他希望更多的同学来听课。如果是在当下的南京大学，如此少的选课人数，按照规定，无论是研究生还是本科生，都是难以开课的。

当然这里也有一个客观原因，那就是当时的学生人数比现在要少得多。据《国立中央大学各年级学生人数统计表》1933 年度下学期的统计，中国文学系四个年级的学生人数只有 53 名，将外国文学系、史学系、哲学系、社会学系等系都算上，整个中央大学文学院四个年级学生的总

---

① 吴梅 1934 年 2 月 15 日（农历正月十二）日记。
② 吴梅 1935 年 9 月 9 日（农历八月十二）日记。
③ 吴梅 1935 年 9 月 17 日（农历八月二十）日记。
④ 吴梅 1936 年 9 月 15、16 日（农历七月三十、八月初一）日记。
⑤ 吴梅 1937 年 2 月 15、16 日（农历正月初五、初六）日记。

人数也不过才 157 名①。学生人数本来就不多,加之选课者又少,吴梅上课时的冷清景象也就可以想见。

之所以如此详细地列举吴梅上课时的冷清情景,是为了说明一个问题,那就是虽然戏曲研究已经成为一门学科,进入大学课堂,但吴梅所代表的这种从曲律入手、偏重创作、演唱的教学和研究方式不仅难度大,而且也很难引起多数学生的兴趣。这与吴梅学问的大小、讲课的好坏无关,它代表着学术文化的一种演进趋势,学生选课的多少很能说明这一问题。曾向吴梅学习过词曲的浦江清对此有着很清醒的认识:"三百年前是南北曲之全盛时代,三百年后则为整个古文学艺术衰微之时代,一般人之趣味殊不在此,故虽学问才情皆高出于数子之上,又讲学于南北著名之大学,登高而呼,列桃李门墙者甚众,亦不能挽曲学之厄运,则时代限之已。"②

吴梅本人显然也意识到了这一点,他曾告诉自己的弟子卢前:"唐人歌诗之法废,而后有词,词之歌法废,而后有南北曲,今南北曲又垂废矣。执途人而语之,虽猪口焦唇,吾知其无益也。不如与子,拍浮高呼,寻味于酸咸之外,而自得于晓风残月之间,誉之勿喜,嗤之亦勿怒,吾固无望于今世之赏音也。"③时代文化风气的变迁往往不以人的意志为转移,有时候会显得十分残酷,在白话文学成为主流的时代里,包括词曲在内的旧体文学只能处于文学创作的边缘,成为少数文人雅士象牙塔内的把玩之物,不管如何提倡,都不可能再呈现明清时期的那种繁盛景象。从吴梅这种故作放达的语气中不难感受到其背后蕴涵的凄凉和无奈,其行为

---

① 《国立中央大学各年级学生人数统计表》,《国立中央大学日刊》1934 年 6 月 5 日。

② 浦江清《悼吴瞿安先生》,《戏曲》第 1 卷第 3 辑(1942 年 3 月)。

③ 吴梅《饮虹簃所刻曲序》(二)。

也就带有一种知其不可为而为之的悲壮色彩。

尽管如此，吴梅还是努力尽到自己的本分。对曲学，他有着这样的认知："夫文章天下之公器，非我之所能独私，何必靳而不与至如是哉。余少时即经过此难，遍问曲家，卒无有详示本末者，故至今日，再不敢缄默以误世人，遂将平生所得，倾筐倒箧而出之，使人知有规矩准绳，而不为诵读所误，虽元人复起，亦且韪吾言也。"①

只要学生有兴趣，愿意学习，吴梅还是尽心地把自己的学问传授给他们。他备课非常认真，以1931年下半年的梦窗词课为例。为了上好这门课，他"拟作札记，乃取毛本作主，以王幼霞、杜小舫、朱古微无着庵《彊村丛书》本，汇刻一通，而附以忆说"②。从这一天起，他将校勘梦窗词作为每天必做的功课，坚持了一个学期。其间，他听说郦承铨藏有毛斧季校本吴词，就赶快借了过来。《一寸金·赠笔工刘衍》中有"黬髯掀舞"一语，他"遍检书学各籍，不知来历"，就向朋友张仲清请教③。自然，在校勘披阅过程中也有不少颇有新意的心得体会。可见吴梅是将教学与自己的学术研究结合在一起，教学态度和治学态度一样严谨、认真。

尽管平日诸事繁杂，应酬颇多，但吴梅很有责任心，总是按时到校授课，即便是生病，也不轻易请假。1931年11月6日这天，他一起床就感觉不舒服，"腹痛如绞，便后复卧，辰初起身，已红日满窗"，他本来想请假休养，但考虑到"来宁即为授徒，苟可起床，何必荒人学业，因仍到校"④。这样的事情并非偶然，几天后，他又感觉身体不适，"欲请假休养，继思不

---

① 吴梅《顾曲麈谈》第一章《原曲》，商务印书馆1916年版。
② 吴梅1931年10月25日（农历九月十五）日记。"忆"当为"臆"字。
③ 参见吴梅1931年10月27、28、30日、11月2日（农历九月十七、十八、二十、二十三）日记。
④ 吴梅1931年11月6日（农历九月廿七）日记。

可荒废学生学业,仍驱车去"①。对吴梅平日上课的情况,其弟子唐圭璋曾有这样的描述:"吴师平易近人,循循善诱,备课充分,教学认真,上课从不迟到早退,虽刮风下雨也不请假,指出学生词作的优点缺点,深受同学们的欢迎和尊敬。"②

听课的学生虽然不多,但也有一个好处,那就是精,因为他们都是真正喜欢词曲才来的,没有混学分之类的功利色彩,学习起来会更主动,更认真,因而进步也就更快,成才率更高。就学术研究来说,并不是人数越多就越好。相比之下,吴梅对中央大学学生的评价要比北京大学的学生高一些,他私下里曾进行过这种比较:"余南北雍主讲,垂十六年,北大诸生,多驰逐声利之场,不知读书之道;中大诸生,间有束身自好,朝夕勤勉者。"③当然,这只是泛泛而言,其实北京大学也不乏朝夕勤勉者,比如俞平伯、任中敏都是他在北大时培养的优秀弟子。

选课的人数虽然不是很多,但从教学的效果来说,还是相当不错的,这与吴梅独到的教学方法有关。这里摘录两段当年听过吴梅授课的弟子的话,以见其当年上课的情景:"瞿安师教我们填词,总选些难题、险韵、僻调,把我们逼得叫苦连天,越往后而渐觉容易了。瞿安师解释先难后易的道理说:'射人先射马,擒贼先擒王,倘作词只会浣溪沙,作诗只会五七言绝句,那是没用处的。'"④"他虽逼得紧,批改起来却认真,朱墨鲜明,连圈点也一笔不苟,和印出来的一般。……后来吴师的尺度逐渐放宽,我们的兴趣逐渐提高,不但不以填词为苦,反倒乐而忘倦了。"⑤

---

① 吴梅1931年11月13日(农历十月初四)日记。

② 唐圭璋《自传及著作简述》,载其《梦桐词》第132页,江苏古籍出版社1987年版。

③ 吴梅1932年6月30日(农历五月二十七)日记。

④ 尉素秋《秋声集》校后记,台湾帕米尔书店1967年版。

⑤ 尉素秋《词林旧侣》,台湾《中国国学》第11期(1984年9月)。

　　课堂讲授只是吴梅教学的一部分,而不是全部,因为他将课内的理论与课外的实践有机地融为一体,实际上课外的词曲创作、吹笛唱曲对学生的影响也许要更大,这也是吴梅教学中为人津津乐道的地方。对此,其弟子多有记述,这里引述唐圭璋的回忆,以见其教学风采之一斑:"每当春秋佳日,吴师经常带领同学们一起游览南京名胜古迹,并即时作词、作曲。学校位于大石桥,吴师住宅即在大石桥旁边,我们经常到他家去请教,师无不详细答复。课余暇时,并从师学唱昆曲,一门管弦,洋洋盈耳。其二子涑青、四子南青都善于吹笛唱曲,所以我们都学会了吹笛唱曲,结合书本上的知识,明瞭了曲学的理论,对词曲源流及其关系都有了深切的了解与体会。"[①]

　　吴梅门下弟子数量并不算太多,但不乏出类拔萃者,用现在的话来说,就是学生的成才率很高。其中原因很多,毫无疑问,吴梅这种言传身教的教学法是其中一个很重要的因素。这种教学方法即便是在今天,也仍有启发意义。遗憾的是,这一优秀的教学传统未能得到很好的传承和发扬。1984 年,在纪念吴梅诞辰一百周年时,当时的南京大学校长匡亚明在讲话中曾表示要学习和继承吴梅的这种"理论联系实际的优良作风",他还提出一个建议:"要提高有民族特色的昆曲艺术,是否可以由高等院校和昆剧演出团体合作,共同培养昆剧的博士研究生。这是与目前对戏曲史研究生的要求不同的,他(她)们除了懂理论、能创作、会唱几句以外,重点还在于能亲自登台演出,也就是作为表演艺术家来培养。"[②]这是一个非常有眼光、值得一试的好建议,可以未能付诸实施。

---

① 　唐圭璋《自传及著作简述》,载其《梦桐词》第 132—133 页,江苏古籍出版社 1987 年版。
② 　匡亚明《在吴梅先生诞辰一百周年纪念会上的讲话》,《戏剧月刊》1984 年第 11 期。

郑振铎曾将吴梅与当时的其他教授进行过对比:"有许多教授们,特别是在北方的,都有一套'杀手锏',绝对的不肯教给学生们。但瞿安先生却坦白无私,不知道这一套法术。他帮助他们研究,供给他们以他全部的藏书,还替他们改词改曲。他没有一点秘密,没有一点保留。"①郑振铎本人曾在各大学任教,对当时高校里的师生关系比较了解,他的这一说法还是比较符合实际的。

在与年轻学子的接触交往中,吴梅感到的是薪火传承的快乐。这可以从他发起组织潜社的活动中看出来。

从 1924 年春开始,吴梅应东南大学词学班同学们的要求,发起成立了一个以学生为主体的词社,即潜社②。至于为什么叫潜社这个名字,据主要成员王季思回忆,大体情况是这样的:"第二个星期上课的时候,便有同学提议,请求先生定期的给我们这样的练习,有的同学更主张组织个词社。先生答应了,定社名为潜社。至于为什么用这个潜字,先生当时没说起。后来我私人问他,他说当时东大教授中,实不免有借学术的组织,作其他种种企图的,他不愿意因此而引起其他的纠纷,所以用这个名字,希望大家埋头学习,暂时不要牵入政治的漩涡。"③吴梅本人后来对此也有解释:"往余主南雍,从诸生请,相约结词社,名之曰'潜',盖

① 郑振铎《记吴瞿安先生》,《国文月刊》第 42 期(1942 年)。

② 对潜社成立的具体时间,吴梅有两个不同的说法,一见其 1931 年 11 月 2 日(农历九月廿三)日记的记载:"潜社者,余自甲子、乙丑间借东南大学诸生结社习词也。"一见其《潜社词刊序》:"丙寅之春,南雍诸子起词社,邀余主盟。"王季思《忆潜社》一文的记载是"民国十三年的二三月间",见王卫民《吴梅和他的世界》第 72 页,河北教育出版社 2002 年版。本书取 1924 年说。

③ 王季思《忆潜社》,载王卫民《吴梅和他的世界》第 72—73 页,河北教育出版社 2002 年版。

不事标榜而暗然日章也。"①由此可见,"潜"字蕴涵着吴梅对同学们的期待,他希望大家能真正潜心学习,不要有太多的名利之心。

利用潜社雅集的机会,吴梅和同学们一起进行词曲的创作、演唱和品鉴。他本人是这样介绍潜社活动情况的:"月二集,集必在多丽舫,舫泊秦淮,集时各赋一词,词毕即畅饮,然后散。至丁卯春,此社不废。刊有《潜社》一集,亦有可观处。戊辰之秋,重集多丽舫,后约为南北曲……社有规条三:一、不标榜,二、不逃课,三、潜修为主。"②这既可以看作是词曲课堂教学的一个延伸,同样也可以看作是老师和同学们一起交流沟通、消遣娱乐的方式。

受各种因素的影响,潜社时断时续。1927 年春至 1928 年夏,因东南大学解散,吴梅相继到中山大学、光华大学、苏州中学执教而中断。1928 年秋赓续,因吴梅当时讲授内容为南北曲,则易词为曲。1932 年,因吴梅至上海避难、在王伯元家坐馆,潜社活动再次中断。1936 年 3 月,再次赓续。这样断断续续,共坚持了十多年,正如吴梅本人所描述的:"历久不渝,固可尚也。诸生有转移,社集无间断。"③这是相当不容易的,没有吴梅和同学们的共同努力,很难坚持这么长的时间。吴梅在光华大学任教期间,曾应该校学生之请,创办了一个词社,社名也叫潜社,这可以看作是中央大学潜社的延续。

潜社的学生成员主要有卢前、唐圭璋、王玉章、王季思、常任侠、陈舜年、张世禄、周发高、徐益藩、沈祖棻等。参加潜社的原先只有吴梅一位老师,后来其他老师如汪东、王伯沆、胡小石等也加入进来。对此汪东曾

---

① 吴梅《潜社词刊序》,《小雅》第二期(1930 年 6 月)。
② 吴梅 1931 年 11 月 2 日(农历九月廿三)日记。
③ 吴梅《潜社汇刊》总序,1936 年刊行。

为文提及："南京'如社'外，又别有'潜社'，课南北曲，瞿安主之。预会者多南雍高材生，余长文学院时，曾应诸生请，一集秦淮画舫中，舫名'多丽'，是题课为'商调山坡羊。'"①通过这种师生共同参与的雅集，学生们从吴梅等人那里学到了很多词曲知识，更亲身感受到教师们的言传身教，提高了研究词曲的兴趣。这种学习方式的收获甚至会超过课堂上的听讲，对他们的成长是非常有益的。潜社的不少同学如唐圭璋、王季思等后来都成为学界名家。对吴梅来说，他也从中得到宽慰，还有什么比得天下英才而教之这样更快乐的事情呢。

潜社雅集的另一个直接成果就是社员作品的结集印行。1926 年中秋，吴梅将潜社四次雅集所得六十三首词作编成《潜社词刊》印行，他亲自题签并作序。1929 年冬，刊印《潜社曲刊》，收录十次雅集曲作九十二首。1936 年重结潜社，印行《潜社词续刊》，收录六次雅集词作一百五十一首。随后再将所有的作品汇总而成《潜社汇刊》，由汪东题签。这是二十世纪二、三十年代江南地区旧体诗词创作的一份珍贵记录。

从主持潜社的活动也可看到吴梅教学的另一个特点，那就是注重艺术实践，重视创作。这种传授方式从他在北京大学教授词曲时就已经开始，与他的治学方法是一致的。这也是一种具有民族特色的传授方式。

潜社之外，吴梅对学生们发起组织的文艺活动也较为支持，他曾

《潜社汇刊》

---

① 汪东《作曲秦淮画舫中》，载其《寄庵随笔》第 35 页，上海书店 1987 年版。

担任中央大学中国文学会、金陵大学砥柱文艺社的顾问，还不时应邀到其他大学进行演讲。如 1933 年 12 月 5 日到东吴大学演讲，题目为《学文管见》①；1936 年 2 月 7 日，他应邀到苏州女子师范学校演讲，内容为文学大略。

十多年的辛勤传授、精心培养，所取得的收获也是十分丰厚的。吴梅在词曲研究领域培养了一批优秀的青年才俊，这些学坛新秀们在当时就已经崭露头角，成为各自供职单位的学术骨干。通过词曲的传授，吴梅不仅直接影响了一代学人，而且深深影响着其后的词曲研究。这种影响在新中国成立后看得更为明显，国内各高等学府里词曲研究的领军人物要么是吴梅的弟子，要么受到过吴梅的指点。他们不仅自身学术成就卓著，而且还薪火相传，培养了一支支优秀的学术团队，使所供职单位成为国内著名的词曲研究重镇，如任中敏在扬州大学、唐圭璋在南京师范大学、钱南扬在南京大学、王季思在中山大学、万云俊在华东师范大学，等等，他们的分布潜在地决定着国内词曲研究的基本格局，保持了学术薪火的传承，使曲学事业得到延续和光大。

这是吴梅对词曲研究的另一重要贡献，这一贡献的深远影响直到当下仍能感受到，毫不夸张地说，它比撰写几部学术著作更为重要。在中国现代学术史上，能像吴梅这样培养出如此多优秀才俊的学者没有几个，这也是人们谈论吴梅时津津乐道的一个重要话题。在高等教育招生数量大爆发、培养质量大滑坡的今天，这一点还是很有启发意义的。过去人们对此重视不够，这里要特别强调一下。

的确，吴梅门下弟子一直是人们津津乐道的话题，曾有"南卢北任"、"吴

---

① 具体内容参见烟桥《吴瞿安的学文管见》一文，《申报》1933 年 12 月 16 日，另参见吴梅当日日记的记载。

门三杰"、"吴门五学士"、"七个半弟子"等多种说法,其中"南卢北任"指卢前、任中敏,"吴门三杰"指唐圭璋、任中敏和卢前。"吴门五学士"之说出自赵景深,指钱南扬、卢前、王玉章、任中敏和蔡莹①。至于"七个半弟子"究竟何指,连记载此事者也未能说清楚,只知道其中有任中敏和卢前②。

当然,这只是旁观者的看法,至于作为老师的吴梅本人,他对自己的弟子私下里曾有如下评价:"余及门中,唐生圭璋之词,卢生冀野之曲,王生驾吾之文,皆可传世行后,得此亦足以自豪矣。"③

下面选取吴梅门下几位具有代表性、与其有较多往来的弟子进行简要介绍:

一、卢前

在吴梅门下众弟子中,不乏出类拔萃的英才俊杰,他们大多得吴梅学问之一体,专攻某一个领域,正如任中敏所说的:"曲虽小技,艺兼声文,此中全才,旷代难得。迩来同好,有曲学会之集。各从所好,分科研讨。要皆得先生曲学之一体,未尝有一人能集其成者也。望文运之日颓,叹绝学之难继。"④唐圭璋

卢前

① 赵景深《曲友》,载其《文坛回忆》第 219 页,重庆出版社 1985 年版。
② 参见陈邦贤《瞿庵有七个半弟子》,载其《自勉斋随笔》,世界书局 1947 年版。另据张充和云,吴梅有三大弟子:任中敏、汪经昌、卢前。参见其《冀野文钞》序,中华书局 2006 年版。
③ 吴梅 1936 年 1 月 11 日(农历十二月十七)日记。
④ 任中敏《奢摩他室曲丛》序,商务印书馆 1928 年版。

也说类似的话："由于词曲范围太广,自己力量不够,只得专致力于词。"①相比之下,卢前的情况有所不同,他不仅像乃师那样专力研究曲学,而且还能制曲、度曲、唱曲,全面发展,且都达到了相当的水准,是一位不可多得的曲学新秀。也正是因为这个缘故,吴梅特别欣赏和器重卢前,将继承、发扬曲学的希望寄托在这位得意弟子身上,"得传其秘者,以金陵卢冀野为最"②。人们后来之所以称卢前为吴梅"第一高足"③,也正是基于这一点来说的。

1922 年秋,数学成绩奇差的卢前在经历过一次升学挫折之后,被破格录取,终于如愿走进当时国内仅有的两所国立大学中的一所——东南大学。此时,已在北京大学任教五年的曲学大师吴梅也在东南大学中文系系主任陈中凡的盛情邀请下,来到这座学府任教。这似乎有些巧合,两人可谓有着天生的师生缘分。

"余十八从长洲先生学为曲,粗识门径"④。是曲学使两人结下了师生之缘。在吴梅的精心传授下,天资过人、具有江南才子之称的卢前在曲学上突飞猛进,很快就脱颖而出,受到学界的关注。

吴、卢不仅有师生之谊,后来还曾在光华大学等处一起共事过,两人一直保持着密切的往来,彼此结下了十分深厚的情谊。卢前母亲五十大寿的时候,吴梅特地创作《中吕霓裳戏舞千秋岁·寿卢冀野(前)母五十》曲,以表祝贺。1934 年卢前在内政部求职未成,吴梅推荐其去青岛大学,虽然未能成功,但由此可见吴梅对弟子的关心。

两人的密切交往,在很大程度上与他们自身的性格、气质较为接近

① 唐圭璋《自传及著作简述》,载其《梦桐词》第 132 页,江苏古籍出版社 1987 年版。
② 郑鹤声《霜崖先生年谱》序。
③ 易君左《卢前传》,载《冀野选集》第 192 页,美中文化出版公司 1997 年版。
④ 卢前《论曲绝句》,附载《曲雅》,开明书局 1931 年版。

有关。两人以曲学名世,长期在各高等学府任教,但骨子里还都是文人,具有诗人的气质。秉性的相近使他们有着更多的共同语言,保持着一种亦师亦友的关系。

当然,更为重要的是两人对曲学的共同爱好。卢前在词曲创作与研究的过程中,得到了吴梅的热情指点和帮助。比如他在创作《饮虹五种》时,一直得到吴梅的指点:"冀野诸作,皆削稿于丙寅,时余方主南雍,每一折成,辄就余商榷,余亦相与上下议论",对这位颇有天分的弟子的作品,吴梅给予高度肯定:"君五折皆俊语,不拾南人余唾,高者几与元贤抗行,即论文章,亦足寿世矣。"①

卢前编印《饮虹簃曲丛》,其中有不少珍本是吴梅提供的。利用恩师的丰富藏书,从他那里获得文献资料的支持,这也是吴梅弟子治学的一个共同特点,卢前如此,唐圭璋、钱南扬、任中敏也是如此。此外,吴梅还为卢前的不少著述如《元人杂剧全集》、《饮虹簃曲丛》等作序,为《元人杂剧全集》题写书名,对弟子取得的每一点成就,吴梅都给予肯定和鼓励。直到临去世的前两天,他还在校订卢前的《楚凤烈》,并为其题写《羽调四季花》一曲。总的情况正如卢前的同门唐圭璋所概括的:"当先生在东南大学时,尝为卢冀野改曲,也是一字不苟。冀野创作的散曲、杂剧、传奇等,无不有先生的润饰;后来冀野刻《饮虹簃散曲》,与先生的诱导、鼓励也是分不开的。"②由此可见吴梅对卢前的赏识和器重。

对恩师的勉励、提携之举,卢前十分感激。他曾协助吴梅做了不少工作,比如编印《霜厓曲录》。1932年吴梅的四儿子从光华大学毕业,求职困难,卢前正好到河南大学执教。为帮恩师解决难题,他将其带到河

① 吴梅《饮虹五种》序。
② 唐圭璋《回忆吴瞿安先生》,《文教资料简报》1984年第1期。

南大学担任助教。后来卢前也不忘恩师的嘱托,帮其料理后事,刊印遗著。可惜时局的动荡和变化限制了卢前的充分发展,否则他可以更好地继承吴梅所开创的曲学事业,做出更多更大的成就,将曲学事业更为广泛、深入的传扬和光大。

两人身上虽然存在着颇多相似之处,但由于各自成长的社会文化背景不同,所接受的教育不同,知识结构不同,因而在观念、创作、研究等方面自然也会表现出一定的差异。这表现在:

吴梅从小接受的是传统教育,曾参加过科举考试,但未接受过现代学术训练,他的喜爱曲学主要是出于个人的兴趣爱好。后来虽长期在北京大学、东南大学等高等学府任教,受到了现代教育制度和学术制度的影响,但身上旧的一面仍保留较多,比如他主要进行旧体诗词曲的创作,基本使用文言,很少采用白话写作,流露出浓厚的文人气息,体现出新旧杂糅的过渡特点。有的研究者曾指出这一点,比如叶德均就认为吴梅"决非一个现代的戏曲史家,而是致力于作曲、订谱的传统文人"[1]。

而卢前的情况则有所不同,他出生较吴梅晚 20 多年,从小接受的就是新型的教育,大学教育更是在东南大学这样的现代高等学府里完成,读书期间系统地学习了中文系的各门课程,受到了系统、严格的现代学术训练。因此,他固然喜欢旧体文学的创作,但对采用白话的新文学并不排斥,同时进行着新文学的创作,并有专门的新诗集、小说集、散文集出版,其中新诗集有《春雨诗集》(南京书店 1926 年版)、《春雨》(开明书店 1930 年版)、《绿帘》(开明书店 1930 年版)等,小说集有《三弦》(上海泰东图书局 1927 年版),散文集有《酒边集》(上海会文堂新记书局 1934 年版)、《炮火中流亡记》(艺文研究会 1938 年版)、《丁乙间四记》(南京读

---

① 叶德均《跋〈霜崖曲跋〉》,《风雨谈》第 9 期(1944 年 2 月)。

者之友社 1946 年版)等。可以说,即使没有曲学方面的不俗成就,仅凭这些文学作品,卢前也是一位很值得研究的新文学作家。需要说明的是,卢前的新诗有不少被谱成歌曲,在当时得到较为广泛的传唱。

卢前的旧体文学造诣很高,受人称赏,他的新文学创作同样独具特色,不乏叫好称道者,比如浦江清就认为卢前的新诗"风格完全脱胎于中国旧词曲,不摹仿西洋诗,颇得一部分人之赞赏"①。这并非偶然现象,吴梅的另一位弟子常任侠与卢前相似,他一方面进行旧体诗词曲的创作,另一方面也写新诗,演新剧。将他们与吴梅对比,可见两代学者在思想观念、治学兴趣上的一些差异。

思想观念之外,两人治学的兴趣和方法也不尽相同。吴梅的兴趣主要在昆剧,卢前对散曲则有着更大的兴趣。即使是对同一对象比如戏曲的研究,两人的切入点与表述方式也呈现出较为明显的差异。卢前的《明清戏曲史》、《中国戏剧概论》对戏曲发展演进历程的梳理更为完整、系统,并不时以国外戏剧为参照,既谈到印度梵剧对中国戏曲的影响,也提及元代杂剧在西方的翻译传播,视野开阔。全书的结构框架、表述方式也都完全符合现代学术著作的规范。相比之下,吴梅的《顾曲麈谈》、《曲学通论》等著作虽然也受到新学术思潮的影响,但传统曲论的印记依稀可见,这表现在吴梅的关注点主要在制曲、度曲、曲律,对史的把握不够系统、完整,不少观点的表述较为随意,不够严谨。在其身上体现出新旧杂糅的过渡特点。

曲学之外,卢前还有不少著述,比如《何谓文学》(大东书局 1930 年版)、《近代中国文学讲话》(上海会文堂新记书局 1930 年版)、《八股文小

---

① 浦江清《卢冀野五种曲》,载浦汉明编《浦江清文史杂文集》第 70 页,清华大学出版社 1993 年版。

史》(商务印书馆 1937 年版)、《民族诗歌论集》(国民图书出版社 1940 年版)、《民族诗歌续论》(国民图书出版社 1944 年版)、《冶城话旧》(万象周刊社 1944 年版)、《书林别话》等。卢前可谓一个多面手,其著作不仅数量多,而且涉猎的领域也很广,这种博与吴梅的专形成了较为鲜明的对比。

需要说明的是,两人之间的这些差异有的是由性格、禀赋、兴趣等个人因素造成的,有些则受到时代文化因素的影响,特别是后者尤为值得关注,这种差异并不仅仅属于卢前与吴梅二人,它体现出五四新文化运动之后两代学人之间的一些共性。将这种差异放在中国现代学术初创的进程中,不难看出其特殊意义。由此可见中国现代学术发展演进的复杂性和丰富性,可惜这一问题还未引起学界的充分重视。

二、唐圭璋

唐圭璋是吴梅执教东南大学时所收的弟子,也是吴梅弟子中最为优秀者之一。他在词学方面得吴梅之真传,并发扬光大,有《全宋词》、《全金元词》、《词话丛编》、《宋词纪事》、《词学论丛》等著述,成就卓著,是二十世纪最有实绩的词学研究者之一。

唐圭璋的身世与吴梅颇为相似,都是早年不幸,他八岁丧父,十二岁丧母,后经不懈努力,终成一代词学名家。其成功一方面归功于个人的不懈努力,治学严谨,另一方面则得益于吴梅的指导和提携。对此,他深有感触:"如果不是陈老把吴先生请到南京来,我就不可能学词曲,我就不会唱曲吹笛。陈老把吴先生从北京拉到南京来是一大关键,为我们南京的词曲界立了大功。"[①]在谈及自己的治学历程时,他总是会提到吴梅

---

① 吴新雷《陈中凡教授在南京的戏曲教研活动》,载《南京戏曲资料汇编》第五辑第 114 页,1990 年刊行。

对自己的引导和帮助,以表达感激之情:"我在师范学校学习阶段,只着重诗文方面,对于词曲,虽也爱好,但涉猎不多。吴先生是现代词曲大师,他从北大来到东南,便开拓了词曲研究的风气。先生理论结合实践,吹、唱、写作,无一不精,教学认真,精批细改,态度慈祥,诲人不倦,及门受惠成才的学生很多,我就是在他的熏陶下走上词曲研究的道路的。"①

在东南大学学习期间,唐圭璋选修了吴梅所开的全部课程,由此培养了研究词学的兴趣,奠定了扎实的专业基础。吴梅收藏词学书籍甚富,唐圭璋在搜集资料过程中,得到了恩师的热情帮助,如1933年8月,他曾专程到苏州找吴梅,"专钞《尧山堂外纪》中词"②,并住在吴梅家。唐圭璋每有所作,必呈请恩师指正。对此他曾做过这样的概括:"计予从先生且十六载,勉予上进,慰予零丁,示予奇书,诲予南音。予书成乐为予序,予词成乐为予评。"③

对唐圭璋的学术成就,吴梅深为满意,唐圭璋所撰几乎每一部重要著作,他都作序,对其予以高度肯定:

1931年,唐圭璋为《宋词三百首》做笺注,成《宋词三百首笺》一书。吴梅在序中不仅指出唐圭璋用力之勤,而且详细列举该书的三大善处。

1934年,唐圭璋将历代文人词话汇为一编,成《词话丛编》,吴梅在序中盛赞"圭璋此书,淘词林之巨制,艺苑之功臣"④。

1936年,唐圭璋经多年搜求,成《全宋词》一书,吴梅看到此书,欣喜

---

① 唐圭璋《雪深一尺忆师门》,周末报编辑部编《情系金陵》第7页,南京出版社1992年版。

② 吴梅1933年8月23日(农历七月初三)日记。

③ 唐圭璋《吴瞿安先生哀词》,《黄埔》第3卷第11期(1939年11月)。该文后来被收入《梦桐词》一书时,进行了较大修改,可参看,江苏古籍出版社1987年版。

④ 吴梅《词话丛编》序。

之情溢于言表："欢喜赞叹，非言所尽"①。

　　除了公开的褒奖提携，吴梅私下里对唐圭璋也多有称许，这种称许发自内心，也更为真实。看到唐圭璋所辑的《宋金元三朝词辑》一书，他在日记中写道："洋洋钜观，可云煞费苦心，余弟子中之翘楚也。"②他称《词话丛编》一书"洋洋乎大观"③，对该书出现的一些错字，也颇能体谅："早阅《词话丛编》，误字甚多，以一人之力，校数百卷书，且又铅字印刷，安得有完善之望耶？"④看到唐圭璋所拟的《全宋词》草目，他发出这样的感叹："嗟乎唐生，可以不朽矣。"⑤俗话说：知子莫如父。由此类推，也可以说知徒莫如师。日后的事实证明了吴梅的这一预言。

　　1934年，唐圭璋"得教部严谴，有文理欠通，不准续聘之语"，被江苏省立第一女子中学解聘，吴梅对此颇不以为然，为弟子感到委屈："窃思唐生文笔斐然，考据词章，两擅厥胜，何至如部令云云乎？或有仇家告讦，斯未可知。"⑥

　　1938年，吴梅避难湖南湘潭，唐圭璋前去探望，并出示所辑《宋词纪事》一书，请吴梅作序。在为弟子所作的序文中，吴梅颇为动情，他一方面肯定弟子此书的重要成就，"读而善之"，另一方面为弟子的情谊所感动，不禁发出身世沧桑之叹："余江潭避地，顾景无俦，辱君厚我，远来存问，昔日弦诵之地，鞠为茂草，俯仰身世，百端交集，读君鸿著，益自伤迟暮矣。"⑦

---

① 吴梅《全宋词》序。

② 吴梅1932年10月15日(农历九月十六)日记。

③ 吴梅1934年12月15日(农历十一月初四)日记。

④ 吴梅1935年5月21日(农历四月十九)日记。

⑤ 吴梅1935年6月17日(农历五月十七)日记。

⑥ 吴梅1934年8月1日(农历六月二十一)日记。

⑦ 吴梅《宋词纪事》序。

吴梅去世后,唐圭璋极为悲伤,撰写《吴瞿安先生哀词》一文寄托哀思,感念恩师的指导、提携之情:"计予从先生且十六载,勉予上进,慰予零丁,示予奇书,诲予南音。予书成乐为予序,予词成乐为予评。柳暗波澄,曾记秦淮拈韵;枫红秋老,几回灵谷车停。呜呼,而今已矣。纵予谱得新声,教从何处是正耶?"[1]

三、钱南扬

与任半塘、唐圭璋、卢前等弟子不同,钱南扬虽然早在嘉兴二中读书的时候就已经从老师刘毓盘那里听说过吴梅,但他并没有在大学课堂上听到过吴梅的授课。因为他在北京大学由预科转入正科的时候,吴梅已结束其五年北京大学的执教生涯,南下到东南大学。后来经刘毓盘的介绍,钱南扬才如愿拜在吴梅门下,成为私淑弟子。对这段师生缘分,钱南扬曾做过较为详细的说明:"我怎么会研究戏曲呢? 说来话长,当我在二中念书时,刚好刘子庚先生也在二中教书,他和吴瞿安(梅)先生是世交,常常提起吴先生的曲学如何精深、藏曲何等丰富。我心中十分羡慕,便开始产生研究戏曲之意。……刘子庚先生见我有志于戏曲,特修书给吴瞿安先生,请他把我列诸门墙。自从我离开刘先生之后,久无消息。后来我托转友人请吴先生写一对联,寄来展望,见称我仁弟,方知蒙吴先生不弃,已经收我这个学生了。"[2]像钱南扬这样的私淑弟子吴梅还收过一些,如潘景郑等。

为了学习曲学,钱南扬曾专程赶到苏州,向吴梅当面请益。在这里,他得到了这位曲学大师的热情接待和悉心指点,吴梅亲自将钱南扬的行

---

[1] 唐圭璋《吴瞿安先生哀词》,《黄埔》第 3 卷第 11 期(1939 年 11 月)。

[2] 钱南扬《自传》,载其《汉上宧文存续编》第 352、353 页,中华书局 2009 年版。

李从旅馆搬到自己家里。此后,钱南扬每次到苏州,都是住在吴家,由此得以饱读奢摩他室、百嘉室的珍贵藏书。对此,吴梅在自己的日记中也时有记载:"钱生南扬来,钞胡茨村《南曲大全》,留之奢摩他室。"①

对这段难得的求学、读书经历,钱南扬曾做过这样的描述:"先生不仅待人诚恳热情,没有架子,而且在学问上,也循循善诱,有问必答,悉心指教。先生藏书颇丰,我在他家时,他都倾箧而出,让我饱览。"②这段短暂而充实的美好时光对钱南扬日后的治学有着积极的推动和影响。据他本人介绍,"我的《宋元南戏百一录》就是在吴先生家看书收集的材料写成的"③。

钱南扬深知吴梅喜欢藏曲,每当见到这方面的珍籍,也总是想着恩师。他在武汉大学任教的时候,得到《锦香亭》、《临凡引》、《盘陀山》三种曲本,皆为姚燮旧藏,遂寄到南京。吴梅看到后,"为之狂喜"④,马上让弟子录副。

建国后,钱南扬在南京大学执教近三十年,将吴梅在南雍点燃的学术薪火传承下去,培养了俞为民、朱恒夫等优秀弟子。

四、王季思

王季思与吴梅的结缘是在 1925 年。这一年他进入东南大学中文系求学,跟随吴梅学习词曲,得其亲传。这对他治学对象的选择与治学特色的形成影响甚大:"我后来对元人杂剧、明清传奇产生那么大的兴趣,

---

① 吴梅 1934 年 7 月 14 日(农历六月初三)日记。
② 钱南扬《回忆吴梅先生》,赵景深主编《戏曲论丛》第一辑第 2 页,甘肃人民出版社 1986 年版。
③ 钱南扬《自传》,载其《汉上宧文存续编》第 353 页,中华书局 2009 年版。
④ 吴梅 1931 年 12 月 4 日(农历十月廿五)日记。

跟吴先生对我的教导分不开。"①

吴梅对年轻好学的对王季思颇为欣赏,有一次在其作业后批道:"自万里、宇霆、维钊去后,复得斯才,我心喜甚。"这对正在成长阶段的王季思来说,无疑是一个极大的鼓励,"看到这一批语,我受宠若惊,感到极大的振奋"②。私下里,吴梅也流露出对这位弟子的欣赏。1931 年 11 月 2 日,他翻阅以前的潜社诗钟卷,对王季思的作品甚为满意:"惟诸生王起一联至佳:'每为风莲思太液,转因日近忆长安。'"③从吴梅这位曲学大师身上,王季思不仅学到了知识,也学到了为人的态度和品格。

转眼到了毕业时间,吴梅又开始为弟子的工作操心。1929 年 5 月 19 日,他专门给老朋友陈中凡写信,推荐自己的得意弟子王季思到暨南大学任教。信件的全文如下:

> 斠玄先生左右:经年阔别,梦想为劳。比维撰述宏富,起居安谧,为无量颂。弟奔走沪宁,无善可述。行年五十,学无一成,思之惶恐。兹有恳者:中大散徒王君季思起,学殖渊通,词章楚楚,研讨词学,积有岁年。闻贵校下学期词曲一科,尚无教授;高中国文,亦无专师。不揣冒昧,愿承其乏。王君学行,为尊处苏拯君素知,同舍同堂,一切可以询问也。倘承汲引,锡以齿牙,俾得承教杖屦,自当黾勉将事,以答雅爱。弟近岁惟拙作杂剧已付剞氏,此外,散藏诸种,陆续付商务印行,斯则可告足

---

① 王季思《玉轮轩曲论》后记,中华书局 1980 年版。
② 王季思《王季思自传》,载北京图书馆《文献》丛刊编辑部、吉林省图书馆学会会刊编辑部编《中国当代社会科学家》第六辑第 61 页,书目文献出版社 1983 年版。
③ 吴梅 1931 年 11 月 2 日(农历九月廿三)日记。

下耳。临颖神驰。敬颂著福。弟吴梅顿启五月十九日①。

吴梅致陈中凡荐王季思书

字里行间可见吴梅对王季思的赏识，也可见其对弟子的关心。

这种关心既有学业上的，也有生活方面的。1931 年春节前夕，王季思因不满其家庭的包办婚姻，和女友徐碧霞一起从温州逃到苏州。吴梅

---

① 吴梅致陈中凡函，载吴新雷等编《清晖山馆友声集》第 195—197 页，江苏古籍出版社 2000 年版。该书将此信写作时间系于 1933 年，似可商榷。据王季思《回忆吴梅先生的教诲》一文介绍，此信写于其大学毕业后不久，王季思 1929 年大学毕业，则此信系于该年似更妥当。

没有让他们住宾馆,而是把他们安排在自己家里,像自己的孩子一样对待他们,大家一起过了一个颇为热闹的春节。吴梅去世后,王季思回想起当年在吴家过春节的情景,黯然赋诗:"西山晓色争眉翠,吴市春声到枕边;回首师门一凄绝,蕉风椰雨暗蛮天。"①

四年东南大学的求学生活给王季思留下了十分美好的回忆,同时也奠定了其治学的重要基础。不过日后在回顾这段人生经历时,严于律己的他也感到了一丝遗憾:"我也有过教训:吴先生为了让我们懂点戏曲的音律,曾教我们唱昆曲。吴先生吹笛,我们按谱跟着唱。可是我一唱不行,就不愿再唱了。我后来搞戏曲,对宫调、音律不甚了了。至今想起,还深以为憾。"②

这里面当然有谦虚的成分在,因为王季思的艺术实践还是颇为丰富的,他不仅爱听戏,而且还排过戏,写过剧本。此外,他还擅长旧体诗词的写作,这些对其日后的戏曲研究有着很大的帮助。他本人也意识到这一点:"虽然这些作品十分幼稚,剧社不久也星散,但对我后来的戏剧研究工作仍不无影响。直到今天,我还不愿脱离当前的舞台演出来研究古代戏曲作品。"③

五、万云骏

在吴梅的众弟子中,万云骏是比较特殊的一个。之所以这样说,是因为吴梅在传授学业之外,还帮其筹措学费。万云俊早年丧父,家境贫寒,到十九岁的时候,母亲又去世,成为孤儿,无力支付学费,完成学业。

---

① 王季思《回忆吴梅先生的教诲》,《剧影月报》1994 年第 5 期。

② 王季思《王季思自传》,载北京图书馆《文献》丛刊编辑部、吉林省图书馆学会会刊编辑部编《中国当代社会科学家》第六辑第 62 页,书目文献出版社 1983 年版。

③ 王季思《玉轮轩曲论》后记,中华书局 1980 年版。

万云骏是在就读江苏省立第二师范学校（后改为江苏省立上海中学）时经人介绍认识吴梅的，吴梅对他很是赏识，觉得如此聪明、有才华的年轻人读完师范教小学有些可惜，就资助其到自己执教的光华大学继续深造。

对资助万云骏读书之事，吴梅在其日记中有较为详细的记载，这里摘录相关部分：

1934 年 2 月 8 日："云骏来，为明年学费，求将伯之助，因往仲培处取款，付渠百元而去。"①

1934 年 3 月 27 日："往上海行汇交万生款二十元，托君斐转去。"②

1934 年 8 月 24 日："万生云骏至，商下学期学费，余应七成。"③

1934 年 9 月 13 日："得万生快函，言转学不成，还光华须再费三十元。事已至此，只得破费矣，闷闷，即寄汇三十元去。"④

1934 年 11 月 7 日："结束上月家用账，……中如云骏零用二十元，……皆为特出支款。"⑤

1935 年 2 月 11 日："又至会计处领俸，即分寄云骏、……"⑥

1935 年 8 月 26 日："下午云骏来，将版税折交去，并付廿五元，够一学期费矣。"⑦

1935 年 12 月 21 日："得万云骏书，知黑夜遇劫，钱箧皮衣俱剥去，告

① 吴梅 1934 年 2 月 8 日（农历十二月廿五）日记。
② 吴梅 1934 年 3 月 27 日（农历二月十三）日记。
③ 吴梅 1934 年 8 月 24 日（农历七月十五）日记。
④ 吴梅 1934 年 9 月 13 日（农历八月初五）日记。
⑤ 吴梅 1934 年 11 月 7 日（农历十月初一）日记。
⑥ 吴梅 1935 年 2 月 11 日（农历正月初八）日记。
⑦ 吴梅 1935 年 8 月 26 日（农历七月廿八）日记。

贷二十元,因即汇去。"①

1936 年 1 月 30 日:"万生云骏自申来,先付学膳费五十元,旋即去。"②

1936 年 3 月 2 日:"早三课毕,至上海行寄五十元于万云骏。自今年后,可以毕业,余责亦尽矣。"③

从上述记载可知,吴梅负担的不仅是万云骏的学费,也包括其日常生活的开销,正如万云骏本人所说的:"我师范毕业后,他就送我入光华大学读书,非但学膳宿费都由他负担,就是书籍零用连衣服费都完全供给我。啊! 瞿安师是我的重生父母! 他的厚恩,叫我如何能报答万一呢!"④吴梅是将万云骏当作自己的孩子来看待和培养的,他当时的工资虽然不算低,但家中各项开支甚大,自己本身也有四个儿子,但就是在这样的情况下,还主动承担万云骏的学费和生活开支,这不是一般人所能做得到的。吴梅门下弟子学有所成者较多,究其根由,固然与吴梅传授得法、弟子不懈努力有关,同时吴梅对弟子的这种深厚情谊应该也起了很大的激励与推动作用。

对吴梅在学业上的培养,万云骏是这样介绍的:"自从受业于吴梅先生后,他教我主要研究词,次则戏曲。他要求全面发展,不能仅写词或曲,也要写好五七言古近体诗及古文、骈文。十年之中,我寒暑假常住在吴梅先生家中。平时则书信往来,吴梅先生对我谆谆教导,亲自指示途

① 吴梅 1935 年 12 月 21 日(农历十一月廿六)日记。
② 吴梅 1936 年 1 月 30 日(农历正月初七)日记。
③ 吴梅 1936 年 3 月 2 日(农历二月初九)日记。
④ 万云骏《悼瞿安师》,载王卫民《吴梅和他的世界》第 50 页,河北教育出版社 2002 年版。

径,悉心批改习作,真是耳提面命,培植熏陶,收益是很大的。"①万云骏
毕业后,留在光华大学任教,讲授词曲,著有《古代诗词曲选析》(广西人
民出版社 1983 年版)、《诗词曲欣赏论稿》(中国社会科学出版社 1986 年
版)等,是学界知名的词学专家。

除了上面重点介绍的几位,吴梅弟子中出类拔萃、学有所成者还有
不少,如赵万里、王玉章、常任侠、徐震堮、蔡桢、潘景郑、李一平、王驾吾、
汪经昌、戚法仁、陈志宪、陆维钊、胡士莹、吴白匋等。吴梅经常为自己门
下的这些高足感到自豪,这里抄录几段他对几位弟子的评价,如评价潘
景郑:"潘生为文恭公(世恩)曾孙,与其兄傅山(承厚)同来受业,事在丙
寅之春,诗文词曲皆喜研讨,家有藏书,足供浏览,真世家中佳子弟
也。"②评价王驾吾《孝陵志》:"详略得宜,洵佳构也。"③

弟子们每出新作,吴梅总是热情地为他们作序,多加勉励和提携。
除前文提到者外,吴梅还为弟子蔡桢的《词源疏证》、《乐府指迷笺释》、陈
志宪的《西厢记笺证》、蔡振华的《元剧联套述例》、王玉章的《元词斠律》、
陆恩涌的《南曲板式为乐句述例》等著述作序。

前文已说到,吴梅对弟子们的提携和帮助是全方位的,既有学业上
的,也包括生活上的。有一段吴梅将自己儿子职位让给弟子的佳话曾在
学界广为流传,如郑逸梅所云:"吴南青,为词曲家吴梅哲嗣。毕业于金
陵大学,欲谋一职,适南京某中学欲聘一教员,吴梅却推荐与南青同班之
某女同学以承乏。吴梅夫人责怪之,乃曰:'某女同学成绩在南青之上,

---

① 万云骏《万云骏自传》,载《中国当代社会科学家》第五辑第 3—4 页,书目文献出版社
　　1983 年版。
② 吴梅 1931 年 11 月 5 日(农历九月廿六)日记。
③ 吴梅 1935 年 6 月 6 日(农历五月初六)日记。

吳序

往歲余主講東南大學嘗作南北詞簡譜十卷教授諸生江陰王生玉章實從余遊余嘗謂玉章吾書簡略君盍爲詳譜玉章即求纂輯之方余曰先成北譜盡取元劇之存于今者比類而條列之以鉤稽同異更就吾成說以立一準繩似非難事也玉章即從事于此歷八年許成書定名曰北詞斟律而問序于余夫北詞之難訂世人謂難在正襯實則匪獨正襯也混江龍後庭花青哥兒之增句六么序梅花酒道和之格式般涉正宮之煞曲繁簡各殊比附不一乍見之未有不斂手也而實皆有端倪可尋也近世流傳者自太和正音譜而下當以北詞廣正譜爲最善顧猶有以點板太密爲病者抑知北詞無定板就文字之多寡爲板式之疏密而其聲即隨之爲轉移又

吴梅《元词斟律》序

则更胜任愉快也。'"①依据相关资料来看，确有此事，当事人是沈祖棻②，不过具体细节与郑逸梅所记有所出入。

　　沈祖棻是吴梅执教中央大学、金陵大学时的弟子，加之两人为苏州同乡，往来自然较为密切。沈祖棻经常向吴梅请教问题，请吴梅帮其修改词作。在吴梅日记中，多有其到吴家拜访请益的记述。沈祖棻才华横

① 郑逸梅《艺林散叶续编》，载其《郑逸梅选集》第三卷第415页，黑龙江人民出版社1991年版。
② 毕华珠在《怀念吴瞿安姨丈》一文中说是翟贞元，当系误记。文载《艺术百家》1994年第3期。

溢,以《浣溪沙》一词受到汪东的赏识,在当时有"沈斜阳"之称。1934年6月,沈祖棻大学毕业,吴梅称其为毕业生中"女生之翘楚也"①。汪东亦称"余女弟子能词者,海盐沈祖棻第一,有《涉江词》传钞遍海内,其《蝶恋花》、《临江仙》诸阕,杂置《阳春集》中,几不可辨"②。

1936年12月22日,沈祖棻到吴梅家,"切托谋事"。当时吴梅的四儿子吴南青在国立戏剧学校讲授

沈祖棻

中国戏曲史,但他同时还在镇江的一所中学兼职,两地奔波,难以兼顾,因此多是吴梅帮其在国立戏剧学校上课。现在沈祖棻既有此请,吴梅遂决定"于寒假中,将戏校事让之"③。1937年2月1日,沈祖棻在去国立戏剧学校上课之前,还特意到吴梅家辞行,并在其家吃了午饭。

尽管对门下弟子热心提携和帮助,对他们所取得的成就深为满意,但毕竟是年轻人,有时弟子们的行为也有让吴梅不尽满意的地方。1935年4月29日,他读钱南扬的《宋元南戏百一录》一书,发现"所有材料,出自余藏者几半,而书中不提我一字,反请顾颉刚作序,盛道王国维,我亦置诸不复矣"。这让他感到有些不快,应该说吴梅的这一埋怨不能说没有道理,但他也只是在日记里私下对自己说说而已,并未公开谈及,更不

① 吴梅1934年6月16日(农历五月初五)日记。
② 汪东《新声试听女词人》,载其《寄庵随笔》第27页,上海书店1987年版。
③ 吴梅1936年12月22日(农历十一月初九)日记。

会去告诉钱南扬。第二天他再看《宋元南戏百一录》,认为"亦有好处"①,可见其并没有真将此事放在心上。同样卢前所刻《饮虹簃曲丛》,有九种出自吴梅的藏曲,但"除《诚斋乐府》与《词脔》二种余序中说明外,馀皆不明言所自出,迹近攫夺矣",对此,吴梅也"只有付之一笑耳"②。毕竟都是自己的弟子,这点牺牲精神和胸怀还是有的。

吴梅热心资助万云骏求学,但对其有时疏于联系,心里也是会有一点不满的:"得万云骏书,知明年又将读书,半年不通音问,忽然要人破钞,看得天下事太易矣。"③话虽是这样说,学费还是按时寄过去。

吴梅对弟子的这些埋怨和牢骚也是人之常情,他只是说给自己而已,写在日记里,从未公开过,这丝毫不会影响到他对弟子的看法,也不会影响他与弟子们之间的密切交往,从这个角度可以对吴梅与弟子们之间的关系有更为全面、深入的了解,了解吴梅内心更为真实的一面。

在恩师吴梅的指点、提携之外,同门之间的相互切磋,彼此帮助,对这些年轻学子们的治学也有着积极的推动和影响,这在任中敏、卢前身上体现得很是明显。两人同出吴梅门下,过从甚密,感情深厚。对两人当时交往的情景,卢前曾有生动的描述:"中敏在金陵,与予朝夕过从,怡然如兄弟。春秋暇日,都下诸胜,时共游躅,有时相对一尊,互倾胸鬲。有时杂稠人中,中敏力排众说,口滔滔若悬河,予则从而应之。杂以谐笑,说者谓任爽卢真。"④更为重要的是,两人有着共同的志趣和爱好,特别是对散曲的研究。他们都曾撰写过具有开创性的曲学论著,而且还都十分喜爱搜集、整理和刊印曲学书籍。相互切磋之外,两人还一起编写

---

① 吴梅 1935 年 4 月 29、30 日(农历三月廿七、廿八)日记。

② 吴梅 1936 年 10 月 1 日(农历八月十六)日记。

③ 吴梅 1932 年 12 月 2 日(农历十一月初五)日记。

④ 卢前《散曲丛刊》序,中华书局 1931 年版。

了一些曲学书籍,如《散曲集丛》(商务印书馆 1941 年版)就是两人合作的成果。《曲选》(国立编译馆 1944 年版)一书由卢前编选,任中敏校正,也是由两人合作完成的。

弟子门人之外,吴梅与其他晚辈学人也多有往来,如龙榆生、夏承焘、赵景深、郑振铎、孙楷第等,他们在治学过程中均曾得到过吴梅的热情指点和帮助。赵景深曾这样描述吴梅:"曲学大师吴梅也与我通过两次信,与青木同样的谦逊。我们青年人难免火气,对之不胜愧恶。"[①]

第四节　群贤毕集

与上文所述以传道授业为核心的师生间的交往相比,吴梅与学界同仁特别是同事们的交往在内容和方式上要丰富、复杂得多。

根据交往的地点、方式、内容及特点,可以把吴梅在这一时期的交游圈分成如下几个大的群落:一是东南大学、中央大学、金陵大学的同事圈,二是苏州地区的文人圈,三是以南京、上海为中心的江南文人圈。这种划分方式是为了便于说明问题,其中的人员因有多重身份,彼此间存在交叉重叠,这也是需要说明的。

先说吴梅在东南大学、中央大学、金陵大学的同事圈,这主要是指东南大学、中央大学、金陵大学里曾和吴梅在同一时期执教并有过往来的同事们。这些人包括柳诒徵、陈去病、胡小石、王伯沆、汪东、黄侃、汪辟疆、王易、林损、胡翔冬、乔大壮等。他们中有不少人在吴梅南下金陵之前就已经与其认识,有的还曾在南京、北京等地与吴梅共事过,私交甚好,有着多年的情谊。

---

① 赵景深《曲友》,载其《文坛回忆》第 218—219 页,重庆出版社 1985 年版。

胡小石曾在一首诗中描述当年中央大学文学院俊彦毕集的盛况:

在昔南雍厕儒彦,英英槐市如云屯。

陈侯(伯弢)通博踵伯厚,四明学派推承源。

季刚说字千鬼哭,胜义欲固扬许樊。

刊度玉琯定宫羽,霜厓声律真轩轩。

就中胡三最横绝,哦诗睥睨飙霆犇。

群于翁也服玄览,逍遥顿破风与幡。

广敷文史张五馆,即谈空有穷祇洹。

按剑时或笑毛李,高咏颇亦寻谢袁①。

诗中依次说到陈汉章、黄侃、吴梅、胡翔冬、王伯沆等人。

在这些学人中,胡小石早在南京第四师范学校任教时就与吴梅有同事之谊。胡小石,名光炜,小石为其字,号倩尹、夏庐,原籍浙江嘉兴,生长于南京。早年师从李瑞清、陈三立学习,与胡翔冬为同学。他不仅学识渊博,而且擅长书法,为金陵书坛四大家之一,著有《中国文学史讲稿》等。

胡小石自 1924 年 9 月起相继在金陵大学、中央大学国文系任教,并担任系主任。他聘请吴梅到金陵大学兼课,讲授金元散曲。两人往来甚密,吴梅对胡小石所作七绝颇为欣赏,评以"甚佳"、"殊佳"等语②。

王伯沆与吴梅共事的时间也比较长,从东南大学到中央大学,前后

---

① 胡小石《客有驰书告冬饮翁饿者,苏宇奔走醵资以赒之。长谣叙悲,并赠苏宇》,载其《胡小石论文集》第 264 页,上海古籍出版社 1982 年版。

② 参见吴梅 1934 年 12 月 12、13 日(农历十一月初六、初七)日记。

有十多年。王伯沆，名瀣，伯沆为其字，号冬饮、酸斋、无想居士等，南京人。他 1915 年受聘到国立南京高等师范学校国文部执教并担任主任，此后历经东南大学、中央大学，一直在该校任教，在国文系诸教授中，他是任职时间最长、资历最老者。

1935 年至 1936 年间，吴梅有两学期授课的时间和王伯沆正好相同，两人下课后经常在一起交流。吴梅对王伯沆十分敬重，称道其诗作，佩

王伯沆

服其学识。这在其日记中有较为详细的记载，这里摘录一些：

1935 年 3 月 4 日："晚至汪辟疆处，与王伯沆谈天，论诗极精。……余深服之。"

1935 年 9 月 23 日："晤伯沆，谈黎二樵诗极熟，颇钦佩。"

1935 年 10 月 23 日："伯沆课罢纵谈。……长谈至十二时散。余敬之重之矣。"

1935 年 11 月 20 日："与伯沆谈艺甚乐。"

1935 年 11 月 27 日："与伯沆谈诗甚快。"

1935 年 12 月 9 日："与伯沆谈谐甚适。"

1935 年 12 月 30 日："早赴校，三课毕，与伯沆闲谈。……直谈至午后，忘乎进餐也。"

1936 年 4 月 8 日："中大三课毕，与伯沆闲谈，渠示我诗，戛戛独造，可云近人一大手笔。……下午潜玩此诗，深服其用力之健，确是自己诗，他人移动不得也。"

　　王伯沆对吴梅也颇为推重,多次将自己的诗作拿给吴梅看,请其进行品评。

　　1937年2月,王伯沆因病卧床,无法上课,吴梅得知消息,非常关心,不时询问病情,还亲自到王宅探望。

　　抗战爆发后,吴梅带领全家人到南方避难,临走前路过南京,他还十分惦念这位很谈得来的老友。王伯沆因卧病不起,留在南京。在通信相当不方便的情况下,两人托弟子传信,询问彼此的情况,并以诗唱和,相互勉励。

　　汪东,字旭初,号寄庵、梦秋,江苏苏州人。他是章太炎的弟子,著有《梦秋词》、《吴语》、《法言疏证别录》、《唐宋词选》、《词学通论》等。汪东与吴梅为同乡,两人很早就认识,后来又成为同事。汪东是东南大学改名中央大学之后与吴梅成为同事的,他同时还担任中央大学国文系的系主任。两人都致力于词学研究,志趣相同,彼此来往较为密

汪东

切,他们经常雅集,饮酒赋诗。吴梅写有《南吕懒画眉·题汪旭初(东)〈北湖看花图〉》等。汪东对吴梅颇为敬重,他曾这样评价吴梅:"吴瞿安治南北曲,稍究声律,自大学设词曲课。瞿安遍历两京,所教甚众。弟子有声者,如任敏中、卢冀野、王玉章等皆是。然合声歌作曲填谱为一手,

仍瞿安一人而已。"①

汪辟疆,名国垣,辟疆为其字,号方湖,江西彭泽人,著有《光宣诗坛点将录》、《唐人小说》、《目录学研究》等。他是 1928 年到中央大学任教的。对于和吴梅的交往与情谊,汪辟疆在其《挽瞿安先生二首》中有较为生动的记述,这里引录后一首如下:"十载江南共好春,每因杯酒得情亲。高歌几欲同哀筑,著论时闻叹集薪。(先生有日记数十册,每及世事,多念乱之语。)举世但知声律细,何人能识性

汪辟疆

情真。(先生至性过人,家庭友朋翕然无间。予深知之。然世人所推则曲律也。)蕲春既卒长洲往,不到西仓亦怆神。(先生在金陵与季刚同居大石桥,其宅后则明季西仓巷也。诗人杜于皇曾寓于此云。)"②

汪辟疆治学的重点本在诗文与目录学,但受吴梅等好友的影响,对词学也产生了浓厚的兴趣。他在日记中曾谈及此事:"余向不治词。近年汪旭初、黄季刚、吴瞿安、王伯沆皆喜为之,而陈彦通、邵次公、乔大壮尤姝精此事,卓然名家。推分既久,熏习亦深,偶有继声,实无专诣。"③

---

① 汪东《许寿裳电筒致难》,载其《寄庵随笔》第 34 页,上海书店 1987 年版。"任敏中"当为"任中敏"。此处汪东所讲吴梅事与许寿裳电筒致难毫无关系,不知两者何以归并在一起。

② 汪辟疆《汪辟疆文集》第 988 页,上海古籍出版社 1988 年版。

③ 汪辟疆《汪辟疆文集》第 872 页,上海古籍出版社 1988 年版。

上述这些学人的特点可以用学识渊博,多才多艺八个字来描述,从思想文化立场与价值取向上来说,大多趋于保守,属于旧派学人。他们基本采用旧体文学样式,坚持文言写作,治学范围也大多为传统的经史之学或词曲之学。因志同道合,彼此之间自然往来密切,他们经常在一起饮酒赋诗,形成了一个较为松散的学人交游圈。对此,汪东曾做过这样的描述:"其时余主中国大学中国文学系,同系诸子,如王伯沆、吴瞿安、黄季刚、胡小石、汪辟疆、王晓湘,皆以文学名,诗酒之会,月必数聚。"①汪辟疆亦有类似的介绍:"由十七年至二十年,此四年中,几无日不集,集必剧谈移暑,以为笑乐。"

在中央大学、金陵大学同仁的数次诗酒游乐中,玩得最为尽兴、最为众人津津乐道的是 1929 年春天的苏州邓尉探梅之旅。"先是瞿安先生以春假返苏州,先生(指黄侃——笔者注)告以同社将游邓尉,瞿安先行,因委以部属之事"。这一次同游的有吴梅、黄侃、汪辟疆、王伯沆、胡小石、王易、汪东,几乎涵盖了中央大学国文系从事古代文学教学的全体教师。他们不仅流连山水,而且"竟夜为谈艺之乐"②。

围绕在这些学人身边的,还有一群志趣相投的学生,他们深受老师们的影响,经常和老师们一起雅集,相互唱和,形成了一个旧派文人组成的学术文化交游圈,也可以说是一个较为松散的学术文化团体,成为一支独立的学术文化力量,具有自己的特点,与北京大学的新派学人形成鲜明对比,使当时的学术文化界呈现出丰富多元的景观。

这些旧派学人依托南京地区的高等学府,组织学会、社团,创办学术

---

① 汪东《清游香雪海》,载其《寄庵随笔》第 53—54 页,上海书店 1987 年版。"中国大学"当为"中央大学"。

② 以上汪辟疆《记黄季刚先生》,《孔学》第 2 期(1944 年 7 月)。对于此次游乐,汪东亦有《清游香雪海》一文记其事,可参看,见其《寄庵随笔》,上海书店 1987 年版。

詞錄

霜崖詞

浣溪沙　　　　　　　　　　　　　　　　　　長洲吳梅

題明人賦湘蘭素素事

小市紅梅結比鄰〔薛素素爲王伯穀畫馬湘蘭題壁〕已無痕落花門巷說長春　白練裙荒悵夢雨秦樓月黯散歌塵于卿底事獨銷魂（白練裙秦樓月二傳）

霓裳中序第一

暮節路君金坡朝墨見訪京寫爲話南都近事賦此

南雲夢故閔墜葉青溪無信息何處夕陽巷陌記花榭試燈星壩横笛關河浪跡斜那時鸞燕遠醴滄江事碧城賦別冷落鹽瑤席　凄寂鳳臺春色待問訊西州倦客蘭成詞賦自惜玉井澹荒錦嶺縈紆斷紅留醉墨但鏡裏秋絲未白霜風老京塵衣袂去住兩難得

壽樓春　和金坡

吹遍霜商聲記丁簾絮語會閒情　念朱樓殘夜坐花調笙思俊侶多嬌雪料近來秦淮湖平縱畫裏題香愁邊歡酒無奈事新亭　春明外涼風生想西陵杜曲應有流鶯又恐紅精留字款雯知名楊柳色今年青聽笛中梅花江城正詞客傷高吳霜聲星秋滿庭

眉嫵　壽石公暈見示近詞拈此贈之　　　　　　陸惟鈞

看斜陽煙柳迷恨東華路匆匆芳意都變破衣漫典怕侵肯蒿淚無限更凄凄鶴夢邊西醒甚歡事天遠

玲瓏四犯

回眼蓬萊清淺早謝堂人散青鬢換霧落紅桑影江兩地橫塘梅雨腸斷醉歌自遣對少年金縷愁展又秋冷蘋洲誰惜取寸心愫

一百三十九

《国学丛刊》所刊《霜崖词》

刊物,在学术界发出自己的声音。早在东南大学时期,国文系的师生们就有感"国学沦夷,非合众力不足以谋挽救"①,遂于1922年10月13日发起成立国学研究会,创办《国学丛刊》,举办国学讲习会、佛学课、歌曲班,主要成员有陈中凡、顾实、柳诒徵、陈去病及吴梅等,他们都是该会的指导员。国学研究会举办的活动吴梅大都积极参与,国学讲习会的第一次演讲就是由他主讲的,时间是在1922年10月20日,题目为《词与曲

---

① 《国学研究会记事》,《国学丛刊》第1卷第1期(1923年3月)。

之区别》。歌曲班由他每周为学生讲两次。在《国学丛刊》上,吴梅发表了多篇论文与诗词作品,他本人还编辑了其中一期,即第一卷第三期。

后来吴梅等学人与门下弟子们又组织潜社、如社等诗词曲社团,他们虽然没有明确的口号和主张,但成员大体固定,文化立场与文学趣味高度一致,彼此间保持着密切的联系,成为一个相对独立的学术文化交往圈。这种局面一直持续到抗战以前。

当时在江南地区以文化保守立场闻名的,并不是吴梅所在的这个旧派学人圈子,而是以吴宓为代表的学衡派。学衡派的成员如吴宓、梅光迪、胡先骕等皆是留学回国者,他们虽受过西式教育,却激烈反对胡适等人发起的新文化运动,以《学衡》为阵地,与其进行论战,成为二十世纪上半期一个引人注目的学术文化现象。学衡派的成员虽然也持文化保守立场,但在思想观念、行为方式等方面与吴梅等人有着明显的不同。吴梅等旧派学人与学衡派的不少成员虽然是大学同事,思想观念也有部分一致之处,但除了柳诒徵及弟子与学衡派成员较为熟络外,吴梅等其他人与学衡派成员之间的交往并不多①,吴宓本人也曾说过此事:"(吴梅)一九二二年壬戌南归,就东南大学教习,宓与同事二载,未多往还。"②同样对胡适等人提倡的新文化不满,但彼此间既没有相互联手,也没有彼此声援,这无疑是一个值得关注的现象。

直到吴梅去世后,吴宓才开始关注这位昔日的同事,认真阅读其《霜

---

① 这种交往确实不多,但也不是绝对没有,高恒文云《学衡》每期均有'文苑'专刊,却一直没有发表过'吴门'师生的作品"(载其《东南大学与"学衡派"》第152页,广西师范大学出版社2002年版),这话说得有些绝对,因为《学衡》第32期的"文苑"就刊发了吴梅的《无价宝杂剧》,第33期又刊发吴梅润辞的《枯井泪杂剧》。有关学衡派的详细情况,参见沈卫威《"学衡派"谱系:历史与叙事》一书,江西教育出版社2007年版。

② 吴宓《霜崖诗录》,载其《吴宓诗话》第269页,商务印书馆2005年版。

無價寶雜劇

吳　梅

無價寶雜劇敘

百宋藏書博珍奇秘近今得其篇精自經品題者往往貴越兼金珍同美瑛斯非所謂一登龍門聲價十倍者乎然藝圃先生以精於鑑賞或錄其辭慧規通學之論或敘其生平循編年之史凡諸系跋語嗜古之士類多記述惟夫墜歡遠等悵玩素繪新聲乍起流唱紅椒則未之前聞吾友吳君瞿安特善度曲論世則備詳始末斛律則細審陰陽此無價寶雜劇爲玄機詩思圖而作觀其比事屬辭舂變入律足使先生當日市希駿骨之求窺翩豹斑之見別傳佳話益播芬流者也聞先生得魚集後寫仿此圖亦既廣徵題記以誌其盛厥後玄談張袖而舞玄鶴欲來應絃而歌濟魚出聽所以標松陵之高韻紀蓮社之勝矣瞿安追芳昔娱据逸前藻良辰同苦彦會又復審帶聯吟笙磬一時觴詠之樂蓋可知遊先生若在必置之學山海居諸家桑桑披覽焉顧先生寶愛魚詩至千金不易者卒之一經莫守三篋云亡流落人間豈不欤惟其圖妍跡長留靈光傑峙狷不隨襄陽月夜霧滅煙銷是赤軸之一家珍申舒箱傳其世學亦後賢護持之力也瞿安魏枕中之秘振絃上之音江夏酃流志在修緝與夫依附故實申舒性靈緣情而失之綺靡者焉可同語余未睹斯圖往歲祝君心淵爲余言之固欲妄炫鄰璣濫

文苑　無價寶雜劇

一

《学衡》所刊《无价宝》

崖诗录》,并给予较高的评价:"作者以词曲显,其诗风华婉约,以言情者为胜。始光绪戊戌。早有得于义山、梅村、白石。"①

　　以往学界谈及南北学术文化的差异与论争,江南地区多以学衡派为代表,并给予较低或负面的评价,同时又往往忽略吴梅等人所在的这个旧派学人圈子,这是不够全面、深入的。实际上,吴梅等人虽然没有学衡派那样高调,也没有提出具体的文化主张和口号,但他们通过言传身教,潜移默化地影响了整整一代学人。就对二十世纪学术文化影响的时间

———————————

① 　吴宓《霜崖诗录》,载其《吴宓诗话》第 268 页,商务印书馆 2005 年版。

和范围来说,无论是在深度上还是在广度上,他们都要超过学衡派。

再说吴梅所交往的苏州文人圈。

吴梅虽长年在中央大学、金陵大学任教,但一年之中,在老家苏州所待的时间比在南京少不了多少。每到寒暑假,他必定在苏州度过,周末回南京的次数也是比较多的。其藏书主要放在苏州,南京的房子则是租住的,可见在吴梅心目中,南京不过是临时居住地,苏州才是真正的家。尽管两地奔波相当辛苦,但他一直坚持下来。

因为这个缘故,吴梅与苏州家乡学者、文人之间的交往也是相当密切的。从其交游的圈子来看,人数还是相当多的,有陈去病、穆藕初、吴湖帆、张钟来、范烟桥、孙德谦、汪懋祖、张茂炯、顾巍成、吴粹伦等人。吴梅和他们中的一些人不仅有同乡之谊,往往还是同学、同事或亲戚。

吴梅在家乡结交的朋友多数为学者、文人、画家,他们有很多相同的爱好和情趣,喜欢饮酒、赋诗、唱曲、买书等。吴梅和他们之间的交往不少是以诗词曲方面的社团为纽带,包括适社、道和曲社、合社、琴社、折枝社、钟社、三九诗社、东斋、正社、六一词社、娑罗画社等,活动不外乎宴饮、联句、唱曲等。

在苏州老家的时候,吴梅经常去的地方是适社,这里是"吴中老辈游宴之地,茗柯酒尊,各适其适,谑浪笑傲,皆淳于、东方也"[1]。得闲的时候,他几乎每天都要到这里,与三五好友聊上半天。道和曲社等也是他去得比较多的地方。

除上述已介绍者,吴梅参加其他社团及活动的情况如下:

1928 年春,在苏州与蒋香谷、顾巍成等缔结词社琴社。

1929 年夏,苏州女子曲社幔亭曲社成立。吴梅为该社命名并题写

---

① 吴梅 1931 年 10 月 13 日(农历九月初三)日记。

社名,其主要成员张充和、张允和等曾向吴梅学习过唱曲。

1929 年 7 月,与好友邓邦述、顾巍成、张茂炯、吴伯渊等八人结六一词社。

1935 年 2 月,加入苏州甲戌学会。

更能体现吴梅与家乡同仁深厚情谊的是困难时的相互扶助。在他的朋友中,有的没有生活来源,有的则因家庭变故陷入困顿,吴梅总是尽其所能,以不同的形式帮助他们。好友顾巍成生活困难,吴梅便将自己的一些工作转给他。世界书局请他校阅《国学字典·文学词典部》,他考虑到顾巍成"正在窘乡,不妨转让"①。商务印书馆请其重撰《辽金元文学史》,他也请顾巍成代笔,稿酬则分文不取。沈修是吴梅在存古学堂时的同事,两人为忘年交,吴梅曾写有《可园探梅偕沈休穆(修)作》、《休穆示落花诗百章,戏书其后》等诗作。沈修去世后,吴梅与朋友们一起整理其遗稿,吴梅承担了编选工作,撰写序言,并出资二百元。1935 年,沈修《未园集略》刊行,虽是众人之力而成,吴梅出力尤多。

最后说说以南京、上海为中心的江南文人圈。这主要指在上文所述两个文人圈之外与吴梅有着共同爱好的朋友,他们主要活动在以南京、上海为中心的江南地区,有朱祖谋、夏承焘、夏敬观、龙榆生、王季烈、冒广生、叶恭绰、仇垺、乔大壮等人。这些文人有着一些共同的特点,那就是在文化立场上,偏于保守。在文学创作上,喜欢旧体诗词曲。

这些文人经常进行各类雅集,其中规模较大的有三次:第一次是1933 年 10 月 27 日在扫叶楼进行的秋禊。这一天为重阳节,有八十七人参加,其中有陈三立、夏敬观、冒广生、刘三、卢前、汪辟疆、王易、柳诒徵等;第二次是 1934 年 4 月 16 日在玄武湖举办的修禊。这一天为上巳

---

① 吴梅 1932 年 10 月 26 日(农历九月二十七)日记。

日,人数达到八十七人,参加者有柳诒徵、唐圭璋、常任侠、龙榆生、王易、卢前等;第三次是 1934 年 10 月 16 日在豁蒙楼举办的登高。这一天为重阳节,参加者更是多达一百零三人,有叶楚伧、刘三、唐圭璋、黄侃、夏承焘、龙榆生等。第一次吴梅亲自参加,分韵得"多"字;第二次吴梅也参加了,分韵得"长"字;最后一次则因金陵大学有课,未能前去,但吩咐弟子卢前代为签名,分韵得"坐"字。

除上述几次大规模的雅集,吴梅还发起成立或加入了一些词社、曲社,参加各类社集活动,其中吴梅较为看重、比较热心的有两个:

一是如社。这是吴梅与南京词坛同好们发起成立的一个词社,成立于 1935 年 3 月 9 日。据汪东介绍,因词社成立于农历二月,取《尔雅》"二月为如"之意,故取名"如社"①。其主要成员有吴梅、林昆翔、陈匪石、仇埰、汪东、乔大壮、唐圭璋等,先后入社者有二十四人,他们大多为当时在南京比较活跃的词人,有的是吴梅的朋友,有的是吴梅的弟子。按照约定,社员们"月举一集,集必交卷,由值课者汇录成帙,分赠同人"②。

对当时社集的情景,汪东曾有如下描述:"序坐以齿,无宾主之礼,出题则值社者主之,题亦但简取数调,以示范围,不限韵,不咏物,不必尽作,如思不属,虽曳白可也,无南宋社集之苦,而有以文会友之乐。"③至 1937 年夏,如社成员共举行了十六次社集。

---

① 对如社取名的由来,吴白匋则有另外的说法:"一九三五年春节,九人集会于秦淮酒肆,决定成立词社。取《诗经》'天保九如'之意,定名为'如社'。"见其《金陵词坛盛会——记南京"如社"词社始末》,载《吴白匋诗词集》(1927—1992)第 173 页,南京大学出版社 2000 年版。因汪东为词社发起人之一,吴伯匋为后来加入者,这里取汪东之说。

② 吴梅 1935 年 3 月 10 日(农历二月初六)日记。

③ 汪东《听笛题词忆旧游》,载其《寄庵随笔》第 30 页,上海书店 1987 年版。

词社同仁社集的作品后来汇编为《如社词钞》,于1936年6月刊行,由汪东题签,共分十二集,收录词作二百二十六首。后抗日战争全面爆发,词社成员分散各地,活动自然也就停止了。

二是啸社。这是一个由上海曲家发起组成的曲社,成立于1929年6月,创办人为居逸鸿,他本为上海金融家,但喜爱昆曲,曾向吴梅学习过唱曲,为此特地聘请吴梅为导师。吴梅曾这样介绍啸社及

《如社词钞》

与啸社创始人居逸鸿交往的经过:"啸社者,吾友居君逸鸿集海上同声之彦会也。初余居京师,有听春集,与逸鸿偕。洎余南归,逸鸿亦旋至沪渎,于是有啸社之举。余不能常至社,而社中人皆昵就余。余遂有冬、夏两集之约。"①吴梅曾多次应啸社之邀,赴上海度曲,他不仅唱曲,而且还常给社员以指点。后来居逸鸿在《啸社百期纪念刊》中曾专门提及此事,表达谢意:"吴师瞿安,集填词制谱歌曲弄笛之长于一身,可称前无古人,后无来者,本社同人亲承启迪,竟达六年之久。"②

---

① 吴梅《啸社同声录序》,载吴梅1935年9月25日(农历八月廿八)日记。又载《啸社六十同期纪念刊》,1935年刊行。
② 居逸鸿《啸社百期纪念刊》序言,1940年刊行。

1933年8月,啸社同仁为祝贺吴梅五十岁生日,特地举办曲会,所演曲目皆出自吴梅的《霜崖三剧》,这让吴梅很是感动。

1936年8月23日,这一天是农历七夕,啸社联合道和曲社、怡情社等江浙地区的曲社,在嘉兴南湖举行曲会,人称"鸳湖曲叙"。这次曲会规模较大,与会者近九十人,共演唱昆剧四十二折,整整唱了一天一夜,"合两省人才,同日奏艺,自民国以来,尚是第一次也"①。吴梅对这次活动深表赞同,他应邀参加,并演唱了《重团圆》和《仙圆》中的曲子。事后,他还欣然为居逸鸿所编的《鸳湖记曲录》作序,并表达了啸社同仁他日赓续盛会的愿望。

吴梅这一时期所参加的社团尚有如下一些:

1932年11月,南京曲家发起成立紫霞曲社,吴梅被推举为社长。

1935年10月,文艺俱乐部成立,吴梅被推选为理事。

除上述所介绍者外,吴梅加入的社团组织还有公余联合欢社、百雷曲社、国学会等,这里不再一一介绍。此外吴梅还参加了南京的苏州同乡会。

从上述交游情况的介绍可以看出吴梅的基本思想取向与文化立场,这种思想取向与文化立场是一贯的,从其执教北京大学到后来,几十年间没有多大变化。总的来看,吴梅的交游范围还是比较广泛的,与其往来密切、志趣相投者大多为旧派文人和学者,其中有些为遗老,如王季烈、刘富梁等。需要说明的是,吴梅的文化立场虽然比较保守,但并他不愿意做遗老,他对那种带有遗老气息的作品是不认同的,比如他评王季烈的词作《太常引》:"此词亦过得去,惟尚有遗老气息耳。"②

① 吴梅1936年8月23日(农历七月初七)日记。
② 吴梅1935年4月6日(农历三月初四)日记。

吴梅一生为文虽然大多使用文言，但并不是完全排斥白话，偶尔也会用白话写作，比如《元剧研究 ABC》一书就是用白话写成的，他还在新诗创作方面给卢前以指导①。这与他在北京大学任教、曾与新派文人往来有关，尽管吴梅不大赞同新派文人的一些思想和做法，但也并不特别反对，立场较为温和。

在与新朋旧友的交往中，吴梅不仅体会到可贵的情谊，更从中得到切磋学问之乐。这里以他与另一著名词家夏承焘的交往为例，稍作说明。

吴梅与夏承焘主要是通过书信往来的。1929 年，时任严州中学教员的夏承焘研究南宋词人姜夔，对白石词谱的唱法问题存在疑问。他先是于当年 10 月 2 日辗转托人向吴梅请教，可能是沟通不畅的原因，没有下文。1930 年 10 月 22 日，他直接写信给吴梅，请教相关问题，随信还寄了两篇自己的文章。11 月 17 日，他收到吴梅写于 14 日的回信，在信中吴梅称赞夏承焘的文章"精博确当"，并就白石词谱歌法问题谈了自己的看法。对吴梅"工整可玩"的书札及谦和、坦诚的态度，夏承焘感到相当满意。

此后，夏承焘或请教问题，或寄赠新作，多次与吴梅联系，大都得到较为及时的回复，这让夏承焘很是感佩："瞿安复书皆极精详，洋洋千言，至可感佩。"②1931 年 4 月 4 日，夏承焘曾到苏州拜访吴梅，恰好吴梅不在，未能面谈。吴梅对夏承焘的词学造诣也颇为佩服，在其日记中时有

---

① 对此卢前曾有介绍："这时我正从长洲吴瞿安先生治曲。吴先生对于新诗体的意见，也是多多采取词曲。"见其《春雨》付印后记，开明书店 1930 年版。

② 夏承焘 1931 年 8 月 12 日日记，载其《天风阁学词日记》第 225 页，浙江古籍出版社 1984 年版。

这方面的记载，如"得夏瞿禅所寄《白石歌曲旁谱辨》，疏论颇佳"①。"早阅《词学季刊》，夏承焘编《贺方回年谱》，精博异常，不禁叹服"②，"读夏承焘《乐府补题考》。近人考核之学，确胜前贤，此不可诬也"③。

通訊

與夏瞿禪論白石詞旁譜書

吳梅

瞿禪先生大鑒奉惠書祗承一一。垂詢二事，弟所見到處亦未敢自信，略述其愚以供參考而已。揚州慢角藥旁譜為凡折弟嘗在今日可暫作一定論尊意微有不安者不過所用折號未必皆三字為進退句中實則譜之氣韻爽辭句之分配在詞中未必全合兄輩越九歌高田萊蕪句折在首字為疑然上文曰予父母之母字本注應鑄則合高田句歌之仍是應折應亞無可疑弟常謂折字之法捐白石詞中明嘗上折字下無字即其聲比無字做高是指下二字言（如應折應但以折第二字音北實則第一字仍是應）今南北曲中往往有六五六上尺上工六工譜法將五尺六三音吹花腔俗名激腔折字富即此意故無本音第就上下音就高敦白石文云餘皆以下字為準所謂下字業非指下一字蓋請所用何字如奕棋予子之下也白石謠譜弟嘗倚筆吹之雖簫拍節而字字細辨未必盡屬美聽惟萬漢換令一曲非常流美而六メ乔之ク字亦以南北曲激腔吹之尤為可聽用歌呈救足下也零メ進復退復亦是此意至蘷氏謂拍強在字下者今之底板往往旁系即眼板此說亦可從惟少頭板符號耳起調畢曲朱子以首一字為準者是雅樂之法也通行燕樂皆在一韻兩結聲論不靈在第一韻且以覓羹中序長亭怨慢暗香疏影等為

一九九

《词学季刊》所刊吴梅《与夏瞿禅论白石词旁谱书》

---

① 吴梅1933年8月11日(农历六月二十一)日记。
② 吴梅1933年10月14日(农历八月廿五)日记。
③ 吴梅1936年10月16日(农历九月初二)日记。

　　直到 1934 年 11 月 30 日，两人在通信四年后，才第一次见面①。此前 11 月 26 日，夏承焘先到南京，知吴梅已回苏州，29 日再至苏州，正巧吴梅在外度曲，仍未见到。这样经过一番波折之后，第二天才得如愿。在当天的日记中，夏承焘对吴梅有这样的描述："瞿安今年五十一，微须瘦颊，和易近人。"当晚，吴梅在松鹤楼邀请夏承焘。12 月 2 日，夏承焘到吴梅家里辞行。两人两次所聊，多为刘毓盘、况周颐、朱祖谋、郑文焯等词人轶事，吴梅还拿出自己的日记让夏承焘观赏。

　　此后，两人不时书信往来，继续探讨词学问题。直到抗战期间，吴梅避难湘潭时，两人仍时有书信往来。1939 年 3 月 17 日，吴梅去世。26 日，夏承焘得到消息，颇为悲伤，他在日记中写道："一代作家，年未六十，遭境之厄，过于彊村，伤哉！"②4 月 1 日，夏承焘意外接到吴梅生前从云南大姚所发的信函，时间为 3 月十几日，信中不仅回答夏承焘所提问题，而且对其境况表示关心，读过书信，夏承焘非常感动，"念与先生仅往年苏州一面，而函札请益，必不厌谆谆。自此海内谈词律者，遂少一人。恨心所怀疑，尚未及尽问也"③。

　　夏承焘与吴梅往来书信多讨论词学问题，具有很高的学术价值。这些书信大部分得以保存下来，其中吴梅致夏承焘八通，夏承焘致吴梅十一通。后以《关于词曲研究的通信》为名刊发于《文献》第五、六辑（1980 年 10 月、1981 年 2 月），由吴无闻注释，《吴梅全集》据以收录。这些资料

---

① 吴梅 1934 年 11 月 30 日(农历十月廿四)日记云："夏臞禅(承焘)、黄子亭(云眉)至，皆初见，面谈一时去。"

② 夏承焘 1939 年 3 月 26 日日记，载其《天风阁学词日记》二第 87 页，浙江古籍出版社 1992 年版。

③ 夏承焘 1939 年 4 月 1 日日记，载其《天风阁学词日记》二第 90 页，浙江古籍出版社 1992 年版。

的刊布对了解吴梅、夏承焘的交往及相关词学问题具有重要参考价值，但其中两封书信的系年存在问题，这里稍作辨析。

其一为所署日期为"一九三七年十月十三日"的吴梅致夏承焘函。信中云"弟今岁本拟就申事，此间主任见留，仍居白下敝寓大石桥十四号。他日赐函，可径寄寓中也"。1937 年 10 月，吴梅已逃难在湖南湘潭，怎么可能会有"就申事"，怎么可能会让夏承焘写信寄到其在南京的寓所？ 其中明显存在矛盾。事实上，这封信系写于 1933 年 10 月 13 日，所谓"就申事"说的是吴梅任王伯元家西席之事。给夏承焘写信之事在吴梅 1933 年 10 月 13 日的日记中有明确的记载："归作书三通，寄少昕、瞿禅、肖蛇。"①

其二为所署日期为"一九三七年十月二十六日"的吴梅致夏承焘函。弄清前一封信的确切写作日期，就可以知道这封信写于什么时间，因为两封信的写作时间很近，上封信云"惠书及校律初稿俱至"，这封信则云"校律初稿奉缴"，由此可以判定这封信也是写于 1933 年。另这封信提到"《词刊》所载东塾白石词谱，实无板眼，仅每句用底拍处注一板字而已，其圆围处是断句，非歌谱之中眼也。弟意第三期当申明此意，庶不致贻误来学"。信中所说"《词刊》"即《词学季刊》，"东塾白石词谱"即该刊一卷二号所刊的《陈东塾先生手谱白石道人歌曲》，该期刊物的出版时间为 1933 年 8 月。吴梅所说第三期"申明此意"，即《词学季刊》一卷三号所刊的《吴瞿安对本刊所载陈译白石暗香谱之是正》，该期刊物的刊出时间为 1933 年 12 月。这说明吴梅致夏承焘函写于 1933 年 8 月至 12 月间。由以上两例，可证吴梅此信写于 1933 年 10 月 26 日。

由上可见，《关于词曲研究的通信》一文对这两封信的系年是错误

---

① 吴梅 1933 年 10 月 13 日（农历八月二十四日）日记。

的,《吴梅全集》编者不察,沿袭其误。因这种疏误会影响到研究的准确性,这里特作说明,提醒读者留意。

第五节　交恶黄侃

吴梅在南京生活的十多年间,身边有不少友朋门生,总的来说大多还是相处得比较融洽的。不过他也并不是和谁都能融洽相处,在此期间,曾与黄侃交恶,严重到甚至要动手的程度。对于两人的交恶,不少人作为学坛佳话津津乐道,其中也有不少道听途说、捕风捉影之辞。由于牵涉到两人性情乃至人格问题,有必要予以辨析。对于这一问题,已有袁鸿寿的《吴瞿安先生二三事》、程千帆的《忆黄季刚师》、郑志良的《吴梅与黄侃失和事实考论》、尹奇岭的《吴梅黄侃失和考——读〈吴梅全集·日记卷〉〈黄侃日记〉考》等文章予以考察,这里在先前研究的基础上再做一些介绍和补充。

说起来,吴梅和黄侃还是结识多年的老朋友,他们是在北京大学执教期间认识的。此前两人同为南社会员,但未有往来。黄侃1914年9月至1919年9月间在北京大学任教,后南下到武昌高等师范学校。吴梅则是于1917年秋至1922年间在北京大学任教,后南下到东南大学。算起来两人曾在北京大学共事了两年时间,即1917年秋到1919年9月间。

在北京大学执教期间,两人同在国文系,承担中国文学课程,彼此之间自然较为熟悉,据吴梅回忆,"余与季刚先生订交北雍,先生举长安故事特富"[1],"余到北平时,季刚尚详论京中胜迹也"[2]。由于思想观念和

---

[1]　司马朝军、王文晖《黄侃年谱》第425页,湖北人民出版社2005年版。

[2]　吴梅1935年10月9日(农历九月十二)日记。

文化立场较为接近,两人还曾有过一些合作。1919 年 1 月,两人共同发起成立北京大学学余俱乐部,在 3 月 16 日的成立大会上,吴梅被推选为大会主席,黄侃则被推举为两位文牍干事之一。同年 3 月,北京大学旧派学人创办《国故月刊》杂志,该刊以昌明中国固有之学术为宗旨,意在与新派人物抗衡,黄侃任总编,吴梅为特别编辑之一。

黄侃

1928 年 2 月,黄侃到中央大学担任教职,同时在金陵大学兼课,与吴梅再次成为同事。旧友新交,按说两人的关系应该比别人更为密切和融洽。事实也确实如此,在起初的几年时间里,两人私交甚好。他们住的地方较近,往来较多,还经常与中央大学、金陵大学的同事如汪东、胡小石、王伯沆、汪辟疆、王易等人一起饮酒游乐,度过了一段颇为难忘的快乐时光。

根据各自的日记及相关资料,可以勾稽出吴梅、黄侃两人交往的一些情况:

1928 年 10 月 3 日,黄侃遇到吴梅,并邀请其到家中吃午饭。

1928 年 11 月 1 日,吴梅将弟子任中敏所刻《词曲丛书》前三种三册赠予黄侃。

1929 年 1 月 7 日,吴梅赠黄侃《滂喜斋藏书记》二册,托汪东转交。

1929 年 4 月 21 日,吴梅、黄侃、陈汉章、王伯沆、胡小石、汪辟疆、王易、汪东等人先在六朝松下照相,后到北湖聚餐,再泛舟至太平门、菱洲、湖神祠。

1929 年 5 月 2 日至 5 日,吴梅做导游,带黄侃、王伯沆、胡小石、汪辟疆、王易、汪东等同事探苏州邓尉、灵岩之胜。

1929 年 5 月 17 日,黄侃在日记中夸吴梅与自己唱和的《瑞龙吟》"絮"字韵甚巧。

1929 年 10 月 6 日,吴梅到黄侃家聊天。

1929 年 10 月 10 日,吴梅、汪东、王易、汪辟疆拜访黄侃,随后大家一起游后湖,并联句填词《霜花腴》。当时吴梅唱了不少曲子。

1929 年 10 月 11 日,黄侃将《霜花腴》词写定,给吴梅、汪辟疆看。这天,吴梅拜访黄侃,两人谈了很长时间。

1929 年 10 月 30 日,吴梅、黄侃、王伯沆、王易、汪辟疆、汪东于晚上聚餐,饮酒吃蟹。

1929 年 12 月 6 日,吴梅、汪东到黄侃家聚餐,饭后吴梅唱曲。

1929 年 12 月 11 日,吴梅请黄侃等人在老万全聚餐。

1929 年 12 月 12 日,吴梅、黄侃、王伯沆、汪东做东,在老万全宴请柳诒徵等人。

1930 年 6 月 8 日,黄侃赴会,听吴梅夫妇唱昆曲。

1930 年 10 月 14 日,吴梅与黄侃中午一起吃蟹,并将其词稿给黄侃看。

1930 年 11 月 17 日,吴梅拜访黄侃,赠送熏鱼,并将刘履芬过录通志堂本《经典释文》出借,黄侃则回赠吴梅《毛诗正韵》一部。

1931 年 2 月 22 日,日本学者吉川幸次郎拜访黄侃,黄侃约吴梅作陪。后吴梅夫人也到黄家。

1932 年 11 月 22 日,吴梅、黄侃、汪东、刘三等受邀至罗家伦家聚餐。

1933 年 5 月 19 日,吴梅赠送黄侃一部自己创作的《霜崖三剧》。

1933 年 5 月 25 日,吴梅、黄侃受邀到汪辟疆家吃鲥鱼,并谈论吴梅所撰曲。

从上述所列两人交往情况来看,吴梅与黄侃的关系还是相当融洽的,以 1929 年最为密切。但令人遗憾的是,两人后来发生了两次较为严重的冲突,彼此间的情谊也因这两次冲突而中止。

第一次冲突发生在 1933 年 6 月 3 日。那天晚上,中央大学的毕业生们请吴梅、黄侃等教授一起到老万全酒店聚餐。其间吴梅喝醉了酒,趁着酒兴与黄侃发生争吵,两人差点动手。

对这次冲突,两人在日记中皆有记载。先看吴梅的日记:"午后访刘三,留晚饮。又赴万全,应毕业生之召。余已醉,遂与季刚破口,思之可笑。两生送归。"①第二天,同事王易告诉吴梅昨天晚上发生的情况:"余往访王晓湘,方知昨日几乎动武,可谓酒德不佳矣。"②由此可知,在吴梅这一方,他当天先是在刘三家喝酒,然后再去老万全。由于酒喝得太多,处在大醉状态,以至于对冲突发生的原因和经过都不清楚。这样的事情对吴梅来说,并不是第一次,因此他感到有些可笑,同时也有些自责,觉得自己酒德不好。

再来看黄侃当天的日记:"哺,旭初来,同出至老万全,应毕业生之请,照相、吃饭。酒阑,吴梅至,已被酒,复饮。席散,予方慰荐其子有狂疾未愈,令善排遣;不意梅误以为论文,说自云散文第一,骈文亦第一,种种谬语。至是,予乃知其挟有成见,与予寻衅耳,遂不得不起而应之,径欲批其颊矣!人掖之出,乃已。予素不轻赴宴席,此次破戒,遂受此辱。左胫触几伤皮,尤可恨也。向后,除有必延人食之事当作主人外,一切饮

① 吴梅 1933 年 6 月 3 日(农历五月十一)日记。
② 吴梅 1933 年 6 月 4 日(农历五月十二)日记。

席,誓永永谢却之。"①当时黄侃并没有喝醉,处在清醒状态,因此他对事情经过的记述基本上还是可信的。

按说吴梅到老万全时已经喝醉,黄侃对老朋友本不应计较。他们曾多次在一起饮酒,估计彼此醉酒的事情都曾发生过。结合相关资料来看,这一次黄侃之所以生气,感到受辱,并差点动手,主要有两个原因:一是自己本来出于好意,想安慰一下吴梅,不料吴梅却节外生枝,让他感到很是扫兴。二是他从吴梅的醉话里听出吴梅对自己有成见,觉得吴梅是在有意寻衅。到底是什么成见呢,如果吴梅只是说自己散文第一、骈文第一,黄侃未必会介意,很可能是吴梅将从胡小石等人那里听到的有关黄侃个人品行的负面消息即黄侃所说的"种种谬语"说出来了,否则黄侃不可能产生受辱的感觉,更不可能采取"径欲批其颊"这样的极端行为。

但不管怎样,当着很多学生的面发生这样的事情,影响肯定是不好的,何况是自己率先发难。于是吴梅托汪东为自己解围。汪东指出,"前日醉中事,虽互有不是,但季刚确未先骂",他让吴梅向黄侃道歉。但吴梅碍于面子,不愿直接向黄侃道歉,于是汪东想到一个折中的办法:让吴梅以给自己写信的方式婉转表达歉意。吴梅答应了,在书信的最后写道:"陶诗'但恨多谬误,君当恕醉人',请为两兄诵之。"对吴梅此举,黄侃在回复汪东的书信中表示谅解:"瞿兄廿年老友,岂以醉饱过差而失之乎? 雨过天青,正把笔时光景。"虽然吴梅对其措辞有些不满,但考虑到"彼既不较,余亦作罢矣"②。对此事,黄侃在 6 月 6 日的日记中是这样记载的:"旭初以吴梅书来谢罪,即复,言不再与之共饮,斯已矣。"③从其语

---

① 黄侃 1933 年 6 月 3 日日记,载《黄侃日记》第 885 页,江苏教育出版社 2001 年版。

② 以上见吴梅 1933 年 6 月 6、7 日(农历五月十四、十五)日记。

③ 黄侃 1933 年 6 月 6 日日记,载《黄侃日记》第 885 页,江苏教育出版社 2001 年版。

气来看,似乎并没有真正原谅吴梅。

在汪东的调解下,这件事就这样过去了。两人彼此客气,相安无事,但各自内心里的纠结还是存在的,不过表面上还能过得去。有论者说两人发生冲突的次日,"吴师酒醒,亲邀汪辟疆师同至黄师处致歉,欢笑如初,行谊古道,非人可及"①,这与事实明显不符,一是吴梅本人并没有直接到黄侃处致歉,至于和汪辟疆一起去,更是无从说起,二是两人也没有做到欢笑如初。

此后,吴梅变得相当谨慎,他担心酒后误事,就尽量不和黄侃见面,多次谢绝了两人一起参加的活动:

1933年11月26日,金陵大学国文研究所的师生聚会,吴梅本答应参加,后来发现"今日之叙,盖为季刚也",加上胡小石不去,吴梅"亦不往,托带一片而已"②。

1934年3月7日,吴梅接到伍叔傥的请帖,邀请他第二天聚餐。他经过了解,"知有季刚在座,不欲往矣"③。

1934年5月26日,中央大学毕业生邀请国文系各位老师照相、聚餐,吴梅"以季刚在座,未往"④。

吴梅不与黄侃一起参加活动的原因不仅仅是黄侃表示不愿意和他一起饮酒,为了避免发生冲突,而且还有不情愿的成分在,因为吴梅对黄侃特立独行的很多行为看不惯,不愿与之为伍。如1934年5月15日,

---

① 金虑《记吴瞿安先生数事》,《畅流》第18卷第12期(1959年)。

② 吴梅1933年11月26日(农历十月初九)日记。黄侃当天日记:"金大国文研究会请吃于青年会,主十三人,客则予与一刘一张,归后殊张闷。"

③ 吴梅1934年3月7日(农历正月廿二)日记。黄侃3月8日日记:"竟日扰扰,可恨。"

④ 吴梅1934年5月26日(农历四月十四)日记。黄侃当天日记:"诸生公请照相,宴于浣花馆,与旭初同还。"

他从学生陆恩涌那里听到黄侃的一些作为,感到很是不屑:"陆恩涌来,谈季刚之谬,令人欲呕。今年金大依然不常去,命向生某,在黑板上大书黄某不到,可以蒙蔽教务处,此真无耻之尤者矣。"①1934 年 9 月 9 日,他听胡小石谈到王易离开中央大学是"为季刚所逐",并由此引发王易与汪辟疆的交恶,不禁心生厌恶:"余为贫所累,恋此栈豆,否则拂衣谢去,不与若辈同列矣。"②这样一来,他就更不愿意见到黄侃了。

其他人在宴饮聚会时也同样会注意此事,尽管不让两人在一起。比如 1933 年 9 月 30 日王易请客,请了黄侃,就没有再请吴梅,对此吴梅的反应是:"明日王晓湘请客,独不请吾,恐季刚在座,或有他虑耳,又不禁呕噱。"③

至于有论者撰文说校方为了避免两人发生冲突,"排课的人只得把吴的课排在一三五,黄的课排在二四六,使他们彼此不相见面"④,这是不符合事实的,因为早在两人发生第一次冲突之前,金陵大学就已经在这样排课了,对此吴梅早在 1933 年 2 月 12 日的日记中有明确的记载:"余金大课期,在星二、星四两日,幸与渠不相见也。"⑤排课之事在发生在吴、黄第一次冲突之前数月,此时吴梅只是私下里对黄侃表示不满,从未公开,校方何以预先知道此事并做出安排? 可见这一说法是不可信的。

到 1934 年 11 月 2 日,吴、黄两人的关系忽然发生了戏剧性的改变。

---

①　吴梅 1934 年 5 月 15 日(农历四月初三)日记。

②　吴梅 1934 年 9 月 9 日(农历八月初一)日记。

③　吴梅 1933 年 9 月 29 日(农历八月初十)日记。黄侃 9 月 30 日日记:"夜返,过王易,视其新居。"

④　袁鸿寿《吴瞿安先生二三事》,载《学林漫录》三集第 8 页,中华书局 1981 年版。

⑤　吴梅 1933 年 2 月 12 日(农历正月十八)日记。

这一天,叶楚伧邀请吴梅、黄侃和汪东三人到其家中聚餐。在饭桌上,黄侃与吴梅和好,黄侃"谈年馀未见,其意诚挚",这让吴梅颇感意外。于是吴梅也表达了"前年醉后失言之歉",黄侃对此则表示"是广东学生怂恿"。吴梅虽然内心并不认同,但因"初次和好,亦不与之辨也"[1]。有了这层变化,这一天聚餐的气氛还是相当融洽的。

郑志良认为"吴、黄二人在叶楚伧家的和解也应是有意的安排"[2],笔者认为这一推测是有道理的。因为发生第一次冲突之后,吴、黄二人不共饮之事人所共知,与两人关系都很密切的叶楚伧显然也知道这一点,他将两人同时邀请到自己家里,并特意请吴、黄都认可的好友汪东作陪,应该有为两人讲和的用意在。两人对此心知肚明,也较为配合。

更富有戏剧性的是,就在吴梅与黄侃和好的第三天即1934年11月4日,两人竟然毫无征兆的再次发生冲突,这次冲突让两人的关系真正破裂。由于黄侃的早逝,两人也失去了再次和好的机会。

这一天,金陵大学研究生班的学生在夫子庙的老万全酒店邀请各位老师,学生之外,共有六位老师参加,即吴梅、黄侃、胡小石、刘国钧、刘继宣、胡俊。据吴梅的日记,冲突发生的经过是这样的:"入座后,余与翔冬、小石就东席,二刘及季刚在西席,始而尚好。继而季刚嘱高生名文拉余至西席,余雅不欲拂其意,即就西席劝一卮,即返座。渠即破口大骂,喧呶不可辨,惟有一语云:'天下安有吴梅。'于时小石即欲揎拳起,余捺之坐。翔冬云:'今日为学生请先生,快饮酒。'小石云:'秦王击缶,赵王亦击缶,君不能至东席耶?'渠稍气沮,而呶呶呓语,不知所云,继而悻悻

---

[1] 吴梅1934年11月2日(农历九月廿六)日记。黄侃当天日记:"午后楚伧来小坐。诣旭初,与同来家略坐,复同赴楚伧之约,食蟹。楚伧欲赠予《清史稿》,予以已有答之。"值得注意的是黄侃根本不提吴梅,更不提两人和好之事。

[2] 郑志良《吴梅与黄侃失和事实考论》,《南京师范大学文学院学报》2004年第1期。

去。而向生映富亦即离席蹑踪去。余始终忍耐,不发一言。因思前日楚伧家一叙,渠谓行年将五十(渠今年四十九),老友日少,醉饱过差,诸弗介意。岂意相距一日,既有此举耶?渠去后,复与翔冬饮二小壶。陆生恩涌、章生冀荪送我归。事后颇愤懑,未进晚餐。"①

再看黄侃当天日记的记载:"尚笏来,邀至老万全,赴学生之会。酒半,摆子忽伪醉,以语侵人,正言呵之。跑哥在侧,几欲佐斗,闻言而止。……群饮最宜戒,饮食必有讼,不能坚守圣言,可谓饕餮无耻之人,真可悔痛也。"②这里所说的"摆子"是指吴梅,"跑哥"则是指胡小石。

两人刚刚在叶楚伧家和好,随即又当着众多学生的面发生激烈冲突,这确实有些出人意料。从两人日记的记载来看,吴梅这次并未醉酒,因此对事情的经过谈得较详细,从"喧呶不可辨"、"呶呶呓语,不知所云"的情况来看,倒是黄侃酒喝得多了。相比之下,黄侃的记载有些语焉不详,而且比第一次冲突的记载要简略,吴梅何以"忽伪醉",都说了什么样的"侵人"之语,胡小石何以要"佐斗",都没有交代。根据两人日记的记载,比较可能的情况是这样的:吴梅过去劝酒时,黄侃因酒喝多了,对吴梅的话可能未听清,也可能是理解有偏差,遂误以为吴梅"以语侵人",于是"破口大骂"。在一旁的胡小石看不下去,想要动手。其间,吴梅始终没有说话,并劝阻了胡小石。这次冲突以黄侃的提前退席而结束。

何以吴、黄两次发生冲突?从表面上看,原因似乎很简单,第一次是吴梅酒喝多了,第二次则是黄侃酒喝多了。在外人看来,这不过是两个偶然事件,属酒后失态之举。但深究起来,问题似乎又没有这么简单,如果两人内心没有什么积怨的话,何以两次都是连个导火线都没有,就直

---

① 吴梅1934年11月4日(农历九月廿八)日记。

② 黄侃1934年11月4日日记,载《黄侃日记》第1013页,江苏教育出版社2001年版。

接发生冲突？如果只是酒后失态，为何两次冲突之后两人又都很在乎，不愿与对方往来，而不是一笑了之？显然偶然背后还是存在必然性的，这里稍作辨析。

由于两人日记中的记载均比较简略，缺少对前因后果的详细说明，再加上都是站在自己一方来记述，主观性较强，因此两人发生冲突的内因不是特别明晰。对此人们有不少揣测，其中最为流行、影响最大的说法是黄侃看不起研究词曲的吴梅，如袁鸿寿在《吴瞿安先生二三事》一文中就说"黄季刚先生曾讥讽曲学为小道，甚至耻与擅词曲的人同在中文系当教授，从谩骂发展到动武"①。

从表面上看，这一说法似乎很有道理，但它经不起认真推敲，原因很简单，到目前为止还没有发现能够证明这一说法的直接、过硬的材料，而且这一说法也与事实不符。

事实上，在两人发生冲突之前，黄侃不仅没有看不起吴梅，反而对其相当欣赏。这可以从如下两个方面看出来：

首先，黄侃并没有看不起词曲。他在进行学术研究之余，还创作了不少诗词作品，在词学方面有颇深的造诣，况且他本人也喜欢听昆剧，无论是在北京还是在南京，都不时到剧场听戏。据著名昆剧演员韩世昌回忆，当年吴梅、黄侃执教北京大学期间，"北大教授中除了蔡孑民、吴瞿庵喜欢听我的戏之外，黄季刚（侃）也喜欢听昆曲，后来他和吴先生合送我一个别号'君青'"②。可见黄侃不仅喜欢词曲，而且早在北京大学执教期间就和吴梅成为曲友。他多次听吴梅唱曲，并与其进行探讨，看不起词曲之说是站不住脚的。

---

① 袁鸿寿《吴瞿安先生二三事》，载《学林漫录》三集第 8 页，中华书局 1981 年版。
② 韩世昌《我的昆曲艺术生活》，载《文史资料选编》第十四辑，北京出版社 1982 年版。

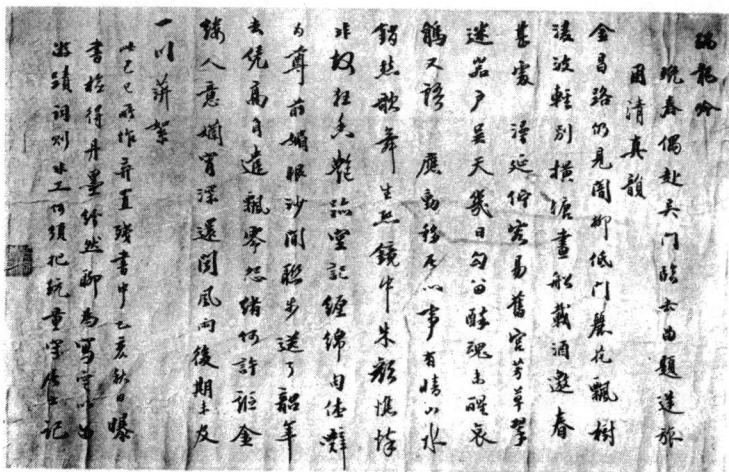

黄侃手书词稿

其次,黄侃没有看不起吴梅,相反他对吴梅还是相当赏识的。据蒲卢《忆黄季刚师》一文介绍,在中央大学国文系的教授中,黄侃对两个人最为看重和客气,一个是汪东,另一个就是吴梅,"汪先生之外,又相当佩服吴梅先生,他说关于词曲,瞿安尚能同他谈谈,每逢同乐会,他去一定要拉瞿安先生也去,一定还要唱两段昆曲给他欣赏欣赏,有时吴师母还帮着亲吹玉笛哩!的确,国文系同仁除汪、吴两人以外,不受到他冷嘲热讽的,实在罕见"①。另据日本汉学家吉川幸次郎介绍,他1931年到南京拜访黄侃时,黄侃曾告诉他,戏曲研究只是吴梅的"业余小技,他可是个真正的读书人"②。可见黄侃不仅没有看不起词曲,更没有看不起吴梅,否则他不会这样评价吴梅,要知道如果不是真正了解吴梅的治学情况,对其是不会有这样的评价的。如果真的看不起吴梅,他不可能和吴梅成

① 蒲卢《忆黄季刚师》,《杂志》复刊第4号(1942年11月)。

② 吉川幸次郎《我的留学记》第108页,光明日报出版社1999年版。在另一处,吉川幸次郎的记述为"戏剧只是吴梅的业余,他是十分出色的读书人",见该书第75页。

为朋友,不会有两人在北京大学的交往,更不会有他们在南京的多次
雅集。

从文化立场上来看,两人都属旧派人物,思想观念存在诸多相同之
处。黄侃去世后,卢前曾向吴梅说起,"中大文学院,所以能崇旧学者,以
有季刚耳。此后恐新派人物,将乘机而起矣",对此,吴梅"颇韪此言"①。
可见吴梅也是引黄侃为同类的,黄侃去世,让他不禁产生兔死狐悲之叹。

当然,两人思想文化立场的接近和一致并不等于他们在什么问题上
看法都相同,比如对柳永词的评价,吴梅认为柳词无全篇佳者,黄侃则表
示不认同。再比如黄侃对吴梅颇为得意的《霜崖三剧》并不欣赏,认为
"乏趣"②。

既然如此,两人为什么还会发生如此激烈的冲突呢? 笔者认为有如
下两个因素值得关注:

一是两人在生活态度及为人处世方面有着很大的分歧。在发生冲
突之前,两人时相过从,但对对方都有一些不满的地方。黄侃平常不拘
生活小节,任性而为,不大顾忌社会观感;吴梅相对而言,要克制得多。
也正是因为这一点,吴梅对黄侃的一些行为很是看不惯。1932 年 10
月,吴梅因战乱到上海避难半年多后,重回中央大学。当月 16 日,黄侃
即拜访吴梅,可惜未遇。11 月 22 日,中央大学新任校长罗家伦邀请吴
梅、黄侃、汪东等人吃饭,吴梅的感受是"席间议论,皆季刚一人出口而
已"③。言语间似乎对黄侃有些不满。

1933 年 1 月 10 日,胡小石到吴梅寓所,给他讲了几件黄侃的轶闻,

---

① 吴梅 1935 年 10 月 11 日(农历九月十四)日记。

② 黄侃 1933 年 5 月 20 日日记。

③ 吴梅 1932 年 11 月 22 日(农历十月廿五)日记。

吴梅听后,对黄侃颇不以为然。胡小石总共讲了有关黄侃的四件事:

第一件是私收学生学费。"金陵、中大两处正课,皆不去上堂,别邀诸生拜门,如前清授徒然,每生以十元为月修"。黄侃私收学生钱、让学生请客之类的行为,早在其任教北京大学的时候就已经开始了。冯友兰曾谈及他当年听到的如下传闻:

> 他在堂上讲书,讲到一个要紧的地方,就说,这里有个秘密,专靠北大这几百块钱的薪水,我还不能讲,你们要我讲,得另外请我吃饭①。

这让吴梅感到"可笑",因为他门下弟子的数量并不比黄侃少,但从来没有这样对待过学生。

第二件是欠钱不还。"重庆大学延聘季刚,先寄川资千元,及川乱作,不果行,此千金亦不寄还"。这让吴梅觉得"说不过去"。

第三件是役使学生,对学生不负责任。"往在武昌日,强令诸生拜门,既居门下,日事洒扫奔走之役,曾不讲求一艺,甚至抱携婴稚,供事炊爨,亦令诸生为之。如是年余,为诸生大骂攘去"。吴梅对此的评价是"无赖之至"。

第四件是对自己的姐姐薄情寡义。"季刚有一老姊,适扬州毕氏,季刚少孤,姊氏抚之成立,及悼亡后,乃姊劝其置簉室。时有盐商某姬,将择人而事,貌极美,季刚遣冰人通殷勤。姬须一观郎君丰度,以定成否。姬母本一老伎,善相人,既见季刚,决非良匹,遂作罢。季刚迁怒于姊氏,

① 冯友兰《我在北京大学当学生的时候》,《文史资料选辑》第83辑第108页,文史资料出版社1982年版。

大闹一场,及姊氏殁,曾不一吊奠焉"。对此吴梅更是感到"可嗤鄙","无理之极"。

这几件事让吴梅对黄侃的印象变得极坏,认为他是"有学无行"①。虽然如此,但因事不关己,也只好私下讲讲而已,还没到撕破脸皮的程度,毕竟他们有多年的交情在。

从胡小石给吴梅讲述黄侃的这些私事来看,他对黄侃的所作所为也是相当不满意的,由此不难理解吴梅与黄侃第二次发生冲突时,他坚定地站在吴梅这一边。

几天后,吴梅到黄侃寓所,索要他借给黄侃的书籍,但只要回了《西堂乐府》,刘履芬过录本《经典释文》则没有归还②。

2月12日,吴梅造访胡小石,两人在一起又谈到了黄侃,谈到其娶学生黄鞠英之事。吴梅再次对黄侃的行为表示不屑:"文人无行,乃至如此,近方高谈礼教,真足令人失笑矣。"为此他很庆幸自己在金陵大学的课程与黄侃错开,可以不与其见面:"余金大课期,在星二、星四两日,幸与渠不相见也。"③

尽管如此,吴梅仍保持着与黄侃的正常交往。2月22日,黄侃侄子黄焯的母亲去世,吴梅去送了唁仪。当天在聚餐时,他见到黄侃,与其谈论《日知录》一书④。5月25日,汪辟疆邀请吴梅、黄侃吃饭,吴梅感到"酒既不畅,粥亦无有,闷闷归"⑤。心情虽然不好,但和黄侃还是相安无事。

---

① 以上见吴梅1933年1月10日(农历十二月十五)日记。
② 吴梅1933年1月16日(农历十二月二十一)日记。
③ 以上见吴梅1933年2月12日(农历正月十八)日记。
④ 参见吴梅1933年2月22日(农历正月二十八)日记。
⑤ 吴梅1933年5月25日(农历五月初二)日记。

在正常情况下，吴梅即便很看不惯黄侃的作为，还是能控制住自己的情感，不会与其发生正面冲突，而一旦喝多了酒，情绪失控，情况可就难说了。很可能借着酒劲，将内心深处对黄侃的种种不满一股脑地说出来。发生第一次冲突时，黄侃反应非常激烈，觉得吴梅对自己"挟有成见，与予寻衅"，这个感觉还比较准确。

发生第一次冲突后，吴梅仍不断从别人那里听到黄侃的一些传闻，这让他对黄侃更为厌恶。

二是两人都喜欢酒后使性。黄侃平日恃才傲物，不拘小节，对人多有酷评，酒后更是没有节制，率性而为，在学界早有狂狷之名，正如其恩师章太炎所总结的："好酒，一饮至斗所，俾倪调笑，行止不甚就绳墨。"[1]吴梅之外，黄侃与故交门人交恶者尚有钱玄同、吴承仕、林损等。

吴梅虽然相对平和一些，但气质上与黄侃有相似之处，其饮酒使性，和人发生不愉快，也有多次。比如 1932 年 6 月 3 日，潘景郑在苏州易和园请顾颉刚吃饭，吴梅作陪。席间吴梅剩着酒兴，没有缘故地大骂罗振玉，他本人在日记中是这样记载的："席间余大骂罗叔蕴，不知何故，虽然叔蕴固有可骂处。"[2]显然这是吴梅酒醉后的失态之举。1933 年 1 月 3 日，吴梅与学生出去聚餐后，大醉而归，与来访的朋友"絮聒不已"，又与妻子"喧闹，惊动邻居"，自己还跌了一跤，把额头摔破。为此他感到愧疚，一方面向朋友道歉，"请恕我醉语"，一方面则提醒自己："此一大过也。以后须少饮为是。……余贪饮而酒德不佳，此后须痛自绳抑，否则竟如市井荒伧矣。"[3]话虽然这么说，可每到与朋友、学生聚会的时候，他

---

①　章太炎《黄季刚墓志铭》，《制言》第 5 期(1935 年 11 月)。

②　吴梅 1932 年 6 月 3 日(农历四月二十九)日记。

③　以上吴梅 1933 年 1 月 3、4 日(农历十二月初八、初九)日记。

还是无法控制自己。

在与黄侃发生第一次冲突后,吴梅虽不与黄侃同席,但仍不时醉后使性。如1934年10月5日,他醉后忽然骂自己的学生程木安,连其本人事后都觉得"殊不可解"①。与黄侃发生第二次冲突后,仍是如此,如1934年12月6日,他到中央饭店去探望穆藕初、潘景郑等人,"醉后诸多失言,醒后追思,可笑之至"②。1935年2月24日,吴梅大醉后,"不知何故与溥西园相争,拂袖归,归后尚未醒也。此吾之大过,以后须痛改"③。一次次酒后使性,又一次次后悔,这一习性吴梅始终没有改掉。也正是为此,吴梅出去饮酒,家人每每担心,如1934年12月7日,吴梅在老万全请客,儿子担心吴梅喝醉,专门到酒店去接他,虽然这一天吴梅并没有喝醉④。有时则是弟子服其劳,据常任侠回忆,"吴师年最高,少饮辄醉,吴师母信任我,命我伴出送归,这照例是我的责任"⑤。

本来两人都对对方有一些不满,特别是吴梅对黄侃的一些言行很是看不惯,加上两人都有酒后失态的表现。这样两人相聚的时候,酒精一催发,情绪失控,发生冲突也就顺理成章了。两个人的冲突有其必然性,即便两人这两次没有起冲突,依他们的性格和习性,难保后来在一起饮酒时不发生。

此事也仅此而已,时光已过去了七十多年,对两位个性颇强、醉酒使性的学人,没必要再细究到底是谁对谁错,其中并没有太多可以发掘的东西,更没有什么深刻的内涵和寓意。有人认为吴、黄的冲突"除了意气

---

① 吴梅1934年10月5日(农历八月廿七)日记。
② 吴梅1934年12月6日(农历十月三十)日记。
③ 吴梅1935年2月24日(农历正月廿一)日记。
④ 参见吴梅1934年12月7日(农历十一月初一)日记。
⑤ 常任侠《记吴梅老师》,载萧乾主编《史迹文踪》,上海书店出版社1994年版。

之争外，其深层原因在于学术系统不同。黄侃、汪东为乾嘉汉学正统，主古文经学，胡小石属于湘学系，主今文经学。两派之争，正是清代汉宋之争、经今古文之争的余绪。另外，黄、汪（东、辟疆）皆为名门公子，而吴梅、胡小石皆出自寒门，门第观念也可能是两派形同水火的重要因素"①，这未免求之过深，并不符合事实。中央大学、金陵大学这些学人的师承、出身虽然各自不同，但并没有形成"形同水火"的两派，无论是在学术上还是在出身上都是如此。黄侃曾因学术观点不同曾多次与人发生冲突，但与胡小石、吴梅则从未如此。事实上，在二十世纪二十年代末至三十年代初的几年时间里，他们经常举行雅集，饮酒赋诗，相处得相当融洽，丝毫感觉不到两派的存在。吴梅与汪东、胡小石与黄侃，他们的往来都是相当密切的，彼此敬重。如果他们真的分成"形同水火"的两派的话，是无法解释这一现象的。

发生第一次冲突，吴梅感到的是一丝歉意。第二次冲突则让他感到很愤懑，因为这次是黄侃首先挑起的，自己并没有过错。第二天，他去找汪东，讲述了事情的经过，并声明"余未开一口，其曲在彼"，汪东所做的只是"略作慰语而已"。这让吴梅感到有些不满："盖旭初与季刚，同为太炎门人，吾虽同乡，不及同门之谊，万事皆袒护季刚，余不过告以情形而已。"当然这只是吴梅一时的牢骚，因为他此后与汪东的关系并没有因此而受到影响。在汪东来说，一方是自己的同门和同事，一方是自己的同乡和同事，与双方的私交都很好，不可能偏向一方，他能做的也只能是"略作慰语"。再者，吴梅与黄侃发生冲突是在金陵大学的师生聚会上，这也不在他的职责范围之内。倒是好友胡小石坚定地站在吴梅一边，第二次发生冲突时差点动手相助。第二天，他仍然"余怒未已，至言此后，

---

① 司马朝军、王文晖《黄侃年谱》第 409 页，湖北人民出版社 2005 年版。

须一决斗也"①,结果吴梅还反过来安慰胡小石。

到第三天,吴梅心里仍感到有些不平:"细思此次横逆,虽小石至诚慰藉,旭初亦作套词,但未损季刚毫末。"②但事情已经过去了两天,也不便再有什么举动,随后也就把此事放下了。

此后,吴梅虽不时得知黄侃的消息,但两人再没有直接的往来。1935年10月8日,黄侃因饮酒过量导致胃出血,医治无效去世,年仅五十岁。吴梅是第二天从林损那里得知这一消息的,他感到很是震惊。人已去世,彼此间的恩怨自然也就了结,何况本来就没有什么深仇大恨,不过是一些琐事引起的冲突。当天吴梅本准备前往一拜,以尽朋友之谊,但"南京风俗,忌讳颇多,且雨又不止,仅送吊礼,拟明日一拜也"。他在家里拟写挽联,并想起与黄侃在一起的往事。10月12日,吴梅前去黄家吊唁。第二天又重做挽联,态度非常认真。后来学生征集有关黄侃的文章,他也答应写。11月5日为开吊日,吴梅前往朝天宫一拜。到了这个时候,以往的怨气不仅完全消去,内心还生出一丝悲凉来,他后来在日记中这样写道:"追念故交,不禁凄黯。平生使酒骂坐,及种种不近人情事,略而不论可也。"③

吴梅如此,曾帮他打抱不平的胡小石也是如此。说起来他与黄侃的关系比吴梅还要密切,两人之间同样没有什么个人恩怨,帮吴梅打抱不平完全是出于道义。黄侃去世后,胡小石不仅参加黄侃的葬礼,而且还在追悼会上发表了饱含深情的讲辞,称赞黄侃的学术成就及为人④。前

① 以上见吴梅1934年11月5日(农历九月廿九)日记。
② 吴梅1934年11月6日(农历九月三十)日记。
③ 吴梅1936年3月14日(农历二月二十一)日记。
④ 参见胡小石《胡小石先生追悼季刚先生讲辞》,《金陵大学校刊》第172期(1935年11月)。

辈学者的胸怀和品德实在令人感佩。

前文说过,在中央大学、金陵大学两校从事古代文史教学的教授们经常同时在两校兼课,彼此往来密切,诗酒唱和,形成一个松散的学人群体,以 1929 年的苏州邓尉探梅之旅为极致。随着吴梅、黄侃两人的交恶及其他学者的工作调动,这一学人群体逐渐零散,再没有此前那种全体雅集的盛况了。

第六节　曲学殿军

在东南大学、中央大学、光华大学、金陵大学等高等学府任教的十多年间,是吴梅治学历程的一个新阶段。在此期间,词曲已成为各个高等学府普遍开设的课程,受到社会的广泛认可和关注。吴梅在词曲领域的学术地位早已得到学界广泛、一致的肯定,如 1933 年就有人撰文称"近三十年来,曲学之兴起,风行海内,蔚然成观者,皆梅苦心提倡之功也"[①]。吴梅的治学也由此进入一个更为自觉的阶段,同时这也是其曲学研究的一个收获期,能代表其学术成就与水准的著述如《奢摩他室曲丛》、《南北词简谱》、《词学通论》等,都是在这一时期完成的。如果说当年的《顾曲麈谈》、《词余讲义》是吴梅的成名之作,为其赢得了较高的声誉,则《南北词简谱》等著述奠定了其在曲学史上不可撼动的权威地位。

1924 年,吴梅曾与门下弟子谈及,自己在治曲方面有三个大的心愿:"一集奢摩他室曲丛,以比《元曲选》与《六十种曲》;二定曲韵,以比《中原音韵》;三正曲律,以比《太和正音谱》。"[②]于此可见吴梅治曲的学

---

①　常芸庭《吴梅小传》,《国风》第 3 卷第 4 期(1933 年 8 月)。

②　陆维钊《满江红》,《戏曲》第 1 卷第 3 辑(1942 年 3 月)。

术定位、主要兴趣与努力方向,事实上他也正是朝着这几个方向来用功的。总的来看,吴梅在治曲方面的这三大心愿,有的完成了,如正曲律,其成果为《南北词简谱》;如定曲韵,其成果为《曲韵二十一章》①,有的则部分完成,如《奢摩他室曲丛》,尽管设想规模宏大,但只刊行了两集,因战事干扰而中断。此外他还在词曲的其他相关领域进行了深入的研究,虽然有些并不是他特别看重的,但也取得了不俗的成就。以下分别予以介绍:

前文已提到,这一时期是吴梅曲学研究的一个重要收获期,这主要表现在他撰写并刊行了不少词曲方面的著述。与此前的各个阶段相比,这一时期其著述不仅数量多,而且质量更精。

在吴梅这一时期的著述中,以《南北词简谱》篇幅最大,也最为重要。这是吴梅凝聚了毕生心血的一部著述,也是他最为看重的一部著述。晚年避难期间,在写给弟子卢前托付后事的书信

《奢摩他室曲韵》

① 《曲韵二十一章》最早作为附录,收入《顾曲麈谈》第一章《原曲》第二节《论音韵》。从吴梅的语气来看,这部曲韵最初是作为单独的一部著作来编撰的。后来他将这部分内容抽出,以《奢摩他室曲韵》为名,于1928年刊出单行本。

中,他专门谈到这部书:"《南北词简谱》十卷,已清本,为治曲者必需之书,此则必待付刻。"①

吴梅之所以在其所有学术著述中,最为看重这部书,这与其治曲的目的和特点有关。前文已多次提到,吴梅治曲的主要特点在着眼于创作与演唱,将理论探讨与艺术实践紧密结合起来。但无论是创作和演唱,都需要有所依据,这个依据便是曲谱。以往虽然也有不少曲谱之作,但都不能让人满意。依照吴梅的看法,这种不满意有二:一是这些曲谱难以同时满足演唱和创作的需要,"仅可为歌者定字谱,不足为作家立正鹄也",二是南北曲情况复杂,曲家歧见纷出,让人不得要领,无所适从,即吴梅所描述的"元人散曲,文约而字简,杂剧则多用衬字,句读字格,从而紊乱;南词集曲,日新月异,甲乙互勘,动多龃龉,梳爬搜剔,辄废寝食。又北词借宫,纯在意会,而增句格式,迄无端绪,宁献所录,亦未得要领;南词新旧板式,缪辗涍乱,不可究诘"。找到了先前曲谱存在的不足和缺陷,也就明白吴梅写作该书的目的,那就是为歌者和作家的演唱、创作"立一定则,为学子导先路"②。

南北曲曲牌数量繁多,情况复杂,有许多繁难的问题连古人都弄不清楚,要一一理清说明,为人们提供一部明白清晰、权威可信、方便实用的曲谱,其难度之大、耗时之多是可以想象得到的。因是撰制曲谱,对所收每一个曲牌都要谈清说明,对所存在的问题是无法含糊和回避的。有时候为了弄清一支曲牌的问题,都要反复思索很长时间,如《梅花酒》,"此曲之难订正,可谓无以加矣。《广正谱》列九格,《大成谱》列十三格,

---

① 吴梅 1938 年 10 月 15 日致卢前书,载《霜崖遗札》,《文讯》第 2 卷第 1 期(1942 年 1 月)。

② 以上见吴梅《南北词简谱》自序。

仍未分析明白。余再四探讨，方定此格，学者细心按读元词，当无甚不合矣"①。

《南北词简谱》也因此成为吴梅最为用心、撰写时间最长的一部著述，"竭毕生之心力，而所成者仅此"。对该书的写作过程，吴梅本人在自序中是这样介绍的："余少喜歌声，多读古曲，庚申、辛酉之交，始辑是书。授徒南雍，暇辄录稿，取诸谱汇校之，而断以鄙议。时作时辍，至辛未孟夏，方得脱稿，历十年而后卒业也。"吴梅在北京大学执教时即开始撰写此书，具体来说，是 1920 年草创，到 1931 年才最后完成，这样前后算起来，整整用了十多年的时间，可谓十年辛苦不寻常。

全书共十卷，分南词、北词两部分，其中卷一到卷四为北曲，卷五到卷十为南曲，共收录曲牌一千二百一十二个，包括北曲曲牌三百三十二个，套数格式六十二个，南曲曲牌八百八十个，套数格式九十二个。卷首有《诸家论说》，分北曲诸说和南曲诸说两部分，"杂采《太和正音谱》、《宗北归音》、《啸余》旧谱、词隐旧谱、伯明新谱诸书成之，分南北曲两类，以清眉目"②，内容基本取自王奕清

《南北词简谱》

---

① 吴梅《南北词简谱》第 152 页。
② 吴梅《南北词简谱》"诸家论说"注，1940 年刊行。《吴梅全集》本《南北词简谱》删去卷首的《诸家论说》而未加说明。

《钦定曲谱》的《诸家论说》和《九宫谱定论说》①。

在内容上，"书中征引，北主《太和正音》、玄玉《广正》，南主《九宫谱定》，亦参酌《定律》"，"至分合论断，概出管见，雅不欲依附古贤，而于衬贴、正集、增句、板式之间，尤兢兢焉"②。具体说来，所收每一曲牌，皆系于所属宫调之下，详细注明字格、韵脚、管色、正衬、用法等。每一宫调后还附录套数格式。所引曲文，"概从旧谱，其有文义粗鄙，阻人词兴者，始易以俊词，如《梦花酣》、《秣陵春》、《桃花扇》等是也。《大成谱》多引内廷戏曲，皆出华亭张文敏书，间亦采入"③。

该书就其价值而言，主要有二：

一是该书不仅为作家和唱曲者提供了一个可以依据的规范，同时也讲明了其中的道理，让读者知其然，同时也知其所以然，因此较之以往的曲谱，更为方便、实用。全书还精选了一千多首符合格律、文辞精美的历代曲文作为例曲，所以还可以作为一部质量精良的大型曲选读本来阅读和欣赏。

二是该书对曲律的探讨在充分吸收前人成果的基础上有新的推动和发展，提出许多新见解，解决了一些疑难问题。以《道和》为例，这是最难订正的曲牌之一，因为它向无定格，"百无一同，实则增减处太多"，吴梅觉得"增损虽可自便，而格律须厘然不紊，非可乱次以济也"，于是"遍览元明诸谱，定一格式"④。全书类似这样的地方还有不少，对存在问题

① 参见王奕清《钦定曲谱》卷首部分。对《南北词简谱》与《钦定曲谱》的关系，周维培《曲谱研究》一书有较为详细的介绍，见该书第224—225页，江苏古籍出版社1997年版。
② 以上吴梅《南北词简谱》自序。
③ 吴梅《南北词简谱》例言十则。
④ 吴梅《南北词简谱》第101页。

的曲牌,吴梅通常是先考察其在历代创作中的应用情况及前代曲谱的介绍,然后再进行辨析,阐述自己的看法,并拟定格式。该书实际上是从曲律的角度对元明清各代创作及曲学进行了一番细致的梳理和总结,因此该书也具有了集大成的性质。卢前曾将其放在明清以来的曲谱研究史中给予观照:"曲之有谱始于明,宁王《正音谱》兼收词,体不醇,李玄玉《北词广正谱》、沈璟《南曲谱》稍可观,庄亲王《大成谱》与《钦定曲谱》,根据李沈,无有发明。先生书最晚出,旧有疑滞,悉为扫除,其功远迈于万树之《词律》,驾诸八百年间词人之上,知音者无异言也。"①有了这种学术背景的介绍和比照,卢前对《南北词简谱》一书的评价还是比较符合实际的。

《南北词简谱》由于篇幅大,刊印成本高,吴梅生前尽管费了不少心思,但一直未能公开刊行,只是在东南大学、中央大学授课的时候作为讲义刊印过,但只印了其中的北曲部分,且讹误颇多,这让他感到很不满意。与《霜崖三剧》一样,吴梅对该书特别看重,对其刊印的要求自然也很高。他不愿采用石印的方式:"石印终不雅观,会当节衣缩食,谋付剞劂。"他曾请好友刘世珩作序,因为"海内通此者,风叔、君九、足下与弟而已"②,话虽然说得有些自负,倒也道出了实情,当时学界精通此学者确实屈指可数。1929 年,他曾将书稿交给神州国光社,但该社一直没有下文。到 1934 年 7 月,该社忽然又通过唐圭璋向吴梅索要书稿,并表示愿意刊印③,但此后仍然没有消息。直到吴梅去世后,弟子卢前经过努力,才将该书公开刊行,完成了恩师的一大遗愿。

---

① 卢前《吴瞿安先生事略》,载王卫民编《吴梅和他的世界》第 5 页,河北教育出版社 2002 年版。

② 彭长卿辑注《吴梅致刘世珩、张惠衣书札三通》,《文教资料》1992 年第 4 期。

③ 吴梅 1934 年 7 月 9 日(农历五月二十八)日记。

令人遗憾的是,《南北词简谱》一书虽然具有很高的水准和价值,但它产生于昆曲式微、旧体文学创作退出历史舞台的时代,社会上愿意或有能力制曲者寥寥无几,因此尽管作者耗费了大量心血,但使用者并不多,未能产生较大的社会反响,这也是可以想见的,正如本书前面所描述的,尽管吴梅是一代曲学大师,但他也无法避免课堂上的冷清局面。这是学术文化发展的一个趋势,不管其是否合理,都非人力所能挽回。这正如一位学人所说的:"南北曲之本身原为一有生命之艺术,由词章家作曲,音乐家谱唱,艺术家搬演,合此数事以构成一整个之生命。一旦风会转移,此艺术亡,此门之学问亦随之而亡。今从先生游者尚不能尽其所学,况后世但读其书者乎?"①从这个角度可以称吴梅为最后一个曲学家。《南北词曲谱》是一部具有集大成意义的著作,同时也代表着古典曲学的终结。

虽然时过境迁,实际阅读、使用者不多,但《南北词简谱》在曲律方面的重要成就和贡献则是不可抹杀的。人们即便不再从事南北曲的创作或演唱,但对其曲律的相关问题则不能不有所了解,否则曲学研究是难以深入下去的。因此《南北词简谱》作为一部研究南北曲的入门著作和参考书,是不会因时代的变迁而过时的。

吴梅曲律方面的著述尚有《长生殿传奇斠律》一文,该文刊于1934年。对其写作缘起,吴梅做过这样的说明:"近岁检订南北词诸谱,粗有成书,意有阂滞,取此记证之,辄迎刃而解,始服防思守法之细,非云亭山人所可及矣。因逐出稽核,成此一编,研讨南北词者,据以操翰,庶无偭越。"②具体做法是,选取一些曲子,对其声律使用情况进行详细说明。

---

① 浦江清《悼吴瞿安先生》,《戏曲》第1卷第3辑(1942年3月)。
② 吴梅《长生殿传奇斠律》说明,《国立中央大学文艺丛刊》第1卷第2期(1934年)。

对读者来说，一者可以通过具体例证明白作曲之道，二者可以领悟《长生殿》一剧在声律方面的高超艺术。

《南北词简谱》之外，吴梅这一时期的重要著述要数《词学通论》了。

吴梅是一代曲学大师，这一点人所共知，其在词学方面也同样有着很深的造诣。从年轻时起，吴梅就一直致力于词的创作，他曾向词学名家朱祖谋学习过，与况周颐、郑文焯、夏敬观等词家也有较多的往来，并发起创办六一词社、如社等词社。钱仲联在《近百年词坛点将录》中将其定为地走星飞天大圣立衮①，在《光宣词坛点将录》中又将其定为地损星一枝花蔡庆，并有如下评语："瞿安曲学大师，严于持律。早年讲学吴门，与黄摩西游，后掌教南雍，门下士遍天下，名乃出摩西上。词笔高逸，不让东塘、昉思擅美于前。"②

在创作的同时，吴梅还致力于词学研究，他在各大学执教，开设有词学方面的课程，如词学通论、词选、专家词、词史等。当年在北京大学执教时，曾校勘刊印过张炎的《词源》。其弟子中也有专攻词学者，如唐圭璋。叶恭绰曾评价其词学成就："瞿庵为曲学专家，海内推挹，词其余事，亦高逸不凡。"③夏敬观也称吴梅为"曲家泰斗，其词亦不让遗山、牧庵诸公"。④ 有位日本学人将吴梅放在词学史中予以定位："词之取得词学的称号并成为近代的学问，吴梅先生的名字无论如何是不能漏掉的。"⑤因吴梅在曲学方面的成就过于突出，人们对其词学上的建树则关注不够。

---

① 参见钱仲联《近百年词坛点将录》，载其《梦苕庵清代文学论集》，齐鲁书社 1983 年版。

② 钱仲联《光宣词坛点将录》，载《词学》第三辑第 243 页，华东师范大学出版社 1985 年版。

③ 叶恭绰《近词丛话》，《民族诗坛》第 5 辑(1938 年 9 月)。

④ 夏敬观《忍古楼词话·吴瞿安》，《词学季刊》第 2 卷第 4 号(1935 年 7 月)。

⑤ 坂田新撰，程章灿译《谈词漫语》，《中国典籍与文化》1994 年第 1 期。

《词学通论》一书显示了吴梅
在词学领域的造诣和成就。

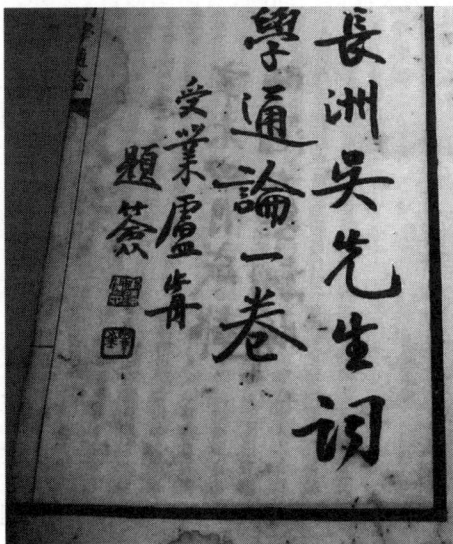

成都师范大学刊《词学通论》

　　吴梅的词学研究与其曲
学研究相比,在目的、方法上
是基本一致的,即侧重于实
际创作,将理论探讨与艺术
实践结合起来。《词学通论》
体现了吴梅的这一研究思路
和特色。全书共九章,前五
章为词的平仄四声、用韵、音
律、作法,后四章为概论,介
绍从唐五代到明清时期词的
发展情况。

　　该书有两个值得注意之处:

　　一是在探讨词学问题时,不时以曲学为参照。这是吴梅治学的一个
优势和特点,他对词、曲都很精通,对词体、曲体的异同了解得非常透彻
深入,因而产生了这样的认识:"以南北曲之理论词,可领悟者不少。"①
词体、曲体的辨析是词曲研究中的一个重要问题,对其进行深入探讨,不
仅由此可以全面把握中国古代诗歌艺术的内在演进脉络,也有助于深化
对各体诗歌艺术的解读和鉴赏。但这一问题以往要么为人们所忽略,要
么虽然意识到,但谈得不到位。吴梅对此问题给予高度重视,可见其不
俗的学术眼光。由于有丰富的创作经验和渊博的学识,他对这些问题谈
得相当细致到位,并有自己独到的看法。受其影响,其弟子卢前等人也

―――――――――――

① 　吴梅《与榆生论急慢曲书》,《词学季刊》第 1 卷第 1 期(1933 年 4 月)。

较为关注这一问题。《词学通论》之外,吴梅在其他文章中也多次从体式、格律、风格等方面比较两者的异同。

二是对词学发展脉络的梳理及对历代词家作品的评析占有较大的比重,达到全书篇幅的三分之二以上。与该书相比,《顾曲麈谈》和《曲学通论》两书主要讲曲的创作和演唱,曲史的介绍及曲家的评析所占比重则不大。内容的变化可能是吴梅一种有意识的调整,不管是《曲学通论》还是《词学通论》,它们都是为配合大学课堂教学而写的,必须考虑学生的要求。尽管吴梅一再提倡创作,但学生未必都有兴趣,不少学生听课的目的在对词的了解和欣赏,因此必须考虑学生的这一需要。再者,词学通论不等于词的创作,在注重创作的同时,也要注意知识的系统性和完整性。从《曲学通论》到《词学通论》,两书论题相似,但各部分内容的比例存在较大差异,从中可以看出吴梅顺应教育制度和学术制度的努力,不管这种努力是自愿的还是非自愿的。

该书最早在中山大学作为教材印行,时间是在 1927 年 12 月。1931年成都师范大学曾翻印,后商务印书馆于 1932 年公开出版。出版后在学界得到较高的评价,到 1934 年时已出至第四版。罗芳洲所编的《词学研究》一书选收了该书的第五章,并改名为《论词法》[1]。《出版周刊》也以《词之作法》为名转载了这一章[2]。但吴梅本人对该书并不满意,因为印刷错误较多:"错误百出,句读且多误,不知谁为校勘,拟重校一通,为再版改正计。"[3]

《汇校梦窗词札记》是吴梅的另一部重要词学著作,写于 1931 年 10

---

[1]　参见罗芳洲编《词学研究》,上海亚细亚书局 1934 年版。

[2]　参见吴梅《词之作法》,《出版周刊》新第 112 号(1935 年 1 月)。

[3]　吴梅 1934 年 3 月 23 日(农历二月初九)日记。

中華民國二十一年十二月初版
中華民國二十三年五月四再版
（一〇〇八五）

國學小叢書
詞學通論　一冊
每冊定價大洋伍角
外埠酌加運費匯費

著作者　　　　　　吳梅
發行人兼主編人　　王雲五　上海河南路五
印刷所　　　　　　商務印書館　上海河南路
發行所　　　　　　商務印書館　上海及各埠

版權所有　翻印必究

（本書校對者胡文楷）
榮

二八〇二上

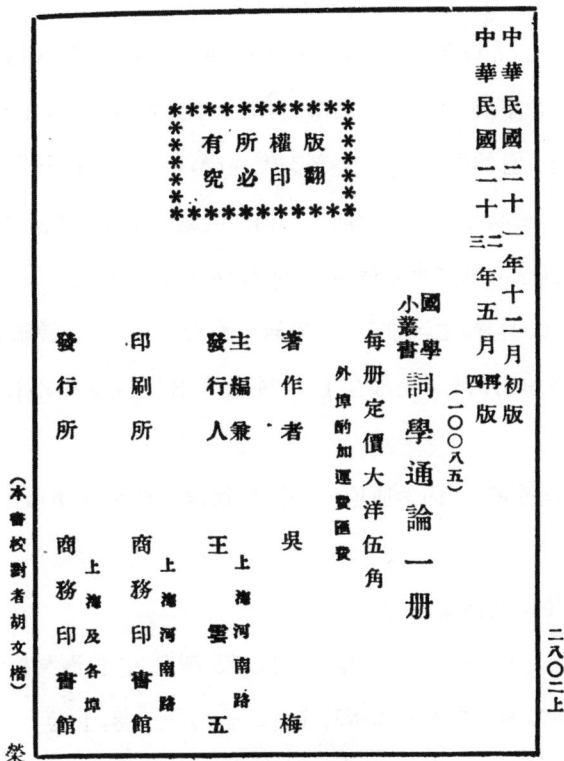

《词学通论》版权页

月至 12 月间。这是吴梅应学生之请,为配合课堂教学而作的。1931 年下半年,吴梅在中央大学开设两门课程,一门为词学,另一门即为梦窗词。校勘整理梦窗词一事在吴梅的日记中有记载:"傍晚校《梦窗词》两页。余今授吴词,拟作札记,乃取毛本作主,以王幼霞、杜小舫、朱古微无着庵《彊村丛书》本,汇刻一通,而附以忆说。今日初着手,此后作为日课焉。"①其中毛本即毛斧季本。吴梅从 1931 年 10 月 25 日动笔,止于当年

---

① 吴梅 1931 年 10 月 25 日(农历九月十五)日记。其中"忆说"当为"臆说",参见王卫民《关于〈汇校梦窗词札记〉的一点说明》,《文学遗产增刊》第十四辑,中华书局 1982 年版。

12 月 7 日。此后因他事而中止,未能全部完成。

其体例为,先以各本互校,标明异字,再征引诸书,间附按语,申明己说。不仅取舍审慎,而且征引诸书,解决了不少疑难问题,在方法上也有可资启发处。总的来看,这是一部态度谨严,很见功力的著作。

此外,吴梅与夏承焘讨论词乐与词律问题的论学书札也有很高的学术价值,于词学问题多有发明,可以当作学术论文来读。吴梅词学方面的著述尚有《词与曲之区别》、《淮海居士长短句跋》、《词源疏证序》、《与榆生论急慢曲书》、《与龙榆生言彊村逸事书》等,这里不再一一详细介绍。

《南北词简谱》、《词学通论》之外,吴梅这一时期还出版了如下两部学术著作:

一是《中国戏曲概论》。

该书由大东书局于 1926 年 10 月出版,署名为“长洲吴梅编著,海宁陈乃乾校阅”,卷首有王文濡所写序言。全书分三卷,上卷为宋金元时期的戏曲,卷中为明人戏曲,卷下为清人戏曲,介绍了从宋元到明清时期的戏曲发展情况,其内容正如王文濡在序言中所概括的:“自金元以至清代,溯流派,明正变,指瑕瑜,辨盛衰,举平日目所浏览,心所独得者,原原本本,倾筐倒箧而出之。”①

该书有两个值得注意的地方:

首先,全书篇幅虽然不大,只有五万来字,但从宋元讲到明清,是一部内容较为完整的戏曲通史。此前同类著作只有王国维的《宋元戏曲史》,因王氏对明清时期的戏曲评价过低,不愿涉及,该书只是一部戏曲断代史。《中国戏曲概论》不仅从宋元讲到明清,而且明清为其重点,弥

---

① 王文濡《中国戏曲概论》序,大东书局 1926 年版。

补了《宋元戏曲史》的缺憾和空白。其后，卢前的《中国戏剧概论》内容更为完整，较之两书又有新的发展和突破。

其次，该书卷上的诸杂院本和诸宫调部分受王国维影响较大，大部分文字系从其《宋元戏曲史》一书抄录而来。在戏曲产生形成的问题上，吴梅基本上接受了王国维的观点。

吴梅有关戏曲史的较为全面系统的著述仅此一部，但这并不是他对戏曲发展演进及作家作品的全部见解，还有很多精辟的意见散见于其戏曲题

中國戲曲概論

長州 吳 梅 編著
海寧 陳乃乾 校閱
上海大東書局印行

《中国戏曲概论》扉页

跋及为他人著述所写的序言、书信中，需要进行概括和归纳，这也是要引起注意的。

二是《元剧研究 ABC》。

有关该书写作的经过，ABC 丛书的出版者曾撰文进行过介绍："常州吴瞿安先生是当代唯一的元曲研究者了。我们 ABC 丛书社就请托吴先生写一册关于元曲的 ABC。我们很感谢吴先生欣然应允了。他最初说：书名可叫《剧曲 ABC》；后来他觉得这书名不显豁，便改题为《元剧研究》。他一动笔就写了十万字左右，于是便把原稿分成上下两卷。吴先生这样的努力，不仅我们 ABC 丛书因之增光，就是我国学术界前途也是欣幸。"①对该书的内容，吴梅在例言中进行过简要的介绍："本书分上下两卷，共计十章。上卷研究元剧的来历，现在元剧的数目，以及元剧家。

---

① 《"剧曲"与"元剧研究"》，《世界》第 1 卷第 1 期(1928 年)。文中"常州"当为"长洲"。

《元剧研究 ABC》封面

下卷将元剧剖解，并及元曲方言，务使读者能得元剧最正确的知识和研究元剧的方法。"①

　　该书由世界书局于 1929 年 7 月出版，卷首有例言三则，但正式出版的只有上卷，下卷未见出版。据卢前介绍："世界书局出版之《元剧研究》下册，先生曾嘱余代作者。"②据出版者的介绍及吴梅的例言，他本来是写有下卷的，不知何以让卢前代写，而卢前后来似乎也没有写。

----

① 　吴梅《元剧研究 ABC》例言，世界书局 1929 年版。
② 　卢前《关于吴瞿安先生·逸事》，《民族诗坛》第 3 卷第 1 辑(1939 年 5 月)。王卫民编　《吴梅和他的世界》所载卢前《奢摩他室逸话》一文，无此部分内容。

上卷部分除序言性质的绪论外，只有四章，第一章为元剧的来历，第二章为元剧现存数目，第三、四章为元剧作者考辨。第一、二章的内容与《中国戏曲概论》相关部分大体一样，全书最重要、最出彩的部分为第三、四章。作者对一百八十七位元代作家逐一进行考察，考其生平，论其作品，这对读者了解元代戏曲的全貌还是颇有参考价值的。

值得注意的是，该书破天荒地使用白话来写，这在吴梅的著述中很是少见。吴梅一生著述基本使用文言，无论是五四新文化运动之前还是之后，始终没有变化，这是其文化立场和个人写作习惯所决定的，当时采用这种写作方式的学人并不在少数，吴梅周围的朋友大多如此。在吴梅平生著述中，使用白话写作者除了《元剧研究 ABC》，就只有早年剧作《袁大化杀贼》和论文《元剧略说》了。《元剧略说》后署"李万育笔记"，可见是吴梅在大学讲演的记录稿。

《元剧研究 ABC》之所以使用白话，可能是应出版社的要求而为的，因为该书为世界书局推出的《ABC 丛书》中的一本，自应按照整套丛书的体例来写。有意思的是，该书使用白话并不彻底，只是在例言、绪论和第一、二章使用，占全书三分之二以上篇幅的第三、四章则仍用文言。可见吴梅使用白话并非出于自愿，勉强配合出版商的要求而已。从该书使用白话写作的部分来看，行文确实显得不够自然。

这一时期吴梅曲学方面的著述尚有《南北戏曲概言》《说作曲子法》《元剧方言释略》等，此外他还将自己平日所写的戏曲题跋以《瞿安读曲跋》《瞿安读曲记》为名在杂志上予以刊载。

在吴梅署名出版的著述中，《辽金元文学史》是比较特殊的一部。该书系应商务印书馆之约而写，但书还没有来得及出版，原稿就在 1932 年的"一·二八事变"中被焚，今已不可见。后来商务印书馆又约吴梅重撰，但他已没有心思再写，加之交稿的时间也比较紧，于是他就找自己苏州的朋友顾巍成代笔。当时顾巍成生活陷于困顿之中,吴梅正好利用这个机会来帮朋友一下。为了该书的销量,吴梅答应挂名,与出版社往来的事务也都是由他负责。该书由商务印书馆于 1934 年 3 月出版,被收入《国学小丛书》。后来所得稿费,吴梅分文未取,全都给了顾巍成。

吴梅为该书所做的工作用其本人的话来说,就是"此书虽为余作,实皆顾君巍成代笔,余不过整齐体例而已"①。不过将该书有关金元曲家的部分与吴梅的相关著作如《元剧研究 ABC》等对比来看,不少内容乃至文字相同,可见顾巍成在写作时参考了吴梅的著述。既然是吴梅署名,在写作过程中,吴梅与顾巍成应当是进行过讨论的,对全书的内容和观点,吴梅应该也是同意的,该书的写法与吴梅的《中国戏曲概论》和《元剧研究 ABC》基本一致。加之吴梅对该书进行过润饰,因此将该书看作是吴梅的著作,也是可以的。

该书分辽、金、元三部分,按照文体分别叙述,其中辽分文家、诗家,金、元则分文家、诗家、词家和曲家。每一文体下,列出代表作家及作品,进行简要的介绍和评析。在此之前,还没有人写过这样的断代文学史,因此该书的开拓意义是应该给予肯定的。全书内容系统,条理清晰,对读者了解辽金元文学具有重要的参考价值。

吴梅的词曲研究建立在丰富文献的基础上,这些文献多来自其本人的珍藏。前文已经提到,吴梅以毕生精力制曲、度曲、论曲、教曲,同时也十分喜爱词曲及相关书籍的收藏。经过多年的不断积累,蔚然可观,其藏书总量约有五、六千种,数万册之多,其中有不少珍本秘籍。

在吴梅的书房中,"奢摩他室"和"百嘉室"为其专藏书室,其中奢摩他室所藏主要为词曲类书籍,百嘉室所藏主要为明嘉靖间刊本。据王謇

---

① 吴梅 1934 年 4 月 20 日(农历三月初七)日记。

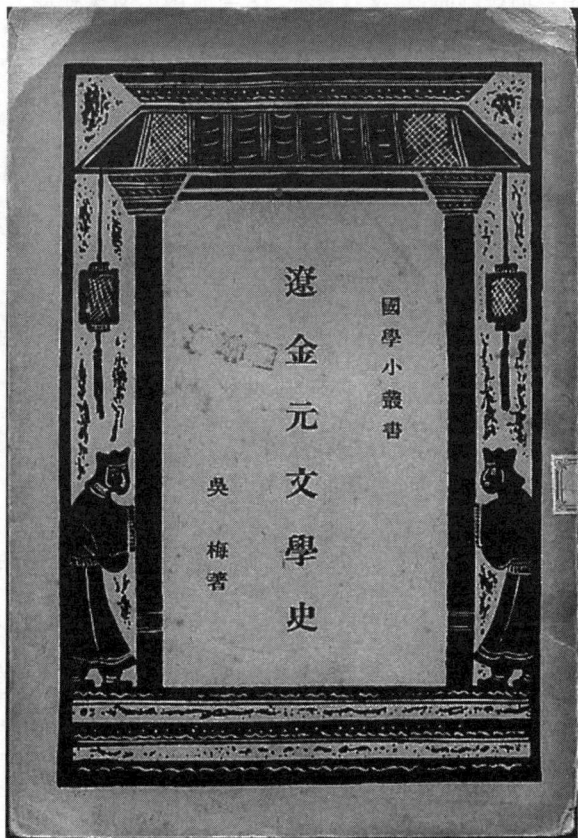

《辽金元文学史》封面

《续补藏书记事诗》云，他曾见过吴梅手写的《百嘉室藏书目》，其中仅元明清曲目就有 129 部 476 种，均为百嘉室上驷，而且有些戏曲如明富春堂精刻、清万红友堆絮园、唐蜗寄古柏堂、蒋心余红雪楼、黄韵珊倚晴楼等，"一部均不止一种，甚且一部有十余种，乃至数十种者"①。

　　词曲类书籍是吴梅的特色收藏，数量大，质量精。具体藏曲数量据

---

① 王謇《续补藏书记事诗》，杨琥点校《辛亥以来藏书纪事诗》第 154 页，北京燕山出版社 1999 年版。

其本人介绍:"旧藏剧曲,几及六百种。"①当时国内藏家在此方面能与之
媲美者只有郑振铎、傅惜华等少数几人。人们或称其"藏曲之富,一时无
两"②,或称其"藏曲最富且精,为海内冠"③,或称其"藏曲为海内第一"④,
或称其"有关戏曲方面的书籍,以及精本、善本、孤本在全国居于首
位"⑤。至于吴梅的藏曲是否真的能居海内首位,还需进一步核实,不过
其藏曲以富和精著称则是毫无疑问的。

这些珍贵的书籍除了从各地购买之外,有些则抄录自公私藏书,比
如《歌代啸》一剧,就是吴梅于1923年秋从江南图书馆抄录的。抄录之
后,他又"手校一过,略易讹字"⑥。《踏雪寻梅》则抄录自好友王孝慈的
旧藏。

每当得到一部渴望已久的好书,吴梅都非常开心。比如《唐堂乐
府》,吴梅"求诸二十年不可得。戊辰六月,百双楼有此册,遂以重金易
之"。得到该书后,吴梅"快读数过,襟抱适然。《四才子·杜牧》一种,
《纳书楹》有全谱,按歌点拍,更觉萧爽。此吾今岁中得意事也"⑦。这种
快乐和得意是发自内心的,只有对词曲,对书籍的喜爱达到痴迷的程度,
才能体会得到。

吴梅虽然喜爱藏书,但并不将自己的珍藏秘不示人,而是公之于世,
方便学术研究。朋友和学生比如卢前编印散曲集、钱南扬撰写《宋元南

① 吴梅《奢摩他室曲丛》自序,商务印书馆1928年刊行。
② 钱基博《现代中国文学史》第261页,世界书局1933年版。
③ 常芸庭《吴梅小传》,《国风》第3卷第4期(1933年8月)。
④ 卢前《吴瞿安先生事略》,载王卫民编《吴梅和他的世界》第4页,河北教育出版社
2002年版。
⑤ 王卫民《曲学大成 后世师表:吴梅评传》第114页,上海古籍出版社2010年版。
⑥ 吴梅《歌代啸》跋。
⑦ 吴梅《唐堂乐府》跋。

戏百一录》等,都曾利用过吴梅丰富而珍贵的藏书。

吴梅还利用自己的藏书选编了一些戏曲总集和选集,如《奢摩他室曲丛》初集、二集、《古今名剧选》、《曲选》等,将珍贵文献公之于众,为其他学人提供便利。

有得就有失,收藏词曲带给吴梅的并不只是愉悦,自然还包括遗憾和痛苦。当寻访多年的好书出现在面前时,却因价格昂贵而失之交臂,这样的遗憾许多藏书家都经历过,吴梅也不例外,他曾记述过这样一件事:"余前家居,坊友江君,持富春残剧五十馀种求售,有《牧羊》、《绨袍》等古曲。余杖头乏钱,还之,至今犹耿耿也。"①

好书求之不可得,这无疑是很大的遗憾。而收藏多日的珍籍一旦遭到毁坏,它带给藏主的可就不是遗憾,而是巨大的痛苦了。古人早有藏书水、火、兵、虫四厄之说,身处动荡年代,充满诸多不安定因素和变数,连人的生命都难以得到保障,更不用说书籍了。二十世纪上半期,藏书家书籍遭劫的事件屡见不鲜,这样的不幸也发生在吴梅身上。

1932年1月28日,日军进攻上海闸北,悍然发动"一·二八"事变。1月29日,日本空军对上海地区进行狂轰滥炸,商务印书馆总管理处、下属印刷厂、纸库、书库以及附设的东方图书馆因此受到重创。2月1日,一些日本人闯到东方图书馆,将未被毁坏的残存书籍放火焚烧。

东方图书馆馆藏极为丰富,有四十六万多册之巨,其中不乏珍本秘籍,特别是地方志的收藏,在海内外首屈一指。就戏曲文献而言,也是相当丰富的,仅善本书籍就有十六种,或为抄本,如《续琵琶记》、《幽梦影》、《贯华堂六才子书》、《录鬼簿》等,或为明刊本,如《海萍逢传奇》、《草庐

---

① 吴梅《青楼记》跋。

记》、《琴心记》、《东窗记》等①。未被列入善本目录的则更多,仅郑振铎
能回忆出的就有《一笠庵四种曲》、富春堂刊本六种、两种《雍熙乐府》、孟
称舜所著两种曲等②。

听到东方图书馆被焚的消息,吴梅感到很是担心,因为他用来编辑
《奢摩他室曲丛》的底本也暂存在这里,这些珍籍可都是吴梅藏品中的精
华,"商务馆被焚后,涵芬秘笈悉付祝融,吾恐《奢摩他室曲丛》各底本同
遭此厄。二十年奔走南北,仅此数卷破书,苟付劫灰,吾心亦灰矣。归家
即睡,不胜愤慨"③。过了一段时间,吴梅的担心果然应验了,张元济来
信告诉他这一消息,后又来函,让吴梅开列一个存留在商务印书馆的藏
书细目。据吴梅统计,除了原来已发还的三十八种、六十一册,其留存在
商务印书馆的藏书有一百零九种,一百七十九册,皆为散曲和剧曲类
珍籍。

到 5 月 8 日,商务印书馆派人送还编印《奢摩他室曲丛》的底本,共
八十种,一百零九册。经过清点,吴梅认定有二十七种珍籍毁于日军战
火。其中有富春堂刊本六种,墨憨斋本八种,都是"世间难得之本",这让
吴梅感到极为痛心,他在当天的日记中写道:"余频年授徒,馆谷所得,亦
付浩劫,思之一叹。……孤本居多,可遇不可求矣。奈何奈何!"

6 月 21 日,吴梅在给弟子卢前所编《饮虹簃所刻曲》撰写的序言中
再次提到此事:"三十年搜集苦心,一夕烈焰荡灭者十五。嘉靖间倭乱,
恐无斯酷也。"④他觉得书藏得越多,一旦遇到不测,所造成的损害也就

① 参见《涵芬楼原存善本草目》,《涵芬楼烬余书录》附录,商务印书馆 1951 年版。
② 参见郑振铎《中国戏曲史资料的新损失与新发现》,《郑振铎文集》第五卷,人民文学
出版社 1988 年版。
③ 吴梅 1932 年 2 月 1 日(农历十二月二十五)日记。
④ 吴梅《饮虹簃所刻曲》序。

越大，遂告诫弟子："藏之愈富，亡之愈速，刻之愈多，亡之亦愈甚。"①激愤之情，溢于言表。

　　后来商务印书馆按照原价的七成给予赔偿，一共赔了七百三十五元，对此，吴梅也只得接受。这些珍本秘籍不是随便花钱就能买到的，损失可以说是无可估量，也无法挽回。可以想象失去如此多珍贵藏书对吴梅造成的沉重打击，激愤之下，他做出极端的举动："因取所存各曲总录一目，将尽让于人。"②据郑逸梅介绍，曾有某大学图书馆拟以重金收购吴梅的藏曲，但吴梅不同意出让③。如果其所述情况属实的话，应该就在这一时期。当时也确有书商关注此事，比如集宝斋的老板孙仲渊就曾询问吴梅，如果有意割让旧藏曲本，他可以介绍买家，但吴梅的态度并不积极，"无可无不可"④。

　　不管是否有人收购，最后的结果都很清楚，那就是未能成交。藏书没有真的出让成，倒是留下了一份珍贵的藏曲目录，那就是《奢摩他室藏曲待价目》。尽管吴梅本人说是"举箧相让，毋劳遴选"，但所收并非其藏曲的全部。该目共收书 76 部，327 种，391 册，有些书目后还附有吴梅本人的说明⑤。吴梅藏曲的精华多在此目，在不少曲目后，吴梅用"世未见第二本"、"弥足珍贵"、"海内无第二本"、"海内孤本"等词语来评价，于此

---

①　吴梅《饮虹簃所刻曲》序。

②　吴梅《奢摩他室藏曲待价目》自序，载青木正儿著、王古鲁译著《中国近世戏曲史》(修订增补本)之附录五，中华书局 1954 年版。

③　参见郑逸梅《霜崖先生别传》，《戏曲》第 1 卷第 3 辑(1942 年 3 月)。陈绍基在《追悼亡师吴瞿庵先生》一文中亦有此说："上海有某大学图书馆，愿以巨金收购，先生不让。"文载《十日戏剧》第 2 卷第 20 期(1939 年)。

④　吴梅 1932 年 6 月 29 日(农历五月二十六)日记。

⑤　吴梅《奢摩他室藏曲待价目》，载青木正儿著、王古鲁译著《中国近世戏曲史》(修订增补本)之附录五，中华书局 1954 年版。另中国国家图书馆藏有《吴瞿安 许守白 陆诚斋 王孝慈所藏曲目》，民国抄本，可参看。

可见这些曲本的珍贵程度,也可看出吴梅的珍爱程度。

尽管激愤之下做出出让藏书之举,但对戏曲的热爱是无法因此而割舍的。一旦遇到寻求多年的珍籍,则又无法控制自己。这年农历五月,吴梅看到访求多年的剧作《麒麟罽》。当年他在北京时,曾见到该剧和《灵宝刀》等其他三种剧作,但是价格昂贵,"索价至五百金",未能如愿。如今再次看到,可谓有缘,不能错过,于是以重金购藏。把玩之余,他写下了自己此时颇为复杂的心情:"此书求诸三十年不可得,今岁春避倭乱居海上时,旧存涵芬楼曲本为倭焚毁者凡三十种。悲痛之余,欲将旧藏各曲悉数让人。适仲渊以此册见示,雅不欲沦于伧荒之手,复以钜值百金,存之箧衍。……陈刻各剧,今日极名贵,余破百金购此,亦不为枉矣。"①

到了中秋,他又购藏了一部《天随愿》,并写下一段颇为自嘲的识语:"坊友江杏溪持此见询,余以箧中无此书,遂购之。今岁兵火奔走,又复为此不急之务,书生结习,依旧未改,是可笑也。"②于是一切照旧,吴梅仍像往常一样购藏词曲等书籍。

利用个人的丰富藏书,吴梅在撰写学术著述的同时,还编校刊印了一些词曲方面的总集和选本,将珍贵文献与学界同仁共享。在吴梅编印的戏曲作品集中,其中以《奢摩他室曲丛》规模最大,质量最精,社会影响也最著。

对《奢摩他室曲丛》的编印缘起,吴梅是这样介绍的:"少好度曲,辄搜罗元明以来院本,历二十年,所积日多。晚近学者以为曲虽小道,而模写物态,雕绘人理,足以鉴古今风俗之变,深合于国风、小雅之旨,因怂恿

---

① 吴梅《麒麟罽》跋。

② 吴梅《天随愿》跋。

印行，以广其传。计余旧藏剧曲，几及六百种，遍刊则值必巨，寒畯之士或且敛手矣。乃徇友人张君菊生之意，先印一百五十有二种。"①

　　吴梅原计划刊印曲籍二百六十四种，根据内容分散曲别集、散曲总集、杂剧、传奇四类，其中散曲别集十三种、散曲总集五种、杂剧一百三十四种、传奇一百一十二种②。考虑到全书规模太大，价格过高，读者难以承受，后来缩减为一百五十二种。根据吴梅所编的《奢摩他室曲丛草目》，拟收散曲别集七种、散曲总集四种，杂剧六十五种、传奇七十六种。不过即便如此，其规模也已超过此前所有刊行的戏曲总集，正如吴梅弟子任中敏所说的："较前人旧编，素称巨擘，如晋叔百种、汲古、富春十集者，且有积薪之势，取材之丰，此为独步。"③

　　该书从 1928 年起由商务印书馆刊出，但只出至第二集，由于日军的轰炸，商务印书馆藏书楼被毁，吴梅珍藏的用作底本的珍籍二十七种毁于战火，工作被迫停止。据张元济 1931 年 9 月 2 日，给吴梅的书信，"三集业已印成，并已装订竣事，现正赶印四集。一俟出书，即与三集同时发售"④。可见在日军轰炸前，三集已经印好，四集正在赶印，很可能也已印好。正当商务印书馆准备销售的时候，不幸遭受劫难。吴梅曾在给弟子钱南扬的信中谈过此事："《曲丛》三四集已屡催出版，而商务馆中以

①　吴梅《奢摩他室曲丛》自序，商务印书馆 1928 年刊行。
②　《奢摩他室曲丛》全目抄本藏中国国家图书馆，林夕主编的《中国著名藏书家书目汇刊》（近代卷，商务印书馆 2005 年版）第四十册收录，题名为《吴瞿安许守白陆诚斋王孝慈所藏曲目》，可参看。王卫民《吴梅〈奢摩他室曲丛〉及其全目》一文也曾予以披露，但删去了全目中每书的册数，见《文献》总第 7 辑，书目文献出版社 1981 年版。
③　任中敏《奢摩他室曲丛》序，商务印书馆 1928 年刊行。
④　张元济 1931 年 9 月 2 日致吴梅函，载其《张元济书札》（增订本）第 571 页，商务印书馆 1997 年版。

奢摩他室曲叢草目　　　　　　　　　　　　　　長洲吳梅霜崖輯錄

小山小令　乾隆重刻嘉靖本

夢符小令　乾隆重刻嘉靖本

樓居樂府　嘉靖常評事集本

碧山樂府　崇禎張宗孟本

南曲次韻　崇禎張宗孟本

擊筑餘音　舊鈔本

浮海堂詞稿　影鈔嘉靖本

右散曲別集之屬七種

詞林摘豔　嘉靖吳江張氏本

南詞韻選　吳江沈氏原本

吳騷合編　武林張楚叔刻本

太椴新奏　影鈔江南圖書館藏崇禎刻本

右散曲總集之屬四種

董詞　屠荼水校刻本

古本西廂校注　王伯良原刻本

涵芬樓

《奢摩他室曲丛草目》

《万有文库》及《百衲廿四史》两端,乃至延搁。"①其后因形势的变化,吴梅虽有心继续编印,但限于各种条件,未能再继续下去,毕竟重新选择底本、制版、印刷都耗时耗力,投资很大,商务印书馆不能不慎重考虑。《奢摩他室曲丛》由此夭折,这无疑是一个很大的遗憾。

已刊出的《奢摩他室曲丛》一、二集共收录戏曲作品三十五种,数量还不到原计划的四分之一,其中第一集收《扬州梦》、《双报应》、红心词客传奇四种等传奇六种,第二集收诚斋乐府二十四种、粲花别墅五种曲

① 吴梅《与钱南扬》,《戏曲》第 1 卷第 3 辑(1942 年 3 月)。该信写作时间当为 1931 年。

五种。第一集采取影印的方式，第二集则采取排印的方式。所据底本大多来自吴梅本人的收藏，比如诚斋乐府二十四种，其中有二十二种为吴梅珍藏，只有两种为张元济外借而得。对所收作品，皆在后面写有题跋，介绍作者生平经历、创作缘起、作品特色及刊误之处。"作者寓意，不厌详求，遗事轶闻，附书简末"①，"于掌故、文字、音律、排场，不辞劳瘁，言之娓娓，足为读者南针，亦即先生曲学之一种。题跋之精，得与吴江沈氏、南海伍氏后先骖靳焉"②。

　　该书的特点依据吴梅好友王季烈的总结，有"三善"："选择之精，其善一也"；"刊印之良，其善二也"；"不求善价，以速流行"，"取值之廉，其善三也"③。这一总结还是比较合乎实际的，从王氏所说的第三善颇可见出吴梅刊印戏曲作品与前人的不同之处：首先，其目的不在牟利，而在普及推广，使珍本秘籍走上研究者的案头，为曲学研究提供便利。其次，将戏曲研究与文献的整理刊印结合在一起，具有明确的学术目的。

　　这一时期，吴梅以《曲选》为名编印了两部曲学读本。两书书名一样，

中華民國十六年十一月印

發售者　國立第一中山大學出版部　廣州各大書坊

印刷者　國立第一中山大學出版部

編輯者　吳梅

每冊定價三角五分

中山大学刊《曲选》

① 吴梅《奢摩他室曲丛》自序，商务印书馆 1928 年刊行。

② 任中敏《奢摩他室曲丛》序，商务印书馆 1928 年刊行。

③ 王季烈《奢摩他室曲丛》序，商务印书馆 1928 年刊行。

但内容完全不同,这里稍作介绍。

第一部《曲选》是吴梅执教中山大学时所编的讲义,中山大学出版部1927 年 11 月刊行,由于吴梅于当月辞职北返,估计未能使用。吴梅在中山大学任职时间很短,不一定来得及编选这样一部书,它很可能是吴梅执教东南大学时所编的讲义。该书未见公开出版,也未见研究者提及过。

该书分北曲、南曲两部,共选收元明两代散曲作品四十八家(不包括阙名作家)、九十四首,其中北曲收录作品十七家、三十二首,南曲收录作品三十四家、六十二首。从作品数量来看,选编者更为偏重南曲。在编排上,按作品所属宫调编排,南北曲合套归北曲部,南曲部则分仙吕、羽调、正宫、大石、小石、中吕、南吕、黄钟、越调、商调、双调、先吕入双调。这种编排方式便于对曲律的熟悉和掌握,适合初学者,也可见吴梅编印此书的用心所在。

总的来看,全书所选涵盖了元明两代的代表作家与作品,大多为声律、文辞兼美之作,对散曲的创作和欣赏都有较高的参考价值。

第二部《曲选》为吴梅执教东南大学、中央大学时所编。它与吴梅的其他著述一样,也是为配合课堂教学需要

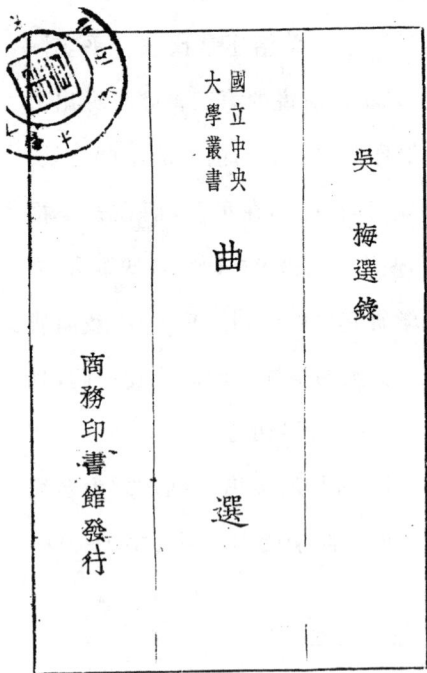

商务印书馆版《曲选》

而选编的。当年在北京大学任教时,吴梅"尝选传奇百种,曰《南词雅》,尘世杂遝,实未成书"。到南京之后,他整理旧稿,经过删汰修订而成此书。东南大学曾作为讲义印行,书名为《百嘉室曲选》,从其自序、例言皆署年份为甲子来看,该书当在 1924 年编成。1930 年被商务印书馆列入《国立中央大学丛书》公开出版。

全书分四卷,与上文所介绍的另一本《曲选》不同,该书只收剧曲,不收散曲,所收"上自《琵琶》,下讫《倚晴》,得若干种,附缀题识,略陈流别,为学者告焉。"①共收录传奇一百九十四折,涉及三十二部作品。在体例上,"只录曲文,不及宾白,以南词为主,略取北词,但以套式为多。纯粹北词,不复多录,每种少者选二折,多者选十二折。每种前略记作者小传,末缀以跋,多品藻语或词林掌故之谭,率取诸《中国戏曲概论》。"②该书所收多为符合音律、文辞优美的名篇佳作,无论是从创作还是从欣赏的角度来看,都是一部相当不错的曲学选本,具有重要的参考价值。

《词选》是吴梅这一时期所选编的一部词学读本③。他曾在东南大学、中央大学多次开设词选课程,该书是为配合教学需要而编印的。遗憾的是该书未曾公开出版,知者不多,今所见者为吴梅在东南大学任教时使用的讲义本。

全书以李白始,选收从唐至元历代词作共四十二家、三百四十三首,其中唐五代十家四十一首、北宋十三家七十二首、南宋十五家一百七十九首、金一家二十一首、元三家三十首。从选收各代词家和作品的数量

---

① 以上吴梅《曲选》自序,商务印书馆 1930 年版。
② 徐调孚《霜崖先生著述考略》(增补稿),《戏曲》第 1 卷第 3 辑(1942 年 3 月)。
③ 本书对吴梅《词选》的介绍参考了曹辛华的《20 世纪中国古代文学研究史》词学卷一书,东方出版中心 2006 年版。《词选》现藏南京图书馆,以往各类著述皆未提及,曹辛华是第一位撰文介绍者。

及其分布来看,以南宋为最多,由此可见吴梅对各代词家的态度和评价。全书选录作品最多者为周密(三十八首)、朱敦儒(二十二首)、吴文英(二十一首)、元好问(二十一首),由此也可看出吴梅对各词家的喜爱与认可程度。总的来说,这是一部颇见眼光的词选。

在吴梅这一时期所整理的古代典籍中,《霓裳羽衣》是很值得关注的一部。霓裳羽衣为唐代大曲中的法曲,是唐代乐舞的代表作品,在当时很受欢迎,后失传。

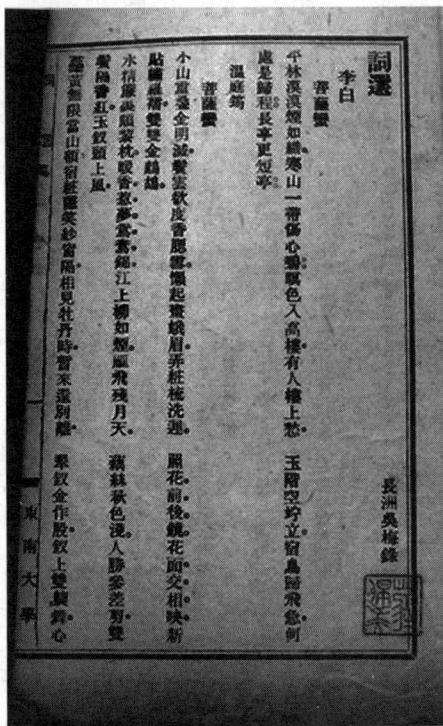

《词选》

洪昇在《长生殿》"重圆"一折中参考历史文献并根据自己的理解,对其进行了描写,但会表演的人不多见。吴梅早年曾见名伶葛子香演出过,"稍长习度曲,从冷摊上得旧谱数十折,则此谱在内,且一一标明舞态,不禁狂喜,因肄习之,惟无卫玠之美,而有左思之陋,辄不敢一试其技,藏弄医衍,聊以自娱而已"[1]。1922年秋,他将此谱传授给学生凌纯声、童之弦。后来他们二人根据吴梅所传,谱曲编舞,将其改编成校园歌舞剧,在苏州、南京等地演出,颇受欢迎。

---

[1] 吴梅《霓裳羽衣》序,商务印书馆1928年版。

　　该书由吴梅校订,凌纯声、童之弦编,商务印书馆 1928 年出版。对该书出版的缘起,凌纯声、童之弦是这样介绍的:"霓裳羽衣为我国古代名舞之一,千余年来,流传人间,未尝绝响。然今日能此者,仅长洲吴瞿安先生及老伶工阿保二人而已,师徒授受,向无专籍记载。编者受业于吴先生之门,承吴师悉心教授,始得草成此书。吴先生与编者曾将此舞在东南大学附属中学及江苏省立第一女子师范教授数次,学生对此颇饶兴趣,表演时社会观众咸赞叹不止。后各方来索底稿者三百余起,原稿简略,不易了解,来函问难者甚多,势难一一答复,只得重行详细编纂,以

吴序

此曲见洪昉思长生殿重圆折,乐人习此者鲜矣,余儿时曾见葛子香奏此,一时老辈皆颙首称善,余莫名其妙也,稍长度曲从冷摊上得旧谱数十折,则此谱在内,且一一标明舞态,不禁狂喜,因肄习之,惟无衡珎之美,而有左思之陋,𤩽不敢一试其技,藏弆医衍,聊以自娱而已。壬戌之秋,承乏南雍,凌君纯声、童君之弦时来讲艺,暇日以此谱授之,夙具神解,一过即了了然,琅琅然,且不惮步伐进退中节,沛公殂天授矣。后辗转奏演,歴毗陵、吴门、邗上,声蝉隆起,晚近庠序,论歌舞古剧,未能或之先也。今夏应同人之请,以此谱付刊,其嘉惠后学之盛心,更不可及。余尝谓近日学校唱歌多取东邦简谱,施诸童龀,幾不知中邦自有正声,得此谱以为瀋雪,殆将知所返乎。纯声方游学法京巴黎,肆习音乐,夫巴黎固乐府之渊薮也,试以此谱演之,余

1

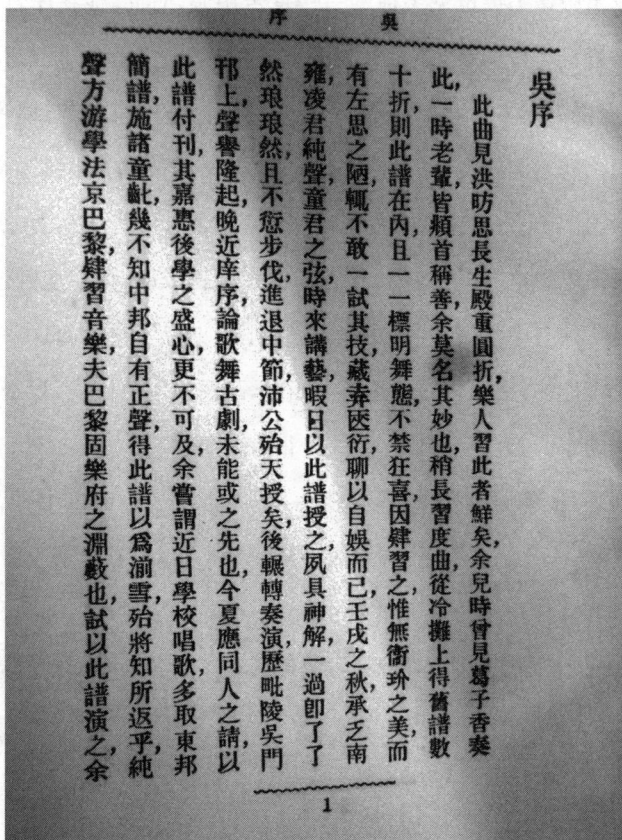

吴梅《霓裳羽衣》序

之付刊,供诸同好。"①

全书共分五章,即舞图、歌谱、唱法、舞谱和伴奏乐谱,书后有附录
《乐器使用法》。其中舞图为学生演出时的剧照。该书主要面对高年级
小学生及初中生,对歌、舞、伴奏等均有较为全面而详细的介绍,颇为实
用。后来有一些学校如浙江省一中曾按该书的指导进行编排演出。

从对《霓裳羽衣》的整理和重新编排可见吴梅多才多艺的一面,他不
仅擅长创作词曲,而且能将其搬上舞台,其将词曲创作与艺术实践有机
结合的治学特点从这件事上可以看得更为明显。从对霓裳羽衣舞的重
新编排及出版该书可也见吴梅的另一良苦用心,对此,他在序言中说得
很明白:"近日学校唱歌,多取东邦简谱,施诸童龀,几不知中邦自有正
声,得此谱以为湔雪,殆将知所返乎?纯声方游学法京巴黎,肆习音乐,
夫巴黎固乐府之渊薮也,试以此谱演之,余知必为彼都人士所激赏,或不
敢薄视吾国。"②对于歌舞,他主张以民族为本位,反对全盘西化。这是
吴梅一贯的思想,1936 年 9 月,他在应征谱写国歌时,也曾谈到这一点:
"国歌之作,须有中学根底,而曲谱亦须中国气味。"③吴梅的这一看法还
是有其合理性的,在西化之风正盛的当时,从民族本位出发,肯定自己传
统中优秀的东西,避免妄自菲薄,这是很有必要的。

吴梅还对《朝野新声太平乐府》一书进行过校勘。该书作于 1924
年,根吴梅本人介绍,"甲子七月,取何梦华抄本校对一过,录入眉端。又
取《北宫词纪》、《张小山小令》、《乔孟符小令》三书,汇校一通"。④ 这种
汇校精选底本,以多种版本校对,可以使读者了解各版本间的异同,同时

① 凌纯声、童之弦《霓裳羽衣》自序,商务印书馆 1928 年版。
② 吴梅《霓裳羽衣》序,商务印书馆 1928 年版。
③ 吴梅 1936 年 9 月 28 日(农历八月十三)日记。
④ 吴梅《朝野新声太平乐府校勘记》,《华国月刊》第 2 卷第 9 册(1925 年 10 月)。

也为读者提供了一个可信的读本。

另据潘景郑介绍,吴梅还曾受明曲家沈仕后人之请,辑录沈仕散曲,成《青门曲录》一书。该书从《南北宫词纪》、《词林逸响》、《太霞新奏》、《吴骚合编》等曲选中辑得小令五十三首,套曲十三套九十二支,"虽不能复真本面目,而艳词雅调,约略可睹"①。潘景郑曾任该书校订之役,可惜后来未能刊行。

这里介绍一下当时学界对吴梅学术成就与治学特色的评价,有关这一问题,前文在将吴梅与王国维进行比较时曾有所涉及,这里再从另一个角度稍作探讨。在北京大学、中央大学等高等学府教授词曲既标志着戏曲研究这一学科的建立,同样也奠定了吴梅在词曲研究领域的地位。但同时也不可否认,其研究还存在着一些缺憾和不足。

对吴梅曲学研究中存在的一些问题,叶德均在其《跋〈霜崖曲跋〉》一文中曾专门进行过探讨。首先,他对吴梅的旧体文学创作及审订曲谱等行为基本持否定态度,认为这些是"无用的",具体说来,吴梅诗词曲的创作"全部都是摹拟前人的东西",吴梅的订谱"只是对于前代南北曲谱作一个最后的结束而已,至于现在是否需要摹拟前人的南北曲以及度曲、制谱等,这在有识之士却早已把这些遗弃了的",他认为"从戏曲史的研究者的立场看来,吴氏最大的业绩并非拟古之作的南北曲或审音订谱之类,而是为戏曲研究者保存若干重要资料而已"。其次,他挑出吴梅戏曲跋文中存在的一些疏误,批评吴梅"不仅态度失宜,治学方法苟简;即所谓'不屑屑于考据',也还不致于有这样多的错误,有时简直丝毫不加考察就随便下断语"。他对吴梅的总体评价是:"吴氏决非一个现代的戏曲史家,而是致力于作曲、订谱的传统文人。"

---

① 潘景郑《先师手辑青门曲录》,载其《著砚楼书跋》第 311 页,古典文学出版社 1957 年版。

对叶德均的观点,需要从正反两个方面来看。必须承认,他对吴梅治学特色与方法的概括还是较为准确的,即"颇少以戏曲作者事迹或考证为中心,而多半以曲文合谱合律为主"。吴梅戏曲跋文中确实存在不少疏误,之所以如此,是因为吴梅在此方面没有太大兴趣,所下工夫也不大,戏曲跋文的写作较为随意,他的关注点及精力主要集中在曲文和曲律上。吴梅治曲的长处在对曲律的把握和对曲文的品鉴,对作者、本事等史实的考证非其所长,这正如一位论者所概括的:"在他生前身后有些人批评他,不满于他的曲学考据。无可讳言,他的短处是考据多疏,有时不免臆测武断;而在审音制曲方面,现在已很难再有这样一个人物。"①

问题是如何来看待吴梅治学的这一局限。众所周知,由于知识结构和个人兴趣的不同,戏曲研究先驱者的治学方法与特色各异,他们的长处和短处都相当明显,吴梅如此,王国维也是如此。王国维的著述固然如叶德均所说的"考证精确",但其局限也很明显,比如他对作曲、度曲、制谱、订谱既无兴趣,也没下过工夫,这是其所短;再如他对明清时期的戏曲全盘否定,这也是有失公允的。因此,要全面、公正地评价他们,既可点出其短处,更要看到其长项。这样看来,叶德均的批评就显得有些偏颇,不够公允。他虽然更认同王国维的研究方法,但不能以王国维的标准来要求和评价吴梅,正如不能以吴梅的标准来要求和评价王国维一样。否则从作曲、度曲、制谱、订谱的角度来要求和评价王国维,同样可以将其说得一无是处。

吴梅研究曲学,多从创作、演唱着眼,创作与研究并重,这是其治曲的一个特点。在吴梅身上,兼具学者和文人两种特质。叶德均点出了这

① 郑骞《吴梅的羽调四季花》,载其《景午丛编》上集第283页,台湾中华书局1971年版。

些,应该说他对吴梅的把握还是较为准确的。但他的评价却难以让人苟同。自五四新文化运动之后,新文学成为文学创作的主流,旧体文学的创作被边缘化,吴梅振兴曲学的努力未能达到所期待的效果,这确实是客观事实。但由此不能认为吴梅的努力没有价值,不能认为"许多追随着吴氏的途径前进的,那便是走入歧途了"①。

从学理的层面来看,戏曲是由多种元素有机组成的综合性艺术,作者、本事的考察固然重要,作曲、度曲、制谱、订谱也同样不可或缺,没有这一领域的探讨,戏曲研究注定是不完整的。吴梅的价值就在于,当曲律之学成为绝学的时候,他专力于此,成为一位集大成者,并努力将这一绝学发扬光大。可以想象,如果没有吴梅等人的努力,曲律真的成为绝学,曲学研究由此出现一个大的空白,那该是一个多么让人尴尬的局面。再者,对曲学研究者来说,学会作曲、唱曲,增加一些文学实践,对深入理解作品是有很大帮助的,否则对创作、唱曲一窍不通,研究时难免出现隔靴搔痒的情况。

总的来看,叶德均对吴梅的评价有其道理,但失之偏颇。

叶德钧对吴梅的创作和治曲基本予以否定,行文直率,文笔犀利,加之该文的写作时间是在吴梅去世近五年后。对吴梅的弟子们来说,这篇文章是难以接受的,很容易引起他们的反感,其中以任中敏的反应最为激烈。他在《回忆瞿庵夫子》一文中称叶德均为"近代妄人",并对其自杀行为进行批评②。任中敏写作该文是在1984年,时间已是在叶德均发表《跋〈霜崖曲跋〉》一文后四十年,在其去世后二十多年。叶德均对吴梅的评价未必正确、公允,但还在学术的范围内,完全可以对其进行有理有据

①　以上见叶德均《跋〈霜崖曲跋〉》,《风雨谈》第9期(1944年2月)。
②　参见任中敏《回忆瞿庵夫子》,《文教资料简报》1984年第1期。

的反驳，但拿其自杀来说事，是很不妥的。叶德均是在 1957 年那个特殊的年代里自杀的，其不幸遭遇是值得同情的。任中敏此举显得过于情绪化，这一方面是耿直的性格使然，另一方面也可看出其对恩师吴梅的感情之深。但这样做实际上是把话题引到学术之外，让问题变得复杂。好在其他学人也没有再就此话题进行争论，此事才算告终。

　　接下来再说一说吴梅的学术转型。虽然吴梅以词曲闻名于世，在此方面成就最著，影响也最大，但他并不满足于仅仅做一个词曲家，而是有着更为宏大的学术志向，这是他对自己的人生定位。他早年曾在诗文方面下过工夫，涉足曲学这一领域的时间较晚，后来却以此成名，至于其经史、诗文方面的造诣则少有人提及，这正如得其真传的弟子汪经昌所说的："至对南北曲之研究，已在弱冠之后，初不过以此为学问余事，偶有述作，而不意终其身竟以曲学名世，其在经史方面之成就，反被曲学所掩。"①这让吴梅感到很是遗憾，他在自己的遗嘱中也曾专门谈及这一点："今人富词曲者，未尝不是。但余所有者，不独此耳。频年南北客中度岁，几成惯例。上痒延聘与子弟肄习者，多声律对偶之文。至有誉我为词曲专家者，余亦笑而不辩也。"②

　　确实，就吴梅平日购藏及所读书籍来看，涉猎面是相当广泛的，词曲之外，他对诗歌、散文以及经史，一直怀有浓厚的兴趣，并有着相当丰厚的积累。总的来看，他用在诗文、史学上的时间、精力与词曲差不多。

　　吴梅曾想专门进行诗文、史学方面的研究，有一些不错的设想，并做了不少前期准备工作。比如他曾想编撰一本苏轼诗歌的简注："余藏苏

---

① 汪经昌《吴梅》，载王卫民编《吴梅和他的世界》第 193 页，河北教育出版社 2002 年版。
② 吴梅《百嘉堂遗嘱》。

诗粗具,如王氏、施氏、查氏、冯氏及王文浩集成,皆涉猎一过,恨未能搜剔选录,成一简注本耳。"①他还想为李贺的诗歌做释笺:"早起阅昌谷诗,年来颇思释笺李诗,搜集李集五、六种,然极是难事。王琢崖竭十二年之功,尚难安善,况如余简陋,且重以饥驱乎? 恐此注成,吾已老矣。"②可惜由于诸事繁杂,这些设想一直无法落实。为此他曾想提前退休,专力于此:"生平之志,五十以后,归田读史,节衣缩食,得涵芬楼二十四史,颇思在此一二年,辞去讲席,专诵此书,以殿本细校一通,当有不少发明处。"就在吴梅准备退休之际,抗战全面爆发,"狂虏肆虐,故里成墟,昔日甲乙标,今已不堪重问"③。此后,吴梅颠沛流离,身处异乡,连性命、衣食都成问题,自然更不可能实现这些学术计划了。

从吴梅后来一再想把个人的曲学藏书出让之举也可以看出这一点。1932年"一·二八"事变,吴梅藏在商务印书馆编印《奢摩他室曲丛》的二十多种曲学珍籍被毁。激愤之下,他想把曲学藏书全部出让,但未卖出。此后,他多次想把藏曲出让,先是于1933年上半年要卖给上海巨商王伯元,但被王氏拒绝,导致两人关系破裂。同年9月,他又托人把曲目带给正在国立北平图书馆供职的弟子赵万里,想把藏曲出让给北平图书馆,并表示"价值虽大,可以商量"④,此事后来也没有下文。

1934年10月,吴梅得知卢前在帮商务印书馆整理怀宁曹氏藏曲,又萌生了出让部分藏曲的念头:"因念余藏内府钞本曲十馀种,留在百嘉室,无暇浏览,欲取以奉让,姑定值二千金,托冀野绍介焉。"⑤遂于当年

---

① 吴梅1932年1月13日(农历十二月初六)日记。
② 吴梅1933年8月9日(农历六月十九)日记。
③ 以上见吴梅《百嘉堂遗嘱》。
④ 吴梅1933年9月21日(农历八月初二)日记。
⑤ 吴梅1934年10月20日(农历九月十三)日记。

11月写信给卢前,"将藏曲目寄去,并告以最低值为千六百元"①。此事同样也没有下文。1934年11月30日,吴梅在宴请来访的夏承焘时,又当众讲述了此事:"瞿安自谓欲为娱老计,尽货所藏曲五百种,标价二万金,庶可不仆仆讲坛。……瞿安谓非戏言。"②

如果说吴梅此前是出于激愤的话,后来则是有意之举,并非一时的冲动。就其目的而言,一是为了筹措四子婚事及自己养老的费用。他自己曾说得很明白:"余又拟将奢摩藏曲让之公家,此事若成,便可作菟裘之计矣。"③"此事若成,四儿婚费,得一大宗,再加逐月储积,便可将就过去矣。"④二是准备此后在其他领域用功。否则难以想象,如果仍继续进行词曲方面的探讨的话,他怎么可能将此类书籍卖出。

尽管这些计划由于各种因素的干扰,皆未能完成,但由此可以看出,吴梅是在有意识地进行这种学术的转型。吴梅为何会有这种打算? 这可以从如下两个方面进行解读:

一是吴梅确实有这方面的兴趣,并做了较为充分的准备。吴梅早年在经史、诗文等方面都曾下过工夫,后来虽然专攻词曲,但对经史、诗文的学习从来没有停止过,这正如其弟子汪经昌所概括的:"吴氏平生修养,实以经史理学为归,而词曲之工,殆出天才,固非治学初志也。"⑤从其藏书来看,吴梅尽管藏曲很多,但经史、诗文方面的书籍也有不少。从其读书情况来看,他阅读了不少这方面的书籍。从其任课情况来看,除

---

① 吴梅1934年11月24日(农历十月十八)日记。
② 夏承焘1934年11月30日日记,载其《天风阁学词日记》第341页,浙江古籍出版社1984年版。
③ 吴梅1934年8月1日(农历六月二十一)日记。
④ 吴梅1934年10月20日(农历九月十三)日记。
⑤ 汪经昌《吴梅》,载王卫民编《吴梅和他的世界》第194页,河北教育出版社2002年版。

词曲之外，他也承担过其他文学方面的课程。在备课过程中，有不少心得体会。他相信自己能在这个方面能取得一些成就。

二是它反映了吴梅内心的一种矛盾心理。尽管他被尊为曲学大师，在北京大学、中央大学等高等学府传授词曲。但在当时，还是有一些观念保守的人看不起这一领域。因此吴梅很想展示自己曲学之外的学术成就，不希望人们仅仅以词曲家视之。其好友张茂炯在为吴梅《霜崖三剧》作序时，曾专门强调这一点："霜崖富藏书，博闻见，自经史大义，以至古今学术源流、文章派别，无不融会贯通，所为诗文，亦出入古作者林，自成一家，词曲特其绪余耳。则向之藉藉以曲家称霜崖者，盖犹未深知霜崖者也。"[1]这也是吴梅想要听到的话，可谓知己之言。

可惜正当吴梅做好学术转型的充分准备时，日本侵华战争骤然爆发，他只得带领全家人远赴湖南、云南等地避难，学术研究被迫中止，这一学术设想也最终未能如愿，这无疑是吴梅人生的极大遗憾。千古文章未尽才，这也是这一时期身处乱世的学人们的一个共同的遗憾，否则人们对吴梅才华及学识的了解将更为全面、深入。

最后再简略介绍一下吴梅在这一时期的文学创作情况。

对吴梅来说，文学创作具有与学术研究同样的分量。授课之余，他与同事、文友及学生结成各种诗词曲社，经常进行创作，此外加上报刊的约稿和其他人的请托，因此不断有新作面世，作品数量也是相当多的。他本人后来校订所成的《霜崖诗录》和《霜崖词录》都是严格删汰整理之后的作品，数量只占其平日创作的一小部分，可以代表其创作的精华，但不足以反映其创作的全貌。

从吴梅的日记可以看出，他对作品的去存还是很慎重的，对较为满

---

① 张茂炯《霜崖三剧》序。

意、愿意保存的作品,会特意注明。1934 年 10 月 7 日,他在翻检儿子的物品时,发现"旧作各曲,如逢故友,皆《霜崖曲录》中未载者。录此以免散失",这批旧作包括《南吕罗江怨·与蕙娘话旧》、《锦缠道·信阳署中闻北信》等五首散曲,将其抄在日记里,"以免散失",说明他是有意要保存这些旧作。对自己不满意的作品特别是那些没有多大意思的应酬之作,则注明不保留。1935 年 12 月 27 日,他应学生程龙骧之请,为其《明制举考》一书作序,但感觉"不佳",第一天早上改了一遍,感觉"仍不佳,聊且塞责而已",为此他专门交代:"他日弗存稿可矣。……此文不佳,刻集时删去。"①

与以往一样,吴梅一直坚持旧体文学的创作,使用文言,所采用的文体主要是传统的诗文词曲。

吴梅这 ·时期创作的诗文词曲作品大多没有结集,只有部分刊发在各类报刊上。其词作正着手进行修订,诗作也已有修订的打算。已结集的作品只有两种:一是《霜崖读画录》,二是《霜崖曲录》。

《霜崖读画录》是吴梅诗词创作中颇有特色、值得关注的一组作品,这主要表现在其题材上。它是一组题画作品,所咏画作大多为传世珍品,共包括二十三题、五十七首诗词。系吴梅 1932 年避难上海、担任富商王伯元西席时,为其所藏书画而作。对其创作缘起,吴梅本人是这样介绍的:"壬申之春,避倭寇居申,慈溪王君伯元招吾课其二子,因得尽读一贯轩所藏,上自宋元,下及近代,缮绤有得,即书卷尾。辞不求工,而一时刻烛题笺,亦有足录者,盖忘乎此身在流离烽火中也。"②

吴梅是从 1932 年 5 月 17 日开始创作的,此事在其当天的日记有记

---

① 以上吴梅 1935 年 12 月 27、28 日(农历十二月初二、初三)日记。

② 吴梅《霜崖读画录》自序,《正论》特刊(1935 年 1 月)。

载:"伯元出书画九件,嘱我题跋,吾已细阅一过,自今日起,当逐日题缴一件也。"①吴梅虽然精于词曲,但绘画非其专长。也正是因为如此,对这个自己不太熟悉的艺术领域,吴梅充满兴趣:"余日来多阅画稿,略知画理,此平生所未曾研讨者,至是颇有兴味。"②吴梅写得很用心,也从这组作品的创作中得到很多乐趣。

这组作品曾全部刊发在 1935 年 1 月刊行的《正论》特刊上,这一期为正社书画会展览专号,部分作品刊发在同年的《制言》第三期上,又被收入《乙亥丛编》,于 1935 年刊行。论者对这组作品评价颇高,如夏敬观称"长洲吴瞿安梅,为曲家泰斗,其词亦不让遗山、牧庵诸公。近得其《霜崖读画录》,题郑所南画兰次玉田韵《清平乐》云……题龚半千画《桂枝香》云……题王东庄画《长亭怨慢》云……诸词豪宕透辟,气力可举千钧"③。

总的来看,《霜崖读画录》的价值是多方面的,正如吴梅弟子王季思所概括的:"不仅考证宋元以迄清道咸间诸名家生平、踪迹、师友渊源,亦见先生的文笔诗才与胸襟气宇。"④这组题画作品显示了吴梅多才多艺,精于书画鉴赏的特点。虽然曾有朋友要教吴梅画画,但因诸条件的限制,未能如愿,实际上吴梅在此方面还是有一定的造诣的。在他所结交的朋友中,有不少著名画家,如吴湖帆、冯超然、徐悲鸿、张大千、刘海粟等,他还是南京画社正社的成员,不时去参加画家们组织的活动,观看画展,如 1937 年 4 月间在南京举行的全国第二届美展,吴梅多次和朋友一起前往,对其中珍贵的古画、古籍更是着意观赏,赞叹不已。这样耳濡目

① 吴梅 1932 年 5 月 17 日(农历四月十二)日记。
② 吴梅 1932 年 5 月 21 日(农历十月十六)日记。
③ 夏敬观《忍古楼词话·吴瞿安》,《词学季刊》第 2 卷第 4 号(1935 年 7 月)。
④ 王季思《吴瞿安先生〈诗词戏曲集〉读后感》,《戏剧论丛》1984 年第 4 辑。

霜厓讀畫錄　吳瞿安

壬申之春。避倭冠居申。慈谿王君伯元。招晉課其二子。因得盡讀一實軒所藏。上自宋元。下及近代。縑帛有得。卽審卷尾。醉不求工。而一時劇烟題箋。亦有足娛者。蓋忘乎此身在流離烽火中也。長洲吳梅書於墨皇閣。

蔣文蕭公花草蟲鳥册十二頁寫癡吳湖帆家卽次文蕭公原韻

柔桑嫩葉牛筐空。辛苦三眠節雨風。直待繭車展金樓。知君太秘衛裹中。　置

出水菖蒲綠作花。結廬遠免市聲譁。幽天縱有媧牛國。一樓官私笑井蛙。　蛙

四月蠶苗覓綠鬖。一泓春水正汾沱。書生閒淡今多少。游苑神遊熟冠軍。　鴫

禁苑催花吟紫玉。壅園寫果結貢離。江南草長鶯飛日。悶首永年繫夢思。　玫瑰蜂蝶

南天會笑鳳芽枝。陳紫方紅豔一時。爭似延年結仙伴。新蒲九節腥藍芝。　嘉枝含羞靈芝

重歌湖府雨頭藏。拗鼻清吟對薄塘。日喚使君三百顆。怕噲崖蜜十分甜。　嘉枝

藹菜菱花滿曲塘。秦霞一水有微霜。江湖搖落憐多秋威。　紫菱

祁對冰葉未敷香。稻梁絕國恐無遺。手揮目送半沙外。　紫鷄

蘆荻秋江會有約。合作同心百菊花。若向紅園繫秀色。　蘆荻

此串還應造化師。夜香金鳳秋葉蘂。　鳳仙

叙逼衣上定無遂。　秋海棠垂葉未著鳳仙花

一秋多值風光好。九月懸知蕎信催。朵菊何如朵芝去。　秋菊

襄仙招手海天同。　芝菊

夫容江上秋澄豔。花鳥尊前老亦狂。自笑胸中無一物。　芙蓉

金針度皮與繡鴛鴦。　夫容牽牛

扳離爭食笑紛紛。病翮徘徊感失羣。但使一飛天下白。　玫瑰雜花

二一

《正论》所刊《霜崖读画录》

染,在美术方面也就具备了一定的学识和眼光。

　　虽然不事丹青,但在书法方面,吴梅却是个行家里手,有着颇深的造诣,卢前称其"书法董香光,早岁字较腴,晚益坚苍,近年始喜作行草"①。弟子们在回忆吴梅时,也多次提到对其书法的喜爱。如王季思曾提及"先生书法出入小欧阳、苏子瞻、董香光诸大家,挺拔秀润,自成一体。每

---

① 卢前《关于吴瞿安先生·逸事》,《民族诗坛》第3卷第1辑(1939年5月)。

上课板书,同学不忍擦去"①。唐圭璋也有同样的印象:"板书也是先生的特色,写得纯熟、自然、匀整、秀美,和在格纸上写的一样,一板笔记写完了,令人爱不忍擦。"②有论者称吴梅的书法"以小字见长,秀雅隽丽,如诗中绝句、词中小令,书卷气盎然,摒去书工俗态"③,"诗中绝句、词中小令"之喻,较为形象准确地道出了吴梅书法的特点。

平日有不少人慕名向吴梅求字索题,在其日记中有不少这方面的记载,日积月累,所写对

《乙亥丛编》本《霜崖读画录》

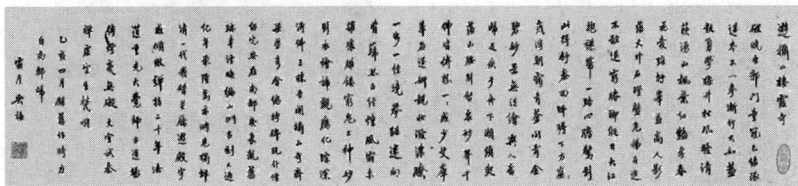

联、扇面等书法作品的数量也是相当多的。这些作品有不少保存至今,被收入各类书法作品集中,如王朝宾主编的《民国书法》(河南美术出版

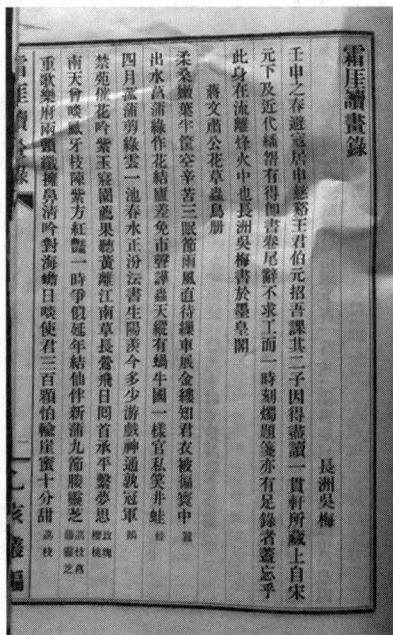

吴梅《游摄山栖霞寺》手稿

---

① 王季思《吴瞿安先生〈诗词戏曲集〉读后感》,《戏剧论丛》1984年第4辑。

② 唐圭璋《回忆吴瞿安先生》,《雨花》1957年5月号。

③ 卢辅圣主编《近代字画市场实用辞典》第294页,上海书画出版社1999年版。

社 1996 年版)、孟繁禧所编的《书法创作大典》(楷书卷,新时代出版社
2001 年版)、徐明主编的《吴江馆藏南社书画集萃》(古吴轩出版社 2006
年版)、《补陀洛伽之室藏书画》(荣宝斋出版社 2007 年版)等书画集都收
录有吴梅的书法作品。一些书法论著和辞书如周斌主编的《中国近现代
书法家辞典》(浙江人民出版社 2009 年版)等也都有对吴梅书法的介绍。
至今在拍卖会上、书画店里,还不时能看到吴梅的墨宝,而且价格不菲。

《霜崖曲录》是吴梅的散曲作品集。该书所收散曲皆经过吴梅亲自
审定,由弟子卢前编录。全书分两
卷,卷一为小令,收曲四十九首,卷
二为套曲,收曲十六套八十五首,全
书共收录作品一百三十四首。少数
作品后附有卢前的案语,对所涉及
的人物事件作简要介绍。

该书所收并非吴梅所作散曲的
全部,而是经过严格删汰之后保留
下来的,可谓吴梅散曲中的精华。
有些作品如"旧题南北小令,有二十
曲,皆论书家掌故者"等①,都是很
有特色,也很有价值的作品,可惜没
有保存下来。

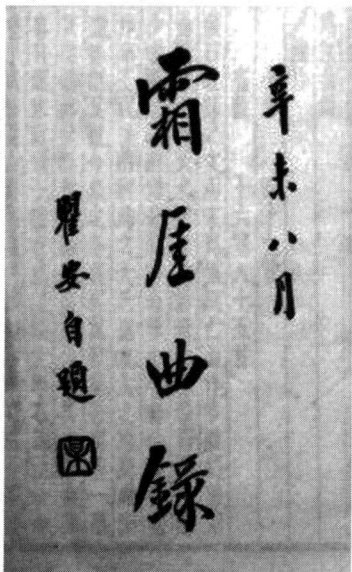

吴梅自题《霜崖曲录》

就所录作品的内容来看,虽大多为应酬题赠之作,但并非无病呻吟,
多为有感而发,寄托深远,可见吴梅几十年间之心迹。这些作品代表了
当时散曲创作的最高水准,时人称其"清新华瞻,非嘉隆后人所能望其项

---

① 吴梅 1933 年 7 月 12 日(农历闰五月二十)日记。

背"，"出色当行，极倚声家之能事"①，这并非虚言。刘富梁曾这样评价吴梅的曲作："瞿安制曲，深入元人堂奥，有临川之秾丽，稗畦之精炼，而格律谨严，且又过之。"②评价或有些过高，但基本道出了吴梅曲作的特点。

《大公报》所刊《霜崖曲录》书评

《霜崖曲录》的意义还不止此，按照卢前的说法，这是近二百年来第一部散曲专集，"二百年间未尝有散曲专集之刻，至今日乃复见之，于是曲海为不寂寥矣"③。

该书由商务印书馆于 1931 年 12 月出版，1934 年再版。此后吴梅又创作了一些散曲，为此他进行了增补④，由卢前收入其所编的《饮虹簃丛书》(1936 年刊行)中，增补本收录小令六十八首，套曲二十套一百零三首，共收作品一百七十一首。后文通书局于 1943 年据以再版。

这一时期吴梅创作的重点主要在诗词曲文上，基本上没有再进行剧曲的创作。对以往的剧作，吴梅进行了一番修改和汇编，于 1932 年刊行《霜崖三剧歌谱》。该书采用刻板方式刊印，前后费时七八年。

《霜崖三剧歌谱》将以往所撰剧作修改而成，包括《湘真阁》、《无价

---

① 徐璇《霜崖曲录》，1934 年 8 月 4 日《大公报》。

② 刘富梁《集成曲谱》跋，商务印书馆 1925 年版。

③ 卢前《霜崖曲录》跋。

④ 参见彭长卿《吴梅〈霜崖曲录〉补遗》，《文教资料》1996 年第 2 期。彭长卿所得《霜崖曲录》很可能就是吴梅做增补之用的底本。

宝》和《惆怅爨》三剧,其中《惆怅爨》包括四个短剧,对所收各剧皆标明工尺,其中《湘真阁》为吴梅个人订谱,《无价宝》为刘富梁订谱,《惆怅爨》则为刘富梁、吴粹伦、徐镜心三人订谱。完成这组作品前后用了十六年的时间,这是吴梅本人最为看重的剧曲作品。

从对旧作的取舍态度也可看出吴梅思想的前后变化。对当年那些反映时政、表达民族情绪的作品,基本不予保留,这其中固然有

吴梅自题《霜崖三剧歌谱》

为其少作、艺术水准不高的缘故,思想观念上的变化则是深层的因素。历史上文人墨客的趣闻雅事,这是他后来关注较多的题材。

《霜崖三剧歌谱》所收各剧都曾在舞台上演出过,其中《湘真阁》由昆剧传习所学员于1927年在苏州青年会演出。昆剧传习所改称新乐府、仙霓社之后,也都曾演出过此剧,该书是《霜崖三剧》中演出最多的一个剧目。

1933年8月,上海啸社同仁为庆贺吴梅五十岁生日,特地举办曲会,所演曲目皆出自吴梅的《霜崖三剧》,为此啸社同仁们做了充分准备。到8月27日这天,"将《霜崖三剧》全本俱唱,自一时至六时始毕","旧曲新词,衣冠雅集,颇极一时之盛"。在晚宴上,吴梅本人也"作[懒画眉]二支,即席歌之,以答盛谊"①。此前吴梅的剧作曾分别演出过,但没有像这一次全部呈现在舞台上,对吴梅来说,这无疑是最好的生日礼物了。

———————————

① 以上吴梅1933年8月27日(农历七月初七)日记。

在当时的舞台上,昆剧所演大多为传统剧目,新创者较少,吴梅创作的《霜崖三剧》是能搬上舞台的少数新剧目,对昆剧在现代社会的创新和发展具有一定的参考借鉴价值。

诗词曲之外,吴梅的文章也是值得一说的,他早年在此方面下过一番工夫,"自提复被斥后,即注全力于诗古文辞,文读望溪,诗宗选学"。好友盛霞飞精通古文法,吴梅向他"请益不少",因而"粗知义法源流"①。

到中年后,吴梅有意在为文上下工夫,除了一般的墓志铭、序言等应酬之作外,还写了不少论析经史之作。对这些文章,吴梅写得相当用心,他本人也相当看重。每写一篇文章,他大多要在日记中进行总结,对较为满意的作品,则抄录在日记里,有意保存。如1934年6月14日,"早作《卢云谷文集序》,录下,颇自以为工也"②。1936年2月8日作《汪晓峰先生年谱序》,注明"此文颇工,可入集"③。对不满意的作品,要么不抄录,要么注明不存,如1935年9月25日所写的《啸社同声录序》就特意注明:"此文他日勿存稿。"④同年12月28日所写的《明科举制度辑要序》也注明"姑录于此,他日弗存稿可矣","此文不佳,刻集时删去"⑤。

遗憾的是,吴梅之文未能像其诗词曲一样结集刊行,部分散见于各报刊,有不少已散失,加之为曲名所掩,此类作品未能受到人们的重视。

---

① 以上见吴梅《百嘉堂遗嘱》。
② 吴梅1934年6月14日(农历五月初三)日记。
③ 吴梅1936年2月8日(农历正月十六)日记。
④ 吴梅1935年9月25日(农历八月二十八)日记。
⑤ 吴梅1935年12月28日(农历十二月初三)日记。

第四章　避劫万里

　　1937 年 7 月 7 日，卢沟桥事变爆发，日本侵华战争随即全面展开，整个中国进入了一个非常时期。这场战争持续多年，给中国人民带来了巨大的苦难。有人出人，有力出力，以各自不同的方式支持抗战，这是当时每一个中国人义不容辞的神圣义务，但同时也有一个不可回避的严峻事实是：每个人还都要生存下去，尽管这种生存极为艰难。

　　抗战给中国人生活带来的改变是全方位的，就连身居象牙塔中的学者也不能例外。其间，吴梅饱受颠沛流离之苦，在病痛的折磨下，他最终没有能够看到抗战的胜利。吴梅一家所受的磨难正是当时全中国千千万万不幸家庭的缩影，通过他和家人的悲惨境遇也可以较为具体、形象地感受到这场战争给中国普通民众带来的巨大创伤。

第一节　挈家西迈

　　吴梅年轻时，曾非常关心时事，思想激进，参加神交社、南社等进步团体,创作了不少反映时事的作品。进入民国后,他的兴趣转到词曲的创作和研究上,不再关心时政。后来到北京大学、东南大学等高等学府任教,更是专心投身学术研究,在相当长的一段时间里埋首书斋,教书育人,对当时颇为混乱的政治纷争不再关心。但这样宁静的生活并不能长久,随着日本侵华步伐的加快,时局一天比一天严峻,素有爱国情怀的吴梅再也无法安心治学,他十分忧虑地审视着时事的各种变化。

从其日记的写作可以形象地看出这一点。吴梅早年有记日记的习惯,后来因事务繁忙等因素而中止。但是在1931年10月11日(农历九月初一)这一天,他又恢复了这一习惯,其中一个重要原因就是九一八事变之后,国家陷于危难之中,他要用日记记下时局的变化及自己的见闻、感受,他在日记的开篇中这样写道:"今岁辛未,东北构兵,天未厌乱,不知所届,金陵弦诵之地,或有移国瓦解之虞。戢影家衖,时惊风鹤,文人结习,老而弥笃,随所闻见,疏记于此,不足言文也。"①

在此后的一段时间里,吴梅对日本侵华的动向及国民政府的反应十分关注,在记日记时经常用很多笔墨抄录相关新闻,并不时发表自己的见解。在和朋友聚会时,也经常聊这方面的话题。这样的文字在其1931、1932两年的日记中占有相当大的篇幅。他的心情也随着时局的变化而起伏,时而"中心愤懑"②,时而"浮一大白"③。更多的时候还是因为总是听到坏消息而感到郁闷。比如1931年11月20日这一天,他从《中央日报》上看到"马占山弹尽援绝,退守克山,黑省已失陷"的消息后,感到非常苦恼,"为之不欢者竟日,勉强上课,不知所云","课毕归,闷闷

① 吴梅1931年10月11日(农历九月初一)日记。
② 吴梅1931年10月13日(农历九月初三)日记。
③ 吴梅1931年10月14日(农历九月初四)日记。

不乐,强以书消遣,旋复不耐"①。这种情绪是发自肺腑的,其爱国真情,令人感佩。

吴梅对日本的侵略非常痛恨,总是希望形势能好起来,但形势并不以人们的善良意志为转移,时局一天比一天恶化,他既为侵略者的野蛮行为感到愤慨,同时也为积贫积弱的中国感到忧虑,对当时的国民政府很是不满。对那些卖国求荣的无行文人,他非常鄙视,比如对郑孝胥,他一方面痛恨其卖国行为,一方面为其感到惋惜:"郑孝胥身读万卷,位居师辅,不能畅发日军阴谋,竟以爱君者卖君,其愚陋可叹。"②

其后个人藏在商务印书馆的珍本被毁、带领家人到上海躲避战乱,这更是让吴梅深切感受到日本侵略给个人带来的巨大痛苦。随着日本侵华规模、程度的不断扩大和加深,他一直为局势感到担忧,每念及此,其心情都十分沉重:"岂意垂老光阴,坐见神州沉陆。我生何辜,横遭荼毒。言念及此,为之罢酒。"③

1937 年 7 月 7 日,日本侵华战争全面打响,日军对中国各地发动全面进攻。当时吴梅正在苏州老家过暑假。他密切关注着时局的变化,他知道江南是中国最富足的地区,肯定会受到日军的掠夺,上海、苏州等地都无法幸免战火。南京是当时国民政府的首都,自然也是日军重点进攻的目标。江南无法立足,他和家人又能到哪里去躲避战火呢?国事、家事,让他忧心不已。

8 月 13 日,日军进攻上海。16 日,日军飞机开始轰炸苏州,造成平民的严重伤亡,苏州居民纷纷外出逃难。17 日,吴梅带领全家人躲到了

---

① 以上见吴梅 1931 年 11 月 20 日(农历十月十一)日记。

② 吴梅 1931 年 11 月 16 日(农历十月初七)日记。

③ 吴梅 1934 年 3 月 18 日(农历二月初四)日记。

木渎镇，住在顾正心药店里，店主顾雍如是吴梅的弟子。尽管那里风景优美，但在长达二十多天的时间里，由于形势紧张，吴梅都未能出去一游。随着日军一天天的逼近，战火已烧遍江南，就连本该平静的乡下也无法存身了。

其间，吴梅在湘黔铁路任职的三儿子吴翰青写信，劝父亲和全家人到湖南去避难，因为那里远离战火，相对要安全一些。对很少出远门的吴梅来说，带着全家人到这样一个人生地不熟的地方，是需要下很大决心的。吴梅本来还准备再观望一段时间，但随着时局的不断恶化，他也没有其他更好的选择，只得同意儿子的要求，带领全家人远赴湖南。之所以做出这样的决定，主要是因为他的二儿子、三儿子都在这一带工作，生活上可以有个照应。

9月10日，吴梅带着全家人从乡下回到家里，草草收拾行李。12日，吴梅带着四子、儿媳、孙子、孙女等近十口人匆忙离开苏州，但这不是家人的全部，由于庶祖母坚决不愿意离开家乡，吴梅只好让大儿子留下来照顾老人，"明知垂白难行役，吩咐吾儿好护持"[1]。一方面为前面未知安危的行程担心，另一方面则牵挂着家里的亲人，吴梅内心的焦躁和痛苦是可以想见的。

全家人先是坐火车赶到南京。此时的南京城一派萧条，此前于9月4日进城的吴梅弟子常任侠曾这样描述眼前的景象："京市情形极冷寂，自南门入城，往时皆繁盛街市，今市肆皆闭户。人家门前方掘地窟，以避空袭。客籍富室，均迁家去矣。"[2]入城之后，吴梅发现自己以往租住的寓所大门紧锁，主人不知去向，"忍泪重过大石桥，旧居门户网蟏蛸"，一

---

[1]　吴梅《避寇杂咏》。下文介绍吴梅途经南京见闻所引诗句，亦出自该诗。

[2]　常任侠1937年9月4日日记，载其《战云纪事》第47页，海天出版社1999年版。

家人也就没有进去，只好在别的地方暂且休息。

此前，中央大学曾于 8 月遭受日军飞机轰炸，学校图书馆、礼堂等建筑被毁，无法正常上课，正准备西迁。金陵大学此时也已经停课，后来西迁到成都。无论是老师还是学生，他们都面临着和吴梅一样的困境，不管是留是走，都是一个痛苦的抉择。此时的大学校园，"南雍桃李寂无言，往日高斋剩破垣"，一副破败凄凉的景象。睹物思人，吴梅想到了自己的老朋友王伯沆、胡小石、汪辟疆等人。年老体弱的王伯沆此刻还卧病在床，"老病相如百感生，药烟茶榻隐南城"，他该如何挺过这场灾难呢？听说好友胡小石所住的夏庐毁于战火，他的情况究竟如何，其珍藏书籍、古董等都还在吗①？"闻道绛云飞一炬，江东何地可藏书"。还有好友汪辟疆，他现在又如何呢？"此际烽烟遍吴会，鸡鸣风雨忆斯人"。但此刻，他只能带着全家人独自逃难了。

据《江苏戏曲志·南京卷》一书记载："1937 年 9 月，汪精卫在南京组织汉奸政府，派特使奉亲笔信礼聘吴梅出任南京政府要职，吴梅当即拒绝，连夜携家人经木渎南逃。"②《南京百年风云》一书亦有类似的记载："9 月，汪精卫在南京派特使携亲笔函聘吴梅出任国民政府要职，遭吴拒绝。……为防不测，吴梅携家人连夜南逃。"③话都说得非常肯定，但此事根本经不起推敲，属于道听途说，捕风捉影之谈，不了解情况者会

---

① 据常任侠介绍，1937 年 8 月 26 日的日机轰炸，"师友中以胡小石师受灾最重。胡师累年薪资所积，建西式屋三座，此次均被炸。又胡师喜收买古陶，所得约千件，中多珍品，几榻之间，皆瓦缶尊盂之属也，此次被炸，狼藉满地，尤堪痛心。"见其 1937 年 9 月 10 日日记，载其《战云纪事》第 49 页，海天出版社 1999 年版。
② 《江苏戏曲志》编辑委员会、《江苏戏曲志·南京卷》编辑委员会编《江苏戏曲志·南京卷》第 379 页，江苏文艺出版社 1996 年版。该书还把吴梅到东南大学执教的时间误署为 1921 年 9 月，见该书第 29 页。
③ 陈安吉、陆纪林主编《南京百年风云》第 505 页，南京出版社 1997 年版。

以讹传讹,比如徐雁的《吴梅的"百嘉室"》一文就采纳此说:"1937 年 9 月以后,吴梅为躲避汪伪政府拉拢,连夜从南京出走。"①卢水石在《曲学艺术家吴梅》一文中更是说得离谱:"1937 年 9 月汪精卫在南京组阁伪政府,汪敬重吴梅之名声,派特使奉亲笔信礼聘吴梅出任南京政府要职,吴梅拒之,携家人连夜经木渎南逃(怕乘火车暴露,被汪精卫派人阻拦追踪)。"②由于此事流传较广,这里稍作辨析。

　　首先,此事到目前为止,没有任何直接、可信的证据。从吴梅的日记等相关资料来看,他与汪精卫从未有过直接的往来,更谈不上有什么交情,况且连两人是否认识、见过面都难以确定。其次,这件事与吴梅的行踪根本对不上,吴梅在这一时期所写的诗词、书信等都未提及此事。整个 9 月,吴梅一家从木渎到苏州,经过南京,赶到武汉,行踪不定。汪精卫即使要下聘书,也未必能找到吴梅。再说此时没有任何征兆地聘请吴梅担任要职,也是莫名其妙,不合情理。最后,此事违背历史事实,破绽过于明显。编造此传闻者显然不知道,此时的汪精卫还没有公开投敌,建立伪政权,那是两年后即 1940 年 3 月的事情。1937 年 9 月,汪精卫还没有公开投敌,即使他要聘请吴梅,也是在帮国民政府,而不是帮日本人,即便遭到拒绝的话,也不至于去杀人,吴梅更不至于带领家人"连夜南逃"。显然这是把其他人物的抗日故事套在吴梅头上。这样的花环实在没有必要,作为野史趣闻说说倒也罢了,严肃的、带有资料性的著作也

① 徐雁《吴梅的"百嘉室"》,载其《沧桑书城》第 148 页,岳麓书社 1999 年版。在同一篇文章中,徐雁将吴梅去世的时间也提前了两个多月:"1939 年 1 月 14 日病逝于云南大姚县境内。"而这一天不过是吴梅到达大姚县李旗屯的日子。此外,他还将"顾曲麈谈"误为"顾曲尘谈"。

② 卢水石《曲学艺术家吴梅》,载南京市玄武区政协编《玄武名人史话》第三卷第 91 页,南京出版社 2006 年版。

是如此,就有些不严肃了。只要对中国现代史稍作了解,翻阅一些资料,也就可以发现其中的破绽,避免以讹传讹。

在南京稍作停留之后,吴梅带着全家人坐船从水路到了武汉,暂时住在江汉路新联保里口。随着日军的逼近,武汉也变成战场,同样不安全。

10月初,吴梅和全家人离开武汉,经过近一个月的奔波,"一路云山不计程",终于来到暂时还比较安全的湖南湘潭。来到这里之后,吴梅和家人住在柚园,这里环境幽静,一派田园风光,"环庐一带竹篱笆,门外秋塍发菜花。亦有飞鸢行站站,不惊林下野人家"①。吴梅一家人在这里度过了一段相对安宁的日子。

第二节　手定旧作

与1932年"一·二八事变"后的上海避难不同,此次日本全面侵略中国,战火四起,生灵涂炭,国家民族陷入更加危难的境地。吴梅带领全家人长途跋涉,辗转半个中国,饱受病痛与精神的双重折磨。面对国家的危难与个人的困境,他有太多的感慨和想法,寄之于诗,写成《避寇杂咏》组诗。《避寇杂咏》包括五十首诗,既如实记述了吴梅和一家人奔波跋涉、避居湘潭的行程,"不作豪吟但写真",同时也抒发了其痛苦而复杂的心情。其特点正如论者所概括的:"无意求工,而自然亲切。其合放翁、诚斋为一手,寓悲愤于平淡之中,览者可以为论世之资,又不独以情文胜也。"②这组诗在吴梅的诗歌创作中具有特别重要的意义,也可以说

---

① 以上吴梅《避寇杂咏》。
② 程千帆《避寇杂咏》跋,《斯文》第12期(1943年)。

代表了吴梅诗作的最高成就,卢前主编的《民族诗坛》曾于1938年刊发,在社会上引起了较大的反响。

稍稍安顿下来,吴梅便开始整理以往的旧作,"枯坐寓中,整理旧稿"①。吴梅年轻时的创作往往不留底稿,后来才注意保存自己的作品。进入中年之后,开始进行旧作的修订,这一工作从二十世纪三十年代初就已着手,但断断续续,进度很慢,一直未能完成。直到避难湘潭,才得以集中精力完成此事,陆续定稿者有《霜崖词录》、《霜崖诗录》这两部集子。

在对旧作的修订中,词作是最早着手的,从1932年的年初就已开始。吴梅之所以先修订词作,是基于如下的认知:"各种诗文笔记,及经史论撰,皆可于身后编定,或子孙纂录,或门弟子采集,固无害于事也。惟词非手定不可,一字一音之出入,往往有毫厘千里者。"这是好友张茂炯对吴梅所说的话,吴梅"深服其言"②,并亲身实践。

张茂炯的这番话还是很有道理的,因为文学创作具有很强的个人色彩,无论是情感体验还是语言风格,都有鲜明的个人特征,他人无法替代,子孙、弟子的修订无疑隔了一层。至于学术方面的著述,则有后来居上、后出转精的规律,子孙、弟子或可做得更好。明白这一点,也就可以理解吴梅晚年将重点放在个人作品的修订上,《南北词简谱》的工作则交给卢前这位大弟子完成。

由于诸事繁杂,修订词稿的工作时断时续,进展很慢。1934年2月14日,这一天也是农历的春节,吴梅曾对此事进行自我检讨:"行年五

① 吴梅1938年5月27日与冯超然、吴湖帆书,载《霜厓书札》,《戏曲》第1卷第3辑(1942年3月)。
② 吴梅1932年5月24日(农历四月十九)日记。

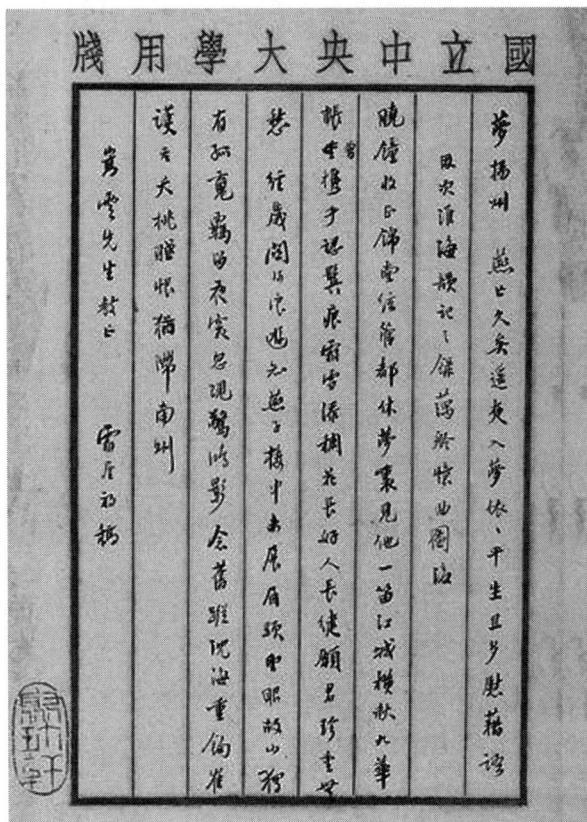

吴梅词作手稿

十,又一百事无成,即词章一道,仅刊《三剧》一种,今年当将词稿刊成,以慰蹉跎也。"①到了 1935 年,这一计划未能实现。进展之慢,也与吴梅追求字句的工妥有关:"旧词稿须痛改方可问世,故誊写时,往往以一字未妥,牵动全篇,心思不属,乃至搁笔,此境常有之,奈何。"②

到了 1937 年 2 月,修订接近尾声:"余拟在此一二月内,将词稿写定

---

① 吴梅 1934 年 2 月 14 日(农历正月初一)日记。
② 吴梅 1936 年 2 月 26 日(农历二月初四)日记。

付梓也。"①但直到 7 月，还是未能将词稿刊行。直到避难湘潭，才算是最终完成此事，时间是在 1938 年农历二月，这样前后用了差不多五六年的时间。对自己的词作，吴梅是这样介绍的："霜崖手定旧词，凡三易寒暑，缮录既竟，遂书其端曰：梅出辞鄙倍，忝窃时誉，总三十年，得如干首。身丁离乱，未遑润色，诣力所在，可得而言……"②

定稿后的《霜崖词录》不分卷，共收录吴梅三十多年间的词作一百三十七首。

《霜崖词录》修订完成后，吴梅又想到刊印和序言的问题。此前他曾托请好友汪东作序，但此时天各一方，难以实现。于是，又想到老友夏敬观。1938 年 7 月，他将手定《霜崖词录》寄给龙榆生，请其帮助刊印。8 月 13 日，他再次致信龙榆生，请其转托夏敬观求序："请兄无意中一讯映翁，能加以弁语否。如蒙许可，弟即专函奉求。拜托，拜托！"③

1938 年 9 月 20 日，吴梅致信老友夏敬观，求其撰写序言："梅拙词写成，适值世变，故里荡析，避处西陲，幸录副册，寄存榆兄。虽刻意半生，粗陈梗概，而弁首一序，尚仁高明。海内灵光，惟公健在，倘承慨诺，宠以藻华，则汴人邦卿，得约斋而始重；王孙叔夏，遇所南而益章。"④

夏敬观，字剑丞，江西新建人，近代著名词人，著有《映庵词》、《词调溯源》、《忍古楼词话》等。吴梅与夏敬观有着多年的交往，对当初与其结识的情况，吴梅在其日记中有这样的介绍："剑丞，新建人，往由古微丈介

---

① 吴梅 1937 年 2 月 17 日（农历正月初七）日记。

② 吴梅《霜崖词录》自序。

③ 吴梅 1938 年 8 月 13 日致龙榆生函，载张晖《龙榆生先生年谱》第 92 页，学林出版社 2001 年版。

④ 吴梅《与夏剑丞（敬观）》，载《霜厓书札》，《戏曲》第 1 卷第 3 辑（1942 年 3 月）。

绍识之,事在光绪之季,一别将三十年矣。工词,刻有《映庵词》二卷。"①
夏敬观对吴梅的词曲也有很高的评价:"长洲吴瞿安梅,为曲家泰斗,其
词亦不让遗山、牧庵诸公。"②

因"人事牵役",忙于他事,夏敬观虽已答应,但迟迟未写。1939 年
元夕即公历 3 月 5 日,吴梅再次致信龙榆生,请其"一催速藻也"③。遗憾
的是,夏敬观直到听说吴梅去世的消息才开始动笔,但吴梅此时已"不及
见"了④。

收到《霜崖词录》定稿后,龙榆生将其在章氏国学讲习会编印的《制
言》第 48 到 51 期(1939 年 1 月至 4 月)上连载。当时负责编辑该刊物的
是吴梅的弟子潘景郑,他曾向吴梅学习词曲,并主动要求承担《霜崖词
稿》的刻印工作。但《制言》还没有连载完,吴梅就已经去世,为此孙世扬
还特意在第 51 期上写了一段编者按语,以表哀悼之情。

当初在修订词稿时,吴梅对其诗稿的编订也已有了初步的考虑:"吾
诗虽不多,俟词钞定稿,便思从事着手,按年登录,与年谱相表里,虽不
工,亦不敢藏拙,况寒士精力,全寄于此耶。"⑤由于词稿的修订一直没有
完成,诗稿的修订也就被推迟了,直到避难湘潭,才算是完成这一工作,
诗稿修订工作当在 1938 年夏秋间进行⑥。

定稿后的《霜崖诗录》分四卷,"按年登录",其中卷一所收为 1898 至
1911 年之间的诗作 65 首,卷二所收为 1912 至 1921 年之间的诗作 76

---

① 吴梅 1932 年 5 月 24 日(农历四月十九)日记。
② 夏敬观《忍古楼词话·吴瞿安》,《词学季刊》第 2 卷第 4 号(1935 年 7 月)。
③ 吴梅《与龙榆生》,《戏曲》第 1 卷第 3 辑(1942 年 3 月)。
④ 夏敬观《霜崖词录》序。
⑤ 吴梅 1934 年 7 月 5 日(农历五月二十四)日记。
⑥ 吴梅在 1938 年 8 月 13 日给龙榆生的信中曾有介绍:"近方编订诗集,可有四卷,预
   计重九左右当可卒事。"载张晖《龙榆生先生年谱》第 92 页,学林出版社 2001 年版。

霜崖詞錄

吳瞿安

霜崖手定舊詞凡三易寒暑。繕錄既竟遂書其耑曰梅出辭鄙倍添竊時譽總三十年。得如干身丁亂離未遑潤色詒力所在可得而言長調澀體如著卿清真白石夢窗諸家創調概依四聲至習見各牌若摸魚子水龍吟水調歌頭六州歌頭念奴嬌甘州臺城路等宋賢作者不可勝數去取從違安敢臆測因止及平側聊以自寬中調小令古人傳作尤多同異亦無勞斷斷焉又去上之分當遵蓁斐軒韻陽上作去實利歌喉詞雖不歌略存規范。秦教夫以此書為北曲而設蓋以入配三聲別無專韻耳不知此分配之三聲卽入韻之止鵠持校宋詞莫不脗合爰悉依據非云嬌異其他洲應之作刪汰頗嚴區區一編已難藏拙而好我慎勿袖遺嗟乎世變方劇言歸何日歊滂沛于尺素吐憂樂于寸心粗記鴻泥賢者幸哀其遇也戊寅二月長洲吳梅時避寇湘潭之柚園

虞美人　劉子庚聞罄斷夢離痕圖

銀荷迴照江波淺小扇難遮面碧紗如夢悄寒時。雨雨風風天氣最相思。尋常巷陌都經慣老去情懷懶開紅一舸可憐胥不信錢唐今夜不通潮。

《制言》所刊《霜崖词录》

首,卷三所收为 1922 至 1927 年之间的诗作 94 首,卷四所收为 1928 至 1937 年之间的诗作 146 首。全书共收录吴梅 1898 至 1937 年四十年间的诗作 381 首。

这些诗作大多为感时而作,具有较强的纪实性,从中可见吴梅四十年间生活、交游、治学的情况及其精神世界。尽管吴梅一生主要在高等学府供职,远离政治,过着较为纯粹的书斋生活,但他对民族兴亡、民生

疾苦仍是系之于心,无论是军阀混战还是强敌入侵,都在其诗作中得到反映,特别是对东邻强敌的侵略,他爱憎分明,表现出鲜明的民族情感与可贵的气节。不少论者在谈及吴梅的诗歌时,往往强调其体现的民族精神。

吴梅以词曲的创作、研究而闻名于世,他在诗歌创作上也同样用心,从《霜崖诗录》卷首所题文字可见吴梅在诗歌创作上的主张和追求:"不开风气,不依门户。独往独来,匪今匪古。身丁乱离,茹恨莫吐。小道可观,又安足数。"可见他还是努力写出自己的风格的,只是为词曲之名所掩,人们关注不够、谈论较少而已,他本人也曾谈到这一点:"今人知吾词曲,不知吾诗亦有数百首,且不拾人牙慧也。"①有论者称其诗"功力深厚,卓然名家",他还是当得起如此高的评价的。至于吴梅诗歌的特点,论者言其"清新温雅,极似姜白石,老于词者,不免有词气,然其佳处亦在是"②,较准确地道出了吴梅诗作的艺术个性。

《霜崖诗录》定稿后,吴梅仍在进行修订,同时他还不断有新作问世。吴梅生前未能看到《霜崖诗录》的刊布,在其去世后,弟子卢前、潘景郑先后以石印、刻板的方式将其印行。

总的来看,对自己以往的旧作,吴梅精益求精,删汰颇严,态度严谨认真。在其现存日记中,所载有181首诗、28首词和26首散曲未被收进《霜崖诗录》、《霜崖词录》及《霜崖曲录》中③。通过这一数字可以较为直观地看到吴梅删汰旧作的严格程度。至于那些发表在各类报刊上及赠

① 吴梅1938年11月15日致卢前书,载《霜崖遗札》,《文讯》第2卷第1期(1942年1月)。

② 以上见陈声聪《兼于阁诗话》第二卷第103、104页,上海古籍出版社1985年版。

③ 这些数字系据王卫民《吴梅集外诗词曲辑》一文统计而来,该文载中国社会科学院文学研究所《近代文学史料》编辑组《近代文学史料》,中国社会科学出版社1985年版。

送友朋而未收录的作品也有不少。

事实上，即便是那些留存下来的作品，吴梅也进行了程度不等的修改。通过其与初稿的对比可以很清楚地看到这一点。以吴梅悼念朱祖谋的《水龙吟·古微丈挽词》为例，先看初稿：

暮年词赋江关，惊心满目河山异。抗声殿角，回槎岭表，匆匆弹指。海市莺花，吴宫鲑菜，感时危涕。记听枫旧馆，隐囊挥麈，知珍重凭阑意。　还是悲歌无地，结沤盟沧波如沸。白头吟望，浮云蔽日，一瞑不视。我自销凝，中仙去后，素弦慵理。待孤魂招得，水天闲话，话开元事①。

再看定稿：

暮年萧瑟江关，举头惟见河山异。抗声殿角，回楂岭表，乱云如戏。海峤莺花，吴门鲑菜，忽忽弹指。记听枫旧馆，隐囊挥麈，知珍重林泉意。　还是悲歌无地，结沤盟沧江鼎沸。东华待漏，中兴作颂，纷纷槐蚁。忍泪看天，十年栖息，天还沉醉。算平生孤愤，秋词半箧，付人间世。

这首词可能是吴梅作品中修改次数最多的，下半阕实际上等于重写。初稿已经是三易其稿了，定稿时又进行润饰。吴梅曾告诉卢前："此词七八改，最后得此。"②将《霜崖词录》定稿寄给龙榆生之后，吴梅又进

① 吴梅1932年6月15日（农历五月十二）日记。
② 卢前《关于吴瞿安先生·逸事》，《民族诗坛》第3卷第1辑（1939年5月）。

行了一些词句上的修改,并于 1939 年 3 月 5 日致函龙榆生,让他据以改到自己的词稿中:"拙稿《水龙吟·古微丈挽词》一首,今已改易,兹录于下……请兄据此改入拙稿。此词已八易稿矣。"①龙榆生在吴梅去世后也提及此事:"(吴梅)对彊村先生挽词一首,直到快要去世的时候,还来信改定好些字句,并且再三托我务把定本改正。"②吴梅弟子徐益藩亦有这样的介绍:"《水龙吟》彊村翁挽词一首,弥留前十三日与榆生丈书又有改定。"③

之所以删汰如此严格,修改如此认真,大体有如下几个方面的原因:一是因为吴梅对自己要求甚高。自己词曲名家的盛名在外,加之个人创作水平不断提高,对早年之作自然不满意处居多。二是为了给后人留下一个完美的印象,不愿意将自己不满意的作品传世。三是吴梅作品中有不少应酬之作。吴梅一生交游广泛,宴饮间写有不少唱和、题赠之作,这些作品大多为急就章,来不及仔细推敲。吴梅不满意,不愿意保留,也是可以理解的。

为此,吴梅不希望后人为自己的作品做补遗,"区区一编,已难藏拙,惠而好我,慎勿补遗"④。此前他也曾多次表达过这层意思。1932 年 1 月 12 日,他修改旧作《金缕曲》,虽然觉得自己"能将放翁衷曲,一一写出,所以为佳",但还是感到不满意,为此提醒自己的儿子:"此词将来不必存稿,因录入日记中,儿辈他日,亦不必为我补遗也。"⑤他曾吩咐卢

---

① 吴梅《与龙榆生》,《戏曲》第 1 卷第 3 辑(1942 年 3 月)。

② 龙榆生《记吴瞿安先生》,《风雨谈》第 2 期(1943 年 5 月)。

③ 徐益藩《师门杂忆:纪念吴瞿安先生》,载王卫民《吴梅和他的世界》第 47—48 页,河北教育出版社 2002 年版。

④ 吴梅《霜崖词录》自序。

⑤ 吴梅 1932 年 1 月 12 日(农历十二月初五)日记。

前:"他日我所自订稿,幸诸君勿以施诸古人者益我。"对此,卢前的理解是:"先生对于辑逸,亦未尝不以为然,唯不欲人为己集补遗耳。"[①]

对吴梅不让后人为其补遗的要求,可从,也可不从。从欣赏的角度来说,阅读一个人的作品,要读其最为精彩的篇目,这自然是可从的。但若从研究的角度来看,要全面、深入地了解一个人,就不能只看其得意之作,同时也要读其不大满意的东西,因为它们同样具有史料价值。吴梅不希望后人为其补遗的话,是从前一个角度来说的。后人要研究吴梅,则必须尽可能地将资料搜集全,补遗又是一项必须去做的工作。

按照吴梅的计划,除了诗词曲之外,他还准备修订个人的文集,打算编为两卷。遗憾的是,其论经史之作大多留在苏州老家,未能带出,手头只有一些记序碑传方面的文稿,不足以见其平生肆力所在,因此这一工作也就无法进行。因为文集未能修订结集,后人在刊印吴梅的著述时,往往集中在其诗词曲上,对其文则关注不多。直到目前为止,还没有一部单独的吴梅文集刊行,这是让人感到遗憾的。其实吴梅在此方面还是很下工夫的,也很看重自己的这类著述。

虽然避居湘潭,但消息不算太闭塞,因为不时还能收到远方友朋的书札,这让吴梅感到欣慰。好友姚鹓雏当时避难长沙,两人相距不远,不时书信往来,以诗唱和,姚鹓雏写有《长沙初雪寄吴瞿安湘潭》、《初春二首似瞿安》、《长沙初雪作寄吴瞿安湘潭吴次藩重庆》等。两人本来约好见面,但因当时条件所限,一直未能如愿[②],不久吴梅去世,这让姚鹓雏

---

① 卢前《关于吴瞿安先生·逸事》,《民族诗坛》第3卷第1辑(1939年5月)。
② 参见姚鹓雏《检朋旧书札得叶楚伧吴瞿安乔大壮遗笺感喟不已各系一诗》,载其《姚鹓雏文集》诗词卷,上海古籍出版社2009年版。

感到很是遗憾："期会终虚一见难,思君惟检手书看。"①

至于亲友、学生的来访,更是让吴梅感动不已。1937 年冬,唐圭璋路过长沙,特意到湘潭柚园探望恩师。对这次见面的经过,唐圭璋曾有饱含深情的记述:"天外相逢,恍疑梦寐。在先生则喜闻足音,在予则快接光仪。然予见先生白发苍颜,冻足蹒跚,心窃忧之。是夕酒阑灯炧,倾谈不倦,言念国家、歔歍无限。予亦无以塞先生之悲,但劝以颐养天和,静待春转。翌日,予拜别,先生执手丁宁,颇盼重来有曰,衡门相送,弥深缱绻之情。"②这也是师徒俩的最后一面。

从苏州老家出来的时候,限于条件,吴梅只能将大部分藏书留在家里,随身携带了一些比较珍贵的书籍,他曾给卢前写信说,"身边只有二部书,宋本《六一集》与元刊的《太平乐府》"③。吴梅所说两部书只是概而言之,指带出的书很少,并不是真的只有两部。披阅这些书籍就成为吴梅逃难生活中难得的消遣。通过写在书上的识语,可以了解他在这一时期的心迹。1937 年小除夕,吴梅披阅吴梅村《秣陵春》,"避寇江潭,重读一过,不胜沧桑之感"④。1938 年农历五月,吴梅校读《后四声猿》⑤。

在高金宝所编《中国近代名贤手札》(文物出版社 2006 年版)一书中,收录了九篇署名"瞿安吴梅"的手稿,分别为《南献遗徵笺》(后署"民国二十七年十月瞿安吴梅")、《师友渊源记》(后署"民国二十七年十二月瞿安吴梅")、《明仇实父山水人物册》(无署名)、《善本传奇十种提要》(后

---

① 姚鹓雏《闻吴瞿安以三月十八日卒于大姚感赋》,载其《姚鹓雏文集》诗词卷第 40 页,上海古籍出版社 2009 年版。

② 唐圭璋《吴瞿安先生哀词》,《黄埔》第 3 卷第 11 期(1939 年 11 月)。

③ 卢前《丁乙间四记》,载《卢前笔记杂钞》第 266 页,中华书局 2006 年版。

④ 吴梅《秣陵春》跋。

⑤ 吴梅《后四声猿》跋。

署"戊寅仲夏瞿安吴梅")、《窳斋自订年谱》(后署"戊寅仲夏五月瞿安吴梅")、《蔡方炳诗册》(后署"民国二十五年五月瞿安吴梅")、《元魏荥阳郑文公摩崖碑跋》(后署"瞿安吴梅")、《欧海访书小记》(后署"民国二十七年六月瞿安吴梅")、《清微士简竹居先生事略》(后署"瞿安吴梅")。

这九篇文稿从内容来看,都是他人之作,由吴梅抄录。从时间来看,《明仇实父山水人物册》、《元魏荥阳郑文公摩崖碑跋》、《清微士简竹居先生事略》未注明抄录时间,《蔡方炳诗册》注明抄录时间为一九三六年农历五月,其他五篇所署时间在1938年农历五月至十二月间,相当于西历1938年6月至1939年2月间。

这九篇文章如确实为吴梅所抄录,这无疑是研究吴梅的珍贵资料,对了解其晚年避难期间的情况具有重要参考价值。但仔细推敲,这批文稿还存在如下一些疑点:

一是字迹不像。将九篇文稿与吴梅以往的手迹对比,存在颇大的出入,不像是出自同一人之手。

二是不合情理。1938年夏秋间,吴梅忙于修订词稿和诗稿,其后从湘潭迁到桂林、昆明、大姚等地,诸事繁杂,吴梅怎么可能有如此闲情抽出如此多时间来抄录这些文稿,这是不合情理的。再者,这些文稿内容庞杂,既非特别珍贵,又非为吴梅特别喜欢,何以要费那么大精力去抄录,这也是让人难以理解的。

三是署名可疑。吴梅为文署名,要么直书"吴梅"、"霜崖"、"瞿安",要么题为"长洲吴梅"、"霜崖吴梅",很少写成"瞿安吴梅"。这九篇文稿除一篇无署外,其他八篇皆作"瞿安吴梅",与吴梅平日署名习惯不合。名号之外,所署时间也有问题,吴梅习惯于使用农历干支纪年,一般不用民国纪年,这五篇文稿有四篇署为"民国二十七年",与吴梅平日题写时间的习惯相差甚大。

四是与史不符。《蔡方炳诗册》一文标明抄录时间为"民国二十五年五月",但是查吴梅一九三六年农历五月的日记,却没有此事的记载。即便查公历五月的日记,同样也找不到。按照吴梅记日记的习惯,抄录如此长的一篇文稿,并非一两日可成,他应该在日记中提及。从其日记来看,他这一段时间相当忙碌,是没有时间和精力去做这件事的。再者,抄录蔡方炳的诗册,也看不出吴梅的动机所在,让人感到奇怪。

还有一个更大的疑点,那就是《善本传奇十种提要》一文。该文后署"录自《善本传奇十种提要》,郑骞撰,《燕京学报》第二十四期单行本,民国二十七年二月袁氏藏,时戊寅仲夏瞿安吴梅识"。查《燕京学报》第二十四期,其目录页及版权页均明确标明刊出时间为"民国二十七年十二月",而不是"民国二十七年二月"。另《善本传奇十种提要》的小引后也写着"二十七年冬郑骞识于清昼堂"。将日期确定,就可以看出其中的问题了,吴梅怎么可能会穿越时空,在1938年夏天抄录当年冬天才写成、刊发的文章呢?

由于存在上述种种疑点,《中国近代名贤手札》一书所收署名"瞿安吴梅"的这批文稿应该不是出自吴梅之手,很可能是后人的伪托。当然,对这批文稿真伪的最终判断,还需要更为充分、可信的证据和论证。有关吴梅的研究应该持十分审慎的态度,目前还不能依据这些资料立论,这是要引起注意的①。

第三节　桂滇烟云

就在吴梅与家人颠沛流离、避难湘潭的同时,中央大学由于接连遭

---

① 这批文稿除《蔡方炳诗册》外,其他八篇在某拍卖公司2011年春季拍卖会的中国近代名贤书札专场上被拍出,总价达到43万多元人民币。

到日军飞机的轰炸,无法正常运转,于 1937 年 10 月开始西迁,新的校舍选在重庆沙坪坝。经过紧张筹备,学校于当年 12 月 1 日开学,写下了中国教育史上极为悲壮、光彩的一页。昔日的同事和学生并没有忘记吴梅这位好友和老师,学校开学后,他们希望他能到新的校区继续授课。

先是 1937 年底时任中央大学国文系代主任的胡小石给吴梅发来电报,希望他能回校授课。1938 年 5 月,中央大学文学院院长兼国文系主任楼光来致电吴梅,再次表达让其返校授课之意。对此,吴梅都以自己喉咙痛、无法讲话为由回信婉拒。7 月 16 日,他在给学生徐益藩的信中写道:"渝中见招,理应趋命;惟喉瘖经年,势难授课。素餐尸位,平昔所未敢,况在此非常时耶?"①

同年 8 月,吴梅致函中央大学校长罗家伦,以自己生病为由,再次婉拒了学校让其返校授课的要求。在信中,他言辞恳切地谈到三个不能返校、让其踟蹰的理由:其一是自己身体多病,无法胜任,"喉暗经年,至今未愈,重以避寇奔波,彻夜无寐。喑哑而外,复得症肿。叠经医治,曾算奏效。以积病之身,处多难之日,谬膺讲席,陨越堪虞";其二是有家室之累,难以承受长途奔波,"恐身未达乎巴渝,命已填夫沟豁";其三是书籍、讲义都不在身边,"讲授旧稿,尽在首都,狂寇凭陵,恐成灰烬。又所用典籍,皆得诸曩昔。即悬重金,非咄嗟可办"②。在 8 月 13 日给龙榆生的信件中,吴梅又提及此事:"中大虽有电召,但喉瘖两年,长途千里,亦不愿往也。"③

---

① 吴梅 1938 年 7 月 16 日致徐益藩函,载《戏曲》第 1 卷第 3 辑(1942 年 3 月)。
② 吴梅致罗家伦函,转引自王卫民《曲学大成　后世师表:吴梅评传》第 24 页,上海古籍出版社 2010 年版。
③ 吴梅 1938 年 8 月 13 日致龙榆生函,载张晖《龙榆生先生年谱》第 92 页,学林出版社 2001 年版。

其后又有助教和学生相继来信,请求吴梅返校授课。12月2日,吴梅写了一封致中央大学国文系同学的信,再一次婉拒了要他返校授课的请求,并说明理由:"梅病日益增,气促至不可多语,尚能登坛讲授耶?纵诸君厚我,而仆病未能也。前致志希校长及小石主任两书,已细述一切。希诸君子一请读之,不妨樗栎,得终天年,则幸甚矣。"①稍后,他又在给卢前的信中告知此事:"中大助教与同学又有书敦迫,兄行将就木,尚能登坛耶,乞善为我辞焉。(已有辞书去。)"②

为什么吴梅迟迟不愿意返校授课?结合其当时的处境及以往的情况来看,主要有如下三个原因:

其一,从吴梅写给校方及同学们的书信来看,生病是一个主要原因。因为喉咙有病,吴梅几年前就已不能唱曲,讲课也受到影响。自1937年下半年带领全家人避难南方以来,长途奔波劳累,心情郁闷,再加上生活不习惯,吴梅的身体状况大不如前,开始生病。其后病情不断加重,讲课确实成问题,只要看一看他于1938年9月4日、10月15日写给弟子卢前的书信,就可以了解这一点。

这里稍微岔开笔墨,对于吴梅生病的原因稍作辨析。叶圣陶对此曾有如下记载:"吴瞿安先生避难,居湘潭逆旅中,旁室无客而闻人语声。命店伙启室门,迹声所从出,乃自一花瓶中。瞿安先生接瓶于耳听之,忽大呼,掷瓶于地,遂以得病,自知不起,亦不言自瓶中所闻何语。此事甚怪,以余推想,瞿安先生血统中或本有神经失常之因素,其诸子中有二人

---

① 吴梅《与中央大学国学系诸同学》,《戏曲》第1卷第3辑(1942年3月)。

② 吴梅1938年12月16日致卢前函,载《霜崖遗札》,《文讯》第2卷第1期(1942年1月)。

均精神异常，可以思也。"①此事系叶圣陶听曾在金陵大学任职的商承祚所讲，不过结合吴梅生平、性格及避难南方的事实来看，经不起仔细推敲，属于传闻。吴梅的两个儿子即长子和四子确实存在"精神异常"的问题，但未必是"血统中或本有神经失常之因素"，因为吴梅的父祖辈并没有存在这类问题。吴梅已有喉疾多年，逃难期间又增气促咳喘之病，这些都与人的精神状态关系不大，怎么可能会因一次惊吓而得这些病症，这明显不符合医学常识。

其实类似的传说还有一个版本，不过与吴梅的生病无关。据郑逸梅《吴霜厓醉后骂鬼》一文介绍："霜厓平时殊和易，醉后往往失常态。某次，由宴会酩酊归，家人侍之睡，恐其醉而燥渴思饮也，卧榻旁为置保温器一，保温器俗称热水瓶，沸水实之，以软木塞口，常吱吱作微响，霜厓闻响声不能成梦，而以为鬼在瓶中作祟也，戟指是瓶而骂之，响不已，更高声痛詈，而响仍不因痛詈而止也，以为是鬼冥顽不灵，非重创之不可，卒攫瓶而猛掷于窗外。瓶裂作声訇訇，家人惊起视之，霜厓犹谓鬼祟已除，从此可以高枕而卧矣。"②

相比之下，这段记载倒有一定的可信度，因为郑逸梅与吴梅有过交往，这件轶事可能得自吴梅本人或其亲友。其内容为吴梅醉酒后的表现，与吴梅平常的言行颇为一致。吴梅喜欢喝酒，但量不大，经常喝醉，醉后常有失态表现，前文在探讨其与黄侃失和之事时曾专门谈及这一点。这样一段轶闻可能确实发生过，大家觉得有趣，在茶余饭后谈谈而已，但越传越广，也就越来越失真，经过其他人传到商承祚，再到叶圣陶，

① 叶圣陶1939年8月16日日记，载其《叶圣陶抗战时期文集》第二卷第29页，人民教育出版社2005年版。
② 郑逸梅《吴霜厓醉后骂鬼》，载其《掌故小札》第29页，巴蜀书社1988年版。

不知道传了多少次,结果醉酒的情节没有了,吴梅骂鬼变成怕鬼,吴梅骂鬼后高枕而卧也变成了惊吓成病。故事虽大致相同,但内涵却发生很大的变化。

在有关吴梅的记载中,有不少类似的传闻,其中有不少是经不起仔细推敲的,本书前面已作过不少辨析。这类趣闻掌故,茶余饭后以作谈资倒也无妨,但如果作为信史材料使用,就要特别慎重,否则以讹传讹,会扭曲历史人物的本来面目。近现代学人因身处乱世,经历丰富,加上个性较强,围绕着这些人物,往往有不少传闻,吴梅如此,黄侃、章太炎、胡适等人也是如此,对这些传闻,要区别场合,慎重对待。

其二,家属难以安置。跟随吴梅一起逃难的,除了妻子,还有四子、儿媳和孙辈。他们之所以到湖南,是因为吴梅的两个儿子在那一带供职,有个依靠。如果一家人都到重庆,家属如何安置,这是个相当棘手的问题。再说兵荒马乱之际,长途奔波,充满风险,同样难以承受。

其三,当与吴梅当时心绪的低落有关。一年多的奔波让他痛苦不堪,心绪很坏,加上病痛的折磨,他根本没有心情去上课。

吴梅说是不返校上课,实际上是要辞去教职,他在 1938 年 5 月 27 日写给老友冯超然、吴湖帆的信中说得很明确:"中大事以喉瘄辞去。"①

其实,早在几年前,吴梅就曾萌生辞去教职、回家安心读书的想法,但由于家庭负担太大,迫于生活压力,一直难下决心。1935 年 8 月 19 日,他在日记中流露了这一想法:"余频年囊笔,颇有倦游之心,而家无夙储,饥来驱我,势不能偃卧草堂也。"②没过几天,因身体欠安,他又产生了这一念头:"余久思蛰居乡里,温理故业,而家累负身,不能摆脱,一有

---

① 吴梅 1938 年 5 月 27 日致冯超然、吴湖帆函,《戏曲》第 1 卷第 3 辑(1942 年 3 月)。
② 吴梅 1935 年 8 月 19 日(农历七月二十一)日记。

疾病，辄念及此，行恐之死方得休耳。一叹。"①不幸的是此话后来果然应验。按照吴梅个人的计划，他本想在1937年退休。1936年7月8日，他接到中央大学和金陵大学的聘书，"仍未加俸，余明岁决计退休，遂不计较"②。

到了1937年，吴梅想退休的心情更为迫切，在4月17日的日记中，他说自己"近日颇思退休"。到4月21日，他在日记中又提及此事："余行将退休，何暇与诸子洁长衡短耶？"虽然还未正式向学校提出，但已渐渐在下决心。之所以还有些犹豫，主要还是考虑到生计问题："近来耳目四肢，渐见衰象，益思退休，第阮囊羞涩，虽有儿辈返哺，而青黄不接之际，终须有挹注之馀地，是以踌躇未决也。"③"因念下学期本思退休，或竟从此摆脱亦佳。但儿辈返哺，或有不时，祖产歉收，更难安枕，重以耕者有田之说，充满人心，即言退休，亦未易易。"④

后来吴梅四子在1939年写给卢前的信中也谈到此事："三年前患失痛，即是凶兆，多方医治，奏效甚微，正拟弃教鞭，保养体力。"⑤如果不是因为抗战爆发而逃难的话，吴梅也许就在下半年退休。即使暂时不退休，也不会再任教多长时间。

至于有文章说"抗日战争初起，南京中央大学决定内迁重庆。校方有一决定：凡不按时到重庆报到者作解聘论。瞿安先生到后方逾期了，校方竟把瞿安先生解聘"⑥，这是不符合事实的，没有材料能证明这一

---

① 吴梅1935年8月30日（农历八月初二）日记。
② 吴梅1936年7月8日（农历五月二十）日记。
③ 吴梅1937年4月28日（农历三月十八）日记。
④ 吴梅1937年5月10日（农历四月初一）日记。
⑤ 卢前《霜崖先生年谱》。
⑥ 袁鸿寿《吴瞿安先生二三事》，载《学林漫录》三集第8页，中华书局1981年版。

点。是吴梅主动要辞去中央大学的教席,而非校方解聘,这一事实相当清楚。对此,程千帆先生在《忆黄季刚老师》一文中有较为详细的辨析,可参看①。

漂泊异乡,生活上是否习惯还是小事,缺少经济来源,生活困窘,如何生存下去则是一个必须面对的现实问题,毕竟湖南并非久留之地,但南京、苏州也同样无法回去。偌大的中国,竟然没有可以存身之地,吴梅当时愤怒、痛苦、无奈的心绪是可以想象得到的。

屋漏偏逢连阴雨,1938 年 4 月至 6 月间,四子吴南青的癫痫病再次发作。1933 年的第一次发病已让吴梅焦头烂额,痛苦不堪。此次发作,更是让其"昼夜不宁,心绪恶劣,无可自抑","如坐荆棘中"②。在这种情形之下,本来身体就比较单薄的吴梅病情一天比一天加重。

1938 年 6 月,随着日军侵略步伐向中国内地的不断推进,战火逐渐延烧到南方,湘潭也变得不安全了。避居湘潭期间,吴梅曾产生过移居澳门的想法,但没有成行③。如今湘潭已不安全,吴梅只得带领家人再次迁徙,准备到贵州去躲避,因为那里有弟子邀请他过去。但走到半路的时候,吴梅病情加重,两个儿媳又要临产。无奈之中,吴梅决定暂时先在广西桂林落脚,一家人住在定桂门魁星街一号,他们到达桂林的时间大概是在 7 月初。在这里他们住了将近半年的时间。

抗战期间,桂林文人云集,一度成为后方的文化中心。在这里吴梅见到了自己的弟子常任侠。此前常任侠在长沙,他听说恩师吴梅在湘

---

① 参见程千帆《忆黄季刚老师》,载《学林漫录》八集,中华书局 1983 年版。

② 吴梅 1938 年 6 月 3 日致徐益藩函,载《戏曲》第 1 卷第 3 辑(1942 年 3 月)。

③ 《民族诗坛》第一辑(1938 年 5 月刊行)的《诗坛消息》栏曾刊出消息:"老词人吴瞿安先生侨寓湘潭,有移居澳门讯。"卢前为该刊主编,他与吴梅一直保持联系,这则消息当有所据。

潭,两地相距虽不远,但由于条件的限制,师生二人一直没有见面的机会,只能通过书信联系。在常任侠的日记中有与吴梅书信往来的记载,由此可见吴梅避难生活之一斑:

　　1938 年 1 月 4 日:"下午得瞿安师自湘潭来书,附诗五十章,多怆恻之辞。百嘉藏曲,荡然尽散,海内又失一瑰宝矣。帝国主义之罪恶,可恨之至"①。

　　1938 年 1 月 7 日:"早餐后作书寄吴瞿安师"②。

　　1938 年 10 月 20 日:"往访瞿安师,闻已赴桂林。往询吴良士君瞿师居址,至湘江岸,日已向暮,湘江大桥尚未完成,良士正为此工程努力。良士为师第三子"。

　　直到 1938 年 12 月 9 日,两人才得以在桂林相见。对这次见面,常任侠有十分生动的描述:"记晤师之夕,师见侠来,百感纷集,惊喜相并,以为乱离不易得此。辍酒与侠语,喉哑不能成声,非附耳则不可辨,貌较昔益癯,神已渐衰矣。然犹琐琐论时事,夜深乃罢。"③这也是师徒之间的最后一次见面。后来常任侠有诗咏此事:"最后闻师语,湘潭橘柚园。铁蹄飞战火,金齿阻蛮天。爨弄成惆怅,广陵断管弦。白头诸弟子,相对展遗编。"④在其当天的日记中亦有这样的记载:"晚至瞿安师处,数月不

①　此处所引常任侠日记,皆载其《战云纪事》一书,海天出版社 1999 年版。
②　在信中,常任侠表示"暂时不能趋赴座下,一聆训诲,但愿时赐谕言,得悉起居也"。载其《常任侠书信集》第 235 页,大象出版社 2008 年版。
③　常任侠《与吴瞿安先生最后晤见记》,载王卫民编《吴梅和他的世界》第 44 页,河北教育出版社 2002 年版。
④　常任侠《吴瞿安师》,载《常任侠文集》卷五第 131 页,安徽教育出版社 2002 年版。这里常任侠的记忆有误,他最后与吴梅相见的地方是桂林而不是湘潭,这在其《与吴瞿安先生最后晤见记》一文中说得非常明确。其《一九三九年四月十八日晤乔大壮、陈匪石谈吴瞿安师遗事》诗亦云:"桂林一别音徽绝,梦断南云金齿秋。"

见矣,貌既清癯,声音益哑,新病未愈,仍非酒不可。闻师不久将赴昆明矣。"

吴梅的另一个弟子任中敏此时正在桂林"培训国内及海南归侨子弟,前后三千人"。他偶然遇到吴梅的四子,才知道恩师也已迁至桂林,于是赶去探望,时间是在 1938 年 8 月 30 日。这次见面,吴梅给了任中敏一张抄有孔颖达《诗·大序·疏》的纸,告诉他"宋金词曲之远源实在此",希望"他日可畅其旨,以召学人"①。后来任中敏从探讨元曲转向研究唐艺,正是受恩师吴梅的启发,由此发端的。对任中敏的来访,吴梅在给卢前的书信中也曾提及:"仲敏在上星期三十号惠顾寓斋,匆匆数语而别。"②虽然见面时间不长,但吴梅心里甚感宽慰。

另据记载,1938 年 10 月 1 日,吴梅还和马一浮一起去拜访竺可桢③。竺可桢和吴梅是东南大学、中央大学的同事,两人虽然专业不同,但同事多年,彼此时有往来,此次在桂林相见,自然感到分外亲切。

对在桂林短暂居住期间的生活情况,吴梅曾有这样的描述:"每日清晨六时即起,盥漱既毕,旋进早餐,餐毕作隔日日记,记毕复各处来信,如是后即午饭,饭后略睡,睡起阅报,但看大字题目而已。阅罢既罢,改旧诗十余首。如有客至即止,日日如此,吾不知人生生趣果何在也。"④生活虽然还算安静,但和在南京、苏州时相比,不能做学问,不能上课,不能与好友宴饮唱曲,对于习惯于忙碌生活的吴梅来说,这样的生活确实相

① 以上见任中敏《回忆瞿庵夫子》,《文教资料简报》1984 年第 1 期。

② 吴梅 1938 年 9 月 4 日致卢前函,载《霜崖遗札》,《文讯》第 2 卷第 1 期(1942 年 1 月)。

③ 参见竺可桢 1938 年 10 月 1 日日记,载《竺可桢全集》第 6 卷,上海科技教育出版社 2004 年版。

④ 吴梅 1938 年 9 月 4 日致卢前函,载《霜崖遗札》,《文讯》第 2 卷第 1 期(1942 年 1 月)。

当单调。再加上经济方面的压力、病痛的折磨,自然难以感受到人生的生趣。

吴梅一家住下不久,桂林也遭到了敌人的侵袭,日军的飞机经常过来骚扰、轰炸。吴梅不时带领家人去躲防空洞,整天生活在恐惧和慌乱之中。生活的不安定加上心情的焦躁使吴梅的病情不断加重。本来他准备在桂林住上较长一段时间的,不轻言他迁,但形势到了这种地步,他不能不考虑下一步的去处,当时有入川和入滇两种方案,相比之下,各有利弊,他一时难以决定。

吴梅带领家人在抗战期间辗转各地,如此困顿和痛苦,竟然还有人将他的避难说成是胆小:"老爷子才华横溢但胆子小,一生胆小。抗日战争爆发,当时在中央大学任教的吴梅,决定举家'内迁',大逃亡! 从苏州经武汉逃到湘潭,从湘潭逃到桂林,从桂林逃到昆明,可是两条腿加上火车轮子,也没有日本鬼子的飞机快,日本鬼子的飞机轰炸昆明,老爷子怕挨炸弹,非要躲到飞机找不到的乡村。"[1]这些描述据说是来自吴梅的长孙吴林,前面冠以"用长孙吴林的话说"之语,它不仅将吴梅描述成贪生怕死之辈,而且暗示吴梅的过早去世也与其胆小有关。不知道吴林是在什么样的场合、用什么样的口气来讲述他祖父的,但这样的叙述和评价不仅不符合事实,也是不够客观公允的,它不顾具体的历史条件,不顾吴梅当时的痛苦和不幸,忽视了吴梅的爱国情怀与民族气节,语带嘲讽和调侃,是不够严肃的,甚至说是厚诬前贤也不算过分。还有人将这件事作为文人掌故来叙述[2],但读起来一点儿都不觉得有趣。

---

[1]　刘贵贤《走进哈工大》第 194 页,昆仑出版社 2000 年版。

[2]　方宁《吴梅》,载其《风雅颂:百年来百位老学人珍闻录》第 76 页,新世界出版社 2007年版。

　　吴梅当时虽然与很多学者文人一样,迫于压力,避难远方。但他仍关心国家安危,以诗歌等形式表达爱国之情。对那些卖国投敌者,他是十分痛恨的:"故乡消息,闻之痛心,至有撅笛度曲,献媚敌酋者,无耻至此,可叹可恨。"①这些人有的曾是吴梅的曲友。曲友归曲友,在民族大节问题上是含糊不得的,就像此前王季烈、刘富梁在伪满洲国任职,吴梅虽与他们是多年好友,但在这一问题上,立场非常坚定,明确表示反对。

　　正当吴梅一家人为去留问题犯难之际,昔日的得意门生李一平伸出了援手。李一平,名玉衡,一平为其字,1904 年生,云南大姚人。1924 年入东南大学,跟随吴梅学习词曲,两人有着深厚的师生情谊。李一平十分仰慕吴梅的学问、人品。他平生最钦佩三个人,即陈三立、欧阳竟无和吴梅。

　　毕业之后,李一平弃文从戎,曾担任国民革命军总政治部社会科上校科长。因对当时的国民政府失望,遂到庐山郊庐精舍办学,尝试一种新的办学模式。对这种不规定学费、半耕半读的办学模式,吴梅是很赞成的,"不禁叹服",因为"近世中能实践柏庐家训者鲜矣"②。

　　1930 年 10 月 30 日,李一平离开南京,吴梅作《解三醒·石桥秋饯图,为李一平题》曲为其送行,从"秋风莽,万方多难,两地相望"一语不难看出吴梅对弟子的关切之情。自此以后,李一平和吴梅一直保持着书信联系,他不时到南京、苏州看望恩师。这些在吴梅的日记中都有记载:

　　1931 年 12 月 28 日:"傍晚李一平(玉衡)来,别半年矣,留夜饭"。

　　1931 年 12 月 29 日:"晚间一平来共夜饭,余赠以百金去,报前数年

---

① 吴梅 1938 年 9 月 4 日致卢前函,载《霜崖遗札》,《文讯》第 2 卷第 1 期(1942 年 1 月)。

② 吴梅 1933 年 8 月 26 日(农历七月初六)日记。

设馆授餐之德云"。

1932 年 5 月 18 日:"作书李生一平,告以近况,渠先有书问候也"。

1932 年 12 月 28 日:"晚间得一平信,并诗三首,喜甚,口占四绝报之"。

1934 年 12 月 16 日:"一平父子来,请夜饭去"。

1934 年 12 月 22 日:"李春旭之父及由道至,为一平亲事"。

1935 年 7 月 2 日:"傍晚李一平至,为其至友李少川死,往申经纪其丧,顺道来苏,存问敝庐,其诚可感"。

1935 年 12 月 28 日:"晚请李一平小饮,赠诗一首,尚佳"。

1936 年 6 月 9 日:"今日为李一平、曹毓德结婚期,余为坤宅媒"。

从吴梅的上述这些记述中可见两人关系之一斑。值得一提的是,早在 1935 年 12 月 27 日,吴梅就曾和李一平商量过避难的事情。吴梅在当天的日记中有如下记载:"李一平(玉衡)来,知方自香港至,谈时事甚切,并言明岁战祸,万不可免,至紧要时,可往庐山避兵。又言山上垦田数十亩,足供食料,地僻,非军事所必争,且有空宇,足寄眷属。我亦以为然,到明年再定。"①1936 年秋,李一平所办学校被国民政府勒令解散。1938 年,他离开庐山,回到云南老家,师徒二人的庐山之约未能如愿。

1938 年春,吴梅客居湘潭期间,李一平曾去探望他,提出让他一起到云南避难。后随着局势的恶化,李一平再次邀请吴梅入滇,吴梅经过慎重考虑,同意去云南。当时家人及亲友曾有不同的意见,但吴梅的态度很坚决,他相信这位弟子的选择和安排。

1938 年 12 月 10 日,吴梅按照和李一平的约定,从桂林乘飞机,抵达昆明,李一平亲自到那里去迎接恩师。家人稍后也赶到昆明,全家人在昆明稍作停留,住在玉龙堆十二号由少熙家。由少熙是李一平的表兄,

---

① 吴梅 1935 年 12 月 27 日(农历十二月初二)日记。

早年毕业于中央大学,李一平这样的安排还是比较妥当的。

当时的昆明是抗战的大后方,在此处停留的近一个月时间里,吴梅十分难得地见到了一些昔日的朋友。在昆明的一个公园里,吴梅惊喜地见到了老友钱穆。当时"天朗气和,移坐长谈者半日",后来"又约晤公园凡两三次"。两人曾为苏州中学同事,当时往来密切,据钱穆回忆,吴梅"常邀余至其家午餐,不约他人,因遂识其夫人及其一女。餐后长谈,或一家同唱昆曲,余独一人旁听,如是者亦有年"。

如今竟然是在这样的时间、这样的地点彼此相见,两人自然是感慨万千。钱穆对吴梅评价甚高,称其"一代昆曲巨匠,著作斐然,有盛誉"。他曾有一个愿望:"倘得在升平之世,即如典存瞿安夫妇,以至松岑颖若诸老,同在苏州城中,度此一生。纵不能如前清乾嘉时苏州诸老之相聚,然生活情趣,亦庶有异于今日。"①吴梅何尝没有这样的心愿,但在此时,这样的愿望实在是过于奢侈,兵荒马乱之际,大家只能是自顾家小,各寻归宿。

第四节　魂归大姚

在昆明稍作休整之后,吴梅和家人在李一平的带领下,于 1939 年 1 月 11 日,从昆明出发。有公路的地方坐汽车,没有公路的地方则靠舆马人力,这样一路颠簸,走了四天,终于在 14 日这天到达大姚县的李旗屯。当时有位与吴梅、李一平同行者这样描写他所看到的吴梅:"我随后两三天,即偕李一平去大姚乡下。同行还有一位曲学大师吴梅(瞿安),他也是去大姚避嚣养病的。……以前与我同来大姚的吴瞿安先生,年轻时是一位风流才子,名士傲物的习气很重。他的体力到五十多岁,似乎已经

---

① 　以上钱穆《八十忆双亲　师友杂忆》第 148—150 页,三联书店 1998 年版。

油干灯尽。"①

在李一平的妥善安排下，吴梅一家人住在李氏宗祠里，这里和李一平家只有几百步的距离，往来很方便。对在李旗屯的乡间生活，吴梅还是比较满意的：一是此地风景优美，民风淳朴，远离战场，可以安心在这里做自己的事情，不必再像以往那样躲防空洞，担惊受怕。二是李一平的安排、照顾十分周到。与前一段时间的颠沛流离相比，在这里的生活要舒适很多。依当时的情况而言，这已经是最好的归宿了。由于短时间内难以返乡，吴梅一度曾产生在这里终老的想法，"顾田陇间豆麦欣欣，悠然有忘归之意，因时以置田卜居为言"②。为此他曾犹豫要不要在这里买一些田地、房屋，以维持生计，并写信劝庶祖母也到云南来。

在风光秀丽的李旗屯，吴梅度过了其人生中的最后一段时光，一段相对安静、平和的时光，同时也是一段惨淡、痛苦的时光。来到偏僻乡下的吴梅如何打发其在云南大姚的最后一段时光呢？基本上可以用两个字来概括，那就是修养。

尽管交通不便，吴梅一直坚持与外界保持着联系，在大姚期间，他曾与夏承焘、徐益藩、龙榆生、卢前、万云骏等故交、弟子及家人通信，他在牵挂着别人，别人也在牵挂着他。值得一提的是，卢前除了与吴梅一直保持联系外，知道恩师生活困难，还先后两次寄去二百元钱，并积极奔走，设法让吴梅在中国文化学院等机构挂名，以此所得补贴生活，这些都让吴梅非常感动："两次盛赐，君厚我至矣！将何以图报乎？此非一谢字所能了矣。"③确实，师生之间的感情是不图报的，也不是谢字所能概括

① 刘健群《我与龙云》，载其《银河忆往》第121、124页，台湾传记文学出版社1966年版。
② 李一平《瞿安先生逝世先后略述》，《戏曲》第1卷第3辑（1942年3月）。
③ 吴梅1939年2月25日致卢前函，载《霜崖遗札》，《文讯》第2卷第1期（1942年1月）。

的。俗话说,患难见真情,吴梅避难期间,弟子卢前、任中敏、常任侠、唐圭璋、徐益藩等纷纷以各种方式与恩师取得联系,表达牵挂之意,这种深厚的师生情谊令人感动。

除了与亲友们的书信往来,吴梅还校订了弟子卢前所作的传奇《楚凤烈》,并题曲《羽调四季花·校对楚凤烈毕赋此代序》一支:"法曲继长平(谓帝如花),把贤藩事,娇儿怨,又谱秋声。凄清,前朝梦影空泪零,如今武昌多血腥。旧山川,新甲兵,乱离夫妇,谁知姓名。安能对此都写生。苦语春莺,正是不堪重听。到惹得茶醒酒醒,花醒月醒人醒。"①对这支曲子,人们评价甚高,如郑骞就曾撰文专评该曲,认为它"音节非常铿锵谐婉,把曲子的音乐美发扬尽致,是他生平最后而又最好的一支曲"②。至于这篇作品的写作时间,卢前在《霜崖先生年谱》中将其系于1939年2月15日,但查吴梅致卢前书信,上面却又写着"己卯人日霜崖初稿",人日为农历正月初七,即西历1939年2月25日,可能是卢前误记。

虽然在李旗屯的日子过得还算平静,但吴梅的病情却不断加重,"新旧疾交作",他本人也预感到自己活在世间的日子已不多,想到"一旦溘逝,无一言以示后,究非所宜",于是开始撰写遗嘱。

其实在正式撰写遗嘱之前,吴梅已开始考虑和准备个人的后事。1938年10月15日,时在桂林避难的他躺在病床上,饱受着病痛的煎熬。这一段时间,他的病情格外严重,"咳急则喉中如烧,心荡则身中无主",他感到"王禄将尽,此子恐不永年矣",于是决定写信向自己最为信任的弟子卢前托付后事。

面对这位爱徒,他想得最多的还是平生的撰述。在信中他这样写

① 吴梅1939年2月25日致卢前函,载《霜崖遗札》,《文讯》第2卷第1期(1942年1月)。
② 郑骞《吴梅的羽调四季花》,载其《景午丛编》上集第283页,台湾中华书局1971年版。

道："养疴桂垣,日益憔悴。喉瘠忔忡外,重以咳呛,每至五更,披衣起坐,咳急则喉中如烧,心荡则身中无主,王禄将尽,此子恐不永年矣。计生平撰述,约告吾弟,身后之托,如是而已。《霜崖文钞》二卷未誊清(有一部说经史者在家中,故不能写出);《霜崖诗钞》四卷,已成清本;《霜崖词钞》一卷,已或清本(顷嘱中敏油印数份,分致诸同学,为他日刻木计);《霜崖曲录》二卷,已刻(即足下为我付梓);《霜崖三剧》三种附谱,已刻。此外如《顾曲麈谈》《中国戏曲史》《辽金元文学史》,则皆坊间出版,听其自生自灭可也。惟《南北曲简谱》十卷,已清本,为治曲者必需之书,此则必待付刻,与前五种同此行世。此刻略费,将来与诸儿商酌,及诸同学酌助,或可雕木也。惟弟台当主任此事耳。(大约同学中君与中敏为主,此外潘君景郑可以任资若干,此外非所知矣。)"①

从吴梅发自肺腑的嘱托中,可见他对自己平生撰述的真实评价。对自己所创作的诗文词曲,他是非常看重的,愿意流传后世;对那些为谋生而写的东西,则听其自生自灭。当然,他最为看重的还是《南北词简谱》,认为这是"治曲者必需之书",这也是他多年研习曲学心血之所系,希望自己的弟子能协力将其刊行,完成自己光大曲学的夙愿。他还郑重强调:"弟台当主任此事耳。"表达了对卢前的特别信任。

在这份托付后事的书信中,吴梅没有谈到他的另一部重要著述,实际上也是他写作时间最长、篇幅最大的一部著述,那就是其日记。

吴梅有写日记的习惯,他总共写过四部日记:第一部是在北京大学任教期间所写,第二部是在中山大学任教期间所写,第三部是在中央大学任教期间所写,第四部为其晚年避难期间所写。吴梅写作日记的态度

---

① 以上吴梅 1938 年 10 月 15 日致卢前函,载《霜崖遗札》,《文讯》第 2 卷第 1 期(1942 年 1 月),并参考卢前编《霜崖先生年谱》,改正几个明显的错字。

是很认真的,从现在所保存下来的这部分来看,每天都不间断,如果当天有事,则于第二天补写。弟子卢前曾读过吴梅的日记,对其情况较为了解:"近七年来,每日作日记,工楷细书,不稍苟。余每隔月余,见先生必读之。先生则曰:'此日记他日决不可印。'草稿在未写日记前,多用账簿子。余辑《曲录》,尝见辛壬前旧簿子,多已残破矣。"①吴梅之所以说"不可印",大概是担心里面对当时学人的直率评价会引起不必要的麻烦,当然里面有一些涉及个人隐私的内容也是不宜公开的。

夏承焘虽只和吴梅见过一面,但就是在这唯一一次的会面过程中,有幸地看到了其日记:"瞿安出所作日记相示云:前记于帐簿者已四十余册,近年乃以单宣纸书之,且加朱圈,近亦七册矣。诗文词曲皆在其中,体裁如李越缦。……其日记有一则曰:夜月与妇坐阶除,有香雾云鬟之感。瞿安共予读至此,相视莞然。"②从使用宣纸,"且加朱圈"来看,吴梅对自己的日记还是非常看重的,当作著述在写。

令人遗憾的是,吴梅的日记后来散失很多,现在只能看到其中的第三部了,时间从 1931 年 10 月 11 日到 1937 年 7 月 7 日。从这残存五年多的日记来看,内容还是相当丰富的,每天的日常活动包括读书授课、迎来送往等,都记得很详细,其所思所想包括对时政的分析,对人事的看法等,也都一一记下。此外还抄录了不少当天创作的诗文词曲,其中有不少未被收入其定稿的《霜崖诗录》、《霜崖词录》中。因此吴梅日记不仅具有重要的史料价值,也有着较高的文学及学术价值,是研究吴梅创作与治学的第一手资料。

---

① 卢前《关于吴瞿安先生·逸事》,《民族诗坛》第 3 卷第 1 辑(1939 年 5 月)。
② 夏承焘 1934 年 12 月 2 日日记,载其《天风阁学词日记》第 343 页,浙江古籍出版社 1984 年版。

话题再回到吴梅的遗嘱上。吴梅写信给卢前,郑重托付后事,这实际上就是一份遗嘱,一份专门安排个人著述的遗嘱,这自然也是他最为牵挂的。现在撰写的这份遗嘱则有所不同,它既是写给自己的,也是写给家人的。之所以这样说,是因为遗嘱的很大一部分内容是在回顾个人的成长与治学经历。此前卢前曾请吴梅自撰年表,但他担心遭到"名位不尊"之讥而没有答应,遗嘱中的这部分内容虽无年谱之名,却具年谱之实,可以看作是对卢前之请的一种回应。

在遗嘱中,有关吴梅本人的内容主要集中在对早年求学及生活经历的回顾上。从一位父母早亡的贫寒子弟到一代曲学大师、大学教授,可以想象这是一段多么艰难而漫长的距离,吴梅经过不懈努力,完成了这种转变,创造了奇迹。回望几十年来的人生之旅,他有很多感慨,同时也是比较满意的。至于具体的治学成就,著述俱在,自有后人评说。不过世间没有十全十美的事情,遗憾还是有会的,主要有二:一是个人的文集未能修订,二是晚年专力治经史的研究计划未能实现,但他已经没有时间来弥补这些人生遗憾了。

遗嘱的另一部分内容主要是写给家人的,涉及对自己后事的安排及对孙辈的教育问题。值得注意的是,吴梅在安排孙辈的学习内容时,反复强调的是让他们攻读经史,"经书不可不读","各史精华,亦宜摘读","应略讲经史源流"。对儿子们的交代也是"行有余力,须时时读史,以竟我志"①,却无一言谈及词曲,可见他并不希望儿孙们继承自己的事业,从其二子、三子皆学工科的安排上也可看出这一点,只有四子吴南青精通曲学,建国后相继在中国戏曲研究院、北方昆曲剧院、河北省戏曲学校等单位供职,算是继承了父亲的事业。

---

① 以上吴梅《百嘉堂遗嘱》。

　　由于身体衰弱，精力不济，遗嘱的写作相当缓慢，据一直侍奉在身边的弟子李一平回忆：“元旦后二日，师即阖户书遗嘱，日写数行，数日而毕。”①在1939年3月7日给弟子徐益藩的信中，吴梅曾提到此事：“近方摒挡一切，日写遗属一二条。”②尽管写得比较慢，但还是坚持写完了。令人遗憾的是，吴梅所写的这份遗嘱没有正式刊布，手稿又在“文革”期间被毁，现在已无法看到原貌和全貌③。所幸卢前在其所编《霜崖先生年谱》中摘录了其主要部分，后世读者可以借此了解吴梅遗嘱的大体情况。

第五节　百世流芳

　　1939年3月17日下午3时，一代曲学大师吴梅走完了其曲折坎坷、多灾多难的人生旅程，客死异乡，享年56岁。

　　吴梅去世后，李一平尽弟子之力，用自己父亲的衣物和棺木为恩师下葬，并在当地举办了十分隆重的葬礼。办完丧事之后，李一平“筑室后园，以四月五日，移厝其间，将俟江山如旧，归骨先陇”④。对恩师的家属，李一平也进行了较为妥善的安排，让师母移居县城内，奉养一年，后来将其送回苏州老家。

　　4月20日，国民政府颁布了由国民政府主席林森、行政院院长孔祥

---

① 李一平《瞿安先生逝世先后略述》，《戏曲》第1卷第3辑(1942年3月)。

② 吴梅1939年3月7日致徐益藩函，载《戏曲》第1卷第3辑(1942年3月)。

③ 周武在选编《中国遗书精选》一书时，曾拜访过吴梅弟子万云骏及再传弟子邓乔彬，并按照他们提供的线索去查找，但都未找到吴梅遗嘱全文。参见该书第568页，华东师范大学出版社1994年版。

④ 李一平《瞿安先生逝世先后略述》，《戏曲》第1卷第3辑(1942年3月)。

熙、教育部部长陈立夫共同签发的褒扬令,全文如下:"国立中央大学教授吴梅,持躬耿介,志高行洁,早岁即精研音律,得其奥窔。时以革命思想,寓于文字,播为声乐。嗣膺各大学教席,著述不辍,于倚声之学,多所阐发。匪独有功艺苑,抑且超轶前贤。兹闻溘逝,悼惜殊深。应予明令褒扬,并特给恤金三千元,以彰宿学而励来兹。此令。"①

令

國民政府令
二十八年四月二十日

國立中央大學教授吳梅,持躬耿介,志高行潔。早歲即精研音律,得其奧窔,時以革命思想,寓於文字,播爲聲樂。嗣膺各大學教席,著述不輟,於倚聲之學,多所闡發,匪獨有功藝苑,抑且超軼前賢。茲聞溘逝,悼惜殊深。應予明令褒揚,並特給卹金三千元,以彰宿學而勵來茲。此令。

主席　林森
行政院院長　孔祥熙
教育部部長　陳立夫

國民政府令
二十八年四月二十日

僑務委員會委員兼常務委員陳春圃免去本兼各職。此令。

福建省第四區行政督察專員兼區保安司令方學李免去本兼各職。此令。

派王夢古爲福建省第四區行政督察專員。

派王夢古兼福建省第四區保安司令。此令。

行政院院長孔祥熙呈,擬振濟委員會呈,請任命林嘯谷署振濟委員會祕書,應照准。此令。

行政院院長孔祥熙呈,擬河南省政府呈,請任命康間之爲河南省政府祕書處祕書,應照准。此令。

行政院院長孔祥熙呈,擬河南省政府呈,請任命侯慕雍爲河南省政府民政廳科長,應照准。此令。

國民政府公報　令

一　　渝字第一四六號

《国民政府公报》所刊褒扬令

---

① 《国民政府公报》渝字第 146 号(1939 年 4 月 22 日)。

对吴梅逝世的消息,各家报刊纷纷予以报道,如当年4月出版的《艺术文献》以《名词曲家吴梅逝世》为题报道这一消息:"据云南确讯:当代名词曲家吴梅,上月十八日于云南大姚县李旗屯逝世,享年五十七岁。吴氏原籍苏州,字瞿安,别署霜厓,历任国内各大学词曲学教授,著有《奢摩他室曲丛》、《顾曲麈谈》、《霜崖三剧》等书,名重鸡林。吴氏去世消息传来,学术界莫不惊悼云。"①

《艺术文献》有关吴梅逝世的报道

4月16日,《时事新报》学灯副刊推出纪念专刊,以表达对吴梅的哀悼和敬意。这期专刊是由吴梅在中央大学时的同事宗白华编辑的,内容包

---

① 《名词曲家吴梅逝世》,《艺术文献》第1册(1939年4月)。该文对吴梅去世日期及岁数的介绍有误。

括陈立夫的《悼吴瞿安先生》、胡小石的《哭瞿安》诗三首、胡翔冬的《哭吴瞿安》诗二首、段天炯的《吴霜厓先生在现代中国文学界》及卢前的《吴瞿安先生事略》等。在编者按中，宗白华对吴梅的为人品格与治学成就给予了高度评价："吴先生以文人而知音，他阐发了曲的文学价值，同时提高了文学的音乐性。一代词宗，年才半百，竟以抗志不屈，流离转徙，死于倭寇的侵略，平生搜集曲本及藏书尽被寇劫。先生为人长厚，深于情，而刚毅有气节，这是他成功的原因，也是他流离转徙以致于死的原因。"[①]

5月8日，《大美报》推出纪念吴梅专辑，刊发柳存仁的《纪念霜崖先生》、夏敬观的《霜崖词录序》、万云骏的《悼瞿安师》、徐益藩的《师门杂忆——纪念吴瞿安先生》等文章。同月，《民族诗坛》第3卷第1辑刊出卢前所写的《关于吴瞿安先生》一文，内容包括事略、国府褒扬令、逸事三部分，同时刊出吴梅词作五首。

6月11日上午，中央大学为吴梅举办隆重的追悼会。在追悼会上，罗家伦请常任侠"报告吴先生事状，悲哭不能成辞"[②]。

《文学集林》封面所刊吴梅照片

① 宗白华《〈悼吴瞿安先生〉等编辑后语》，《宗白华全集》第2卷第230页，安徽教育出版社1994年版。

② 常任侠1939年6月11日日记，载其《战云纪事》第195页，海天出版社1999年版。

故交、弟子及学界同仁得知吴梅去世的消息，纷纷撰写挽联、诗词，以寄托自己的哀思，表达怀念之情，其中撰写的诗词有：仇埰的《十二时·霜崖逝于大姚倚声悼之依屯田体》、胡朴安的《风入松·悼瞿安先生》、乔大壮的《吴瞿安挽诗》（三首）、夏承焘的《水龙吟·题瞿安先生大姚遗札》、胡小石的《哭瞿安》（三首）、汪辟疆的《挽吴瞿安先生》（二首）、胡翔冬的《哭吴瞿安》（二首）、姚鹓雏的《闻吴瞿安以三月十八日卒于大姚感赋》、《哀五子诗》等。时任中央大学校长的罗家伦写有《吴霜崖（瞿安）先生挽诗》。躺在病榻上的王伯沆听到好友吴梅去世的消息，也写了一首《悼瞿安》。

霜崖先生墨像赞

声音之道通於礼容惟君韶

举以能风从裁元镠宗学有

折衷亦赡厥词以谐缘桐罄折

抱鼓外瓏内丰振俗还雅伟

哉是翁　辛巳冬　夏敬观题

夏敬观题《霜崖先生像赞》

弟子所撰诗词曲文则有卢前的《吴先生行状》、唐圭璋的《吴瞿安先生哀词》、常任侠的《一九三九年四月十八日晤乔大壮、陈匪石谈吴瞿安师遗事》、《夜梦吴瞿安师》(1948年)、吴白匋的《水龙吟·哭瞿安先生》、胡士莹的《水龙吟·哭瞿安诗》等。

吴梅去世前夕,年轻学子吴晓铃经罗常培的介绍,正准备起身到大姚向吴梅请益,结果得到凶耗。他为此遗憾不已,遂将自己的书房命名为"念瞿室",以表追念之意①。其实不光是吴晓铃,就连远在英伦、与吴梅从未谋面的英国汉学家魏礼在听说其去世的消息后,也"叹惜了好久"②。由此可见吴梅在当时海内外学界的影响力。

吴梅去世之后,卢前不负恩师厚望,在十分艰苦的条件下,得友朋同门之助③,完成了恩师遗嘱中所托付的后事,将其遗著《南北词简谱》、《霜崖诗录》、《霜崖词录》、《霜崖曲录》等相继刊行,其中前一种于1939年10月刊行,后三种由贵州文通书局于1942年刊行④。令人遗憾的是,卢前完成了恩师吴梅的重托,却无法解决自身面临的难题。十多年后,国内局势再次发生巨大转变,时值壮年的他在极度苦闷和抑郁中默默离开人世。在特殊的政治环境中,这位被认为最能传承吴梅衣钵的弟子很快就被人们遗忘,而且被遗忘得那么彻底,成为中国现代学术史上的失

① 参见许姬传《许姬传七十年见闻录》第62页注释,中华书局2007年版。另邓云乡《吴梅〈霜崖曲录〉》一文亦载此事,见其《宣南秉烛谭》第201—204页,河北教育出版社2004年版。

② 萧乾《海外行踪》,《萧乾选集》第二卷第351页,四川人民出版社1983年版。

③ 出版费用应该是吴梅众弟子共同承担的,常任侠在1939年8月31日的日记中有"付卢冀野刻吴瞿安师遗集费十元"之语,见其《战云纪事》第209页,海天出版社1999年版。

④ 文通书局曾在其所办的《文讯》上发布吴梅遗作出版的预告:"故吴瞿安氏一代曲宗,挽近治词曲者多出其门下。吴氏生前常将遗作全部委之卢冀野教授,备付剞劂。月前卢氏已将遗作交付本局付印。"见《文讯》第3期(1941年12月)。

踪者。

1940 年,潘景郑也履行了对恩师的承诺,将《霜崖词录》雕版刊行。1943 年,他又将《霜崖诗录》雕版刊行。1940 年,任中敏将吴梅有关戏曲的序跋结集为《霜崖曲跋》,收入其《新曲苑》中,由中华书局刊行。

1940 年 3 月 17 日,昆明学界同仁在西南联合大学举办吴瞿安先生逝世周年纪念会,会上陈列吴梅的遗著、遗墨,并征集文稿,出版纪念刊①。

吳瞿安先生逝世周年紀念會

本年三月十七日爲吳瞿安（梅）先生逝世周年,昆明學術界人士於該日假國立西南聯合大學舉行紀念會,陳列吳氏遺著遺墨並徵集文稿發行紀念刊。按吳梅先生字瞿安,號霜崖,江蘇長洲人,國立中央大學教授,去歲病歿於雲南大姚縣李旂屯（一八八四——一九三九）生平精研音律長於倚聲,於金元樂曲闡發尤多,爲一代詞曲大師。著有霜崖文錄,瞿安筆記,遼金元文學史,經史稿,霜崖詩錄,霜崖詞錄,詞學通論,霜崖曲錄,霜崖三劇,鳳洞山傳奇,血花飛傳奇,古今名劇選,奢摩他室曲叢,元劇研究ABC,中國戲曲概論,曲學通論,詞餘講義,顧曲塵談,奢摩他室曲話,南北詞簡譜,朝野新聲太平樂府校勘記等極爲士林重視云。

《图书季刊》有关吴瞿安先生逝世周年纪念会的报道

① 参见《吴瞿安先生逝世周年纪念会》,《图书季刊》新第 2 卷第 2 期(1940 年 6 月)

　　1942 年 3 月,在吴梅去世三周年之际,徐益藩在上海为恩师举办逝世三周年公祭,祭奠仪式庄重隆重,"门生故旧,少长咸集"①。同年 3 月,应吴梅弟子徐益藩之请,赵景深和庄一拂在其主编的《戏曲》上做了一期"吴霜崖先生三周年祭特辑",刊发吴梅的遗著及徐调孚的《霜崖先生著述考略》、郑逸梅的《霜崖先生别传》、浦江清的《悼吴瞿安先生》等文章,以纪念这位曲学名家。

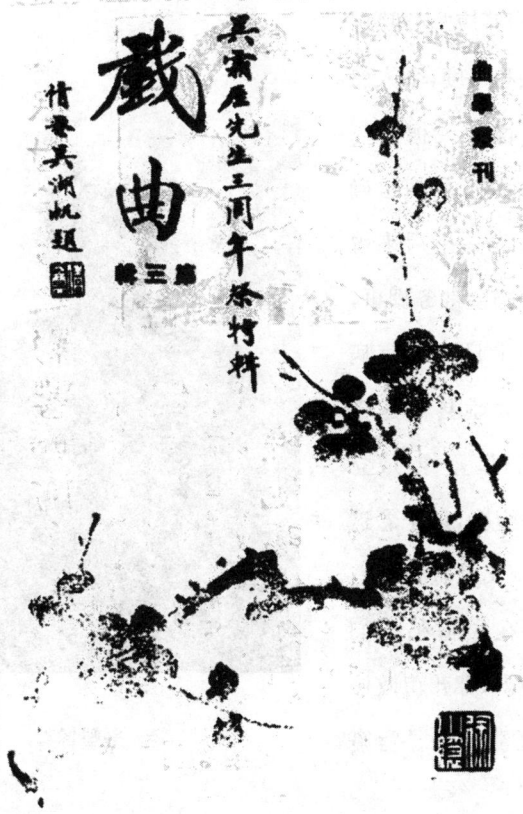

《戏曲》杂志纪念吴梅特辑

① 徐益藩《霜崖归魂图记》,《永安月刊》第 41 期(1943 年)。

吴梅在遗嘱中,曾特意交代要安葬故土。抗战胜利后,其家属希望将吴梅迁葬故土,但因路途遥远、交通不便等条件的限制,未能如愿。1950 年,在中共中央统战部的协调下,大姚县政府将吴梅骨灰送归苏州,安葬在木渎。此举多得李一平之力。李一平因 1948 年协助龙云起义、和平解放云南有功,建国后担任国务院参事。当时政府问其有何要求,李一平未提个人要求,但提出两条:一是"请移吴梅(瞿安)师之枢,归葬苏州",二是"请迎著名学者陈寅恪先生居庐山自由研究、讲学"。对第一条要求,政府答应"立即照办"①。

如此胸怀和气度,令人感佩,李一平不愧为吴梅的高足,值得托付后事,吴梅也确有识人之明。李一平后来曾担任中国佛教协会常务理事,1991 年 12 月 1 日在北京病逝。1994 年,大姚县修建李一平先生纪念碑、塑像,成立李一平教育基金会,以纪念这位有功绩、重情义的教育家。

1986 年,在吴梅弟子们的呼吁和协调下,苏州市政协将吴梅骨灰迁葬于吴县穹窿

李一平塑像

---

① 吴宓 1961 年 8 月 30 日日记,载《吴宓日记续编》第 5 册第 159 页,三联书店 2006 年版。

山东小王山,即琴台山①。吴梅的好友吴湖帆、周瘦鹃等也葬在这里。

　　吴梅去世后,其子女于 1952 年 12 月将奢摩他室藏书四千八百多卷全部捐献给北京图书馆,并受到文化部文化事业管理局的嘉奖②。这些书籍主要为戏曲文献,收藏在北京图书馆善本部,今天仍可看到。

　　在建国后相当长的一段时间里,受意识形态等因素的影响,大陆地区学术界对这位曲学大师关注甚少,甚至可以说是冷淡,只有唐圭璋、范烟桥这两位吴梅的弟子、好友在报刊上发表了两篇纪念文章,研究文章更是一篇都没有。不过大师毕竟是大师,其在学术上的建树和贡献是经得起时间考验的,并不会随时光的流逝而消失,等到“文革”结束、学术研究恢复正常之后,人们对其人其书自然就更加珍视,并以各种方式纪念这位为中国现代学术做出重要贡献的学人。以下列举其中较为重要者,简要介绍。

　　1984 年 11 月 12 日至 14 日,江苏省文化厅、中国戏剧家协会江苏分会、苏州市文化局、苏州市文联在苏州举办“纪念吴梅先生诞辰一百周年学术讨论会”,吴梅弟子任中敏、万云骏、吴伯匋等与会,唐圭璋、王季思因故不能赴会,发电发函表示祝贺。《文教资料简报》、《戏研信息》等刊物相继推出纪念专辑。

　　1994 年 3 月 25 日至 28 日,中国社会科学院文学研究所、中国艺术研究院戏曲研究所、北京市艺术研究所、江苏省文化艺术研究所、江苏戏

---

① 具体经过参见谢孝思《忆瞿安师》一文,《艺术百家》1994 年第 3 期。

② 参见吴新雷主编《中国昆剧大辞典》吴梅青条,南京大学出版社 2002 年版。关于吴梅藏书捐献的具体数量和情况,各家还有不同的说法,如冀淑英云吴梅后人分两次捐赠藏书,“第一次是 80 种,后来一批是 92 种。除去整的两批,他还零星的捐过,是他们家后来又找出来的”。见冀淑英《吴梅、朱偰、赵元方的捐赠》,载其《冀淑英古籍善本十五讲》第 163 页,国家图书馆出版社 2009 年版。

剧家协会发起,江苏省文联、江苏省文化厅、苏州市人民政府、苏州市政协、吴县县政府在吴梅故乡吴县举办"纪念吴梅诞辰 110 周年暨第五次中国近代戏曲学术研讨会",来自全国各地的专家代表 40 多人参加会议,大会围绕着吴梅的曲学理论、戏曲创作、戏曲教学等问题进行了较为深入细致的讨论。《艺术百家》杂志推出纪念专辑。

2002 年,王卫民整理的《吴梅全集》由河北教育出版社出版。该书分作品、理论、南北词简谱、日记四卷,收录吴梅存世的全部著述,尽管仍有不少遗漏,但可以使读者大体了解吴梅创作与治学的情况,为相关研究提供不少便利,具有重要的参考价值。

2004 年 9 月 19 日,南京昆曲社在甘熙故居举行主题为"纪念昆曲曲家吴梅诞辰 120 周年暨洪升逝世 300 周年"的曲会,纪念吴梅诞辰 120 周年。在曲会上,吴新雷举办专题讲座,向曲友介绍吴梅的生平及学术贡献。

进入二十一世纪,吴梅的著述得到系统、全面的整理,有关吴梅的研究也逐渐成为一个学术热点,多部相关著作出版,多篇以吴梅为研究对象的硕士、博士论文完成,相关论文更是呈现出明显的增长态势。随着研究的不断深入,随着吴梅诞辰 130 周年的到来,人们对这位曲学大师当会有更为全面、深入的了解,相关研究也将进入一个新的阶段。

吴梅生平年表

1884 年　甲申　光绪十年　1 岁

9 月 11 日（农历七月二十二日）生于苏州。吴梅，字瞿安（又作"瞿庵"、"癯庵"、"膇安"、"膇庵"等），一字灵鹪，号呆道人、霜崖（又作"霜厓"）、老瞿等。

1886 年　丙戌　光绪十二年　3 岁

父吴国榛病逝，年仅 22 岁。

1891 年　辛卯　光绪十七年　8 岁

出嗣为叔祖吴长祥孙。

1893 年　癸巳　光绪十九年　10 岁

6 月 24 日,母陆氏病逝。

1895 年　乙未　光绪二十一年　12 岁

从潘霞客习举子业。

1898 年　戊戌　光绪二十四年　15 岁

初应童子试失利。《霜崖诗录》所收诗作从本年始。

1899 年　己亥　光绪二十五年　16 岁

再应童子试,提复被斥。此后专力于古诗文。

草创《血花飞》传奇。

1900 年　庚子　光绪二十六年　17 岁

娶邹氏。邹氏名瑞华,小吴梅一岁。

1901 年　辛丑　光绪二十七年　18 岁

以第一名补长洲县学生员。

1902 年　壬寅　光绪二十八年　19 岁

得食廪饩。

秋,赴南京应江南补行庚子、辛丑并科乡试,第三场未进棚。

10 月,长子吴见青出生。

在雷子藩家坐馆授徒。

1903 年　癸卯　光绪二十九年　20 岁

再应乡试,因书"羽"字不中程而被绌。

秋,赴上海,在南洋公学所设东文学堂学习日文。

改定《血飞花》传奇。叔祖惧文字祸而焚之。

1904 年　甲辰　光绪三十年　21 岁

秋,在江苏师范学堂学习。

1905 年　乙巳　光绪三十一年　22 岁

春,在蠡野小学任职。

秋,担任东吴大学堂助教。

1906 年　丙午　光绪三十二年　23 岁

在东吴大学堂担任助教。

4 月,次子吴涑青出生。

1907 年　丁未　光绪三十三年　24 岁

在东吴大学堂担任助教。

8 月 15 日,与陈去病等 11 人在上海雅集,成立神交社。

10 月,嗣祖父吴长祥病逝。

1908 年　戊申　光绪三十四年　25 岁

在东吴大学堂担任助教。

10 月,三子吴翰青出生。

1909 年　己酉　宣统元年　26 岁

8 月,离家赴开封,游幕河道曹载安处,10 月到任。

1910 年　庚戌　宣统二年　27 岁

2 月,自开封返苏州。任苏州存古学堂检察官。

11 月,四子吴南青出生。

《霜崖词录》所收词作从本年始。

1911 年　辛亥　宣统三年　28 岁

任苏州存古学堂检察官,当年苏州存古学堂停办。

10 月,迁居蒲林巷新宅。

1912 年　壬子　民国元年　29 岁

春,在南京第四师范学校任教。

3 月 20 日,经友人柳亚子介绍,加入南社。

1913 年　癸丑　民国二年　30 岁

从本年起,在上海民立中学任教。

1914 年　甲寅　民国三年　31 岁

本年仍在上海民立中学任教。

1915 年　乙卯　民国四年　32 岁

本年仍在上海民立中学任教。

加入春音词社。

1916 年　丙辰　民国五年　33 岁

本年仍在上海民立中学任教。

1917 年　丁巳　民国六年　34 岁

9 月,应北京大学之聘,讲授词曲。

1918 年　戊午　民国七年　35 岁

在北京大学任教,兼北京高等师范学校课。

9 月,迎家眷至北京。

1919 年　己未　民国八年　36 岁

在北京大学任教。

3 月,任《国故月刊》特别编辑。

4 月,收名伶韩世昌为徒。

夏,谢绝徐树铮秘书长之聘。

1920 年　庚申　民国九年　37 岁

在北京大学任教。

冬,开始作《南北词简谱》。

1921 年　辛酉　民国十年　38 岁

在北京大学任教。

7 月,苏州道和曲社成立,吴梅为首批会员。

8 月,苏州昆剧传习所成立,吴梅为十二名董事之一。

1922 年　壬戌　民国十一年　39 岁

1 月,加入北京高等师范学校国文学会。

9 月,受陈中凡之邀,至东南大学任教。

10 月 13 日,发起成立国学研究会。同月 20 日,进行国学讲习会第一次演讲,题目为《词与曲之区别》

1923 年　癸亥　民国十二年　40 岁

在东南大学任教。

4 月,清明前后,应任中敏之邀,游览扬州。

自本年起,卢前开始师从吴梅学习词曲。

1924 年　甲子　民国十三年　41 岁

在东南大学任教。

2、3 月间,与学生发起成立潜社。

1925 年　乙丑　民国十四年　42 岁

在东南大学任教。

1926 年　丙寅　民国十五年　43 岁

在东南大学任教。

1927 年　丁卯　民国十六年　44 岁

春,因东南大学停办,回苏州。

9 月,赴中山大学任教。

12 月,因不适应广东生活,辞职返回苏州。

1928 年　戊辰　民国十七年　45 岁

春,在苏州中学、光华大学任教,与蒋香谷等缔结词社琴社。

秋,东南大学易名中央大学,回校任教,仍兼光华大学课。

1929 年　己巳　民国十八年　46 岁

在中央大学、光华大学任教。

6 月,居逸鸿发起成立啸社,请吴梅为导师。

7 月,与邓邦述等九人结六一词社。

1930 年　庚午　民国十九年　47 岁

在中央大学、光华大学任教。

1931 年　辛未　民国二十年　48 岁

在中央大学任教。

5、6 月间,《南北词简谱》脱稿。

秋,辞去光华大学教职。

10 月 11 日,吴梅在中央大学任教期间所记日记从此日始。

1932 年　壬申　民国二十一年　49 岁

1 月 28 日,日军轰炸上海,商务印书馆涵芬楼被焚,《奢摩他室曲丛》底本 27 种毁于战火。

3 月,带家人赴上海避难。自本月 27 日起,在上海富商王伯元家设馆授徒。

10 月,回中央大学任教。

11 月,被推举为南京紫霞曲社社长。

1933 年　癸酉　民国二十二年　50 岁

在中央大学任教。

2 月,从本月起,在金陵大学兼课,主讲金元散曲等课程。

6 月 3 日,因醉酒与黄侃发生冲突。

8 月,啸社同仁为祝贺吴梅五十岁生日,举办曲会,所演曲目皆出自《霜崖三剧》。

1934 年　甲戌　民国二十三年　51 岁

在中央大学、金陵大学任教。

9 月,兼任金陵大学研究生班导师。

11 月 4 日,与黄侃再次发生冲突。

1935 年　乙亥　民国二十四年　52 岁

在中央大学、金陵大学任教。

2 月,加入苏州甲戌学会。

3 月 9 日,与林昆翔、陈匪石、仇埰、汪东、乔大壮等发起成立如社。

10 月,被推选为文艺俱乐部理事。

1936 年　丙子　民国二十五年　53 岁

在中央大学、金陵大学任教。

3 月,与中央大学学生赓续潜社。

8 月 23 日,参加鸳湖曲叙。

1937 年　丁丑　民国二十六　54 岁

7 月 7 日,吴梅在中央大学任教期间所记日记至此日止。

8 月 17 日,因日军轰炸苏州,吴梅举家避难木渎。

9 月 12 日,带家人离开苏州,经南京至武汉。

10 月初,由武汉至湘潭。

1938 年　戊寅　民国二十七年　55 岁

3 月,《霜崖词录》定稿。

5 月,中央大学文学院院长兼国文系主任楼光来电请吴梅返校,以喉喑辞。

夏秋间,修订《霜崖诗录》。

7 月初,带家人迁居广西桂林。

8 月,致中央大学校长罗家伦书,以病辞电召。

10 月 15 日,致书卢前,作身后之托。

12 月 2 日,致中央大学国文系诸同学书,辞返校之请。同月 10 日,吴梅从桂林乘飞机,抵达昆明。

1939 年　己卯　民国二十八年　56 岁

1 月 11 日,从昆明出发,14 日至大姚县李旗屯居住。

2 月 21 日,开始写遗嘱。

3 月 17 日下午三时,先生病逝。

4 月 20 日,国民政府颁布褒扬令。

6 月 11 日上午,中央大学为吴梅举办追悼会。

吴梅著述刊行年表

本年表所收为吴梅公开出版、发表过的著述及编选之作，对其所整理、校订的他人之所如《伏虎韬》《针师记》等也酌情收录。

年表分专书和散篇两部分，每一部分皆按刊行时间的先后编排。

一、专书

风洞山/吴梅著/小说林社 1906 年版、风雨书屋 1938 年版

奢摩他室曲丛/吴梅编印/1910 年艺林斋刊行

落溷记/吴梅著/民国初年敬苍水馆刊本

顾曲麈谈/吴梅著/商务印书馆 1916 年版

词源/吴梅校/北京大学出版部 1918 年刊行

曲品附传奇品/吴梅校/北京大学出版部 1918 年刊行

词余讲义/吴梅著/北京大学出版部 1919 年刊行、后改名《曲学通论》，商务印书馆 1935 年版

古今名剧选/吴梅编选/北京大学出版部 1921 年刊行

词余选/吴梅编选/北京大学讲义本

中国文学史/吴梅辑/北京大学讲义本

中国戏曲概论/吴梅著/大东书局 1926 年版

词学通论/吴梅著/中山大学出版部 1927 年刊行、成都师范大学 1931 年刊行、商务印书馆 1932 年版

湘真阁/吴梅著/1927 年刊行

曲选/吴梅编选/中山大学出版部 1927 年刊行

奢摩他室曲丛/吴梅编印/商务印书馆 1928 年版

霓裳羽衣/吴梅校订/商务印书馆 1928 年版

奢摩他室曲韵/吴梅著/1928 年石印本

词选/吴梅编选/东南大学讲义本

元剧研究 ABC/吴梅著/世界书局 1929 年版

曲选/吴梅编选/商务印书馆 1930 年版

霜厓曲录/吴梅著/商务印书馆 1931 年版、饮虹簃丛书本,1936 年
刊行、文通书局 1943 年版

霜崖三剧歌谱/吴梅著/1933 年刊行

辽金元文学史/吴梅审订/商务印书馆 1934 年版

霜崖读画录/吴梅著/《乙亥丛编》本,1935 年刊行

南北词简谱/吴梅著/吴梅手稿本、中央大学讲义本、卢前 1940 年石
印本

霜崖诗录/吴梅著/文通书局 1942 年版、《陟冈楼丛刊》乙集之二,
1943 年潘景郑刊行

霜厓词录/吴梅著/文通书局 1942 年版

吴梅戏曲论文集/吴梅著、王卫民编/中国戏剧出版社 1983 年版

吴梅全集/吴梅著、王卫民校注/河北教育出版社 2002 年版

二、散篇

风洞山/《中国白话报》第 4、6 期(1904 年)

袁大化杀贼/《中国白话报》第 5 期(1904 年)

复金一书/《二十世纪大舞台》第 2 期(1904 年)

暖香楼传奇/《小说林》第 1 期(1907 年 2 月)

奢摩他室曲话自序/《小说林》第 2 期(1907 年 3 月)

奢摩他室曲话/《小说林》第 2—4、6、8、9 期(1907 年 3 月—1908 年 2

月）

　　轩亭秋/《小说林》第 6 期（1907 年 11 月）

　　奢摩他室曲词余/《小说林》第 10 期（1908 年 4 月）

　　轩亭秋自序/《大汉报》1911 年 12 月 14 日

　　镜因记/《民国新闻报》1912 年 7 月 25 日至 8 月 13 日、8 月 18 日至 9 月 10 日

　　奢摩他室曲旨/《民国新闻报》1912 年 7 月 26 日至 9 月 10 日

　　落茵记杂剧/《小说月报》第 4 卷第 1 号（1913 年 4 月）

　　蠹言/《小说月报》第 4 卷第 9—12 号（1913 年 12 月至 1914 年 3 月）

　　顾曲麈谈/《小说月报》第 5 卷第 3—6、8—12（1914 年 6—9 月、11、12 月）、6 卷 1—10 号（1915 年 1—10 月）

　　腫庵笔记/《小说月报》第 5 卷第 1、2、5 号（1914 年 4、5、8 月）、第 6 卷第 6—8、11 号（1915 年 6—8、11 月）

　　绿窗怨记/《游戏杂志》第 10—13 期、第 15—18 期（1914 至 1915 年）

　　白团扇/《女子世界》第 3—6 期（1915 年）

　　题天香石砚室棋谱/《双星》第 2 期（1915 年 4 月）

　　东海记/《春声》第 2、4 集（1916 年 3 月、5 月）

　　才人福/《春声》第 3 集（1916 年 4 月）。

　　双泪碑/《小说月报》第 7 卷第 4、5 号（1916 年 4、5 月）

　　无价宝传奇/《小说月报》第 8 卷第 7、8 号（1917 年 7、8 月）、《学衡》第 32 期（1924 年 8 月）

　　惆怅爨/《小说月报》第 8 卷第 9、10 号（1917 年 9、10 月）

　　伏虎韬传奇 /《小说大观》第 10 集（1917 年）

　　本校二十周纪念歌/《北京大学日刊》1917 年 12 月 20 日

　　针师记传奇/《小说月报》第 9 卷第 3—8 号（1918 年 3—8 月）

眉妩·赋河东君妆镜拓本/《小说月报》第 9 卷第 4 号(1918 年 4 月)

吴瞿安启事(之一)/《北京大学日刊》第 253 号(1918 年 11 月 19 日)

吴瞿安启事(之二)/《北京大学日刊》第 276 号(1918 年 12 月 20 日)。

浣溪沙·马鞍山拜龙洲道人墓/《小说月报》第 10 卷第 1 号(1919 年 1 月)

霓裳中序第一·酬路金波并寄仇涞之金陵、八声甘州·戊午季秋客京师步屯田韵/《国民》第 1 卷第 1 号(1919 年 1 月)

霜花腴、湘春夜月/《国民》第 1 卷第 2 号(1919 年 2 月)

读曲跋:董解元弦索西厢/《学艺》第 2 卷第 1 号(1920 年 4 月)

北京大学校歌/《北京大学日刊》1920 年 12 月 17 日

观昆剧保存社会串感言/《申报》1922 年 2 月 15—17 日

仙吕桂枝香、商调山坡羊、双调折桂令/《文哲学报》第 3 期(1923 年 3 月)

笛律七调释略/《国学丛刊》第 1 卷第 1 期(1923 年)

霜崖词/《国学丛刊》第 1 卷第 1 期(1923 年)

霜崖诗录/《国学丛刊》第 1 卷第 2 期(1923 年)

正宫刷子带芙蓉·柳赋/《国学丛刊》第 1 卷第 2 期(1923 年)

南北戏曲概言/《国学丛刊》第 1 卷第 3 期(1923 年)

奢摩他室曲存/《国学丛刊》第 1 卷第 3 期(1923 年)

长生殿跋、紫钗记跋、南柯记跋、四声猿跋、南词十二律昆腔谱跋/《国学丛刊》第 1 卷第 3 期(1923 年)

湖州守杂剧/《华国月刊》第 1 卷第 9、10 期(1924 年 5、6 月)、《东南论衡》第 1—4、6 期(1926 年)

枯井泪杂剧/《学衡》第 33 期(1924 年 9 月)

朝野新声太平乐府校勘记/《华国月刊》第 2 卷第 9、10、12 册(1925年)、第 3 卷第 3 册(1926 年)

瞿安读曲跋/《国学丛刊》第 3 卷第 1 期(1926 年)

元剧略说/《东南论衡》第 11—13 期(1926 年 3、4 月)、《小说月报》第 17 卷号外(1927 年 6 月)

荣萸会/《东南论衡》第 1 卷第 29 期(1926 年)

元剧小史/《文哲季刊》第 1 卷第 1 期(1927 年 10 月)

奢摩他室曲丛自序/《国立第一中山大学语言历史学研究所周刊》第 21 期(1928 年 3 月)

奢摩他室曲丛草目/《国立第一中山大学语言历史学研究所周刊》第 21 期(1928 年 3 月)

对于中学国文的我见/《苏中校刊》第 9 期(1928 年 7 月)

元杂剧现在数目/《通俗文学》第 2 期(1929 年 7 月)

湘真阁/《戏剧月刊》第 1 卷第 4 期(1930 年 3 月)

霜崖词·消寒集(十一首)/《小雅》第 1 期(1930 年 5 月)

南商调金络索·灯窗夜雨题辞/《小雅》第 1 期(1930 年 5 月)

游摄山栖霞寺/《小雅》第 2 期(1930 年 6 月)、《文艺捃华》第 3 卷第 1 册(1936 年 1 月)、《江苏文献》第 1 卷第 3—4 期(1944 年)

淡黄柳·寒山/《小雅》第 2 期(1930 年 6 月)

俞宗海家传/《小雅》第 2 期(1930 年 6 月),后改名《俞粟庐先生传》,刊于《半月戏剧》第 5 卷第 1 期(1943 年 11 月)

飞雪满群山·对雪次友古韵/《小雅》第 3 期(1930 年 12 月)

洞仙歌·柳赋/《小雅》第 5 期(1931 年 4 月)

瞿安读曲记/《珊瑚》第 1 卷第 1、3、5、7、11 期(1932 年)、第 2 卷第 1、6、8、10、12 期(1933 年)、第 3 卷第 1、11、12 期(1933 年)、第 4 卷第

38、41 期(1934 年)

　　词源疏证序一/《词学季刊》第 1 卷 1 期(1933 年 4 月)

　　与榆生论急慢曲书/《词学季刊》第 1 卷第 1 期(1933 年 4 月)

　　与夏瞿禅论白石词旁谱书/《词学季刊》第 1 卷第 2 期（1933 年 8 月）

　　与龙榆生言彊村逸事书/《词学季刊》第 1 卷第 2 期（1933 年 8 月）

　　瑞龙吟·过颐和园、临江仙/《词学季刊》第 1 卷第 2 期（1933 年 8 月）

　　三家曲选·霜厓曲选/《国风》第 3 卷第 4 期(1933 年 8 月)

　　泰县小西湖竹枝词/《学生文艺丛刊》第 7 卷第 4 集(1934 年)

　　与唐圭璋言刘子庚遗事及往还事实书/《词学季刊》第 1 卷第 4 号(1934 年 4 月)

　　长生殿传奇斠律/《国立中央大学文艺丛刊》第 1 卷第 2 期(1934 年)

　　论词法/罗芳洲编《词学研究》,上海亚细亚书局 1934 年版

　　哭孟朴先生/《宇宙风》第 2 期(1935 年)

　　词之作法/《出版周刊》新第 112 号(1935 年)

　　玉京谣、高山流水、凄凉犯、虞美人、齐天乐/《词学季刊》第 2 卷第 2 号(1935 年 1 月)

　　词话丛编序/《词学季刊》第 2 卷第 3 号(1935 年 4 月)

　　郑所南画兰卷、又题所南兰卷、龚半千画册、王东庄昱山水立轴、题潘干臣画兰图卷/《制言》第 3 期(1935 年 10 月)

　　霜崖读画录/《正论》特刊(1935 年 1 月)

　　忆瑶姬·吴湖帆出示惰董美人墓志为依此解/《正论》特刊(1935 年 1 月)

　　元剧研究/刘麟生等着《中国文学讲座》,世界书局 1935 年版

霜厓三剧自序/《文艺捃华》第 2 卷第 3 册(1935 年)

霜厓三剧歌谱自序/《 文艺捃华》第 2 卷第 3 册(1935 年)

吴骚合编跋/《文艺捃华》第 3 卷第 1 册(1936 年 1 月)

高阳台·访媚香楼遗址、忆瑶姬·吴湖帆出示惰董美人墓志属题此解、寿楼春、洞仙歌/《词学季刊》第 3 卷第 1 号(1936 年 3 月)

读疚斋杂剧即赋南词代序/《艺文》第 1 卷第 1 期(1936 年 4 月)、《金陵大学砥柱文艺社社刊》(1937 年 2 月)

赠吴中曲友/《艺文》第 1 卷第 2 期(1936 年 5 月)

李母曾节烈诔/《文艺捃华》第 3 卷第 4 册(1936 年 12 月)

丙子九日诗/《金陵大学砥柱文艺社社刊》(1937 年 2 月)

侯甦民招饮晤冯元溥尹晓东顾静观叶德曾皆路幕工诗者赋此索君和等五首/《民族诗坛》第 3 辑(1938 年 7 月)

避寇杂咏/《民族诗坛》第 4、5 辑(1938 年 8、9 月)

戊寅七夕、七月二十二日作、水调歌头·戊寅中秋/《民族诗坛》第 2 卷第 2 辑(1938 年 12 月)

菩萨蛮·五都吟、高山流水·自题霜崖填词图/《民族诗坛》第 3 卷第 1 辑(1939 年 5 月)

霜崖词录/《制言》第 48、49、50、51 期(1939 年)

霜崖曲跋/《新曲苑》,中华书局 1940 年版

霜厓遗札/《文讯》第 2 卷第 1 期(1942 年 1 月)

霜厓叙跋/《戏曲》第 1 卷第 3 辑(1942 年 3 月)

霜厓书札/《戏曲》第 1 卷第 3 辑(1942 年 3 月)

九宫大成南北词谱叙/《戏曲》第 1 卷第 4 辑(1942 年 4 月)

与俞平伯论曲选书/《戏曲》第 1 卷第 5 辑(1942 年 5 月)

寿内子五十/《江苏文献》第 1 卷第 5—6 期(1944 年)

吴梅研究资料目录

本目所收为他人评论、研究吴梅的著述,诗词之作一般不收。所收资料以最早出版、刊发者为主,其后被收入各类书籍但内容没有改动者不再收录,题目、内容有改动者则就个人所知,予以注明。

一、论著

吴梅研究/邓乔彬/华东师范大学出版社 1990 年版

近代曲学二家研究——吴梅、王季烈/蔡孟珍/台湾学生书局 1992年版

吴梅评传/王卫民/社会科学文献出版社 1995 年版(河北教育出版社 2002 年再版,后改名《曲学大成 后世师表:吴梅评传》,上海古籍出版社 2010 年版)

吴梅研究/王卫民/台湾学海出版社 1996 年版

吴梅/王卫民、王琳/中国文史出版社 1998 年版

吴梅和他的世界/王卫民编/河北教育出版社 2002 年版

吴梅戏剧美学思想研究/胡庆龄/江西人民出版社 2009 年版

二、学位论文

吴瞿安先生之曲学及其剧作研究/黄立玉/台湾师大国文研究所1989 年 6 月(硕士论文)

吴梅戏曲理论研究/平颖/ 福建师范大学 2003 年(硕士论文)

论吴梅的戏曲创作与传播/骆剑婷/上海交通大学人文学院 2008 年(硕士论文)

吴梅研究—兼论近代戏曲学术的兴起（1884—1939）/谢依均/台北艺术大学 2009 年（硕士论文）

吴梅戏剧美学思想研究/胡庆龄/山东大学 2005 年（博士论文）

三、论文

《风洞山》传奇题词/竹泉生、噙椒、痴慧珠、金松岑、黄人/《风洞山》，小说林社 1906 年版

《暖香楼》乐府题词/高祖同/《小说林》第 1 期（1907 年 2 月）

吴灵鸫《血花飞》乐府题词/蛮/《小说林》第 4 期（1907 年）

《轩亭秋》评语/洒巩楼/《小说林》第 6 期（1907 年）

《暖香楼》题词/朱锡梁、沈修/《奢摩他室曲丛》，1910 年刊行

《镜因记》传奇评语/九组/《民国新闻》1912 年 7 月 27、31 日，8 月 5、9、13、24、28 日，9 月 6 日

《落茵记》题词/香雪、铁樵/《小说月报》第 4 卷第 1 号（1913 年）

《血花飞传奇》序/黄人/《南社丛刻》第 10 集（1914 年 7 月）

题瞿安藕舲忆曲图/柳亚子/《南社丛刻》第 14 集（1915 年 5 月）

题瞿安藕舲忆曲图/傅熊湘/《南社丛刻》第 15 集（1916 年 1 月）

《双泪碑》传奇序/任光济/《小说月报》第 7 卷第 4 号（1916 年 4 月）

《双泪碑》评点/老梓/《小说月报》第 7 卷第 4、5 号（1916 年 4、5 月）

《无价宝》序/孙德谦/《小说月报》第 8 卷第 7 号（1917 年 7 月）

《无价宝》题词/曹元忠、王德森、叶德辉/《小说月报》第 8 卷第 7 号（1917 年 7 月）

顾曲塵谈/《新青年》第 3 卷第 5 号（1917 年 7 月）

吴灵鸫谱曲/君博/《游戏世界》第 5 册（1922 年）

《无价宝》跋/屈燨/《学衡》第 32 期（1924 年 8 月）

《无价宝》题词/朱锡梁、邵瑞彭、朱祖谋、陈世宜、罗瘿公/《学衡》第32 期（1924 年 8 月）

《中国戏曲概论》序/王文濡/《中国戏曲概论》，大东书局 1926 年版

"剧曲"与"元剧研究"/《世界》第 1 卷第 1 期（1928 年）。

《奢摩他室曲丛》序/王季烈/《奢摩他室曲丛》初集，商务印书馆1928 年版

《奢摩他室曲丛》序/任中敏/《奢摩他室曲丛》初集，商务印书馆1928 年版

关于中国文学上的一篇怪论：读了吴瞿安先生的讲演之后/江震/《益世报》1929 年 6 月 28 日

吴瞿安又有近作/《中国新书月报》第 1 卷第 3 号（1931 年）

惆怅爨/陈墨香/《剧学月刊》第 1 卷第 9 期（1932 年 9 月）

吴瞿安在沪教书/承/《中国新书月报》第 2 卷第 6 号（1932 年 6 月）

本校教授吴瞿安先生木刻所著书/竺/《国立中央大学日刊》第 835期（1932 年）

本校教授吴瞿安先生著作出版/竺/《国立中央大学日刊》第 879 期（1932 年）

吴梅小传/常芸庭/《国风》第 3 卷第 4 期（1933 年 8 月）

吴瞿安的学文管见/烟桥/《申报》1933 年 12 月 16 日

《霜崖三剧》序/张茂炯/《霜崖三剧》，1933 年木刻本

《湘真阁》序/高祖同/《霜崖三剧》，1933 年木刻本

《湘真阁》题词/朱锡梁等 6 人/《霜崖三剧》，1933 年木刻本

吴瞿安删订词稿/《词学季刊》第 1 卷第 1 号（1933 年 4 月）

词学通论/《词学季刊》第 1 卷第 2 号（1933 年 8 月）

吴瞿安对于本刊所载陈译白石暗香谱之是正/《词学季刊》第 1 卷第

3 号(1933 年 12 月)

书吴霜厓采桑子词后/伯龙/《北洋画报》第 1069 期(1934 年)

霜崖曲录/徐璇/《大公报》1934 年 8 月 4 日,《出版周刊》新第 92 号(1934 年 9 月 1 日)转载

吴梅/钱基博/《现代中国文学史》,世界书局 1933 年版

霜崖履历/《出版周刊》新第 112 期(1935 年 1 月)

吴瞿安/夏敬观/载其《忍古楼词话》,《词学季刊》第 2 卷第 4 号(1935 年 7 月)

《霜崖三剧》之介绍/《词学季刊》第 2 卷第 4 号(1935 年 7 月)

南北曲律新论/绿依/《剧学月刊》第 4 卷第 8 期(1935 年 8 月)

《曲学通论》与《词余讲义》/野鹤/《剧学月刊》第 4 卷第 12 期(1935 年 12 月)

《顾曲》研究/叶慕秋/《戏剧旬刊》第 6 期(1936 年 3 月)

吴梅的《古今名剧选》/赵景深/《读曲随笔》,北新书局 1936 年版

读吴梅曲论/赵景深/《读曲随笔》,北新书局 1936 年版

《霜崖曲录》跋/卢前/《霜崖曲录》,1937 年版

秋风飒飒　秋月涓涓——夜静更阑偶读《风洞山》传奇　不尽兴亡之感/赵爱华/《女子世界》第 10 期

名词曲家吴梅逝世/《艺术文献》第 1 册(1939 年 4 月)

悼吴瞿安先生/陈立夫/《时事新报》1939 年 4 月 16 日

吴霜厓先生在现代中国文学界/段天炯/《时事新报》1939 年 4 月 16 日

吴瞿安先生事略/卢前/《时事新报》1939 年 4 月 16 日、《大美报》1939 年 5 月 8 日

与吴瞿安师最后晤见记/常任侠/《时事新报》1939 年 4 月 16 日

奢摩他室逸话/卢前/《时事新报》1939 年 4 月 16 日、23 日

《霜崖词录》编者按语/孙世扬/《制言》第 51 期(1939 年 4 月)

民国政府褒扬令/《国民政府公报》渝字第 146 号(1939 年 4 月 22
日),1939 年 5 月 8 日《大美报》转载

关于吴瞿安先生(包括事略、国府褒扬令、逸事)/卢前等/《民族诗
坛》第 3 卷第 1 辑(1939 年 5 月)

书吴瞿安/黄玄翁/《选萃》第 1 卷第 2 期(1939 年 5 月)

纪念霜崖先生/柳存仁/《大美报》1939 年 5 月 8 日

《霜崖词录》序/夏敬观/《大美报》1939 年 5 月 8 日、《霜崖词录》,文
通书局 1942 年版

悼瞿安师/万云骏/《大美报》1939 年 5 月 8 日

木兰花慢·闻瞿安先生滇南下世作/榆生/《大美报》1939 年 5 月
8 日

师门杂忆——纪念吴瞿安先生/徐益藩/《大美报》1939 年 5 月 15 日

吴梅先生/邹啸/《宇宙风》乙刊第 7 期(1939 年 6 月),后修订,改名
《吴梅纪念》收入赵景深《中国戏曲丛谈》,齐鲁书社 1986 年版

吴瞿安先生哀词/唐圭璋/《黄埔》第 3 卷第 11 期(1939 年 11 月),后
作较大修改,改名《吴先生哀词》,收入《梦桐词》,江苏古籍出版社 1987
年版

追悼亡师吴瞿安先生/陈绍基/《十日戏剧》第 2 卷第 20 期(1939 年)

霜崖先生年谱/卢前/《南北词简谱》,1939 年刊行

《南北词简谱》跋/卢前/《南北词简谱》,1939 年刊行,又以《吴著〈南
北词简谱〉后序》为名刊于《文史杂志》第 4 卷第 11、12 期合刊(1944 年
12 月)

吴梅著述考略/徐调孚/《文学集林》第 1 辑(1939 年 11 月),增补稿

刊于《戏曲》第 1 卷第 3 辑(1942 年 3 月)

吴瞿庵之潦倒/堂堂/《庸报》1939 年 12 月 13 日

霜崖诗录/进/《图书季刊》新第 2 卷第 1 期(1940 年 3 月)

吴瞿安先生逝世周年纪念会/《图书季刊》新第 2 卷第 2 期(1940 年
6 月)

南北词简谱/敬/《图书季刊》新第 2 卷第 2 期(1940 年 6 月)

悼吴梅/胡山源/《之江中国文学会集刊》第 5 期(1940 年)

《霜崖词录》在北京雕版/《同声月刊》第 1 卷第 1 号(1940 年 12 月)

吴梅夫妇唱随/老缘/《中国公论》第 4 卷第 4 期(1941 年 1 月)

《风洞山》传奇史料探源/洁如/《小说月报》第 14 期(1941 年)

吴梅的风洞山传奇/ 吴剑芬/《正言文艺月刊》第 2 卷第 2 期(1941
年 10 月)

忆潜社/王季思/《击鬼集》,青年读书通讯社 1941 年版

霜崖先生别传/郑逸梅/《戏曲》第 1 卷第 3 辑(1942 年 3 月)

悼吴瞿安先生/浦江清/《戏曲》第 1 卷第 3 辑(1942 年 3 月)

瞿安先生逝世先后略述/李一平/《戏曲》第 1 卷第 3 辑(1942 年 3
月)

霜崖先生年谱/卢前编、徐益藩补/《戏曲》第 1 卷第 3 辑(1942 年 3
月)

哀诔/葛洛等 20 人/《戏曲》第 1 卷第 3 辑(1942 年 3 月)

吴梅论宋元戏文本事书/赵景深/《戏曲》第 1 卷第 4 辑(1942 年 4
月)

霜崖先生在曲学上之创见/王玉章/《戏曲》第 1 卷第 5 辑(1942 年 5
月)

从昆曲说到吴梅/古良穆/《杂志》复刊第 5 号(1942 年 12 月)

卯角交吴瞿安事/瓶庐/《杂志》复刊第 5 号(1942 年 12 月)

记吴瞿安先生/龙沐勋/《风雨谈》第 2 期(1943 年 5 月)

吴霜崖年表/张铁叟/《江苏文献》第 1 卷第 11、12 期合刊 (1943 年 7 月)

跋《霜崖曲跋》/叶德均/《风雨谈》第 9 期(1944 年 2 月)

霜崖归魂图记/徐益藩/《永安月刊》第 41 期(1943 年)

《霜崖诗录》跋/潘景郑/《霜崖诗录》(陟冈楼丛刊乙集之二),1943 年 10 月刊行

《避寇杂咏》跋/程千帆/《斯文》第 12 期(1943 年)

民族曲家吴瞿安/陆曼炎/载其《时贤别纪》第一集,文信书局 1943 年版

吴瞿安霜厓遗书序/路朝銮/《中国文学》第 1 卷第 2 期(1944 年 5 月)

曲典吴梅/张恨水/《新民报晚刊》1944 年 9 月 15 日

吴瞿安先生的死/味逸/《人之初》第 1 期(1945 年)

记吴瞿安先生/郑振铎/《国文月刊》第 42 期(1946 年 4 月)

词曲大师吴瞿安/仰嵩/《和》1946 年 6 月 23 日

吴瘘庵藏曲六百种/郑逸梅/载其《人物品藻录初编》,上海日新出版社 1946 年版

述吴瞿安先生的民族思想/徐益藩/《国文月刊》第 61 期(1947 年 11 月)

吴先生行状/卢冀野/《冀野选集》,新文化出版社 1947 年版

瞿庵有七个半弟子/陈邦贤/载其《自勉斋随笔》,世界书局 1947 年版

吴瞿安的绝笔/郑骞/《华北日报》1948 年 7 月 2 日,后修订,改名《吴

梅的羽调四季花》刊于《现代文学》第 41 期(1970 年)

记吴霜厓/陈左高/《申报》1948 年 11 月 18 日

吴瞿安的感时诗曲/陆丹林/《正义》第 5 期(1948 年)

回忆吴瞿安先生/唐圭璋/《雨花》1957 年 5 月号

刻吴瞿安师霜崖词录/潘景郑/载其《著砚楼书跋》,古典文学出版社
1957 年版

先师手辑青门曲录/潘景郑/载其《著砚楼书跋》,古典文学出版社
1957 年版

吴梅/邵镜人/载其《同光风云录》,中华艺林文物出版有限公司
1957 年版

吴梅/汪经昌/《中国文学史论集》四 ,中华文化出版事业委员会
1958 年版

记词曲家吴梅/范烟桥/《江海学刊》1962 年第 1 期

吴梅/卢元骏/《中国文化综合研究——近六十年来中国学人研究中
国文化之贡献》,中华学术院 1971 年版

记吴瞿安先生数事/金恳/《畅流》第 18 卷第 12 期

吴梅/陈敬之/《畅流》第 46 卷第 6、7 期(1972 年 11 月)

吴梅先生传略/梁容若/《国语日报·古今文选》第 375 期

长洲吴梅与近代曲学之流行/卢元骏/《中国文化复兴月刊》第 9 卷
第 11 期(1976 年 11 月)

《顾曲麈谈》、《曲学通论》商榷/洪惟助/《词曲四论》,华正书局 1977
年版

吴梅/李立明/载其《中国现代六百作家小传》,香港波文书局 1977
年版

吴梅/王卫民/《南京师院学报》1980 年第 3 期

吴瞿安在羊城/陈廉贞/香港《文汇报》1980 年 6 月 8 日

曲学巨擘吴梅/陈敬之/《首倡民族主义文艺的南社》,成文出版社 1980 年版

吴梅/郑逸梅/《南社丛谈》,上海人民出版社 1981 年版

吴瞿安先生二三事/袁鸿寿/《学林漫录》第三集,中华书局 1981 年版

近代杰出的词曲家——吴梅/张舫澜/《戏剧论丛》1981 年第 4 期,修订后刊于《苏州文史资料选辑》第十三辑(1984 年 10 月)

吴梅《奢摩他室曲丛》及其全目/王卫民/《文献》第 11 辑,书目文献出版社 1982 年版

关于《汇校梦窗词札记》的一点说明/王卫民/《文学遗产》增刊第十四辑,中华书局 1982 年版

谈词漫语/坂田新/《中国文学研究》第 8 期(1982 年 12 月)、中文译文由程章灿翻译,刊于《中国典籍与文化》1994 年第 1 期

戏剧作用本在规正风俗——吴梅戏剧理论简说/王卫民/《光明日报》1983 年 2 月 15 日

受教吴梅与吴师逝世/韩世昌/《我的昆曲艺术生活》,载《文史资料选篇》第 14 辑(北京出版社 1982 年版)

论吴梅的戏曲观/邓乔彬/《研究生论文选集》(中国古代文学分册),江苏人民出版社 1983 年版

《吴梅戏曲论文集》前言/王卫民/《吴梅戏曲论文集》,中国戏剧出版社 1983 年版

吴梅年谱/王卫民/《吴梅戏曲论文集》,中国戏剧出版社 1983 年版

忆黄季刚师/程千帆/《学林漫录》第 8 集,中华书局 1983 年版

吴梅的戏曲理论与戏曲创作/王卫民/《文学评论丛刊》第 18 辑,中

国社会科学出版社 1983 年版

吴梅奢摩他室/苏精/载其《近代藏书三十家》,台湾传记文学出版社 1983 年版

回忆瞿安夫子/任中敏/《文教资料简报》1984 年第 1 期

吴瞿安先生二三事/宋家淇/《文教资料简报》1984 年第 1 期

霜崖先生像赞/夏敬观/《文教资料简报》1984 年第 1 期

词二首/汪东/《文教资料简报》1984 年第 1 期

水龙吟·哭瞿安先生/吴伯匋/《凤褐庵诗词·西征集》油印本、《文教资料简报》1984 年第 1 期

吴梅曲学浅议——序先生叶小鸾《眉子砚》套曲手稿/陈廉贞/《苏州教育学院学报》1984 年第 2 期

吴梅简介/《戏研信息》1984 年 2 期

忆瞿安师/谢孝思/《戏研信息》1984 年 2 期

吴瞿安先生对昆剧"传字辈"的培育/倪传钺/《戏研信息》1984 年 2 期

髫龄承诲老而弥感/王瞻岩(守泰)/《戏研信息》1984 年 2 期

悼瞿安先生/胡山源/《戏研信息》1984 年 2 期,后以《吴梅》为名,收入其《文坛管窥》,上海古籍出版社 2000 年版

吴梅在抗战时的二三事/王染野/《戏研信息》1984 年 2 期

怀念吴瞿安老师/蔡佩秋/《戏研信息》1984 年 2 期

回忆吴瞿安老师/陈其可/《戏研信息》1984 年 2 期

纪念曲学大师吴梅/朱经畬/《天津日报》1984 年 3 月 17 日

戏曲理论家吴梅/闻达/《北京晚报》1984 年 9 月 11 日

纪念戏曲家吴梅诞生一百周年/纪闻/《北京日报》1984 年 10 月 23 日

吴梅百年诞辰纪念会在京举行/卫民/《北京晚报》1984 年 10 月 26 日

读《吴梅戏曲论文集》/蔡毅/《光明日报》1984 年 9 月 4 日

吴梅诞辰学术讨论会在苏州举行/美娟、雷磊/《戏剧月刊》1984 年第 11 期

尊重知识尊重人才　振兴民族戏曲事业——1984 年 11 月 12 日在纪念吴梅先生诞辰一百周年纪念会上的讲话/匡亚明/《戏剧月刊》1984 年第 11 期

吴梅学术讨论会六人谈/任中敏等/《戏剧月刊》1984 年第 11 期

纪念吴梅先生诞辰一百周年/夏月/《戏剧论丛》1984 年第 3 期

吴瞿安先生《诗词戏曲集》读后记/王季思/《戏剧论丛》1984 年第 4 期

吴梅简介/《江海学刊》1984 年第 4 期

论吴梅的戏曲批评/查全纲/《江海学刊》1984 年第 4 期

吴梅先生二三事/段熙中/《江海学刊》1984 年第 4 期

悼吴师/曾昭燏/《江海学刊》1984 年第 4 期

吴梅的戏曲批评/邓乔彬/《求是学刊》1984 年第 5 期

吴梅的戏剧美学思想/刘伟林、陈永标/《学术月刊》1984 年第 8 期

吴梅先生与昆曲/孙洵/《江苏戏剧》1984 年第 11 期

吴梅曲论评介/邓乔彬/《戏曲研究》第 13 辑(1984 年)

《吴梅戏曲论文集》/鸣迟/《中国出版年鉴》,商务印书馆 1984 年版

《吴梅戏曲论文集》/宇子/《戏曲研究》第 14 辑(1985 年)

缅怀前贤　激励后人——纪念吴梅诞辰一百周年学术讨论会在苏州举行/雷磊/《江苏戏剧》1985 年第 1 期

缅怀前贤　激励今人——纪念吴梅诞辰一百周年学术讨论会在苏

州举行/《江苏教育》1985 年第 1 期

纪念吴梅先生诞辰一百周年学术讨论会在苏州召开/永健/《苏州大学学报》1985 年第 1 期

简论吴梅《诚斋乐府跋》/王永健/《苏州大学学报》1985 年第 1 期

吴梅《风洞山传奇》浅析/梁淑安/《苏州大学学报》1985 年第 1 期

吴梅曲学浅议/陈廉贞/《苏州教育学院院刊》1985 年第 2 期

整理吴梅先生著作感言/王卫民/《古代戏曲论丛》第 2 辑(1985 年)

吴梅简论/王卫民/《剧艺百家》1985 年第 2 期

史、论、评相结合的研究方法——读吴梅《中国戏曲概论》/刘伟林、陈永标/《文学遗产》1985 年第 2 期

吴瞿安/陈声聪/载其《兼于阁诗话》,上海古籍出版社 1985 年版

曲学宗师吴瞿安/石三友/载其《金陵野史》,江苏人民出版社 1985 年版

《霓裳羽衣舞》未尝绝响/殷亚昭/《舞蹈》1986 年第 6 期

著名词曲家吴梅迁葬故乡吴县墓碑揭幕仪式在小王山举行/江姚/《苏州报》1986 年 6 月 9 日、《吴梅先生墓碑揭幕仪式纪念册》,1986 年 8 月油印本

在吴梅先生墓碑揭幕仪式上的讲话/周良/《吴梅先生墓碑揭幕仪式纪念册》,1986 年 8 月油印本

在吴梅先生墓碑揭幕仪式上的讲话/谢孝思/《吴梅先生墓碑揭幕仪式纪念册》,1986 年 8 月油印本

在吴梅先生迁葬仪式座谈会上的讲话/匡亚明/《吴梅先生墓碑揭幕仪式纪念册》,1986 年 8 月油印本

吴梅先生家属代表讲话/吴鋗/《吴梅先生墓碑揭幕仪式纪念册》,1986 年 8 月油印本

回忆吴梅先生/钱南扬/《戏曲论丛》第 1 辑,甘肃人民出版社 1986 年版

吴梅/刘伟林、陈永标/《中国近代文学评林》第二辑,广东高等教育出版社 1986 年版

吴梅的曲学/叶长海/载其《中国戏剧学史稿》,上海文艺出版社 1986 年版

曲学大师吴梅/万云骏、邓乔彬/《光明日报》1987 年 2 月 24 日

影印《瞿安日记》序/唐圭璋/《文教资料》1987 年第 3 期

忆吴梅先生与昆曲传字辈在南京/谢孝思/《南京戏曲资料汇编》第二辑,1987 年 10 月刊行

吴梅传略/孙洵/《晋阳学刊》编辑部编《中国现代社会科学家传略》第八辑,山西人民出版社 1987 年版

吴梅/周妙中/载其《清代戏曲史》,中州古籍出版社 1987 年版

吴梅致刘世珩书札三封/彭长卿/《文教资料》1988 年第 1 期

读词和填词——吴梅先生是怎样教填词的/万云骏/《宁波大学学报》1988 年第 1 期

新曲学的崛起与旧曲学的终结:王国维与吴梅戏曲研究之比较/周维培/《南京大学学报》1988 年第 4 期

曲学大师吴梅在南京十五载/卢水石/《南京史志》1988 年第 4 期

吴霜厓醉后骂鬼/郑逸梅/载其《掌故小札》,巴蜀书社 1988 年版

《南北词简谱》前记/王季思/《艺术百家》1989 年第 4 期

吴梅《南北词简谱》对曲学研究的贡献/武俊达/《艺术研究》第 11 辑(1989 年)

吴梅/甘兰经/《文史资料》(吴江县)第 9 辑(1989 年)

吴梅务头之说商榷——并论评明清以来曲学者 对务头之解说/洪

惟助/《第一届清代学术研讨会论文集》,1989 年 11 月刊行

吴梅/载钱仲联主编《清诗纪事》光绪宣统朝卷,江苏古籍出版社 1989 年版

近代戏曲大师吴梅/王卫民/《中国近代文学百题》,中国国际广播出版社 1989 年版

吴梅评传/梁淑安/《中国历代著名文学家评传》续编三,山东教育出版社 1989 年版

继往开来　独树一帜——论吴梅先生在曲学研究上的贡献/王卫民/《艺术百家》1990 年第 1 期

吴梅评传/邓乔彬/《戏剧艺术》1990 年第 2 期

吴梅遗稿《霜崖曲话》的发现及探究/吴新雷/《南京大学学报》1990 年第 4 期

吴梅与晚清曲学/杨振良/《人文学报》第 14 期(1990 年 12 月)

曲律文采俱工　案头场上两擅——论吴梅的《霜崖三剧》/王卫民/《戏曲艺术》1990 年第 4 期、1991 年第 1 期

尊师重道　千古流芳——记李一平先生为吴梅先生经办丧事始末/李春云、彭发兴/《楚雄市文史资料选辑》第 7 辑,1990 年刊行

吴梅/王启芳/中共吴县县委宣传部、吴县政协文史资料委员会编《吴县历史名人》,1990 年刊行

近代词曲家吴梅/吴趋/载其《姑苏野史》,江苏文艺出版社 1990 年版

吴梅致刘世珩书札三通/彭长卿/《文教资料》1991 年第 3 期

吴梅/卢善庆/载其《中国近代美学思想史》,华东师范大学出版社 1991 年版

吴梅/载管林、钟贤培主编《中国近代文学发展史》,中国文联出版公

司 1991 年版

北图藏吴梅跋抄本《双鱼记》/寒冬虹/《文献》1992 年第 1 期

谈吴梅的戏曲序跋/王卫民/《戏剧艺术》1992 年第 1 期

吴梅张元济关于《奢摩他室的通讯》/柳和成/《南社研究》第 2 辑（1992 年）

吴梅先生剧作考辨/王卫民/《艺术百家》1992 年第 2 期

吴梅年谱（修订稿）/王卫民/《南社研究》第 3 辑（1992 年）

吴梅致刘世珩、张惠衣书札三通/彭长卿/《文教资料》1993 年第 4 期

学院戏曲音乐课的开拓者——记戏曲音乐家吴梅/易人/载其《优美的旋律飘香的歌：江苏历代音乐家》,《江苏文史资料》编辑部 1992 年刊行

昆曲艺术知音者的力作——简评蔡孟珍《近代曲学二家研究——吴梅、王季烈》/王永健/《书目季刊》第 27 卷第 2 期（1993 年 9 月）

吴梅/张舫澜/李绍成等编《江苏历代文学家》,江苏古籍出版社 1992 年版

融时代、舞台、传统于一体——论吴梅的戏曲创作/王卫民/《戏曲研究》第 44 辑（1993 年）

吴梅的戏曲研究/郭延礼/载其《中国近代文学发展史》,山东教育出版社 1993 年版

吴梅与姚华/黄霖/载其《近代文学批评史》,上海古籍出版社 1993 年版

曲学大师吴梅/孙洵/倪明主编《三吴风采》,上海书店 1993 年版

唐圭璋与吴梅/俞润生/倪明主编《三吴风采》,上海书店 1993 年版

《南北词简谱》与近现代戏曲格律谱/周维培/《戏剧艺术》1994 年第

1 期

《吴梅全集》编后记/王卫民/《南社研究》第 5 辑(1994 年)

忆瞿安师/谢孝思/《艺术百家》1994 年第 3 期

戏曲史研究的拓荒者——纪念吴梅先生诞辰 110 周年/周育德/《艺术百家》1994 年第 3 期

吴梅戏曲理论的贡献和对我们的启示/安葵/《艺术百家》1994 年第 3 期

吴梅散曲论/洪柏昭/《艺术百家》1994 年第 3 期

吴梅先生与北方昆剧/王卫民/《艺术百家》1994 年第 3 期

纪念、继承、发展——纪念吴梅诞辰 110 周年/于文青/《艺术百家》1994 年第 3 期

怀念吴瞿安姨夫/毕华珠/《艺术百家》1994 年第 3 期

伤曲散言/洛地/《艺术百家》1994 年第 3 期

悲歌一曲招国魂——评《风洞山》/乔实/《艺术百家》1994 年第 3 期

八十年代以来吴梅研究述评/张惠雁/《苏州大学学报》1994 年 3 期

纪念吴梅诞辰 110 周年暨第 5 次中国近代戏曲学术研讨会简述/韦行/《文学遗产》1994 年第 4 期

散谈吴梅的戏曲美学思想/程炳达/《剧影月报》1994 年第 5 期

《南北词简谱》及其它/黄秉泽/《剧影月报》1994 年第 5 期

案头剧漫议——吴梅剧作读后感/陈维仁/《剧影月报》1994 年第 5 期

回忆吴梅先生的教诲/王季思/《剧影月报》1994 年第 5 期、《玉轮轩后集》,中山大学出版社 1994 年版

记吴梅老师/常任侠/载蒋路等主编《史迹文踪》,上海书店出版社 1994 年版,后以《记吴梅师》为名收入其《常任侠文集》卷六,安徽教育出

版社 2002 年版

　　吴梅戏剧美学思想探微/梁冰/《戏曲研究》第 50 辑(1995 年)

　　吴梅/严迪昌/载其《近现代词纪事会评》,黄山书社 1995 年版

　　台上台下——话吴梅与韩世昌当年的二三事/王卫民/《历史月刊》第 98 期(1996 年 3 月)、《世界日报》1996 年 5 月 24 日

　　笛风梅韵雅人知——喜读王卫民《吴梅评传》/周育德/《戏曲艺术》1996 年 2 期

　　吴梅《霜崖曲录》补遗/彭长卿/《文教资料》1996 年第 2 期

　　近代词曲大家——吴梅其人其文/王卫民/《书目季刊》第 30 卷第 3 期(1996 年 12 月)

　　吴梅/梁淑安、姚柯夫/载其《中国近代传奇杂剧经眼录》,书目文献出版社 1996 年版

　　吴梅著《风洞山传奇》未刊抄本跋/李希泌/载其《健行斋文录》,书目文献出版社 1996 年版

　　豪情曾击珊瑚碎——近代词曲大师吴梅/孙洵/陈安吉编《名人与南京》,南京出版社 1996 年版

　　吴梅《南北词简谱》在近代曲学上的价值/蔡孟珍/《第三届近代中国学术讨论会论文集》,1997 年 3 月刊行

　　吴梅曲学:古代曲学的殿军/李昌集/载其《中国古代曲学史》,华东师范大学出版社 1997 年版

　　吴梅拒任政府要职/载陈安吉、陆纪林主编《南京百年风云》,南京出版社 1997 年版

　　近代曲学大学吴梅的修辞论/宗廷虎/《安顺师范高等专科学校学报》1998 年第 1 期

　　吴梅《风洞山》传奇简论/李复波/《广西师范大学学报》1998 年第

2 期

胡点乱校　愧对大师——读吴梅《词学通论》校订本/谷羽/《中国研究》第 34 期(1998 年 9 月)

吴梅《顾曲麈谈》/宗廷虎、李金苓/载其《中国修辞学通史》近现代卷,吉林教育出版社 1998 年版

霜崖诗录/王晋光等《1919—1949 旧体诗文集叙录》,江苏教育出版社 1998 年版

霜崖词录/王晋光等《1919—1949 旧体诗文集叙录》,江苏教育出版社 1998 年版

霜崖曲录/王晋光等《1919—1949 旧体诗文集叙录》,江苏教育出版社 1998 年版

霜崖读画录/谢巍/载其《中国画学著作考录》,上海书画出版社 1998 年版

吴梅的"百嘉室"/徐雁/载其《沧桑书城》,岳麓书社 1999 年版

一代词曲大家吴瞿安先生/徐汉翔/顾国华编《文坛杂忆初编》,上海书店出版社 1999 年版

吴梅客死大姚/陈九彬、周永源/载其《新编楚雄风物志》,云南人民出版社 1999 年版

吴梅/载卢辅圣主编《近代字画市场实用辞典》,上海书画出版社 1999 年版

吴梅/桑毓喜《昆剧传字辈》,《江苏文史资料》编辑部 2000 年刊行

"明示条例,导学子先路"——吴梅、王季烈对传统曲学的全面总结/黄飚/载其《清末民初的戏剧理论》,中国文联出版社 2000 年版

吴梅与李一平/卜其明/《楚雄师专学报》2001 年第 2 期

集传统之大成　布教泽于四海——世纪之初说吴梅/张进/《古典文

学知识》2001 年第 5 期

《吴梅全集》出版/季秋/《戏曲艺术》2002 年第 4 期

如何评价吴梅/许多澍/《文艺争鸣》2002 年第 6 期

南社巨子　曲坛泰斗——论吴梅先生的革命生涯与创作活动/张舫澜/《南京理工大学学报》(社会科学版)2002 年第 4 期

曲学大师吴梅的治学特点/吴新雷/《文史知识》2002 年第 5 期

广陵散尽绝学亡——话说吴梅生平/吴俊/《苏州杂志》2002 年第 6 期

红楼忆吴梅/范敬宜/载其《敬宜笔记》,文汇出版社 2002 年版

吴梅/甘兰经/载柳无忌、殷安如编《南社人物传》,社会科学文献出版社 2002 年版

名山满载宝藏归——王卫民编校《吴梅全集》出版/周育德/《戏曲艺术》2003 年第 2 期

吴梅与黄侃失和事实考论/郑志良/《南京师范大学文学院学报》2004 年第 1 期

吴瞿安先生和 20 世纪的中国戏剧研究/解玉峰/《南京大学学报》2004 年第 1 期

书法与昆曲——从吴梅大师谈起/孙洵/《昆仑堂》第 8 期(2004 年 1 月)

穆藕初与吴梅的昆曲情缘/柳和城/《苏州杂志》2004 年第 3 期

缅怀曲学大师吴梅先生/钱仁康/《音乐艺术·上海音乐学院学报》2004 年第 4 期

从《风洞山》看吴梅的戏剧观/胡庆龄/《齐鲁学刊》2004 年第 5 期

关于吴梅的昆曲论著及其演唱实践——为纪念曲学大师吴梅先生诞辰 120 周年而作/吴新雷/《东南大学学报》(哲学社会科学版)2004 年

第 6 期

曲学大师：吴梅和王季烈/王永健/载范培松、金学智主编《插图本苏州文学通史》，江苏教育出版社 2004 年版

吴梅词学/邓云乡/载其《宣南秉烛谭》，河北教育出版社 2004 年版

吴梅《霜崖曲录》/邓云乡/载其《宣南秉烛谭》，河北教育出版社 2004 年版

不该被遗忘的"文学史"——关于法兰西学院汉学研究所藏吴梅《中国文学史》/陈平原/《北京大学学报》2005 年第 1 期

失而复得的曲学大师/薛冰/《苏州杂志》2005 年第 3 期

吴梅、唐圭璋的师生情/单汝鹏/《人民日报海外版》2005 年 5 月 12 日

真率风趣留本色——吴梅论戏曲真实/平颖/《福建师范大学学报》2005 年第 6 期

世纪初的建构——王国维、吴梅和传奇史研究/范红娟/《南阳师范学院学报》2005 年第 7 期

曲学大师吴梅及诸家论著/吴新雷/载其《二十世纪前期昆曲研究》，春风文艺出版社 2005 年版

独步一时的曲学大师：吴梅先生的生平与学术/解玉峰/张宪文主编《民国南京学术人物传》，南京大学出版社 2005 年版

吴梅对昆曲的研究/王安葵、何玉人/载其《昆曲创作与理论》，春风文艺出版社 2005 年版

吴湖帆《旧时月色》及吴梅跋/禹露/《古典文学知识》2006 年第 1 期

吴梅与王国维戏曲史观之比较/平颖/《楚雄师范学院学报》2006 年第 11 期

吴瞿安先生的词与词学观/严迪昌/《词学》第 16 辑，华东师范大学

出版社 2006 年版

穆藕初与吴梅/柴志光/唐国良主编《中国现代企业管理的先驱穆藕初》,上海社会科学出版社 2006 年版

吴梅的词学研究/曹辛华/载其《20 世纪中国古代文学研究史》词学卷,东方出版中心 2006 年版

"文本"与"脚本":吴梅"以北词法填南曲"说发微 /程芸/载其《汤显祖与晚明戏曲的嬗变》,中华书局 2006 年版

闲情偶寄"扫红"忙——《吴梅全集》中的"红楼"资料/胡文彬/载其《读遍红楼:不随黄叶舞秋风》,书海出版社 2006 年版

英年早逝的词曲大师——吴梅/顾建建/载毛杏云主编《春风桃李:从交通大学走出的文化名人》,上海交通大学出版社 2006 年版

曲学艺术家吴梅/卢水石/载南京市玄武区政协编《玄武名人史话》第三卷,南京出版社 2006 年版

吴梅的婚姻观与女性观/胡庆龄/《滨州学院学报》2007 年第 1 期

求真求趣——吴梅《论作剧法》中的"真""趣"原则浅探/黎学文/《戏文》2007/年第 2 期

吴梅与《西厢记》/蒋星煜/《苏州大学学报》2007 年第 3 期

吴梅曲学教育的文化史意义/程华平/《艺术百家》2007 年第 4 期

吴梅弟子的传奇杂剧及其戏曲史意义/左鹏军/《学术研究》2007 年第 7 期

吴梅:一段旧时曲/张伟/《中国青年报》2007 年 10 月 10 日

孤根崛起一宗师——吴梅学记/王晓清/载其《学者的师承与家派》,湖北人民出版社 2007 年版

吴梅旧居/苏克勤、苗立军/载其《南京名人旧居:散落在大街小巷的流年碎影》,河南人民出版社 2007 年版

吴梅/方宁/《风雅颂：百年来百位老学人珍闻录》，新世界出版社2007年版

吴梅与《词学通论》/周远斌/《光明日报》2008年2月4日

吴梅看电影/柳和成/《深圳晚报》2008年10月29日

吴梅进北大与戏曲研究学科的建立/苗怀明/《北京社会科学》2008年第6期

浅析吴梅的戏剧批评理论/胡庆龄/《现代语文》（文学研究版）2008年第8期

关于所谓"法兰西学院汉学研究所藏吴梅《中国文学史》"：与陈平原教授商榷/龚敏/《中国雅俗文学研究》第2、3辑，上海三联书店2008年版。

吴梅/梁淑安/载其《南社戏剧志》，社会科学文献出版社2008年版

吴梅·曲学大师/黄慧英/叶皓主编《金陵人杰》，南京出版社2008年版

吴梅、王起与北京昆曲/谢柏梁/《戏曲艺术》2009年第2期

吴梅与清季民初词坛宗尚关系发微/薛玉坤/《苏州大学学报》2009年第4期

吴梅与北京昆曲/谢柏梁/《艺海》2009年第7期

吴梅与蒋谷孙/张荣明/《东方早报》2009年4月26日

最后一位戏曲大师的创作实践——吴梅/左鹏军/载其《晚清民国传奇杂剧史稿》，广东人民出版社2009年版

吴梅黄侃失和考——读《吴梅全集·日记卷》《黄侃日记》考/尹奇岭/《人物》2010年第5期

论吴梅对中国近代戏剧美学的贡献/胡庆龄/《东岳论丛》2010年第9期

吴梅《词馀选》探考/吴新雷/《东南大学学报》（哲社版）2010 年第 6 期

"曲子相公"吴梅/李海珉/《苏州日报》2010 年 8 月 3 日

吴梅改作业/徐有富/《南京大学报》2010 年 12 月 30 日

吴梅/张充和/载其《曲人鸿爪》,广西师范大学出版社 2010 年版

吴梅与曲学研究/温儒敏/载其《北京大学中文系百年图史》(1910—2010),北京大学出版社 2010 年版

地乐星铁叫子乐和吴梅/胡文辉/载其《现代学林点将录》,广东人民出版社 2010 年版

稀见清传奇《玉指环》考辨:兼论吴梅手稿《玉指环传奇序》的发现/孙书磊/《戏剧研究》第 8 期(2011 年 7 月)

吴梅谈诗的两封信札/陈益/《深圳特区报》2011 年 8 月 28 日

吴梅致曹君直的两封信札/陈益/《钟山风雨》2011 年第 5 期

吴梅与潜社/徐有富/《古典文学知识》2011 年第 5 期

▎参考文献 ▎

王卫民校注《吴梅全集》,河北教育出版社 2002 年版。

王卫民编《吴梅和他的世界》,河北教育出版社 2002 年版。

邓乔彬《吴梅研究》,华东师范大学出版社 1990 年版。

王卫民《曲学大成　后世师表:吴梅评传》,上海古籍出版社 2010 年版。

湖南省哲学社会科学研究所编《唐才常集》,中华书局 1980 年版。

叶楚伧《楚伧文存》,正中书局 1944 年版。

江庆柏、曹培根整理《黄人集》,上海文化出版社 2001 年版。

刘三《黄叶楼遗稿》,中国人民大学出版社 1996 年版。

姚昆群等编《姚光全集》,社会科学文献出版社 2007 年版。

姚鹓雏《姚鹓雏文集》,上海古籍出版社 2009 年版。

郭延礼辑校《徐自华诗文集》,中华书局 1990 年版。

殷安如、刘颖白编《陈去病诗文集》,社会科学文献出版社 2009

年版。

中国蔡元培研究会编《蔡元培全集》，浙江教育出版社 1997 年版。

中国革命博物馆整理《吴虞日记》，四川人民出版社 1984 年版。

陈独秀《独秀文存》，安徽人民出版社 1987 年版。

俞平伯《俞平伯全集》，花山文艺出版社 1997 年版。

顾颉刚《顾颉刚日记》，台湾联经出版事业股份有限公司 2007 年版。

欧阳哲生主编《傅斯年全集》，湖南教育出版社 2003 年版。

汪东《寄庵随笔》，上海书店 1987 年版。

胡小石《胡小石论文集》，上海古籍出版社 1982 年版。

汪辟疆《汪辟疆文集》，上海古籍出版社 1988 年版。

吴宓《吴宓诗话》，商务印书馆 2005 年版。

黄侃《黄侃日记》，江苏教育出版社 2001 年版。

吴白匋《吴白匋诗词集》(1927—1992)，南京大学出版社 2000 年版。

夏承焘《天风阁学词日记》，浙江古籍出版社 1984 年版。

曹伯言整理《胡适日记全编》，安徽教育出版社 2001 年版。

唐圭璋《梦桐词》，江苏古籍出版社 1987 年版。

张元济《张元济书札》(增订本)，商务印书馆 1997 年版。

常任侠《战云纪事》，海天出版社 1999 年版。

常任侠《常任侠书信集》，大象出版社 2008 年版。

王永健《苏州奇人黄摩西评传》，苏州大学出版社 2000 年版。

司马朝军、王文晖《黄侃年谱》，湖北人民出版社 2005 年版。

张晖《龙榆生先生年谱》，学林出版社 2001 年版。

钱穆《八十忆双亲　师友杂忆》，三联书店 1998 年版。

郑逸梅《郑逸梅选集》，黑龙江人民出版社 1991 年版。

许姬传《许姬传七十年见闻录》，中华书局 2007 年版。

陈文和、邓杰编《从二北到半塘——文史学家任中敏》,南京大学出版社 2000 年版。

梅兰芳述、许姬传记《舞台生活四十年》,中国戏剧出版社 1961 年版。

蔡毅编著《中国古典戏曲序跋汇编》,齐鲁书社 1989 年版

庄一拂《古典戏曲存目汇考》,上海古籍出版社 1982 年版。

柯愈春《清人诗文集总目提要》,北京古籍出版社 2002 年版。

潘懋元、刘海峰编《中国近代教育史资料汇编·高等教育》,上海教育出版社 1993 年版。

《文史资料选编》第十四辑,北京出版社 1982 年版。

《学林漫录》三集,中华书局 1981 年版。

钱基博《现代中国文学史》,中国人民大学出版社 2004 年版。

赵景深《中国戏曲丛谈》,齐鲁书社 1986 年版

吴新雷《中国戏曲史论》,江苏教育出版社 1996 年版。

曹辛华《20 世纪中国古代文学研究史》词学卷,东方出版中心 2006 年版。

邵镜人《同光风云录》,台湾文海出版社 1983 年版。

杨天石、王学庄《南社史长编》,中国人民大学出版社 1995 年版。

张宪文主编《金陵大学史》,南京大学出版社 2002 年版。

北京图书馆编《北京图书馆藏珍本年谱丛刊》,北京图书馆出版社 1999 年版

另有《小说林》、《小说月报》、《北京大学日刊》、《新青年》、《国学丛刊》、《学衡》、《词学季刊》、《制言》、《戏曲》、《文讯》、《民族诗坛》、《文教资料》、《文献》等刊物。

| 后　记 |

　　写完全书，颇有些感慨。老实说，该书属于插队之作，原因很简单，在我的写作计划中，是没有这本书的。说起来也是丁帆老师交给我的一项光荣使命和艰巨任务。2009 年的上半年，印象中是在 4 月份，他牵头主编一套中国现代文化名人评传丛书，让我承担其中的吴梅部分。我当时曾明确表示拒绝，因为有吴新雷老师、俞为民老师等更为合适的人选，再说前面已有王卫民先生的系列著述出版。几天后，丁老师告诉我，吴、俞两位老师都推荐我来写。话已至此，再推托就有些矫情了，于是只好接受下来。

　　起初心里一点底都没有，颇感到有些为难。有王卫民先生所编的《吴梅全集》、《吴梅和他的世界》，又有他的《吴梅评传》，该做的工作都已经做过了，还有可以发挥的空间吗？重复别人既不符合我的性格，相信也不是丁老师找我的初衷。于是只好从最为基础的资料工作做起，看能否找到一些王卫民先生遗漏的资料。查找一番后，还真找到一些前人未曾涉及的资料,慢慢有了一点信心。

2010年,我受单位委派,到韩国东国大学任教一年。这里资料缺乏,无法写作。幸运的是,借助现代网络及数字化技术,在那里可以像国内一样方便地检索资料,于是整天泡在中国知网、读秀、大成老旧刊全文数据库、新浪爱问、国学数典论坛、爱如生论坛、孔夫子旧书网等网站上,查询,下载。一年下来,所得颇为可观,积累了大量资料,其中不少是先前的研究者未曾看到和利用的。在查找资料的过程中,也发现了不少问题,进行了一些思考,并写了两万字左右的提纲,对如何写作该书有了较为成型的想法。

2011年1月回到国内,一方面继续查找、核对资料,一方面开始动手写作。由于平日还要上课,加之不断有杂事,时写时停,到上学期结束时,才写了八万多字。其间,丁老师及出版社的编辑都开始催稿。于是利用暑假时间,全身心投入写作,每天差不多要用十几个小时的时间,尽管写得非常辛苦,有两次几乎都要晕倒,但进展仍然不快,因为写作过程中,不时还要到图书馆或网上去查找、核对资料,很多时间都花在这上面。就这样拼命写了两个多月,写出初稿。又用了一个多月的时间进行补充完善,这才算是完成全书。尽管也存在着很多遗憾,也还有些意犹未尽,但也只能到此打住了。

假如吴梅先生在天有灵的话,知道我这样一位后学为他老人家写传,一定会哭笑不得。因为我不仅未得其真传,而且对曲学努力了多年,仍是个半瓶醋。有资格为他写传的人很多,弟子卢前、任中敏、唐圭璋等都是最佳人选,可惜他们都没有写,下一代的吴新雷老师、俞为民老师也都有资格写,但他们也都没写,却推荐了我。他老人家生前无论如何都想象不到,在其去世七十多年之后,会由我来为他写传。回到三年之前,我也无论如何不会想到自己有一天会写这样一本书,这大概就是人们常说的缘分吧。

虽然不是理想人选，但细细想来，也有两点可以告慰老先生的：一是笔者的态度还比较认真，正儿八经以做学问的功夫来为他老人家写评传，对附加在其身上的一些不实传闻进行辨析，力求还原历史真相，二是不仅仅将把他描述成一位曲学家，还写出其人生、治学的其他方面，将其当作一位治学严谨、桃李天下的学者来写，更将其描述为一位才华横溢、诗酒风流的文人，这也正是他生前对自己的定位。有了这两点，相信先生能原谅我这位晚生的唐突和冒昧吧，再说我也可以算得上是先生的三传弟子呢。

小书尽管写得还算用心，但限于笔者的学识和能力，存在的问题一定不少，还请多多指教，这是最后要对读者诸君所说的虽属客套但也不失真诚的话。

2011 年 10 月 5 日

图书在版编目(CIP)数据

吴梅评传 / 苗怀明著. —南京：南京大学出版社，
2012.6
(中国现代文化名人评传丛书)
ISBN 978 - 7 - 305 - 10079 - 6

Ⅰ.①吴…　Ⅱ.①苗…　Ⅲ.①吴梅(1884～1939)-
评传　Ⅳ.①K825.78

中国版本图书馆 CIP 数据核字(2012)第 126842 号

出 版 者　南京大学出版社
社　　址　南京市汉口路 22 号　　邮　编　210093
网　　址　http://www.NjupCo.com
出 版 人　左　健
丛 书 名　中国现代文化名人评传
书　　名　吴梅评传
著　　者　苗怀明
责任编辑　田　雁　　　　编辑热线　025 - 83596027
照　　排　南京紫藤制版印务中心
印　　刷　南京爱德印刷有限公司
开　　本　635×965　1/16　印张 25.75　字数 309 千
版　　次　2012 年 6 月第 1 版　2012 年 6 月第 1 次印刷
ISBN　978 - 7 - 305 - 10079 - 6
定　　价　65.00 元

发行热线　025 - 83594756
电子邮箱　Press@NjupCo.com
　　　　　Sales@NjupCo.com(市场部)

出版统筹　金鑫荣

责任编辑　田　雁

责任校对　吕元明

装帧设计　　敬人书籍设计工作室
　　　　　　吕敬人 + 杨　婧